十三經注疏

注 鄭玄 疏 孔穎達
책임번역 李霜芽 공동번역 趙埈暭
현 토 成百曉

譯註 禮記正義 2

예기정의

전통문화연구회

飜譯委員

企劃編輯　東洋古典飜譯編輯委員會
飜譯研究管理　南賢熙
責任飜譯　李霜芽
共同飜譯　趙埈暭
懸　吐　成百曉
潤　文　南賢熙
校　訂　郭成龍 朴相水
出　版　白俊哲 李承俊
裝　幀　김진디자인

圖書管理

事業管理　白漢基
企劃管理　金康潤
弘報管理　李和春
普　及　徐源英
古典情報化　安成守

東洋古典現代化와 十三經注疏 譯註

본회가 東洋古典의 飜譯과 教育, 情報化 등 古典現代化 사업을 시작한 지 어느덧 25년이 되었다. 그간 우리나라의 고전국역 상황을 보면, 東洋古典에 대한 번역문제는 1960년 중반에 한국고전번역을 정부에서 추진하면서 우선 四書五經 등 기본고전을 모범 번역하자는 논의가 있었지만 우리 고전이 아니라고 무산되었다.

1980년대에 韓國學 연구와 한국고전번역의 先決課題는 물론, 國際政治 관계나 經濟상의 이유로도 필요하다는 논의가 제기되었다. 그 후 1988년 본회가 발족하면서 東洋古典 번역을 착수하여, 1990년대 말경 본회에서 소위 '新注'의 四書三經을 註까지 懸吐完譯함으로써 東洋學과 韓國學徒들의 袖珍本이 되고 教育界와 文化界까지 파급되었다.

그 후 본회 창립 20주년이 되면서 다시 동양고전현대화의 과제와 목표를 논의하면서, 단순한 韓國學의 선결과제를 넘어 東洋文化에 대한 源泉的이며 體系的인 檢討의 필요성이 대두되었으니, 이제 우리는 東洋文化의 先導的 역할을 담당할 준비를 갖추고 21세기에 先進文化强國 건설로 새 歷史를 이루자는 것이었다.

일반적으로 十三經은 核心的 儒家經典의 總稱이지만, 이는 東洋文化의 뿌리라 하겠다. 우리 역사상으로 十三經은 저 멀리 삼국시대에 이미 高句麗의 太學에서 기본 교과로 채택하였고, 百濟에서는 五經博士 制度를 두었고, 新羅 薛聰은 九經을 方言으로 읽었고, 高麗에서는 國子監이나 九齋學堂에서 교육하였으며, 朝鮮朝 成均館과 鄕校, 書堂과 書院에서는 四書五經 등을 교육하여 人材 등용과 국가정책에 절대적 영향을 끼쳤다.

이 十三經의 代表的 註釋書는 漢·唐時期의 '古注'라 일컬어지는 十三經注疏와, 그 후 宋代의 朱子的 世界觀이 반영된 '集註'와 '集傳' 등의 '新注'가 두 개의 軸이라 할 수 있다.

그런데 우리는 조선조에서부터 朱子學 일변도의 學風으로 경도되어, 그 偏向性이 오늘에까지 이르렀음은 심히 不幸이라 하겠다. 中國에서는 明·淸 시기에 訓詁學, 考證學이라는 學風이 일어 十三經注疏가 經學研究의 標準이 되었고, 日本에서는 反朱子的 見解와 陽明學의 영향을 받아 明治維新 때 이미 漢文大系 등의 古典整理 사업으로 '古注' 연구가

一般化된 사실을 간과해서는 안 되겠다.

이에 東洋文化의 核心이라 할 수 있는 十三經注疏를 譯註하고, 이를 통해 우리 文化의 傳統에 대해 體系的으로 이해하고 復元함으로써, 그간 편협했던 학술 風土를 넘어 多樣性과 客觀性을 모색하고, 아울러 古典現代化의 水準을 높이고 融合的이고 自生的인 韓國學을 진작시켜야 할 것이다.

오늘날 중국과 일본에서 번역하지 못한 십삼경주소를 본회에서 130여 책으로 10년 안에 完譯하고, 이와 아울러 韓中日 三國의 東洋古典語彙 情報網을 구축함으로써, 우리의 東洋學과 韓國學 연구에 礎石과 架橋가 되어 우리나라가 先進文化强國으로 昇華되고 世界文化 발전에까지 기여하기를 기대한다.

이 十三經注疏의 번역은 三經과 三禮와 春秋三傳과 ≪論語≫, ≪孟子≫, ≪孝經≫, ≪爾雅≫ 등의 十三經을 經은 물론이요 注와 疏까지 譯註하는 것으로, 原典의 傳統性과 번역의 現代性을 기본으로 하여 漢學元老와 新進學者의 協同研究飜譯으로 추진하고자 한다.

또한 註釋은 宋代의 소위 '新注'와 비교하고, 明淸代의 注와 韓國 先賢의 注와 見解, 그리고 日本의 注를 가급적 반영하며, 深度 있는 研究解題를 하기로 하였다. 한편 古典의 우리식 讀解文法인 懸吐를 經과 注에 달고 방대한 疏에는 편의상 構文을 이해할 수 있는 標點을 달며, 經・注・疏 전체에 대한 內容索引을 할 계획이다.

끝으로 오랫동안 飜譯과 校閱에 종사하여 오신 元老漢學者와 10여 년 이상 漢學을 연수한 新進學者로서, 이 십삼경주소의 연구번역에 참여하여 難解한 注疏의 譯註에 헌신하시는 모든 분들께 무한한 감사를 드린다.

또한 고전현대화에 대한 政府의 지대한 關心과 支援에 감사를 드리며, 그간 직간접으로 지도편달하여 주신 학계와 교육계 및 문화계 인사 여러분께 심심한 謝意를 표하며, 앞으로도 따뜻한 관심과 엄정한 叱正을 부탁드리며 내내 평강과 행복을 기원한다.

社團法人 傳統文化研究會 理事長 李啓晃

凡例

1. 본서는 十三經注疏 중 ≪譯註 禮記正義≫의 제2책이다.
2. 본서는 원전의 傳統性과 번역의 現代性을 구현하기 위해 노력하였다.
3. 본서의 저본은 阮元 校刻本 ≪重栞宋本禮記注疏附校勘記≫(淸 嘉慶 20년(1815) 江西南昌府學開雕 阮元 校刻)를 영인한 ≪禮記正義≫(中華書局, 2009, 이하 '阮刻本'으로 약칭)로 하되, 北京大 整理本 ≪禮記正義≫(十三經注疏整理委員會 整理, 北京大學出版社, 2000, 이하 '北京大本'으로 약칭)를 참고하였다.
4. 본서의 書名은 底本인 阮刻本 卷首題에는 ≪附釋音禮記注疏≫로 되어 있으나, 五經正義의 하나로 간행되어 '禮記正義'의 서명이 더욱 보편적일 뿐 아니라, ≪四庫全書總目提要≫ 등에도 '禮記正義'로 되어 있어 본서의 제목을 '禮記正義'로 하였다.
5. 원문의 經과 注는 우리나라 전통 방식으로 懸吐하고, 疏는 간략히 표점하였다. 경문의 현토는 ≪禮記大文諺讀≫를 참조하되 주소에 근거하여 수정하였다.
6. 原文은 저본의 體制에 따라 經, 注, 疏를 구분하고, 注에는【注】표시를, 疏에는【疏】표시를 하여 經과 구분하였다.
7. ≪예기≫ 49편은 순서에 따라 01부터 49까지 번호를 붙였다. 원문의 分章은, 經과 注는 저본을 따라 부호 '○'로 시작한 것은 章으로 구분하여 번호를 붙이고, 疏 뒤에 '○'가 없이 經과 注가 다시 나오면 같은 章의 小節로 삼아 번호를 붙였다. 다만 疏는 단락이 길 경우 의미에 따라 역자 재량으로 분절하고 번호는 붙이지 않았다. 예컨대 '01-01-01'은 '〈곡례 상〉 제1장 제1절'이라는 의미이다.
8. 저본의 反切 注는 생략하되 문맥을 이해하기 위해 필요한 경우에는 살리고, 독음이 특수하거나 僻字인 경우는 원문의 해당 글자 뒤의 ( ) 속에 한글로 音을 달아주었다.
9. 疏에서 설명 대상으로 인용한 經과 注의 단어나 구절은 번역하지 않고 원문 그대로 〔 〕 속에 넣어주었다.

   예 〔儼若思〕 '儼'은 엄숙하고 장중한 모습이다.

10. 번역은 原義에 충실하게 하되 이해가 어려운 부분은 보충역을 하였다. 다만 鄭玄과 孔穎達·陸德明의 해석이 다를 경우 정현 주에 근거하여 번역하고 공영달과 육덕명의 다른 해석을 주석으로 밝혔다.
11. 注疏에서 인용한 13경의 구절은 ≪十三經注疏≫에 근거하여 번역하였다.
12. 번역문은 한글과 漢字를 혼용하였으며, 맞춤법과 띄어쓰기는 한글 맞춤법과 표준어 규정을 따르는 것을 원칙으로 하였다.
13. 譯註는 校勘, 異說, 인용문의 出典, 故事, 역사적 사건, 전문용어, 難解語, 人物, 制度, 官職 등에 관한 사항을 밝혔다.
14. 校勘은 원문의 誤字, 脫字, 衍字, 倒文 등을 대상으로 하였다. 다만 己·已·巳는 별도의 주석 없이 문맥에 맞게 곧바로 수정하였으며, 이체자 역시 한국고전종합DB 이체자검색(http://db.itkc.or.kr/DCH)에 의거하여 대표자로 수정하였다.
15. 校勘은 저본인 阮刻本의 校勘記에서 꼭 필요한 경우에만 선택적으로 譯註에 반영하였다. 이밖에 北京大本 校勘記를 비롯한 여러 原典 자료를 참조하였으며, 참조한 자료는 譯註에 밝혔다.
16. 阮刻本에서 校勘에 참고한 書目의 略稱은 다음과 같으며, 譯註에 약칭으로 표기하였다.
    - 嘉靖本 : 明나라 嘉靖(1522~1566) 年間本. 刊板人 未詳
    - 監本 : 明나라 萬曆(1573~1620) 연간의 國子監 刻本
    - 考文宋板 : 日本 山井鼎·物觀의 ≪七經孟子考文補遺≫에 실려 있는 宋板本
    - 南宋石經 : 宋나라 高宗 御書本
    - 盧文弨校本 : 淸나라 盧文弨(1717~1795)가 교감한 것
    - 段玉裁校本 : 淸나라 段玉裁(1735~1815)가 교감한 것
    - 毛本 : 明나라 崇禎 12년(1639) 毛晉의 汲古閣 校刊本
    - 閩本 : 明나라 嘉靖(1522~1566) 연간의 閩中御史 李元陽의 校刊本
    - 附釋音本 : 南宋 시기 原刻本
    - 石經 : 唐나라 開成 2년(837)의 石刻本
    - 孫志祖校本 : 淸나라 孫志祖(1736~1800)가 교감한 것
    - 岳本 : 宋나라 岳珂刻本. 淸나라 武英殿翻刻仿宋本을 사용
    - 衛氏集說 : 南宋 衛湜의 ≪禮記集說≫
    - 浦鏜校本 : 淸나라 浦鏜(?~1762)의 ≪十三經注疏正字≫
    - 惠棟校宋本 : 淸나라 惠棟(1697~1758)이 宋刊本에 근거하여 汲古閣本을 교감한 것

17. 본서의 校勘에 사용된 符號는 다음과 같다.

( )〔 〕: (저본의 誤字)〔교감한 正字〕

〔 〕: 저본의 脫字 補充

( ): 저본의 衍字

18. 본서에 사용된 주요 符號는 다음과 같다.

" ": 對話, 각종 引用

' ': " " 안에서 再引用, 强調

「 」: ' ' 안에서 再引用, 强調

( ): 원문에서는 讀音이 특수한 글자나 僻字의 音
번역문에서는 간단한 譯註

〔 〕: 번역문과 뜻은 같으나 音이 다른 漢字나 句節, 譯註에서 인용한 原文
疏에서 설명 대상으로 제시한 經이나 注의 단어나 구절

≪ ≫: 書名이나 典據

< >: 篇章名, 作品名, 補充譯

【 】: 注와 疏의 표시

○ : 저본에 사용된 단락 구분 표시 遵用

19. 본서에서 사용된 標點符號는 다음과 같다.

. : 문장의 종결

, : 한 문장 안에서 句나 節의 구분이 필요한 곳

· : 대등한 명사나 구절의 병렬

" ": 對話, 각종 引用

' ': " " 안에서 再引用, 强調

「 」: ' ' 안에서 再引用, 强調

: : 疏의 내용을 포괄하는 '正義曰' 뒤에 사용

目 次

十三經注疏

譯註 禮記正義 2

예기정의

禮記注疏 제3권

제1편 曲禮 上

禮記 鄭氏 注 孔穎達 疏

01-29-01 凡爲[1)]君使者는 已受命하야는 君言을 不宿於家니라

1) 爲 : 陸德明의 音義에 따르면 음이 去聲인 '위〔于僞反〕'로, '~을 위하여' 또는 '~을 도와서'의 뜻이다.

무릇 군주를 위하여 사신으로 가는 자는 이미 〈군주의〉 명을 받은 뒤에는 군주의 말씀을 자기 집에서 〈하룻밤이라도〉 묵혀서는 안 된다.

【注】 急君使也라 言은 謂有故所問也라 聘禮曰 (君)〔若〕[1)]有言[2)]이면 則以束帛如饗禮[3)]라하니라

1) (君)〔若〕 : 저본에는 '君'으로 되어 있으나, 阮元이 浦鏜校本 · 考文引宋板 등을 근거로 '若'이 옳다고 한 것에 의거하여 '若'으로 바로잡았다.(阮元의 校勘記 참조)
2) 有言 : 孔穎達의 疏에 따르면 告 · 請 · 問 세 가지를 이른다. '告'는 곡물 수입을 요청하는 것〔告糴〕, '請'은 지원군을 요청하는 것〔乞師〕, '問'은 땅 등을 주는 것이다.
3) 饗禮 : 이웃 나라에 聘問 간 사신이 주인 나라의 군주에게 예물을 바치는 의식으로, 문안드리는 의식인 聘禮 뒤에 이어서 행한다. ≪儀禮≫ 〈聘禮〉에 따르면, 빙례에 군주에게는 圭, 夫人에게는 璋(장)을 바치며, 향례에 군주에게는 璧(벽), 부인에게는 琮(종)을 다섯 필의 비단 위에 올려서 바친다. '饗'은 惠棟校宋本 · 宋監本에는 '享'으로 되어 있는데, 阮元에 따르면 '享'과 '饗'은 옛날에 통용하였다. 공영달의 소에도 '享'으로 되어 있다.(阮元의 校勘記 참조)

군주의 사신으로 가는 것을 급히 여기는 것이다. '言'은 일이 있어 묻는 것을 이른다. ≪儀禮≫ 〈聘禮〉에 이르기를 "만약 〈賓은 곡물 수입을 요청하거나 군대를 요청하거나 땅을 주는 등〉 할 말이 있으면 예물로 다섯 필의 비단을 享禮 때와 같이 바친다."라고 하였다.

君言이 **至**커시든 **則主人**이 **出拜君言之辱**하고 **使者歸**어든 **則必拜送于門外**니라

군주의 말씀이 이르면 주인은 〈朝服을 입고〉 문을 나가서 군주의 말씀이 욕되이 이른 것에 대해 절을 하고, 使者가 돌아가게 되면 〈주인은〉 반드시 문밖에서 절을 하여 전송한다.

【注】 敬君命也니 此謂國君問事於其臣이라

군주의 命을 공경히 여기는 것이니, 이것은 군주가 자기 나라 신하에게 일을 묻는 것을 이른다.

若使人於君所어든 **則必朝服而命之**하고 **使者反**이어든 **則必下堂而受命**이니라

만약 군주가 계시는 곳에 사람을 심부름 보내게 되면 반드시 朝服 차림으로 명하고, 使者가 돌아오면 반드시 〈조복 차림으로〉 堂에서 내려가 〈절을 한 뒤에 군주의〉 명을 받는다.

【注】 此는 臣有所告請於其君이라

이것은 신하가 자기 나라 군주에게 요청할 말이 있는 것이다.

【疏】 '凡爲'至'受命'. ○ 正義曰 : 此一節論相聘問及君臣使人相告之事, 今各依文解之. ○ 受命謂受得君命爲聘使也. 君言謂受君言宜急去, 不得停留宿於家也. 故聘禮旣受命, "遂行, 舍於郊"是也.

經의 〔凡爲〕에서 〔受命〕까지

○ 正義曰 : 이 절은 두 나라가 서로 聘問하는 것과 군주와 신하가 사람을 보내 서로 고하는 일을 논한 것이니, 이제 각각 글을 따라 풀이하겠다.

○ '受命'은 군주의 명을 받아 다른 나라에 빙문 가는 사신이 되는 것을 이른다. '君言'은 군주의 말씀을 받았으면 의당 급히 떠나야 하며 집에 머물러두어 하룻밤을 묵혀서는 안 된다는 말이다. 그러므로 ≪儀禮≫ 〈聘禮〉에서 이미 〈군주의〉 명을 받았으면 "마침내 길을 떠나 교외에서 머문다."라고 한 것이 이것이다.

【疏】 ○ 注'言謂'至'享[1)]禮'. ○ 正義曰 : 解"君言"也. 君之所言, 謂有事故所問也, 或問其臣, 或問他人. 鄭注聘禮記[2)] "有故, 謂災患, 及時事相告也." 云'聘禮曰 若有言, 則以束帛如享禮'者, 又證有言必有物將之也. 此謂行享禮畢, 而又有此言, 而又加束帛也. 鄭注彼云 "有言, 有所告請, 若有所問也. 記曰 有故則束帛加書以將命. 春秋臧孫辰告糴於齊[3)], 公子遂如楚乞師[4)], 晉侯使韓穿來言汶陽之田[5)], 是其類也."

1) 享 : 저본의 鄭玄의 注에 의거하면 '饗'이 되어야 한다.
2) 鄭注聘禮記 : ≪儀禮≫ 〈聘禮 記〉의 "만약 일이 있으면 빙례를 마친 뒤에 다섯 필의 비단 위에 〈본국 군주의〉 글을 올려서 명을 전한다.〔若有故 則卒聘 束帛加書將命〕"라는 구절에 대한 정현의 주를 이른다.
3) 臧孫辰告糴於齊 : ≪春秋≫ 莊公 28년 조에 보인다. 겨울에 기근이 들자 노나라에서 대부 臧孫辰을 齊나라에 보내 곡물을 판매해 줄 것을 요청한 것이다.
4) 公子遂如楚乞師 : ≪춘추≫ 僖公 26년 조에 보인다. 齊나라가 魯나라를 침략하자 노나라에서 대부 公子遂를 楚나라에 보내 지원군을 요청한 것이다.
5) 晉侯使韓穿來言汶陽之田 : ≪춘추≫ 成公 8년 조에 보인다. 晉 景公이 韓穿을 魯나라에 사신으로 보내 성공 2년에 齊나라에서 취한 汶陽의 땅을 다시 제나라에 돌려주라고 한 것을 이른다. '汶陽'은 汶水 북쪽에 있는 땅으로, 현재 山東省 泰安市 서남쪽 일대이다.

○ 注의 〔言謂〕에서 〔享禮〕까지

○ 正義曰 : '君言'을 해석한 것이다. 군주가 말한 것은 일이 있어 묻는 것을 이르니, 자기 신하에게 묻거나 다른 사람에게 묻는 것이다. ≪儀禮≫ 〈聘禮 記〉 정현의 주에 이르기를 "有故는 재해나 당시의 일을 고하는 것을 이른다."라고 하였다.

〔聘禮曰 若有言 則以束帛如享禮〕 할 말이 있으면 반드시 물건을 마련하여 바쳐야 함을 또 증명한 것이다. 이것은 享禮를 행하는 것이 끝났는데 또 이러한 할 말이 있어서 또 다섯 필의 비단을 더 바치는 것을 이른다. ≪의례≫ 〈빙례〉 정현의 주에 이르기를 "有言은 요청할 것이 있거나 문의할 것이 있는 것이다. 〈빙례 記〉에 이르기를 '일이 있으면 다섯 필의 비단 위에 글을 올려서 명을 전한다.'라고 하였다. ≪春秋≫에서 〈겨울에 기근이 들자 魯나라 대부〉 臧孫辰이 齊나라에 가서 곡물 수입을 요청하고, 〈齊나라가 침략하자〉 노나라 公子遂가 楚나라에 가서 지원군을 요청하고, 晉侯가 韓穿을 〈노나라에〉 보내서 汶陽의 토지를 말한 것이 바로 이런 유이다."라고 하였다.

【疏】○'君言至, 則主人出拜君言之辱'. ○ 正義曰 : 此謂君使人問其臣, 臣對使禮也. 出, 出門也. 君使初至, 則主人出門拜迎君命也. 辱者, 言屈辱尊者之命來也. 〔○〕[1] '使者歸, 則必拜送于門外'者, 君之使去, 而又出拜送門外也. 去旣送出門, 則知初至迎亦出門也. 此謂國君問事於其臣也, 若臣遣人往君所及問他人, 則送迎亦然. ○'若使人於君所, 則必朝服而命之'者, 此謂臣有故而遣使告君法也. 亦有物以將之, 敬君, 故朝服命使也. 然命使者言朝服, 則君言至亦朝服受之, 互言也. 〔○〕'使者反, 則必下堂而受命'者, 謂己使者從君處反還至也. 去不下送, 反而下迎者, 尊君命也. 不出門者, 己使卑於君使也. 亦當拜之, 不言, 從上可知也.

1) 〔○〕: 저본에는 부호 '○'가 없으나, 본서의 체제에 의거하여 보충하였다. 아래도 같다.

○〔君言至 則主人出拜君言之辱〕

○ 正義曰 : 이것은 군주가 사람을 보내 신하에게 물었을 때 신하가 使者를 대하는 예를 말한 것이다. '出'은 문을 나가는 것이다. 군주의 사자가 처음 이르면 주인은 문을 나가서 군주의 命을 절하여 맞이한다. '辱'은 尊者의 命을 굽혀서 욕되이 오게 했다는 말이다.

○〔使者歸 則必拜送于門外〕 군주의 使者가 떠날 때 〈주인이〉 또 문을 나가 문밖에서 절하여 전송한다. 사자가 떠날 때 이미 전송하기 위해 문을 나갔다면 사자가 처음 이르러 맞이할 때도 문을 나감을 알 수 있다. 이것은 군주가 자기 신하에게 일을 묻는 것을 이르니, 만약 신하가 군주가 있는 곳에 사람을 보내거나 다른 사람에게 문안하면 전송하거나 맞이할 때 마찬가지로 이렇게 한다.

○〔若使人於君所 則必朝服而命之〕 이것은 신하가 일이 있어 使者를 보내 군주에게 고하는 법을 이른다. 이때에도 물건을 마련하여 바치는데, 군주를 공경하므로 朝服 차림으로 사자에게 命하는 것이다. 그러나 사자에게 명할 때 조복을 언급했다면 군주의 말씀이 이르렀을 때도 조복을 입고 받는 것이니, 互文으로 말한 것이다.

○〔使者反 則必下堂而受命〕 자신의 使者가 군주가 있는 곳에서 돌아온 것을 이른다. 사자가 떠날 때는 堂을 내려가 전송하지 않았는데 돌아왔을 때는 당을 내려가 맞이하는 것은, 군주의 命을 존숭하는 것이다. 문을 나가지 않는 것은, 자신의 사자는 군주의 사자보다 낮기 때문이다. 이때에도 절해야 하는데 경문에서 이를 말하지 않은 것은 앞 경문을 통해 알 수 있기 때문이다.

01-30-01 博聞强識(지)而讓하며 敦善行而不怠를 謂之君子니라

견문이 넓고 기억을 잘하면서도 겸양하며, 선행을 돈독히 실천하면서도 게을리하지 않는 사람을 '君子'라 이른다.

【注】敦은 厚라

'敦'은 '두텁다'의 뜻이다.

君子不盡人之歡하며 不竭人之忠은 以全交也라

군자가 〈먹고 마시는 禮에〉 즐거움을 다 주기를 남에게 요구하지 않고 〈의복과 같은 물건을 주는 禮에〉 충성을 다 바치기를 남에게 요구하지 않는 것은, 교유를 온전히 하기 위한 것이다.

【注】歡은 謂飮食이요 忠은 謂衣服之物이라

'歡'은 음식을 이르고, '忠'은 의복과 같은 물건을 이른다.

【疏】'君子'至'交也'. ○ 正義曰：此明君子所行之事也. ○ 鄭云"歡謂飮食, 忠謂衣服", 飮食是會樂之具, 承歡爲易(이), 衣服比飮食爲難, 必關忠誠籌度(탁), 故名忠, 各有所以也. 明與人交者, 不宜事事悉受, 若使彼罄盡, 則交結之道不全, 若不竭盡, 交乃全也.

經의 〔君子〕에서 〔交也〕까지

○ 正義曰 : 이것은 군자가 행하는 일을 밝힌 것이다.

○ 정현의 주에서 "歡은 음식을 이르고, 忠은 의복을 이른다."라고 한 것은, 음식은 모여 즐기는 도구이니 환심을 사기가 쉽고, 의복은 음식에 비하면 어려워서 반드시 충성과 헤아림을 거쳐야 하므로 '忠'이라 이름한 것이니, 각각 이유가 있다. 남과 교유할 경우 일마다 다 받아서는 안 됨을 밝힌 것이니, 만약 상대방으로 하여금 다 바치게 하면 교분을 맺는 도가 온전하지 않게 되며, 만약 다 바치지 않게 하면 비로소 교분이 온전하게 된다.

01-30-02 禮에 曰 君子는 抱孫코 不抱子라하니 此는 言孫可以爲王父尸요 子

不可以爲父尸니라

禮에 이르기를 "군자는 손자는 안고 자식은 안지 않는다."라고 하였으니, 이는 손자는 조부의 尸童이 될 수 있고 아들은 아버지의 시동이 될 수 없음을 말한 것이다.

【注】 以孫與祖昭穆同이라

손자와 조부는 昭穆이 같기 때문이다.

爲君尸者를 大夫士見之則下之하고 君이 知所以爲尸者則自下之니

군주의 尸童이 된 자를 大夫와 士가 보면 수레에서 내려 경의를 표하고, 〈군주가 散齋할 때 길에서 시동이 된 자를 만났을 경우 다른 신하가 알려주어〉 군주가 시동이 된 자임을 알게 되면 〈시동을 부모처럼 섬겨야 하므로〉 스스로 수레에서 내리니,

【注】 尊尸也라 下는 下車也니 國君이 或時幼少하여 不能盡識群臣이라가 有以告者면 乃下之라

시동을 존숭한 것이다. '下'는 수레에서 내리는 것이니, 군주가 혹 당시 나이가 어려서 신하들을 다 알지는 못하다가 알려주는 사람이 있으면 비로소 내리는 것이다.

尸必式하며

이때 尸童은 반드시 수레의 軾을 잡고 고개를 조금 숙여 〈군주에게〉 예를 표하며,

【注】 禮之라

예를 표하는 것이다.

乘必以几니라

수레에 타서는 반드시 几案을 사용한다.

【注】 尊者愼也라

尊者가 삼가는 것이다.

齊(재)者는 不樂(락)不弔니라

재계하는 자는 즐거워하지 않고 〈초상집에〉 조문 가지 않는다.

【注】 爲哀樂則失正하여 散其思也라

슬퍼하거나 즐거워하면 올바름을 잃어서 그 생각을 흩기 때문이다.

【疏】 '禮曰'至'不弔'. ○ 正義曰：此一節論立尸用人相尊敬之法, 各依文解之. ○ '抱孫不抱子'者, 此以明昭穆之例. 凡稱"禮曰"者, 皆舊禮語也, 爲下事難明, 故引舊禮爲證. 案此篇之首, 作記之人引舊禮而言"曲禮曰", 此直言"禮曰", 不言"曲"者, 從略可知也. "抱孫不抱子"者, 謂祭祀之禮必須尸, 尸必以孫. 今子孫行竝皆幼弱, 則必抱孫爲尸, 不得抱子爲尸. 所以然者, 作記(之)者[1]既引其禮, 又自解云 "此言孫可以爲王父尸, 子不可以爲父尸"故也. 曾子問云 "祭成喪者必有尸, 尸必以孫, 孫幼則使人抱之, 無孫則取於同姓可也", 是有抱孫之法也. 言"無孫取於同姓可"者, 謂無服內之孫, 取服外同姓也. 天子至士皆有尸, 特牲是士禮, 少牢是大夫禮, 竝皆有尸. 又祭統云 "君執圭瓚[2]祼尸." 是諸侯有尸也. 又守祧職云 "若將祭祀, 則各以其服授尸."[3] 是天子有尸也. 天子以下, 宗廟之祭, 皆用同姓之嫡, 故祭統云 "祭之道, 孫爲王父尸. 所使爲尸者, 於祭者爲子行(항), 父北面而事之." (法)〔注〕[4]云 "子行猶子列也. 祭祖則用孫列, 皆取於同姓之適孫也. 天子諸侯之祭, 朝事[5]延尸於戶外, 是以有北面事尸之禮也." 雖取孫列, 用卿大夫爲之, 故既醉注云 "天子以卿." 鄭箋云 "諸侯入爲天子卿大夫[6], 故云公尸." 天子既然, 明諸侯亦爾, 故大夫士亦用同姓嫡者. 曾子問云 "無孫, 取於同姓可也." 又鄭注特牲禮"大夫士以孫之倫爲尸"是也. 言"倫", 明非己孫, 皇(偘)〔侃〕[7]用崔靈恩義, 以大夫用己孫爲尸, 恐非也. 天子祭天地・社稷・山川・四方・百物及七祀[8]之屬, 皆有尸也. 故鳧鷖(예)竝云"公尸"[9]. 推此而言, 諸侯祭社稷境內山川, 及大夫有菜[10]地祭五祀, 皆有尸也. 外神[11]之屬, 不問同姓異姓, 但卜吉則可爲尸. 案曾子問祭成人必有尸, 則祭殤[12]無尸. 若新喪虞祭之時, 男女各立尸, 故士虞禮云 "男, 男尸. 女, 女尸."

至祔祭之後, (正)〔止〕[13]止用男之一尸, 以其祔祭漸吉故也. 凡吉祭祗用一尸, 故祭統云"設同几"是也. 若祭勝國之社稷, 則士師爲尸. 知者, 士師職文, 用士師者略之[14]. 故異義[15] "公羊說祭天, 無尸[16]. 左氏說晉祀夏郊, 以董伯爲尸[17]. 虞夏傳云 '舜入唐郊, 以丹朱爲尸[18].' 是祭天有尸也. 許愼引魯郊祀曰 '祝延帝尸.' 從左氏之說也."

1) (之)者 : 저본에는 '之'가 있으나, 완원의 교감기에서 衛氏集說에 '之'가 없는 것을 옳게 여긴 것에 의거하여 衍文으로 처리하였다. '者'는 監本·毛本에는 '人'으로 되어 있다.(阮元의 校勘記 참조)
2) 圭瓚 : 제사 때 사용하는 술잔으로, 옥으로 만들었으며 손잡이에 홀〔圭〕을 사용한다.

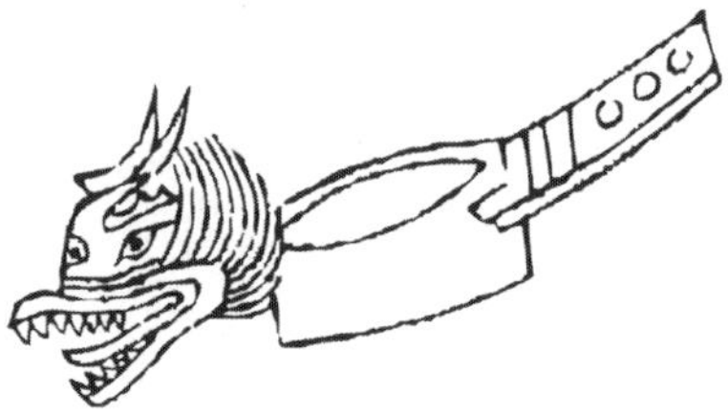
圭瓚

3) 守祧職云……則各以其服授尸 : ≪周禮≫ 〈春官 守祧〉에 보인다. ≪주례≫ 주소에 따르면 '服'은 죽은 자의 上服으로, 죽은 자가 살아 있을 때를 형상한다. '上服'은 생전에 입던 옷 중 가장 존귀한 것으로, 大斂할 때 남겨두어 보관한다. 예컨대 천자의 시동은 袞冕服을 입고 제후의 시동은 驚冕服을 입는다.
4) (法)〔注〕: 저본에는 '法'으로 되어 있으나, 北京大本에 의거하여 '注'로 바로잡았다.
5) 朝事 : 제사 의식 중 하나로, 朝踐과 같다. ≪주례≫ 〈春官 籩人〉 정현의 주에 "朝事는 종묘에 제사할 때 희생의 피와 날고기를 올리는 일을 이른다.〔朝事謂祭宗廟 薦血腥之事〕"라고 하였다.
6) 諸侯入爲天子卿大夫 : ≪詩經≫ 〈大雅 旣醉〉 정현의 箋에는 '諸侯' 다음에 '有功德者'가 더 있다.
7) (偘)〔侃〕: 저본에는 '偘(간)'으로 되어 있으나, 인명의 오류이므로 '侃'으로 바로잡았다.
8) 七祀 : ≪禮記≫ 〈祭法〉에 따르면 司命·中霤·國門·國行(국항)·泰厲·戶·竈(조)에 지내는 일곱 종류의 제사이다.
9) 鳧鷖(예)竝云公尸 : ≪시경≫ 〈大雅 鳧鷖〉에 "公尸가 와서 잔치하며 편안히 계시도다.〔公尸來燕來寧〕", "公尸가 와서 잔치하며 마땅하도다.〔公尸來燕來宜〕", "公尸가 와서 잔치하며 거처하도다.〔公尸來燕來處〕", "公尸가 와서 잔치하며 높이 계시도다.〔公尸來燕來宗〕", "公尸가 와서 머물러 화열하도다.〔公尸來止熏熏〕", "公尸가 잔치에 술 마시도다.〔公尸燕飮〕" 등의 구절이 보인다.
10) 菜 : 閩本·監本·毛本에는 '采'로 되어 있다. '菜'와 '采'는 통용자이나, 완원은 '채취하다'의 뜻이 있는 '菜'가 옳다고 하였다.(阮元의 校勘記 참조)
11) 外神 : 郊·社·封禪 등의 제사 때 제사를 받는 대상 즉 天神, 地神, 토지신 등을 이른다.
12) 殤 : 成人이 되기 전에 죽은 것을 이른다. ≪儀禮≫ 〈喪服 傳〉에 따르면 19세에서

16세 사이에 죽은 것을 長殤, 15세에서 12세 사이에 죽은 것을 中殤, 11세에서 8세 사이에 죽은 것을 下殤, 8세 미만에 죽은 것을 無服之殤이라 한다.

13) (正)〔止〕: 저본에는 '正'으로 되어 있으나, 바로 뒤의 '凡吉祭祗用一尸'에 의거하여 '止'로 바로잡았다. 北京大本에도 '止'로 되어 있다.

14) 士師職文 用士師者略之 : ≪주례≫ 〈秋官 士師〉에 "만약 멸망시킨 나라의 사직에 제사 지낸다면 시동이 된다.〔若祭勝國之社稷 則爲之尸〕"라는 내용이 보인다. 예컨대 周나라에서는 商나라의 社인 亳社(박사)에 제사 지낸다.

15) 異義 : 後漢 許愼이 저술한 ≪五經異義≫ 10권을 이른다. 정현은 이에 대해 ≪駁五經異義≫ 1권, ≪駁五經異義補遺≫ 1권을 저술하였는데, 이하의 내용이 ≪박오경이의보유≫ 〈祭天有尸〉에 보인다.

16) 公羊說祭天 無尸 : ≪春秋公羊傳≫ 僖公 31년 조 "천자는 하늘에 제사 지낸다.〔天子祭天〕"라는 구절에 대한 何休의 解詁에 "郊는 하늘에 제사 지내는 것이다.〔郊者 所以祭天也〕"라는 내용이 보이는데, 하휴의 해고는 물론 徐彦의 소에도 시동과 관련한 내용이 보이지 않는다.

17) 左氏說晉祀夏郊 以董伯爲尸 : ≪春秋左氏傳≫ 昭公 7년 조에, 晉 平公이 병을 앓은 지 3개월이 되었으나 낫지 않아 당시 聘問 온 鄭나라 子産의 의견을 따라서 대부 韓宣子가 夏郊에 제사를 지내자 진 평공이 차도를 보였다는 내용이 보이는데, 공영달의 소에 따르면 이때 董伯을 시동으로 삼았다고 한다. 동백은 진나라의 대부로, 郊祭에 동백을 시동으로 삼은 이 내용은 ≪國語≫ 〈晉語 8〉에도 보인다. 夏나라가 교외에서 하늘에 제사 지낼 때 하나라의 시조인 禹王의 부친 鯀(곤)을 배향하였으므로, 여기의 '夏郊'를 鯀을 가리키는 것으로 보기도 한다.

18) 舜入唐郊 以丹朱爲尸 : 唐은 堯 임금이 건립한 나라 이름이다. 요 임금이 처음에는 陶에 봉해지고 뒤에 唐으로 옮겼으므로 요 임금을 '陶唐'이라 칭하기도 한다. '丹朱'는 요 임금의 아들이다.

經의 〔禮曰〕에서 〔不弔〕까지

○ 正義曰 : 이 절은 사람을 써서 尸童을 세웠을 때 존경하는 법을 논한 것이니, 각각 글을 따라 풀이하겠다.

○〔抱孫不抱子〕 이것은 昭穆의 규례를 밝힌 것이다. 무릇 '禮曰'이라 칭한 것은 모두 舊禮의 말이니, 다음 일을 밝히기 어려우므로 구례를 인용하여 증명한 것이다. 살펴보면 이 〈曲禮〉편 머리에서는 기록한 사람이 구례를 인용하면서 '曲禮曰'이라 하였는데, 여기에서는 '禮曰'이라고만 하고 '曲'을 말하지 않은 것은, 생략해도 알 수 있기 때문이다.

'抱孫不抱子'는 제사 지내는 예에는 반드시 시동이 필요하고, 시동은 반드시 손자를 세워야 함을 말한 것이다. 지금 아들과 손자 항렬이 모두 어리면 반드시 손자를 안고서 시동으로 삼아야 하고 아들을 안고서 시동으로 삼아서는 안 된다. 그렇게 하는 이유는, 기록한 자가 이미 그 예를 인용한 뒤에 또 스스로 풀이하기를 "이는 손자는 조부의 시동이 될 수 있고 아들은 아버지의 시동이 될 수 없음을 말한 것이다."라고 하였기 때문이다. 《禮記》 〈曾子問〉에 이르기를 "成人의 喪에 제사 지내는 경우 반드시 시동이 있어야 하고 시동은 반드시 손자로 해야 하니, 손자가 어리면 다른 사람에게 손자를 안게 하고, 손자가 없으면 同姓의 손자를 취하는 것이 옳다."라고 하였으니, 이는 손자를 안는 법이 있는 것이다. '손자가 없으면 동성의 손자를 취하는 것이 옳다'고 말한 것은, 五服 안의 손자가 없으면 오복 밖의 동성을 취하는 것을 이른다. 천자부터 士에 이르기까지 모두 시동이 있다. 《儀禮》 〈特牲饋食禮〉는 士禮이고 《의례》 〈少牢饋食禮〉는 大夫禮인데 모두 다 시동이 있다. 또 〈祭統〉에 이르기를 "군주가 圭瓚을 잡고 시동에게 술을 따라준다."라고 하였는데, 이는 제후에게 시동이 있는 것이다. 또 《周禮》 〈春官 守祧〉에 이르기를 "만약 제사를 받들게 되면 각각 죽은 자의 의복을 시동에게 준다."라고 하였으니, 이는 천자에게 시동이 있는 것이다. 천자 이하는 종묘의 제사에 모두 동성의 嫡子를 시동으로 세운다. 그러므로 《예기》 〈제통〉에 이르기를 "제사하는 방법은 손자가 조부의 시동이 된다. 시동이 되게 한 자는 主祭者에게 자식 항렬〔子行〕이 되니, 아버지가 북향하여 섬긴다."라고 하였는데, 정현의 주에 "子行은 子列과 같다. 조부에게 제사하면 시동으로 손자 항렬을 쓰는데, 모두 동성의 適孫에서 취한다. 천자와 제후의 제사는 朝事 때 室戶 밖에서 시동을 인도하는데, 이 때문에 북향하여 시동을 섬기는 예가 있는 것이다."라고 하였다. 비록 손자 항렬에서 취하지만 卿大夫로 시동을 삼기 때문에 《詩經》 〈大雅 旣醉〉 毛亨의 傳에 이르기를 "천자는 경으로 시동을 삼는다."라고 하였는데, 정현의 箋에 "〈공덕이 있는〉 제후는 들어가 천자의 경대부가 되므로 '公尸'라 한 것이다."라고 한 것이다. 천자가 이미 그러하다면 제후 역시 그러함이 분명하므로 대부와 士 또한 동성의 적자를 시동으로 쓰는 것이다. 〈증자문〉에 이르기를 "손자가 없으면 동성의 손자에서 취하는 것이 가하다."라고 하였고, 또 《의례》 〈특생궤사례〉 정현의 주에 "대부와 士는 손자의 또래〔倫〕를 시동으로 삼는다."라고 한 것이 이것이다. '또래'라 말했다면 자기 손자가 아님이 분명하니, 皇侃이 崔靈恩의 뜻을 써서 "대부는 자기 손자를 시동으로 삼는다."라고 한 것은 틀린 듯하다.

천자는 天地・社稷・山川・四方・百物・七祀의 등속에 제사 지내는데, 모두 시동이 있다. 그러므로 ≪시경≫ 〈大雅 鳧鷖〉에 모두 '公尸'라고 말한 것이다. 이것을 미루어 말하면 제후가 사직과 경내의 산천에 제사할 때 및 菜地가 있는 대부가 五祀에 제사할 때 모두 시동이 있는 것이다. 外神의 등속은 同姓과 異姓을 따지지 않고 점을 쳐서 길하기만 하면 시동이 될 수 있다.

살펴보면 ≪예기≫ 〈증자문〉에서 成人의 제사에는 반드시 시동이 있다고 하였으니, 殤에 제사 지낼 때는 시동이 없는 것이다. 만약 새로 초상이 나서 虞祭를 지낼 때라면 남녀가 각각 시동을 세운다. 그러므로 ≪의례≫ 〈士虞禮〉에서 "남자는 남자 시동을 세우고, 여자는 여자 시동을 세운다."라고 한 것이다. 祔祭를 지낸 뒤에는 단지 남자 시동 하나만을 쓰는데, 부제는 점점 吉祭로 가는 것이기 때문이다. 무릇 길제에는 단지 하나의 시동만을 쓰기 때문에 〈제통〉에 "几를 공동으로 진설한다."라고 한 것이 이것이다.

만약 멸망시킨 나라의 사직에 제사 지낸다면 士師가 시동이 된다. 이를 아는 것은 ≪주례≫ 〈秋官 士師〉에 사사를 시동으로 쓰는 것에서 알 수 있다. 그러므로 ≪五經異義≫에 "≪春秋公羊傳≫에는 하늘에 제사 지내는 것을 말할 때 시동이 없었으나, ≪春秋左氏傳≫에서는 晉나라가 夏郊에 제사 지내는 것을 말할 때 〈진나라 대부〉 董伯을 시동으로 삼았고, ≪尙書大傳≫ 〈虞夏傳〉에서는 '舜 임금이 唐郊에 들어가 丹朱를 시동으로 삼았다.'라고 하였으니, 이는 하늘에 제사 지낼 때 시동이 있는 것이다. 許愼이 ≪魯郊祀≫를 인용하여 '祝이 帝尸를 인도한다.'라고 한 것은 ≪춘추좌씨전≫의 설을 따른 것이다."라고 하였다.

【疏】 ○'爲君尸者, 大夫士見之則下之.' ○ 正義曰：此臣爲君作尸者, 已被卜吉, 君許用者也. 下謂下車也. 古者致齊(재)各於其家, 散齊亦猶出在路, 及至祭日之旦, 俱來入廟, 故群臣得於路見君之尸, 皆下車而敬之.

○〔爲君尸者 大夫士見之則下之〕

○ 正義曰：이 사람은 신하로서 군주를 위하여 시동이 된 자이니, 이미 길한 점이 나와서 군주가 쓰도록 허락한 자이다. '下'는 수레에서 내리는 것을 이른다. 옛날에 致齋는 각각 자기 집에서 하고 散齋는 또한 그래도 길에 나오는 때가 있지만, 제사하는 날 아침이 되면 모두 와서 廟에 들어가므로 신하들이 길에서 군주의 시동을 만날 수 있으니 이때에는 모두 수레에서 내려 공경을 표한다.

【疏】 ○"君知所以爲尸者則自下之"者, 此亦謂散齊(재)之時. 君若在路見尸, 亦自下車敬之. 不直云"君見尸", 而云"君知"者, 言"知"則初有不知, 不知謂君年或幼少, 不能竝識群臣, 故於路或不識, 而臣告君, 君乃知之, 所以下也. 所以知是散齊者, 君[1]致齊不復出行, 若祭日, 君先入廟, 後乃尸至也. ○"尸必式"者, 廟門之外, 尸尊未伸, 不敢亢禮, 不可下車, 故式爲敬以答君也. 式謂俯下頭也. 古者車箱長四尺四寸而三分, 前一後二, 橫一木, 下去車牀三尺三寸, 謂之爲式. 又於式上二尺二寸橫一木, 謂之爲較(각), 較去車牀凡五尺五寸. 於時立乘, 若平常則馮較, 故詩云"倚重較兮[2]"是也. 又若應爲敬, 則落手隱下式, 而頭得俯俛, 故後云"式視馬尾[3]"是也. 鄭注考工記云 "兵車之式高三尺三寸." "較, 兩輢上出式者也. 兵車自較而下, 凡五尺五寸." 然尸在廟中尊伸, 尙答主人之拜, 今在路, 其尊猶屈, 君下而已式者, 以其在路, 尊未伸, 故未敢亢禮. 至於廟中, 禮伸則亢, 故答之. ○"乘必以几"者, 几案在式之上, 尊者有所敬事, 以手據之. 几上有羃, 君以羔皮, 以虎緣之也.

1) 君 : 惠棟校宋本에는 '若'으로 되어 있다.(阮元의 校勘記 참조)
2) 倚重較兮 : ≪詩經≫ 〈衛風 淇奧〉에 "너그럽고 여유 있으니, 중각에 기대도다.〔寬兮綽兮 猗重較兮〕"라는 구절이 보인다. '倚'는 唐石經·小字本·上臺本에는 '猗'로 되어 있는데, 완원은 '猗'를 '倚'의 假借字로 보고 공영달의 正義 등에 근거하여 '猗'가 옳다고 하였다. 王力은 '猗'를 '기대다'의 뜻으로 보고 '倚'의 통용자라고 하였다.(北京大本 ≪毛詩正義≫ 校勘記, ≪王力古漢語字典≫ 참조)
3) 式視馬尾 : ≪예기≫ 〈曲禮 上〉 뒤의 경문에 보인다.

○〔君知所以爲尸者則自下之〕 이것 또한 散齋할 때를 이른다. 군주가 만약 길에서 尸童을 만나게 되면 〈대부나 士와〉 마찬가지로 스스로 수레에서 내려 공경을 표한다. 곧바로 '군주가 시동을 만나게 되면〔君見尸〕'이라 하지 않고 '군주가 알게 되면〔君知〕'이라 한 것은, '知'를 말했다면 처음에는 알지 못한 것이니, 알지 못한 것은 군주가 혹 나이가 어려서 신하들을 다 알지는 못한 것을 이른다. 그러므로 길에서 혹 알지 못했다가 신하가 군주에게 알려주면 군주가 비로소 알게 되어 이 때문에 수레에서 내리는 것이다. 散齋임을 안 것은, 군주가 致齋를 하면 더는 출행하지 않기 때문이다. 만약 제사하는 날이라면 군주가 먼저 廟에 들어가며 이후에 비로소 시동이 이른다.

○〔尸必式〕 廟門 밖에서는 시동의 존귀함이 펴지지 못하여 감히 대등한 예를 행하지 못하므로 수레에서 내려서는 안 된다. 그러므로 수레의 軾을 잡고 고개를 조금 숙

여 공경을 표함으로써 군주에게 답하는 것이다. '式'은 고개를 아래로 숙이는 것을 이른다. 옛날에 車箱은 길이가 4尺 4寸이다. 이를 3등분하여 앞에서 3분의 1, 뒤에서 3분의 2인 곳에 나무 하나를 가로로 놓되 아래로 車牀까지의 거리가 3척 3촌이 되게 하는데, 이를 '式'이라 이른다. 또 式 위로 2척 2촌 되는 곳에 나무 하나를 가로로 놓는데, 이를 '較(각)'이라 이른다. 較은 車牀까지의 거리가 모두 5척 5촌이 된다. 당시에는 서서 탔으니, 만약 평상시라면 較에 기대므로 ≪詩經≫에 이르기를 "중각에 기대도다.〔倚重較兮〕"라고 한 것이다. 또 만약 공경을 표해야 한다면 손을 내려 아래의 式에 기대고 머리는 숙여야 한다. 그러므로 뒤의 경문에서 "수레의 軾을 잡고 고개를 조금 숙여 공경을 표할 때는 말의 꼬리를 본다.〔式視馬尾〕"라고 한 것이다. ≪周禮≫ 〈冬官考工記 輿人〉 정현의 주에 이르기를 "兵車의 式은 높이가 3척 3촌이다."라고 하고, "較은 두 輢 위로 式에서 솟은 것이니, 병거는 較 이하가 모두 5척 5촌이다."라고 하였다. 그러나 시동은 廟 안에서는 존귀함이 펴져서 오히려 주인의 절에 답하지만 지금 길에서는 그 존귀함이 아직 굽혀있으니, 군주가 수레에서 내렸는데도 시동 자신은 수레의 軾을 잡고 고개를 조금 숙여 공경을 표하는 것은, 시동이 길에서는 존귀함이 아직 펴지지 못했기 때문에 감히 대등한 예를 행하지 못하는 것이다. 廟 안에 이르러서 예가 펴지면 대등한 예를 행하므로 〈시동이 군주의 절에〉 답배한다.

○〔乘必以几〕 几案은 式 위에 있으니, 尊者가 공경을 표할 일이 있을 때 손으로 이를 짚는다. 궤안 위에는 덮개가 있는데, 군주는 〈궤안의 덮개를〉 검은 새끼양 가죽으로 만들고 범 가죽으로 가선을 두른다.

01-31-01 居喪之禮는 毁瘠이 不形하며 視聽이 不衰하며

居喪하는 예는, 수척해지더라도 뼈가 드러날 정도로 하지 않으며, 시력과 청력이 쇠하지 않게 하며,

【注】 爲其廢喪事라 形은 謂骨見(현)이라

喪事를 폐하게 되기 때문이다. '形'은 뼈가 드러나는 것을 이른다.

升降에 不由阼階하며 出入에 不當門隧니라

오르내릴 때 〈부모가 생전에 오르내렸던〉 동쪽 계단을 사용하지 않으며, 나가고 들어올 때 문 중앙의 길을 사용하지 않는다.

【注】常若親存이라 隧는 道也라

항상 부모가 살아계시는 것처럼 하는 것이다. '隧'는 '길'이다.

居喪之禮는 **頭有創則沐**하고 **身有瘍**(양)**則浴**하며 **有疾則飮酒食肉**호되 **疾止**어든 **復初**니 **不勝喪**은 **乃比於不慈不孝**니라

居喪하는 예는, 머리에 부스럼이 나면 머리를 감고 몸에 종기가 나면 몸을 씻으며, 병이 나면 술을 마시고 고기를 먹되 병이 낫거든 본래대로 돌아간다. 〈목숨을 잃어〉 喪禮를 감당하지 못할 정도로 슬퍼하는 것은 곧 〈아래로 후손에게 전할 수 없으므로〉 자식을 사랑하지 않고 〈위로 조상을 모실 수 없으므로〉 부모에게 효도하지 않음에 비견한다.

【注】勝은 任也라

'勝'은 '감당하다'의 뜻이다.

五十엔 **不致毁**하고 **六十**엔 **不毁**하며 **七十**엔 **唯衰**(최)**麻在身**이요 **飮酒食肉**하며 **處於內**니라

〈居喪할 때〉 50세에는 지극히 수척해지도록 하지는 않고, 60세에는 수척해지도록 하지 않으며, 70세에는 오직 몸에 상복만 입을 뿐이요 술을 마시고 고기를 먹으며 내실에서 거처한다.

【注】所以養衰老[1)]라 人五十始衰也라

1) 養衰老 : 惠棟校宋本에는 '養老人'으로 되어 있으며, 衛氏集說에는 '養老'로 되어 있다.(阮元의 校勘記 참조)

〈居喪하는 효자가〉 노쇠할 경우 〈몸이 상하지 않도록〉 봉양하는 것이다. 사람은 50세에 처음 쇠약해진다.

【疏】 '居喪'至'於內'. ○ 正義曰：此一節明孝子居喪, 此先明居喪平常之法也. ○ '毁瘠不形'者, 毁瘠, 羸瘦也. 形, 骨露也. 骨爲人形之主, 故謂骨爲形也. 居喪乃許羸瘦, 不許骨露見也. ○ '升降不由阼階'者, 阼階, 主人之階也. 孝子事死如事生[1], 故在喪思慕, 猶若父在, 不忍從父阼階上下也. 若祔祭以後, 卽得升阼階. 知者, 案士虞禮云, 卒哭以後稱哀子, 祔祭稱孝子[2]. 祔祭如饋食之禮[3], 既同於吉, 則孝子得升阼階也. 然雜記云 "弔者入, 主人升堂西面." 下云 "既葬, 蒲席." 則升堂西面, 未葬也, 既言西面, 則是升自阼階. 此未葬得升阼階者, 敬異國之賓也. ○ '不勝喪, 乃比於不慈不孝'者, 結所以沐浴酒肉之義也. "不勝喪", 謂疾不食酒肉, 創瘍不沐浴, 毁而滅性者也. 不留身繼世, 是不慈也. 滅性又是違親生時之意, 故云不孝. 不云"同"而云"比"者, 此滅性本心實非爲不孝, 故言"比"也. ○ '五十不致毁'者, 致, 極也. 五十始衰, 居喪乃許有毁, 而不得極羸瘦. ○ '六十不毁'者, 轉更衰甚, 都不許毁也. 魯襄公三十一年經書 "九月癸巳, 子野卒[4]." 傳云"毁也"是也.

1) 事死如事生：≪禮記≫ 〈中庸〉에 보인다.

2) 卒哭以後稱哀子 祔祭稱孝子：≪儀禮≫ 〈士虞禮 記〉에 "初虞祭에……축사는 다음과 같다. '哀子 아무개와 哀顯相이 아침에 일찍 일어나서부터 밤에 잠들 때까지 슬픈 생각에 마음이 편치 못합니다.'……卒哭祭를 지낸 다음날 昭穆의 항렬에 따라 祔祭를 지낸다.……축사는 다음과 같다. '효자 아무개와 孝顯相이 아침에 일찍 일어나서부터 저녁에 잠들 때까지 조심하고 두려워하며 감히 게을리하지 못하고 슬픈 생각에 편안하지 못했습니다.〔始虞……曰 哀子某 哀顯相 夙興夜處不寧……明日以其班祔……曰 孝子某 孝顯相 夙興夜處 小心畏忌不惰 其身不寧〕'"라는 내용이 보인다. '아무개'는 주인의 이름이며, '哀顯相'과 '孝顯相'은 '제사를 밝게 돕는 사람'의 뜻이다.

3) 饋食之禮：吉祭를 이른다. ≪周禮≫ 〈天官 籩人〉 정현의 주에 따르면 '饋食'는 익힌 음식을 올리는 것으로, 지금 길례에 남아 있는 것으로는 제후의 士의 제례인 ≪의례≫ 〈特牲饋食禮〉와 제후의 대부의 제례인 ≪의례≫ 〈少牢饋食禮〉가 있다. 천자나 제후의 길제와 달리 대부와 士의 길제에는 降神하지 않고 희생의 피와 날고기인 血腥을 바치지 않으며 곧장 익힌 음식을 올리는 것부터 시작하므로 '饋食之禮'라 한 것이다.

4) 九月癸巳 子野卒：'子野'는 魯 襄公의 첩인 敬歸의 아들이다. 노 양공 31년(B.C. 542) 6월 신사일(28일)에 양공이 薨逝하였는데, 자야가 지나치게 슬퍼하여 동년 9월 계사일(11일)에 죽은 것이다.

經의 〔居喪〕에서 〔於內〕까지

○ 正義曰：이 절은 효자의 居喪을 밝힌 것이니, 이것은 거상할 때 평상시의 법을

먼저 밝힌 것이다.

○〔毁瘠不形〕'毁瘠'은 수척한 것이다. '形'은 뼈가 드러난 것이다. 뼈는 사람 형체의 주체가 되므로 뼈를 일러 '形'이라 한 것이다. 거상할 때는 곧 수척해지는 것을 허여하나 뼈가 드러날 정도로 수척해지는 것은 허여하지 않는다.

○〔升降不由阼階〕'阼階'는 주인의 계단이다. 효자는 돌아가신 분 섬기기를 살아계신 분을 섬기듯이 하므로 상중에 사모하기를 마치 아버지가 살아 계시는 것처럼 하여 차마 아버지의 계단인 동쪽 계단으로 오르내리지 못하는 것이다. 만약 祔祭 이후라면 곧 동쪽 계단으로 오르내릴 수 있다. 이를 아는 것은, 살펴보면 ≪儀禮≫ 〈士虞禮〉에서 卒哭 이후에는 '哀子'라 칭하고 祔祭에는 '孝子'라 칭한다고 했기 때문이다. 부제는 饋食之禮와 같아서 이미 吉祭와 똑같으니, 그렇다면 효자가 동쪽 계단으로 오르내릴 수 있는 것이다. 그러나 ≪禮記≫ 〈雜記 上〉에 이르기를 "조문 온 자가 들어가면 주인이 堂에 올라가 서향한다."라고 하였고, 다음 경문에 이르기를 "장례를 지낸 뒤에는 부들 돗자리를 사용한다."라고 하였다. 당에 올라가 서향한 때는 아직 장례하기 전이며, 이미 서향한다고 말했다면 이것은 동쪽 계단으로 올라간 것이다. 여기에서 아직 장례하지 않았는데 동쪽 계단으로 오를 수 있는 것은, 다른 나라의 손님을 공경한 것이다.

○〔不勝喪 乃比於不慈不孝〕〈거상 중에〉 머리를 감고 몸을 씻으며 술을 마시고 고기를 먹는 이유의 의미를 총결한 것이다. '不勝喪'은, 병이 났는데 술을 마시지 않고 고기를 먹지 않으며, 부스럼이 나고 종기가 났는데 머리를 감지 않고 몸을 씻지 않아서, 몸을 훼손시켜 생명을 잃게 하는 것을 이른다. 몸을 남겨두지 않아서 세대를 잇지 않는 것은 '不慈'이고, 생명을 잃는 것은 또 부모가 살아 있을 때의 뜻을 어긴 것이므로 '不孝'라 한 것이다. '同'이라 하지 않고 '比'라 한 것은, 이것은 생명을 잃는 것이 본래 마음은 실제로는 불효가 아니므로 '比'라 한 것이다.

○〔五十不致毁〕'致'는 '지극하다'의 뜻이다. 50세에 처음으로 쇠약해지니, 거상하게 되면 수척해지는 것은 허여하지만 지극히 수척해지게 해서는 안 된다.

○〔六十不毁〕갈수록 더 쇠약함이 심해지므로 수척해지는 것을 전혀 허여하지 않는 것이다. ≪春秋≫ 襄公 31년 조 경문에 "9월 계사일에 子野가 卒하였다."라고 썼는데, ≪春秋左氏傳≫에 이르기를 "〈지나치게 슬퍼하여〉 수척해지게 했기 때문이다."라고 한 것이 이것이다.

01-31-02 生與來日이요 死與往日이니라

산 사람과 관계되는 〈成服하고 喪杖을 짚는 등의〉 예는 사망한 다음 날부터 날을 헤아리고, 죽은 사람과 관계되는 〈斂하고 殯하는 등의〉 예는 사망한 당일부터 날을 헤아린다.

【注】 與는 猶數也니 生數來日은 謂成服杖을 以死明日數也요 死數往日은 謂殯[1]斂을 以死日數也라 此士禮로 貶於大夫者니 大夫以上은 皆以來日數라 士喪禮曰 死日而襲[2]하고 厥明而小斂하고 又厥明에 大斂而殯이라하니 則死三日이어늘 而更言三日成服杖이면 似異日矣라 喪大記曰 士之喪은 二日而殯하고 三日之朝에 主人杖이라하니 二者相推하면 其然明矣[3]라 與는 或爲予라

1) 殯 : 장례하기 전에 시신을 널에 넣어 가매장하는 예이다. ≪儀禮≫ 〈士喪禮〉 및 ≪禮記≫ 〈喪大記〉에 따르면, 周나라의 경우 士는 서쪽 계단 위쪽 선상의 당 아래 땅을 파서 묻고 대부는 당 위 西序 아래에 놓고 제후는 輴車 위에 놓은 뒤 모두 진흙을 바른다.

2) 襲 : 시신을 싸는 禮인 '斂'과 달리, '襲'은 사람이 죽은 첫째 날 死者에게 옷을 입히는 예이다. ≪의례≫ 〈士喪禮〉에 따르면 士의 경우 襲은 爵弁服·皮弁服·褖衣(단의) 3벌의 옷을 입히며, 斂은 소렴에는 祭服인 작변복·피변복과 제복 이외의 옷인 散衣를 합쳐서 모두 19벌을 사용하고, 대렴에는 제복·산의와 사람들이 보내온 庶襚(서수)를 합쳐서 모두 30벌을 준비한다. 소렴과 대렴에는 옷과 별도로 이불도 준비하여 시신을 싼다. 庶襚는 大功親 이상의 親者 및 庶兄弟와 붕우가 보내온 襚를 가리킨다.

3) 其然明矣 : ≪의례≫ 〈士虞禮 記〉에도 "〈士는〉 사망한 지 3일 만에 殯을 하고, 3개월 만에 장례하고, 마침내 〈장례한 달에〉 졸곡한다.〔死三日而殯 三月而葬 遂卒哭〕"라는 내용이 보이는데, 이것은 사망한 당일부터 헤아린 것이다.

'與'는 〈'헤아리다'의 뜻을 가진〉 '數'와 같으니, '生數來日'은 成服과 喪杖 짚는 것을 사망한 다음 날부터 헤아린다는 말이고, '死數往日'은 殯과 斂을 사망한 날부터 헤아린다는 말이다. 이것은 士의 禮로 대부보다 예를 굽힌 것이니, 대부 이상은 모두 사망한 다음 날부터 헤아린다. ≪儀禮≫ 〈士喪禮〉에 이르기를, 사망한 날 襲을 하고, 그 다음 날 小斂하고, 또 그 다음 날 大斂한 뒤 殯을 한다고 하였으니, 사망한 지 3일이 된다. 그런데 3일이 되면 성복하고 상장을 짚는다고 다시 말하면 다른 날처럼 보인다. 〈喪大記〉에 이르기를 "士의 초상에는 2일 만에 殯을 하고 3일 되는 아침에 주인이 상장을

짚는다."라고 하였으니, 두 편의 경문을 서로 미루어 비교하면 〈殯과 成服이〉 날을 달리하는 것이 분명하다. '與'는 혹 '予'로 되어 있는 판본도 있다.

【疏】 '生與'至'往日'. ○ 正義曰："生與來日"者, 此謂士禮. 與, 數也. 謂生人成服杖, 數來日爲三日. "死與[1]往日"者, 謂死者殯斂, 數死日爲三日.

1) 與 : 완원은 惠棟校宋本에 '數'로 되어 있는 것을 근거로 '數'를 옳다고 하였다. 그러나 '死與往日'은 경문의 구절이고 '死數往日'은 정현의 주에 나오는 것이므로 여기에서는 '與'가 옳을 듯하다.(阮元의 校勘記 참조)

經의 〔生與〕에서 〔往日〕까지

○ 正義曰 : '生與來日'은, 이것은 士의 禮를 이른다. '與'는 '헤아리다'의 뜻이다. 살아 있는 사람이 成服하고 喪杖을 짚는 것은 사망한 다음 날부터 헤아려서 3일이 되는 날 행한다는 말이다. '死與往日'은, 사망한 자의 殯과 斂은 사망한 날부터 헤아려서 3일이 되는 날 행한다는 말이다.

【疏】 ○ 注'與(數)〔猶〕[1]'至'爲予'. ○ 正義曰：貶猶屈也. 士卑屈, 故降, 不如大夫所以厭其殯日. 然士惟屈殯日, 不屈成服杖日者, 成服必在殯後故也. 云'大夫以上皆以來日數'者, 大夫尊, 則成服及殯, 皆不數死日也. 大夫云三日殯, 不數死日, 則天子諸侯亦悉不數死日也. 故鄭云"大夫以上." 云'士喪禮曰 死日而襲'者, 注引士喪禮者, 證殯與成服不同日, 以其未審, 故云"似異日". 又引喪大記者, 更證明士殯與成服不同日, 故云"二者相推, 其然明矣", 謂以士喪禮·喪大記二者相推校. 然猶是也, 殯與成服是異日, 明矣, 無所復疑. 言'與或爲予'者, 謂諸本禮記有作"予"字者, 故云"與, 或爲予".

1) (數)〔猶〕: 저본에는 '數'로 되어 있으나, 본서의 체제에 의거하여 '猶'로 바로잡았다.

○ 注의 〔與猶〕에서 〔爲予〕까지

○ 正義曰 : '貶'은 〈'굽히다'의 뜻인〉 '屈'과 같다. 士는 신분이 낮으므로 예를 낮추는 것이니, 대부처럼 그 殯을 하는 날을 다 채우지 못한다. 그러나 士가 殯을 하는 날만 굽히고 成服과 喪杖을 짚는 날은 굽히지 않는 것은, 성복은 반드시 殯을 한 뒤에 있기 때문이다.

〔大夫以上皆以來日數〕 대부는 존귀하니 성복과 殯을 모두 사망한 날부터 헤아리지 않는다는 것이다. 대부의 경우 '3일 만에 殯을 한다'고 하여 사망한 날을 헤아리지 않

는다면 천자나 제후도 모두 사망한 날을 헤아리지 않는 것이다. 그러므로 정현이 '大夫以上'이라 한 것이다.

〔士喪禮曰 死日而襲〕 정현의 주에서 ≪儀禮≫ 〈士喪禮〉를 인용한 것은 殯과 성복이 동일한 날이 아님을 증명한 것이니, 자세히 살피지 않았기 때문에 '似異日'이라 한 것이다. 또 ≪禮記≫ 〈喪大記〉를 인용한 것은, 士의 殯과 성복이 동일한 날이 아님을 다시 증명한 것이다. 그러므로 '二者相推 其然明矣'라 한 것이니, 〈사상례〉와 〈상대기〉 두 편을 가지고 서로 미루어서 비교한 것을 이른다. '然'은 〈'이러하다'의 뜻인〉 '是'와 같으니, 殯과 성복은 날을 달리하는 것이 분명하여 더는 의심할 것이 없다는 것이다.

〔與或爲予〕 여러 판본의 ≪예기≫에 〈'與'가〉 '予'로 되어 있는 것이 있음을 이르니, 이 때문에 '與或爲予'라 한 것이다.

01-31-03 知生者는 弔하고 知死者는 傷이니 知生而不知死어든 弔而不傷하고 知死而不知生이어든 傷而不弔니라

산 자를 아는 사람은 〈초상집에 使者를 보내 구두로〉 조문하는 말을 전하게 하고, 죽은 자를 아는 사람은 〈板에 쓴 글을 읽게 함으로써〉 애도하는 말을 전한다. 산 자만 알고 죽은 자를 알지 못하면 조문하는 말만 전하게 하고 애도하는 말은 전하지 않으며, 죽은 자만 알고 산 자를 알지 못하면 애도하는 말만 전하게 하고 조문하는 말은 전하지 않는다.

【注】 人恩을 各施於所知也라 弔傷은 皆謂致命辭也라 雜記曰 諸侯使人弔하면 辭曰 寡君이 聞君之喪하고 寡君이 使某로 如何不淑고라하니 此는 施於生者니 傷辭는 未聞也라 說者有弔辭云 皇天降災하여 子遭罹之하니 如何不淑고라하니 此는 施於死者니 蓋本傷辭라 辭畢이면 退하여 皆哭이라

사람의 은혜를 각각 아는 사람에게 베푸는 것이다. '弔'와 '傷'은 모두 命을 전하는 말을 이른다. ≪예기≫ 〈雜記 上〉에 이르기를, 제후가 사람을 보내 조문하면 다음과 같은 말을 전하게 한다. "우리 임금님께서 군주의 喪을 들으시고, 우리 임금님께서 저 아무개를 보내 '어찌하다 이런 흉액을 당하셨습니까.'라고 위로하게 하셨습니다." 이것은 산 자에게 하는 말이니, 〈죽은 자를〉 애도하는 말은 듣지 못하였다. 해설하는 사람

은 〈산 자를〉 조문하는 말에 "하늘이 재앙을 내려 그대가 이에 걸렸으니 어찌하다 이런 흉액을 당하셨습니까."라는 말이 있다고 하는데, 이것은 죽은 자에게 하는 말이니 본래는 애도하는 말인 듯하다. 전하는 말이 끝나면 물러가서 모두 곡을 한다.

【疏】'知生'至'不弔'. ○ 正義曰：此一節論弔傷之法. 若存之與亡竝識, 則遣設弔辭傷辭兼行. 若但識生而不識亡, 則唯遣設弔辭而無傷辭. ○'知死而不知生, 傷而不弔'者, 若但識亡, 唯施傷辭, 而無弔辭也. 然生弔死傷, 其文可悉, 但記者丁寧言之, 故其文詳也.

經의 〔知生〕에서 〔不弔〕까지

○ 正義曰：이 절은 〈산 자를〉 조문하거나 〈죽은 자를〉 애도하는 법을 논한 것이다. 만약 산 자를 죽은 자와 함께 모두 안다면 조문하는 말과 애도하는 말을 지어 보내 겸행하게 한다. 만약 산 자만 알고 죽은 자는 알지 못하면 오직 조문하는 말만 지어 보내고 애도하는 말은 없다.

○〔知死而不知生 傷而不弔〕 만약 죽은 자만 알면 오직 애도하는 말만 하며 조문하는 말은 없다. 그러나 산 자를 아는 사람은 조문하는 말을 전하고 죽은 자를 아는 사람은 애도하는 말을 전한다는 것에서 이 구절의 뜻을 알 수 있지만, 다만 기록하는 자가 간곡하게 말했으므로 이 글이 자세한 것이다.

【疏】 ○ 注'弔傷'至'皆哭'. ○ 正義曰：皆不自往, 而遣使致己之命也. '雜記曰 諸侯使人弔, 辭曰 寡君聞君之喪, 寡君使某, 如何不淑', 此施於生者也. 引雜記者, 證諸侯有隣國之喪, 不得自往, 遣使往弔, 致命弔辭之法也. 然弔辭唯使者口傳之於主國孤[1)]而已. 云'傷辭未聞'者, 經典散亡, 故未聞也. '說者有弔辭云 皇天降災, 子遭罹之, 如何不淑'者, 旣未聞傷辭, 有舊說者云有弔辭如此也. 施於(此)〔死〕[2)]者, 蓋本傷辭也. 鄭此云舊說, 疑其非弔辭, 正是傷辭耳. 所以然者, 一則不與雜記弔辭同, 二則旣言"皇天降災, 子遭罹之", 明是傷於亡者自身, 非關弔于孝子也. 云'辭畢, 退, 皆哭'者, 然弔辭, 乃使口致命, 若傷辭, 當書之於板, 使者讀之而奠致殯前也. 知辭畢皆退而哭者, 案雜記行弔之後, 致含襚賵[3)]畢乃臨, 若不致含襚賵, 則弔訖乃臨也. 故鄭云弔傷辭畢皆哭.

1) 孤：춘추시대 제후가 흉사가 있을 때의 자칭이다. ≪春秋左氏傳≫ 莊公 11년 조의 공영달의 소에 "흉사가 없을 때는 항상 寡人이라 칭하고, 흉사가 있으면 孤라 칭한

다.〔無凶則常稱寡人 有凶則稱孤也〕"라는 내용이 보인다.

2) (此)〔死〕: 저본에는 '此'로 되어 있으나, 北京大本에 의거하여 '死'로 바로잡았다.

3) 含襚賵 : '含'은 시신의 입에 넣는 구슬이나 쌀, 조개껍질 등을 이른다. ≪禮記≫ 〈雜記 上〉에 따르면 列國의 사신은 璧玉을 바친다. '襚'는 ≪儀禮≫ 〈士喪禮〉 정현의 주에 따르면 '주다〔遺〕'의 뜻으로, 죽은 자에게 보내는 옷이나 이불을 이른다. '賵'은 ≪의례≫ 〈旣夕禮〉 정현의 주에 따르면 주인이 장례 치르는 것을 돕기 위해 보내는 수레나 말을 이른다.

○ 注의 〔弔傷〕에서 〔皆哭〕까지

○ 正義曰 : 모두 자신이 가지 않고 使者를 보내 자기의 명을 전하게 한 것이다.

〔雜記曰 諸侯使人弔 辭曰 寡君聞君之喪 寡君使某 如何不淑〕 이것은 산 자에게 하는 말이다. ≪예기≫ 〈잡기〉를 인용한 것은, 제후가 이웃 나라에 초상이 났을 때 자신이 갈 수 없어서 사신을 보내어 가서 조문하여 조문하는 말을 전하게 하는 법을 증명한 것이다. 그러나 조문하는 말은 오직 사신으로 간 자가 주인 나라의 〈군주인〉 孤에게 구두로 전할 뿐이다.

〔傷辭未聞〕 경전이 흩어지고 없어졌으므로 듣지 못한 것이다.

〔說者有弔辭云 皇天降災 子遭罹之 如何不淑〕 이미 애도하는 말은 듣지 못하였고, 舊說 중에 이와 같은 조문하는 말이 있다고 한 것이다. 죽은 자에게 하는 말은 본래 애도하는 말이었을 것이기 때문이다. 정현이 여기에서 구설이라 한 것은, 조문하는 말이 아니고 바로 애도하는 말이 아닐까 의심한 것뿐이다. 이렇게 여긴 이유는, 첫째는 ≪예기≫ 〈잡기〉의 조문하는 말과 똑같지 않다는 것이고, 둘째는 이미 '皇天降災 子遭罹之'라고 말했다면 분명히 이것은 죽은 자 본인에 대해 애도하는 것이지 효자에게 조문하는 것과 관련된 것이 아니기 때문이다.

〔辭畢 退 皆哭〕 그러나 조문하는 말은 바로 사신이 구두로 명을 전하는 것이며, 애도하는 말이라면 마땅히 板에 써서 사신으로 간 자가 이를 읽고 殯 앞에 올려야 한다. 전하는 말이 끝나면 모두 물러가서 곡을 함을 아는 것은, 살펴보면 ≪예기≫ 〈잡기〉에서 조문을 행한 뒤에 飯含을 하고 襚와 車馬를 바치는 예가 끝나고서 이에 곡하며〔臨〕, 만약 반함을 하지 않고 襚와 거마를 바치지 않았다면 조문을 마치고 나서야 곡하기 때문이다. 그러므로 정현이 조문하는 말이나 애도하는 말을 전하는 예가 끝나면 모두 곡을 한다고 한 것이다.

01-31-04 弔喪호되 **弗能賻**[1)]어든 **不問其**[2)]**所費**하며 **問疾**호되 **弗能遺**어든 **不問其所欲**하며 **見人**호되 **弗能館**이어든 **不問其所舍**니라 **賜人者**는 **不曰來取**요 **與人者**는 **不問其所欲**이니라

1) 賻 : ≪春秋穀梁傳≫ 隱公 원년 조에 "네 필 말을 주는 것을 '賵(봉)', 옷이나 이불을 주는 것을 '襚(수)', 조개껍질이나 옥을 주는 것을 '含', 재물을 주는 것을 '賻'라 한다.〔乘馬曰賵 衣衾曰襚 貝玉曰含 錢財曰賻〕"라고 하였고, 은공 3년 조에 "죽은 자에게 주는 것을 '賵', 산 자에게 주는 것을 '賻'라 한다.〔歸死者曰賵 歸生者曰賻〕"라고 하였다. 陸德明의 音義에서는 '錢財曰賻'를 ≪春秋公羊傳≫의 구절로 인용하였는데, 오류이다.

2) 其 : '有'로 되어 있는 판본도 있다.(陸德明의 ≪經典釋文≫ 〈禮記音義〉 참조)

問喪할 때 재화를 보낼 수 없으면 필요한 경비를 묻지 않으며, 問病할 때 줄 수 없으면 원하는 것을 묻지 않으며, 行人을 만났을 때 머물 집을 제공할 수 없으면 머물 곳을 묻지 않는다. 남에게 하사하는 경우에는 '와서 가져가라' 말하지 않고, 남에게 주는 경우에는 그가 원하는지 묻지 않는다.

【注】 皆爲[1)]**傷恩也**라 **見人**은 **見行人**이라 **館**은 **舍也**라 **與人**에 **不問其所欲**은 **己物**이 **或時非其所欲**이면 **將不與也**라

1) 爲 : 衛氏集說・考文引宋板・古本에는 '謂'로 되어 있다.(阮元의 校勘記 참조)

모두 은혜를 손상하기 때문이다. '見人'은 行人을 만나는 것이다. '館'은 머물 곳이다. 남에게 줄 때 그가 원하는지 묻지 않는 것은 자기 물건이 혹 그때 원하는 것이 아니라면 주지 않으려는 것이기 때문이다.

01-32-01 適墓호되 **不登壟**(롱)하며

묘지에 갔을 때 무덤에 올라가지 않으며,

【注】 爲其不敬이라 **壟**은 **冢也**요 **墓**는 **塋域**이라

불경하기 때문이다. '壟'은 무덤이고, '墓'는 묘소이다.

助葬호되 **必執紼**(불)하며

장례를 도울 때 〈힘을 보태기 위해〉 반드시 상여 끈을 잡으며,

【注】 葬은 喪之大事라 紼은 引車索(삭)[1)]이라

1) 引車索(삭) : ≪經典釋文≫ 표제어에는 '引車'가 '引棺'으로 되어 있고, 설명에 '棺'은 '車'로 되어 있는 판본도 있다고 하였다. 考文引古本·衛氏集說에는 '索' 다음에 '也'가 있다.(陸德明의 ≪經典釋文≫, 阮元의 校勘記 참조)

'葬'은 喪事의 큰일이다. '紼'은 수레를 끄는 줄이다.

臨喪不笑하며

喪에 임하여 웃지 않으며,

【注】 臨喪에 宜有哀色이라

喪에 임했을 때 의당 슬픈 기색이 있어야 한다.

揖人호되 **必違其位**하며

〈禮는 변화 주는 것을 공경으로 삼으므로〉 다른 사람에게 揖을 할 때 반드시 자기 자리를 떠나서 하며,

【注】 禮는 以變爲敬이라

禮는 변화를 주는 것으로 공경을 삼는다.

望柩不歌하며 **入臨**[1)]**不翔**하며

1) 臨 : 哭을 하여 슬픔을 표하는 것이다. ≪儀禮≫ 〈士虞禮〉 정현의 주에 "臨은 조석곡이다.〔臨 朝夕哭〕"라고 하였고, ≪春秋左氏傳≫ 宣公 12년 조 杜預의 주에 "臨은 곡하는 것이다.〔臨 哭也〕"라고 하였다.

널을 바라보고 노래하지 않으며, 들어가 다른 사람의 喪에 곡할 때 두 팔을 날개처럼 펴고 걸어서 모양을 내지 않으며,

【注】 哀傷之하여 無容樂(락)이라

슬퍼해서 모양을 내거나 즐거워하지 않는 것이다.

當食不歎하며

음식 앞에서 탄식하지 않으며,

【注】 食或以樂(악)이니 非歎所라

식사는 혹 〈군주의 경우〉 음악을 들으며 먹기도 하니 탄식할 자리가 아니다.

隣有喪이어든 舂不相하며 里有殯이어든 不巷歌하며

이웃에 초상이 있으면 방아 찧는 자는 장단을 맞추어 흥을 돋지 않으며, 마을에 殯이 있으면 마을 골목에서 노래 부르지 않으며,

【注】 助哀也라 相은 謂送杵聲이라

슬픔을 보태는 것이다. '相'은 방아 찧을 때 내는 소리이다.

適墓不歌하며

다른 사람의 묘소에 가서 노래 부르지 않으며,

【注】 非樂(락)所라

즐거워할 곳이 아니기 때문이다.

哭日不歌하며

〈다른 사람의 초상에 조문하여〉 곡을 한 날에는 노래 부르지 않으며,

【注】 哀未忘也라

슬픔을 아직 잊지 않았기 때문이다.

送喪[1)]호되 不由徑하며 送葬호되 不辟(피)塗潦하며

1) 送喪 : 宋나라 陳祥道의 ≪禮記講義≫에 따르면 산 자를 아는 사람이 상여를 전송하는 것을 이른다. 죽은 자를 아는 사람이 상여를 전송하는 것은 '送葬'이다.(衛湜의 ≪禮記集說≫ 참조)

〈산 자를 아는 자가 다른 사람의〉 상여를 전송할 때 지름길로 가지 않으며, 〈죽은 자를 아는 자가 다른 사람의〉 장례를 전송할 때 진흙 길을 피하지 않으며,

【注】 所哀在此라

슬퍼하는 바가 여기에 있기 때문이다.

臨喪則必有哀色하며 執紼不笑하며 臨樂(악)不歎하며 介胄則有不可犯之色이니

喪에 임해서는 반드시 슬퍼하는 기색이 있어야 하며, 상여 끈을 잡고 웃지 않으며, 음악에 임하여 탄식하지 않으며, 갑옷을 입고 투구를 썼으면 범할 수 없는 기색이 있어야 하니,

【注】 貌與事宜相配라 介는 甲也라

모습과 일은 서로 어울려야 하기 때문이다. '介'는 갑옷이다.

故로 君子는 戒愼하여 不失色於人이니라

그러므로 군자는 경계하고 삼가서 다른 사람 앞에서 군자의 모습을 잃지 않는 것이다.

【注】 色厲而內荏과 貌恭心很은 非情者也라

모습은 엄숙한데 마음이 유약한 것과 모습은 공손한데 마음이 사나운 것은 마음이 모습과 맞지 않는 것이다.

國君이 撫式이어시든 大夫下之하고 大夫撫式이어든 士下之니

군주가 〈신하들과 함께 외출하여 宗廟를 지날 때 경의를 표하기 위해〉 수레의

軾을 잡고 고개를 조금 숙이면 대부는 수레에서 내리고, 대부가 軾을 잡고 고개를 조금 숙이면 士는 〈대부가 군주에 대한 것처럼〉 수레에서 내리니,

【注】 撫는 猶據也니 據式小俛은 崇敬也라 乘車必正立이라

'撫'는 〈'의거하다'의 뜻인〉 '據'와 같으니, 수레의 軾을 잡고 고개를 조금 숙이는 것은 높여서 공경하는 것이다. 네 필 말이 끄는 수레에서는 반드시 똑바로 서 있어야 한다.

禮不下庶人하며

예는 庶人에게까지는 내려가지 않으며,

【注】 爲[1]其遽於事요 且不能備物이라

1) 爲 : ≪禮記訓纂≫에는 '謂'로 되어 있다.(北京大本 ≪禮記正義≫ 校勘記 참조)

〈서인은〉 일에 쫓길 뿐 아니라 물건을 구비할 수 없기 때문이다.

刑不上大夫니라

형벌은 대부 이상에게는 올라가지 않는다.

【注】 不與賢者犯法이니 其犯法이면 則在八議輕重이요 不在刑書라

賢者가 법을 범하는 것을 허여하지 않는 것이니, 현자가 법을 범하면 八議의 경중에 달려 있고 刑書에 달려 있지 않다.

刑人은 不在君側이니라

형벌 받은 사람은 군주의 곁에 두지 않는다.

【注】 爲怨恨爲害也라 春秋傳曰 近刑人은 則輕死之道라하니라

원한을 품고 해칠 수 있기 때문이다. ≪春秋公羊傳≫에 이르기를 "형벌 받은 사람을 가까이하는 것은 죽음을 가볍게 여기는 도이다."라고 하였다.

【疏】'助葬'至'君側'. ○ 正義曰：此一節記人雜記吉凶擧動威儀之事, 各依文解之. ○'助葬必執紼'者, 助葬本非爲客, 正是助事耳, 故宜必執紼也.

經의 〔助葬〕에서 〔君側〕까지

○ 正義曰 : 이 절은 기록하는 사람이 吉禮와 凶禮 때 擧動과 威儀의 일을 뒤섞어 기록한 것이니, 각각 글을 따라 풀이하겠다.

○〔助葬必執紼〕 장례를 돕는 것은 본래 손님의 일이 아니고 바로 일을 돕는 것뿐이므로 반드시 상여 끈을 잡아야 한다.

【疏】 ○ 注'葬喪'至'車索'. ○ 正義曰 : '葬, 喪之大事', 解所以必執紼之義. 云'紼, 引車索'者, 繩屬棺曰紼, 屬車曰引. 引・紼亦通名, 故鄭云 "紼, 引車索(삭)"也.

○ 注의 〔葬喪〕에서 〔車索〕까지

○ 正義曰 : 〔葬 喪之大事〕 반드시 상여 끈을 잡아야 하는 뜻을 풀이한 것이다.

〔紼 引車索〕 끈을 널에 연결한 것은 '紼'이라 하고, 수레에 연결한 것은 '引'이라 한다. 引과 紼은 또한 통용하여 쓰는 이름이므로 정현이 '紼 引車索'이라고 한 것이다.

【疏】 ○ "揖人必違其位"者, 位謂己之位也. 於位而見前人, 己所宜敬者, 當離己位而嚮彼遙揖. 禮以變爲敬, 是以燕禮君降階, 爾卿大夫[1]. 鄭注云"爾, 近也. 揖而移近之", 明雖君臣, 皆須違位而揖也. ○ "入臨不翔"者, 謂入臨人之喪, 不得趨翔爲容. 不翔, 故不歌, 歌則猶翔也. ○ "當食不歎"者, 吉食奏樂, 旣樂, 故不宜歎也. 又若助喪事而食, 使充飢, 不令廢事, 亦不宜歎, 歎則不飽也.

1) 君降階 爾卿大夫 : ≪儀禮≫ 〈燕禮〉에 "공이 堂에서 내려가 동쪽 계단 동남쪽에 서서 남향하고서 〈揖을 하여〉 경에게 가까이 오게 한다. 경이 〈조금 북쪽으로 나아가서〉 북쪽을 상위로 서향하여 선다. 공이 〈揖을 하여〉 대부에게 가까이 오게 하면 대부가 모두 조금 나아간다.〔公降立于阼階之東南 南向爾卿 卿西面 北上 爾大夫 大夫皆少進〕"라는 내용이 보인다.

○〔揖人必違其位〕 '位'는 자기의 자리를 이른다. 자기 자리에서 앞 사람을 보았을 때 자기가 공경해야 할 사람이면 자기 자리에서 떠나 그쪽을 향하여 멀리서 揖을 해야 한다. 예는 변화를 주는 것을 공경으로 삼는다. 이 때문에 ≪儀禮≫ 〈燕禮〉에서 군주가 계단을 내려가서 경과 대부에게 가까이 오게 하는 것이다. 정현의 주에 이르기

를 "爾는 가까이한다는 뜻이니, 揖을 하여 가까이 옮겨오게 하는 것이다."라고 하였다. 비록 군신 사이라 하더라도 모두 자기 자리를 떠나서 揖을 해야 함을 밝힌 것이다.

○〔入臨不翔〕 들어가 남의 초상에 곡하면 두 팔을 날개처럼 펴고 빨리 걸어가서 모양을 내어서는 안 된다는 말이다. 두 팔을 날개처럼 펴고 걷지 않으므로 노래하지 않으니, 노래한다면 두 팔을 날개처럼 펴고 걷는 것과 같다.

○〔當食不歎〕 吉食에는 음악을 연주하니, 이미 음악이 있으므로 탄식해서는 안 된다. 또 만약 喪事를 도우면서 식사하는 것이라면 허기를 채워서 일이 폐해지지 않도록 해야 하니, 마찬가지로 탄식을 해서는 안 된다. 탄식하면 배불리 먹지 못한다.

【疏】 ○ 注'食或以樂, 非歎所'. ○ 正義曰：人君吉食則有樂, 賤者則無, 故云"或"也.

○ 注의〔食或以樂 非歎所〕

○ 正義曰：인군은 吉食에 음악이 있지만 천한 자는 음악이 없으므로 '或'이라 한 것이다.

【疏】 ○ '哭日不歌'者, "哭日"謂弔人日也. 哭・歌不可共日也.

○〔哭日不歌〕 '哭日'은 다른 사람의 초상에 조문한 날을 이른다. 哭과 歌는 날을 같이해서는 안 된다.

【疏】 ○ 注'哀未忘也'. ○ 正義曰：論語云 "子於是日哭, 則不歌." 而鄭此云 "哀未忘也", 則弔日之朝, 亦得歌樂. 但弔以還, 其日晚, 不歌耳, 亦得會. 是日哭則不歌, 是先哭後乃不歌也.

○ 注의〔哀未忘也〕

○ 正義曰：≪論語≫ 〈述而〉에 이르기를 "孔子는 이날 곡을 했으면 노래 부르지 않았다."라고 하였는데 정현은 여기에서 '哀未忘也'라 하였으니, 조문한 날 아침에는 또한 노래하고 즐길 수 있는 것이다. 다만 조문하고 돌아와 그날 저녁에 노래하지 않은 것뿐이니, 또한 모일 수는 있는 것이다. 이날 곡을 했으면 노래하지 않았다는 것은 먼저 곡을 한 뒤에야 비로소 노래하지 않은 것이다.

【疏】 ○ '送葬不辟塗潦'者, 前文"送喪", 此云"送葬", 上下文勢皆據他人. 知者, 以上"適墓不登壟", "入臨不翔", 及"哭日不歌", 以文類之, 故知此等皆據他人也. 而本亦有云

"送喪不辟塗潦"者, 義亦通也. ○ '介胄則有不可犯之色'者[1], 亦內外宜相稱也. 戎容暨暨, 若身被甲, 首冠胄, 則使形勢高岸, 有不可干犯之色, 以稱其服也. ○ '故君子戒愼, 不失色於人'者, 竝結前義也. 故, 承上起下之辭. 上旣言內外宜稱, 故君子接人, 凡所行用, 竝使心色如一, 不得色違於心, 故云"不失色於人"也.

1) 者 : 閩本·監本·毛本·惠棟校宋本에는 없다.(阮元의 校勘記 참조)

○〔送葬不辟塗潦〕 앞글에서는 '送喪'이라 하고 여기에서는 '送葬'이라 하였는데, 앞뒤의 文勢가 모두 다른 사람에 근거한 것이다. 이를 아는 것은, 앞의 '適墓不登壟'과 '入臨不翔'과 '哭日不歌'가 글이 비슷하므로 이 구절들이 모두 다른 사람에 근거한 것임을 안 것이다. 어떤 판본에는 또한 '送喪不辟塗潦'로 된 곳도 있는데, 뜻이 또한 통한다.

○〔介胄則有不可犯之色〕 또한 안과 밖이 서로 어울려야 하기 때문이다. 군인의 모습은 강하고 굳세니, 만약 몸에 갑옷을 입고 머리에 투구를 썼다면 형세를 높게 해서 범할 수 없는 기색이 있게 하여 그 옷과 어울리게 하는 것이다.

○〔故君子戒愼 不失色於人〕 모두 앞의 뜻을 총결한 것이다. '故'는 앞글을 잇고 뒷글을 일으키는 말이다. 앞에서 이미 안과 밖이 서로 어울려야 한다고 말했으므로 군자가 사람을 대할 때 행동거지를 모두 마음과 모습이 똑같게 하여 모습이 마음과 어긋나게 해서는 안 된다. 그러므로 '不失色於人'이라 한 것이다.

【疏】 ○ 注'色厲而內荏, 貌恭心很, 非情者也'. ○ 正義曰 : 此擧失色之事也. 小人顏色嚴厲而心內荏弱爲佞, 又外乃象恭而心實敖很, 此竝情不副色也. 故論語云 "色厲而內荏, 譬諸小人, 其猶穿窬之盜也與." 又云 "巧言令色足(주)恭." 書云 "象恭滔天."

○ 注의〔色厲而內荏 貌恭心很 非情者也〕

○ 正義曰 : 이것은 모습을 잃는 일을 든 것이다. 소인은 낯빛은 엄숙한데 마음은 유약하여 아첨하고, 또 겉은 공손한 듯한데 마음은 실제로는 오만하고 사나우니, 이는 모두 마음이 모습과 부합하지 않은 것이다. 그러므로 ≪論語≫ 〈陽貨〉에 이르기를 "얼굴빛은 엄숙한데 마음은 유약한 것을 소인에 비유하면 아마도 담장을 뚫고 담을 넘는 도둑과 같을 것이다."라고 하였고, 또 ≪논어≫ 〈公冶長〉에 이르기를 "말을 좋게 하고 얼굴빛을 곱게 하며 지나치게 공손하다."라고 하였으며, ≪書經≫ 〈虞書 堯典〉에서는 "겉모습은 공손한데 마음은 오만한 것이 하늘에 가득 찰 듯하다."라고 한 것이다.

【疏】 ○'國君撫式, 大夫下之'者, 撫謂手據之, 謂君臣俱行, 君式宗廟, 則臣宜下車. 此獨云大夫, 則士可知也. 〔○〕[1] '大夫撫式, 士下之'者, 士爲大夫之臣, 亦如大夫於君也.

1) 〔○〕: 저본에는 부호 '○'가 없으나, 본서의 체제에 의거하여 보충하였다.

○〔國君撫式 大夫下之〕'撫'는 손을 짚는 것을 이르니, 군주와 신하가 함께 갈 때 군주가 宗廟에 대해 〈경의를 표하기 위해〉 수레의 軾을 잡고 고개를 조금 숙이면 신하는 수레에서 내려야 한다는 말이다. 여기에서는 '大夫'라고만 말했는데 士는 〈말하지 않아도 대부와 마찬가지임을〉 알 수 있다.

○〔大夫撫式 士下之〕士는 大夫의 신하이니 또한 대부가 군주에 대해 한 것처럼 한다.

【疏】 ○注'乘車必正立'. ○正義曰: 證所式義也. 乘車, 駟馬之車也, 旣竝立乘, 故爲敬時, 則俯俛據式.

○注의〔乘車必正立〕

○正義曰: 수레의 軾을 잡고 고개를 조금 숙이는 뜻을 증명한 것이다. '乘車'는 네 필 말이 끄는 수레이니, 이미 나란히 서서 타고 있으므로 공경을 표할 때는 고개를 숙이고서 수레의 軾을 잡는다.

【疏】 ○'禮不下庶人'者, 謂庶人貧, 無物爲禮, 又分地是務, 不服[1]燕飮, 故此禮不下與庶人行也. 白虎通云[2] "禮爲有知制, 刑爲無知設." 禮謂酬酢之禮, 不及庶人, 勉民使至於士也. 故士相見禮云"庶人[3]見於君, 不爲容[4], 進退走"是也. 張逸[5]云 "非是都不行禮也. 但以其遽務不能備之, 故不著於經文三百・威儀三千耳. 其有事, 則假士禮行之." ○'刑不上大夫'者, 制五刑三千之科條[6], 不設大夫犯罪之目也. 所以然者, 大夫必用有德, 若逆設其刑, 則是君不知賢也. 張逸云 "謂所犯之罪, 不在夏三千・周二千五百[7]之科, 不使賢者犯法也, 非謂都不刑其身也. 其有罪則以八議議其輕重耳."

1) 服: 毛本・衛氏集說에는 '暇'로 되어 있다.(阮元의 校勘記 참조)
2) 白虎通云: ≪白虎通義≫ 〈德論下 五刑〉에 보인다.
3) 庶人: ≪儀禮≫ 〈士相見禮〉 賈公彦의 疏에 따르면 ≪禮記≫ 〈王制〉에서 말하는 '庶人在官者'이다. 즉 收藏을 주관하는 府, 문서를 주관하는 史, 요역을 제공하는 백성 10인의 우두머리인 胥, 요역을 담당하는 백성인 徒・工人・賈人 등의 하급관리를 이른다. 이들은 천자나 제후에게 임명받지 않고 官長이 직접 임명하며 작위가 없다.
4) 容: ≪의례≫ 〈사상견례〉 정현의 注에 "容은 두 팔을 벌려 拱手하고서 종종걸음으로

빨리 걷는 것을 이른다.〔容謂趨翔〕"라고 하였는데, ≪예기≫ 〈曲禮 上〉의 주소에 따르면 '趨'는 '다닐 때 발을 벌려 종종걸음으로 빨리 가는 것〔行而張足 疾趨而行〕'으로 공경하는 걸음이며, '翔'은 '다닐 때 팔을 벌리고 拱手하는 것〔行而張拱〕'이다.

5) 張逸 : 後漢 말엽 北海郡 高密縣 사람으로, 정현의 제자이다.

6) 五刑三千之科條 : '五刑'은 얼굴에 먹으로 글자를 새기는 墨刑, 코를 베는 劓刑, 발꿈치를 자르는 剕刑, 거세하는 宮刑, 사형에 처하는 大辟을 이른다. ≪書經≫ 〈周書 呂刑〉에 "묵벌의 종류가 천이고, 의벌의 종류가 천이고, 비벌의 종류가 5백이고, 궁벌의 종류가 3백이고, 대벽의 종류가 2백이니, 오형의 종류가 3천이다.〔墨罰之屬千 劓罰之屬千 剕罰之屬五百 宮罰之屬三百 大辟之罰 其屬二百 五刑之屬三千〕"라는 내용이 보인다.

7) 周二千五百 : ≪周禮≫ 〈秋官 司刑〉에 "오형의 법을 관장하여 만민의 죄를 처벌한다. 〈얼굴에 刺字하는〉 묵형의 죄가 5백 가지이고, 〈코를 베는〉 의형의 죄가 5백 가지이고, 〈거세하는〉 궁형의 죄가 5백 가지이고, 〈발을 자르는〉 월형의 죄가 5백 가지이고, 사형의 죄가 5백 가지이다.〔掌五刑之法 以麗萬民之罪 墨罪五百 劓罪五百 宮罪五百 刖罪五百 殺罪五百〕"라는 내용이 보인다.

○〔禮不下庶人〕 서인은 가난하여 예를 행할 물건이 없고, 또 나누어 받은 전지를 힘써 경작해야 해서 燕飮에 종사하지 못하므로 이 예가 아래로 서인에게까지 시행되지는 않는다는 말이다. ≪白虎通義≫에 이르기를 "예는 아는 자를 위하여 제정되었고, 형벌은 모르는 자를 위하여 설치되었다."라고 하였다. '禮'는 술을 따라 권하고 답하는 예를 이르니, 서인에게까지 미치지는 않으나 백성에게 권면하여 士에 이르게 한다. 그러므로 ≪儀禮≫ 〈士相見禮〉에 이르기를 "서인은 군주를 만났을 때 두 팔을 벌려 拱手하고서 종종걸음으로 빨리 걷지 않으며 나아가고 물러갈 때 빨리 걸을 뿐이다."라고 한 것이 이것이다. 張逸이 말하기를 "모두 예를 행하지 않는 것은 아니다. 다만 일에 쫓겨 구비할 수 없으므로 經文 3백 가지 예와 威儀 3천 가지 예에 기록하지 않을 뿐이다. 일이 있으면 士의 예를 빌려 행한다."라고 하였다.

○〔刑不上大夫〕 五刑에 속하는 3천 가지 법조문을 제정할 때 대부가 죄를 범했을 경우의 조목을 만들지 않은 것이다. 이렇게 한 이유는 대부는 반드시 덕이 있는 사람을 쓰기 때문이니, 만약 미리 그 형벌을 마련해둔다면 이는 군주가 현자를 알아보지 못한다는 것이다. 장일이 말하기를 "범한 죄가 夏나라의 3천 가지 죄목과 周나라의 2천 5백 가지 죄목에 들어 있지 않아서 현자로 하여금 법을 범하지 않게 한다는 말이며, 전혀 그 당사자를 형벌하지 않는다는 말은 아니다. 죄가 있으면 八議로 그 경중을 논의할 뿐이다."라고 하였다.

○ 注'不與'至'刑書'. ○ 正義曰：與猶許也. 不許賢者犯法, 若許之, 則非進賢之道也. 大夫無刑科, 而周禮有犯罪致殺放者, 鄭恐人疑, 故出其事, 雖不制刑書, "不與賢者犯法, 其犯法則在八議輕重, 不在刑書[1]". 若脫或犯法, 則在八議, 議有八條, 事在周禮[2]. 一曰議親之辟, 謂是王宗室有罪也. 二曰議故之辟, 謂與王故舊也. 三曰議賢之辟, 謂有德行者也. 四曰議能之辟, 謂有道藝者也. 五曰議功之辟, 謂有大勳立功者也. 六曰議貴之辟, 謂貴者犯罪, 卽大夫以上也. 鄭司農云 "若今之[3]吏墨綬[4], 有罪先請者." 案漢時墨綬者是貴人也. 七曰議勤之辟, 謂憔悴[5]憂國也. 八曰議賓之辟, 謂所不臣者, 三恪二代之後[6]也. 異義[7] "禮戴說'刑不上大夫', 古周禮說士尸肆諸市, 大夫尸肆諸朝. 是大夫有刑. 許愼謹案 易曰[8] '鼎折足, 覆公餗. 其刑[9]渥, 凶.' 無刑不上大夫之事, 從周禮之說." 鄭康成駁之云[10] "凡有爵者, 與王同族, 大夫以上適甸師氏[11], 令人不見, 是以云刑不上大夫." 如鄭之言, 則於戴禮及周禮二說俱合. 但大夫罪未定之前, 則皆在八議, 此經注是也. 若罪已定, 將刑殺, 則適甸師氏是也. 凡王朝大夫以上及王之同姓, 皆刑之於甸師氏, 故掌戮云[12], 凡有爵者及王之同族有罪, 則死刑焉, 是也. 若王之庶姓之士, 及諸侯大夫, 則戮於朝. 故襄二十二年, 楚殺令尹子南, 尸諸朝[13], 是大夫於朝也. 列國大夫入天子之國曰某士[14], 明天子之士亦在朝也. 諸侯大夫旣在朝, 則諸侯之士在市, 故檀弓云 "君之臣不免於罪, 則將肆諸市朝." 鄭云大夫於朝, 士於市[15], 是也.

1) 不與賢者犯法……不在刑書：考文引宋板에는 이 19자가 없다.(阮元의 校勘記 참조)
2) 事在周禮：≪周禮≫ 〈秋官 小司寇〉에 보인다.
3) 之：≪주례≫ 〈추관 소사구〉 정현의 주에는 '時'로 되어 있다.(阮元의 校勘記 참조)
4) 墨綬：인장 손잡이에 매는 검은색 비단 끈으로, 고관을 상징한다. ≪漢書≫ 권19上 〈百官公卿表〉에 "무릇 관리로서……爵秩이 6백 석 이상에 비견되는 자는 모두 구리 인장에 검은색 비단 끈을 단다.〔凡吏……秩比六百石以上 皆銅印黑綬〕"라는 내용이 보인다.
5) 憔悴：毛本에는 '顦顇(초췌)'로 되어 있다.(阮元의 校勘記 참조)
6) 三恪二代之後：周 武王이 개국하면서 이전 왕조의 자손을 王侯로 봉하여 공경을 표시한 것을 이른다. ≪史記≫ 권24 〈樂書〉에 따르면 주 무왕은 商나라를 이기고 상나라의 도읍에 들어가서 수레에서 내리기 전에 黃帝의 후손을 薊(계)에, 堯 임금의 후손을 祝에, 舜 임금의 후손을 陳에 봉하고, 수레에서 내려서는 夏나라의 후손을 杞에, 상나라의 후손을 宋에 봉하였는데, 후에 陳·薊·祝을 '三恪', 杞·宋을 二代之後라 칭하게 되었다.
7) 異義：後漢 許愼의 ≪五經異義≫를 이른다.

8) 易曰 : 이하의 내용이 ≪周易≫ 鼎卦 九四爻辭에 보인다.

9) 刑 : ≪주역≫에는 '形'으로 되어 있다.

10) 鄭康成駁之云 : 이하의 내용이 정현의 ≪駁五經異義≫ 〈刑不上大夫〉에 보인다. 康成은 정현의 字이다.

11) 甸師氏 : '甸師'는 ≪주례≫ 〈天官〉에 속하는 관직 이름이다. 하속을 데리고 왕의 籍田을 경작하여 때에 맞게 들어서 제사에 곡물을 공급하고, 제사에 쑥과 띠풀을 공급하고, 야생 과일이나 열매를 올리고, 喪事에 왕을 대신하여 재앙을 받는 등의 일을 한다. 또 왕의 同姓이 죄를 지으면 甸師의 관부에 나아가 사형을 집행하거나 형벌을 시행한다.

12) 掌戮云 : ≪주례≫ 〈秋官 掌戮〉에 "오직 왕의 동족과 작위가 있는 자만은 甸師氏에게 나아가 죽인다.〔唯王之同族與有爵者 殺之于甸師氏〕"라는 내용이 보인다.

13) 楚殺令尹子南 尸諸朝 : ≪春秋左氏傳≫ 襄公 22년 조에 보인다.

14) 列國大夫入天子之國曰某士 : ≪禮記≫ 〈曲禮 下〉에 보인다. '某'는 나라 이름이다. 주소에 따르면 제후의 경이 三命 이하일 경우 천자의 나라에서는 士의 신분이 되기 때문이다. 예컨대 ≪춘추좌씨전≫ 襄公 26년 조 기록에 보면 晉나라의 대부 韓起가 周나라에 빙문 갔을 때 擯者는 한기를 칭하여 '晉士起'라고 하였다. 천자의 上士는 三命, 中士는 再命, 下士는 一命이며, 오직 公의 작위를 가진 제후국의 孤만이 四命이다.

15) 鄭云大夫於朝 士於市 : ≪예기≫ 〈檀弓 下〉 정현의 주에 "대부 이상은 시신을 조정에 진열하고, 士 이하는 시장에 진열한다.〔大夫以上於朝 士以下於市〕"라는 내용이 보인다.

○ 注의 〔不與〕에서 〔刑書〕까지

○ **正義曰** : '與'는 〈'허여하다'의 뜻인〉 '許'와 같다. 賢者가 법을 범하는 것을 허여하지 않는 것이니, 만약 허여한다면 현자를 나아오게 하는 도가 아니다. 大夫에 대해서는 형법의 조문이 없는데 ≪周禮≫ 중에 죄를 범하여 죽이거나 쫓아내는 경우가 있으니, 정현은 사람들이 의구심을 가질까 우려하였다. 이 때문에 그 일을 표출하여 비록 刑書로 制定하지 않았으나 '不與賢者犯法 其犯法則在八議輕重 不在刑書'라고 한 것이다.

만약 혹 법을 범하면 八議에 달려 있으니, 議에는 8조목이 있는데 일이 ≪주례≫에 있다. 첫째는 **議親**의 법이니, 왕의 종실이 죄를 지은 것을 이른다. 둘째는 **議故**의 법이니, 왕과 오래전부터 알던 벗을 이른다. 셋째는 **議賢**의 법이니, 덕행이 있는 자를 이른다. 넷째는 **議能**의 법이니, 道와 재능이 있는 자를 이른다. 다섯째는 **議功**의 법이니, 큰 공훈을 세운 자를 이른다. 여섯째는 **議貴**의 법이니, 신분이 귀한 자가 죄를 범한 것을 이른다. 즉 대부 이상이다. **鄭司農(鄭衆)**이 말하기를 "오늘날의 관리 중에 검은색 인장 끈을 가진 사람이 죄를 지었을 때 〈자수하여〉 먼저 처벌을 청하는 경우와 같은 것이다."라고 하였다. 살펴보면 漢나라 때 인장에 검은색 비단 끈을 단 자는 바로 신분이 높은 사람이었다. 일곱째는 議勤의 법이니, 초췌하도록 나라를 근심한 것을 이른다. 여덟째는 議賓의 법이니, 신하로 여기지 않는 자로 三恪二代의 후손을 이른다.

≪五經異義≫에 "戴氏의 예설에 '형벌은 대부에까지 올라가지 않는다.'라고 하였는데, ≪古周禮≫에서는 士의 시신을 시장에 늘어놓고 대부의 시신을 조정에 늘어놓는다고 하였으니, 이는 대부에게 형벌이 있는 것이다. 내가 삼가 살펴보면 ≪周易≫에 이르기를 '鼎이 발이 부러져서 公上에게 바칠 음식을 엎은 것이다. 그 얼굴이 무안하여 붉어지는 것이니, 흉하다.'라고 하였다. 이는 형벌이 대부에까지 올라가지 않은 일이 없는 것이니, ≪주례≫의 설을 따른 것이다."라고 하였다. 이에 대해 鄭康成(정현)이 논박하여 이르기를 "무릇 작위가 있는 자는 왕과 같은 일족으로, 대부 이상은 甸師氏에게 나아가게 해서 사람들이 보지 않도록 한다. 이 때문에 '형벌은 대부에까지 올라가지 않는다.'라고 한 것이다."라고 하였다. 정현의 말대로라면 戴氏의 ≪禮≫ 및 ≪고주례≫의 두 설에 모두 부합한다. 다만 대부의 죄가 아직 확정되기 전에는 모두 八議에 달려 있으니, 여기 경문과 정현의 주가 이것이다. 만약 죄가 이미 확정되어 장차 사형을 집행하고자 하면 전사씨에게 나아가는 것이 이것이다.

무릇 왕조의 조정에 출사한 대부 이상과 왕의 同姓을 모두 전사씨에게 나아가게 해서 형을 집행한다. 그러므로 ≪주례≫ 〈秋官 掌戮〉에 이르기를, 무릇 작위가 있는 자와 왕의 동족이 죄를 지으면 전사씨가 있는 곳에서 사형을 시행한다고 한 것이 이것이다. 만약 왕의 庶姓의 士와 제후의 대부라면 조정에서 주벌한다. 그러므로 魯 襄公 22년에 楚나라가 令尹 子南을 죽이고 시신을 조정에 진열했던 것이니, 이것은 조정에서 대부에게 형벌을 시행한 것이다. 열국의 대부가 천자의 나라에 들어가면 '某士'라 하니, 천자의 士 또한 조정에서 형벌을 시행하는 것이 분명하다. 제후의 대부가 이미 조정에서 형벌을 시행한다면 제후의 士는 시장에서 형벌을 시행한다. 그러므로 ≪예기≫ 〈檀弓 下〉에 〈杞梁의 처가 齊 莊公에게 말하기를〉 "임금님의 신하인 기량이 죄를 면치 못한다면 시신을 시장이나 조정에 진열하소서."라고 하였다. 정현이 말하기를, 대부는 시신을 조정에 진열하고 士는 시장에 진열한다고 한 것이 이것이다.

【疏】 ○ '刑人不在君側'者, 被刑殘者, 不得令近君, 爲其怨恨也. 白虎通云[1] "古者刑殘之人, 公家不畜, 大夫不養, 士遇之路, 不與語, 放諸墝埆(요각)不毛之地, 與禽獸爲伍."

1) 白虎通云 : 이하의 내용이 ≪白虎通義≫에 보이지 않는다. ≪禮記≫ 〈王制〉에 "그러므로 천자나 제후의 집에서 형벌 받은 사람을 기르지 않으며, 대부가 기르지 않으며, 士가 길에서 만났을 때 더불어 말하지 않으며, 사방으로 추방하여 오직 〈죄의 경중에 따라 마땅히〉 가야 할 곳에 가서 살게 하여 부역이 미치지 않게 하는 것은 참으로 살려주려고 하지 않음을 보인 것이다.〔是故公家不畜刑人 大夫弗養 士遇之塗 弗與言也 屛之四方 唯其所之 不及以政 示弗故生也〕"라고 하였다.

○〔刑人不在君側〕 형벌을 받아 신체가 훼손된 자는 군주를 가까이하지 못하게 하는 것은 그가 원한을 품기 때문이다. ≪白虎通義≫에 이르기를 "옛날에 형벌을 받아 신체가 훼손된 사람은 나라에서 기르지 않으며, 대부가 기르지 않으며, 士가 길에서 만나면 더불어 말하지 않으며, 척박한 불모지에 추방하여 금수와 무리 지어 살게 한다."라고 하였다.

【疏】 ○ 注'春秋傳曰 近刑人則輕死之道[1)]'. ○ 正義曰 : 此引公羊傳, 證刑人在君側之失者也. 春秋魯襄公二十九年, "閽(혼)[2)]弑吳子餘祭". 公羊云 "閽者何. 刑人也.(○)[3)] 君子不近刑人, 近刑人則輕死之道也." 又左傳云 "吳[4)]伐越, 獲俘焉, 以爲閽, 使守舟. 吳子餘祭觀舟, 閽以刀弑之."

1) 注春秋傳曰 近刑人則輕死之道 : 惠棟校宋本에는 '注春秋至之道'로 되어 있다.(阮元의 校勘記 참조)

2) 閽(혼) : 周나라의 관직 이름인 閽人으로, 궁문의 개폐를 관장한다. ≪周禮≫ 〈天官 閽人〉에 "왕궁 中門의 糾禁을 지키는 것을 관장한다.〔掌守王宮之中門之禁〕"라고 하였다. '中門'은 왕궁의 五門 중 內門인 路文과 外門인 皐門 사이에 있는 庫門·雉門·應門을 이른다.

3) (○) : 저본에는 부호 '○'가 있으나, 완원의 교감기에서 毛本에 근거하여 이를 오류로 본 것에 의거하여 衍文으로 처리하였다.(阮元의 校勘記 참조)

4) 吳 : ≪春秋左氏傳≫ 襄公 29년 조에는 이 뒤에 '人'이 있다.

○ 注의 〔春秋傳曰 近刑人則輕死之道〕

○ 正義曰 : 이것은 ≪春秋公羊傳≫을 인용하여 형벌 받은 사람이 군주의 곁에 있어 잘못된 경우를 증명한 것이다. ≪春秋≫ 襄公 29년 조에 "閽이 吳子 餘祭를 시해하였다."라고 하였는데, ≪춘추공양전≫에 이르기를 "閽은 누구인가? 형벌 받은 사람이다. 군자는 형벌 받은 사람을 가까이하지 않으니, 형벌 받은 사람을 가까이하는 것은 죽음을 가볍게 여기는 도이다."라고 하였다. 또 ≪春秋左氏傳≫에 이르기를 "吳나라가

越나라를 쳐서 〈월나라 사람을〉 포로로 잡아 閽을 삼고서 배를 지키게 하였다. 오자 여제가 배를 둘러볼 때 閽이 칼로 여제를 시해하였다."라고 하였다.

01-33-01 兵車엔 不式하며

兵車에서는 〈용맹함을 숭상하므로 사양함이 없어서〉 수레의 軾을 잡고 고개를 조금 숙여 공경을 표하는 예를 하지 않으며,

【注】尙威武요 不崇敬이라

용맹함을 숭상하고 공경함을 숭상하지 않는다.

武車엔 綏(유)旌하고

武車에서는 〈용맹함을 숭상하므로 꾸밈을 다하여〉 수레에 꽂는 깃발의 술을 늘어뜨리고,

【注】盡飾也라 綏는 謂垂舒之也라 武車亦兵車라

꾸밈을 다하는 것이다. '綏'는 늘어뜨려 펴는 것을 이른다. '武車'는 이것 역시 兵車이다.

德車엔 結旌이니라

德車에서는 〈덕의 아름다움이 안에 있으므로 꾸밈을 다하지 않아서〉 수레에 꽂는 깃발의 술을 묶어 깃대에 붙인다.

【注】不盡飾也라 結은 謂收斂之也라 德車는 乘車라

꾸밈을 다하지 않는 것이다. '結'은 거두어들이는 것이다. '德車'는 〈네 필 말이 끄는 수레인〉 乘車이다.

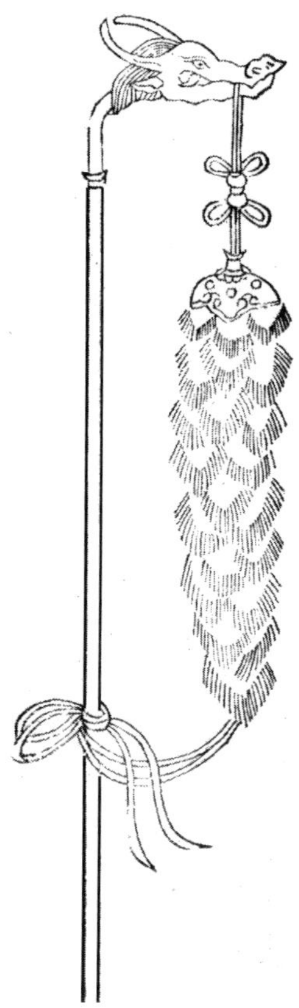
旌

【疏】'兵車'至'結旌'. ○ 正義曰：此一節明德車・兵車旌旗之異. ○"兵車", 革路也. 兵車尙武猛, 宜無推讓, 故不爲式敬也. ○"武車綏旌"者, 武車亦革路也. 取其建戈刀, 卽

云兵車, 取其威猛, 卽云武車也. 綏謂舒垂[1]散之也. 旌謂車上旗幡也. 尙威武, 故舒散旗幡垂綏然. 何(胤)〔胤〕[2]云 "垂放旌旗之旒, 以見於美也." ○ "德車結旌"者, 德車謂玉路·金路·象路·木路[3], 四路不用兵, 故曰德車. 德美在內, 不尙赫奕, 故結纏其旒, 著(착)於竿也. 何(胤)〔胤〕云 "以德爲美, 故略於飾. 此坐乘之車也." 鄭前云"乘車必正立", 此云是乘車, 則非坐乘也.

1) 舒垂 : 監本·毛本에는 '垂舒'로 되어 있다.(阮元의 校勘記 참조)
2) (胤)〔胤〕: 저본에는 '胤'으로 되어 있으나, 淸 世宗의 성명 愛新覺羅胤禛의 '胤'을 避諱한 것이므로 원글자인 '胤'으로 돌려놓았다. 아래도 같다.
3) 玉路金路象路木路 : '路'는 '輅'와 통한다. ≪儀禮≫ 〈覲禮〉 정현의 주에 "무릇 군주가 타는 수레를 '路'라 한다.〔凡君所乘之車曰路〕"라고 하였다. ≪周禮≫ 〈春官 巾車〉에 따르면 천자는 다섯 종류의 수레를 탄다. 즉 제사 때 타는 玉路, 빈객과 회합할 때 타거나 同姓의 제후를 봉할 때 하사하는 金路, 조회에 갈 때 타거나 異姓의 제후를 봉할 때 하사하는 象路, 사냥 갈 때 타거나 九州 밖 蕃國의 제후를 봉할 때 하사하는 木路, 전쟁 또는 경내를 순시할 때 타거나 사방을 지키는 제후에게 하사하는 革路이다.

玉路

經의 〔兵車〕에서 〔結旌〕까지

○ 正義曰 : 이 절은 德車와 兵車에 꽂는 깃발의 차이를 밝힌 것이다.

○ 〔兵車〕 革路이다. 병거는 용맹함을 숭상하니 사양함이 없어야 한다. 그러므로 수

레의 軾을 잡고 고개를 조금 숙여 공경을 표하는 예를 하지 않는다.

○〔武車綏旌〕'武車'는 이것 역시 革路이다. 수레가 창과 칼을 세우고 가는 것에서 뜻을 취하면 곧 '兵車'라 이르고, 용맹함을 숭상하는 것에서 뜻을 취하면 곧 '武車'라 이른다. '綏'는 늘어뜨려 펴서 흩어지게 하는 것을 이른다. '旌'은 수레 위에 세우는 깃발을 이른다. 용맹함을 숭상하므로 깃발을 펴서 술을 늘어뜨리는 것이다. 何胤이 말하기를 "깃발의 술을 늘어뜨려서 아름다움을 보이는 것이다."라고 하였다.

○〔德車結旌〕'德車'는 玉路・金路・象路・木路를 이르니, 이 네 종류의 수레는 軍事에 사용하지 않으므로 '德車'라고 한다. 덕의 아름다움은 안에 있어서 환히 빛나는 것을 숭상하지 않는다. 그러므로 깃발의 술을 둘둘 묶어서 깃대에 붙인다. 何胤이 말하기를 "덕으로 아름다움을 삼기 때문에 꾸밈을 간략하게 하는 것이다. 이것은 앉아서 타는 수레이다."라고 하였는데, 정현이 앞에서 '乘車必正立'이라 하였으니 여기에서 이 수레를 '乘車'라고 말하였다면 앉아서 타는 수레가 아니다.

01-34-01 史는 載筆하고 士는 載言이니라

〈군주의 회동에 따라갈 때〉 史官은 〈장차 있을 일을 기록하기 위해〉 붓을 싣고 따라가고, 〈司盟의 관직을 담당한〉 士는 〈이미 있는 고사를 살펴보기 위해〉 옛날 회맹했던 기록을 싣고 따라간다.

【注】 謂從於會同하여 各持其職以待事也라 筆은 謂書具之屬이요 言은 謂會同盟要之辭라

회동에 따라가 각각 자기 직분을 지켜서 일을 기다리는 것을 이른다. '筆'은 기록하는 도구 등속을 이른다. '言'은 회동하여 맹약한 말을 이른다.

前有水어든 則載(대)[1]青旌하고 前有塵埃(애)어든 則載鳴鳶(연)하고 前有車騎어든 則載飛鴻하고 前有士師어든 則載虎皮하고 前有摯(지)[2]獸어든 則載貔貅(비휴)니라

1) 載(대) : '戴(머리에 이다)'와 통용한다.

2) 摯(지) : 石經 初刻에는 '鷙(지)'로 되어 있으나, 改刻하면서 '摯'로 바꾸었다. 阮元은 ≪禮記≫ 〈儒行〉 공영달의 소에서 짐승이 잡는 것은 '摯'로 쓰고 새가 잡는 것은 '鷙'로 쓴다고 한 것에 의거하여, 여기에서는 짐승이 잡는 것이므로 摯로 써야 한다고 하였다.(阮元의 校勘記 참조)

〈왕의 행차 때 前驅는〉 앞에 물이 있으면 물새인 靑雀이 그려진 깃발을 치켜들고, 앞에 먼지가 있으면 우는 솔개가 그려진 깃발을 치켜들고, 앞에 〈대열을 갖추고 이동하는〉 수레와 기마병이 있으면 날아가는 기러기가 그려진 깃발을 치켜들고, 앞에 군대가 있으면 범 가죽을 〈깃대 머리에〉 치켜들고, 앞에 사나운 짐승이 있으면 맹수인 貔貅가 그려진 깃발을 치켜든다.

貔

【注】 載는 謂擧於旌首하여 以警衆也라 禮에 君行師從하고 卿行旅從[1]이라하니라 前驅擧此하면 則士衆知所有하니 所擧를 各以其類象이라 靑은 靑雀이니 水鳥라 鳶鳴이면 則將風이라 鴻은 取飛有行列也라 士師는 謂兵衆이라 虎는 取其有威勇也라 貔貅는 亦摯獸也니 書曰 如虎如貔라하니라 士는 或爲仕라

1) 君行師從 卿行旅從 : ≪春秋左氏傳≫ 定公 4년 조에 보이는 내용으로, 衛 靈公이 출행할 때 祝佗에게 수행하게 하자 축타가 이를 사양하며 한 말이다. 杜預의 주에 따르면 '師'는 2,500명이며, '旅'는 500명이다.

'載'는 깃발 머리에 치켜들어서 사람들에게 경고하는 것을 이른다. 禮에 따르면 군주가 출행할 경우 2,500명의 군사가 뒤따르고 卿이 출행할 경우 500명의 군사가 뒤따른다. 前驅가 이를 치켜들면 군사들이 앞에 있는 것을 알게 되니, 치켜드는 것을 각각 그 유사한 것으로 형상한다. '靑'은 靑雀이니, 물새이다. 솔개가 울면 장차 바람이 일어난다. '鴻'은 날아갈 때 행렬을 이루는 뜻을 취한 것이다. '士師'는 군대를 이른다. '虎'는 맹렬함이 있는 뜻을 취한 것이다. '貔貅'는 〈범과〉 마찬가지로 사나운 짐승이니, ≪書經≫ 〈周書 牧誓〉에 이르기를 "범과 같고 貔와 같다."라고 하였다. '士'는 혹 '仕'로 되어 있는 판본도 있다.

行에 前朱鳥而後(玄)〔玄〕[1]武하며 左靑龍而右白虎하고 招搖[2]在上하여 急繕其怒라

1) (玄)〔玄〕 : 저본에는 '玄'으로 되어 있으나, 淸 聖祖의 성명 愛新覺羅玄燁의 '玄'을 避諱한 것이므로, 원글자인 '玄'으로 돌려놓았다.

2) 招搖 : 天樞, 天旋(또는 天璿), 天機, 天權, 玉衡, 開陽, 搖光(또는 瑤光)으로 이루어진 북두칠성의 일곱 번째 별인 搖光으로, 여기에서는 북두칠성을 이른다. 첫 번째 천추부터 네 번째 천권까지가 斗魁로 '璇璣'라 부르며, 다섯 번째 옥형부터 일곱 번째 요광까지가 손잡이 부분인 斗柄으로 '玉衡'이라 부른다.

군대가 출행할 때 〈사방의 별자리를 형상하여〉 남방의 前軍은 朱雀이 그려진 깃발을 들고, 북방의 後軍은 玄武가 그려진 깃발을 들고, 동방의 左軍은 靑龍이 그려진 깃발을 들고, 서방의 右軍은 白虎가 그려진 깃발을 든다. 〈북두칠성이 그려진〉 招搖旗가 군대의 중앙 상공에서 군대의 분노를 굳세고 날카롭게 한다.

朱雀旗 玄武旗 靑龍旗 白虎旗

【注】 以此四獸로 爲軍陳은 象天也라 急은 猶堅也라 繕은 讀曰勁이라 又畫招搖星於旌旗上하여 以起居堅勁이니 軍之威怒는 象天帝也라 招搖星은 在北斗杓端하여 主指者라

이 네 종류의 동물로 軍陣을 삼은 것은 하늘을 형상한 것이다. '急'은 〈'굳세다'의 뜻인〉 '堅'과 같다. '繕'은 '勁'으로 읽는다. 또 깃발 위에 北斗七星을 그려서 〈군사들의〉 起居가 굳세고 날카로움을 나타내니, 군대의 분노는 天帝의 분노를 형상한 것이다. 招搖星은 북두칠성의 자루 끝에 있는 별 이름으로, 가리키는 것을 주관한다.

進退有度하며

군대의 전진과 후퇴에는 법도가 있으며,

【注】 度는 謂伐與步數라

'度'는 伐과 步의 수효를 이른다.

左右有局하며 各司其局이니라

군대의 좌익과 우익에는 몇 개의 부대로 구분되어 있으며, 〈부대장들은〉 각각 자기 부대를 맡는다.

【注】 局은 部分也라

'局'은 부대이다.

【疏】 '史載'至'其局'[1). ○ 正義曰 : 此一節明君以軍行之禮, 各隨文解之. ○ "史"謂國史, 書錄王事者. 王若擧動, 史必書之, 王若行往, 則史載書具而從之也. 不言簡牘而云筆者, 筆是書之主, 則餘載可知. 爾雅云 "不律謂之筆." 郭云 "書筆名, 四方之異言也[2)]." ○ '士載言'者, 士謂司盟之士[3)]. 言謂盟會之辭, 舊事也. 崔靈恩云 "必載盟會之辭者, 或尋舊盟, 或用舊會之禮, 應須知之, 故載自隨也." ○ '前有水, 則載青旌'者, 王行宜警衛, 善惡必先知之, 故備設軍陳行止之法也. 軍陳卒伍, 行則竝銜枚[4)], 無諠聲. 若有非常, 不能傳道, 且人衆廣遠, 難可周徧, 故前有變異, 則擧類示之, 故宣十二年左傳云"前茅慮無"是也. 青旌者, 青雀旌, 謂旌旗. 軍行若前値水, 則畫爲青雀旌旗幡上, 擧示之. 所以然者, 青雀是水鳥, 軍士望見, 則咸知前必値水而各防也. ○ '前有塵埃, 則載鳴鳶'者, 鳶, 今時鴟(치)也. 鴟鳴則風生, 風生則塵埃起. 前有塵埃起, 則畫鴟於旌首而載之, 衆見咸知, 以爲備也. 不直言鳶而云鳴者, 鳶不鳴則風不生, 故畫作開口如鳴時也. 不言旌, 從可知也. ○ '前有車騎, 則載飛鴻'者, 車騎, 彼人之車騎也. 鴻, 鴻鴈也. 鴈飛有行列, 與車騎相似, 若軍前忽遙見彼人有多車騎, 則畫鴻於旌首而載(대)之, 使衆見而爲防也. 然古人不騎馬, 故但經記正典, 無言騎者. 今言騎者, 當是周末時禮. ○ '前有士師, 則載虎皮'者, 士師, 兵衆也. 虎是威猛, 亦兵衆之象. 若見前有兵衆, 則擧虎皮於竿

首, 使兵衆見以爲防也. ○ '前有摯獸, 則載貔貅'者, 摯獸, 猛而能擊, 謂虎狼之屬也. 貔貅是一獸, 亦有威猛也. 若前有猛獸, 則擧此貔貅, 使衆知爲備也. 但不知爲載其皮, 爲畫其形耳. 通有二家, 一云與虎皮竝畫作皮於旌也, 一云竝載其皮.

1) 史載至其局 : 惠棟校宋本에는 없다.(阮元의 校勘記 참조)
2) 書筆名 四方之異言也 : ≪爾雅≫ 〈釋器〉 郭璞의 주에는 "蜀 지역 사람들이 筆을 不律이라 부르는 것은 말이 변한 것이다.〔蜀人呼筆爲不律也 語之變轉〕"라고만 되어 있다. '四方之異言'은 邢昺의 소에서 許愼의 설을 인용하여 "楚 지역에서는 律이라 하고, 吳 지역 사람들은 不律이라 하고, 燕 지역에서는 弗이라 하고, 秦 지역에서는 筆이라 한다.〔楚謂之聿 吳人謂之不律 燕謂之弗 秦謂之筆〕"라고 한 것을 가리킨다.
3) 司盟之士 : '司盟'은 ≪周禮≫ 〈秋官〉에 속하는 관직 이름으로, 맹약하는 의식을 주관한다. 〈秋官 敍官〉에 따르면 사맹은 下士 2인이 담당한다.
4) 銜枚 : 입에 가로로 물려 떠드는 것을 방지하는 도구로, 젓가락처럼 생겼으며 양 끝에 끈이 있어 목에 걸 수 있다.

經의 〔史載〕에서 〔其局〕까지

○ 正義曰 : 이 절은 군주가 군대를 거느리고 출행하는 예를 밝힌 것이니, 각각 글을 따라 풀이하겠다.

○ '史'는 나라의 史官을 이르니, 王事를 기록하는 사람이다. 왕이 거동하면 사관은 반드시 이를 기록해야 하니, 왕이 만약 출행을 하게 되면 사관은 기록할 도구를 싣고서 뒤따른다. 簡牘을 말하지 않고 '筆'이라 한 것은, 筆은 기록할 때 사용하는 주요 도구이니 나머지 도구도 싣는 것을 알 수 있기 때문이다. ≪爾雅≫ 〈釋器〉에 이르기를 "不律을 筆이라 이른다."라고 하였는데, 郭璞이 말하기를 "〈不律은〉 기록하는 붓의 이름이니, 사방이 그 이름을 달리한다."라고 하였다.

○ 〔士載言〕 '士'는 司盟의 士를 이른다. '言'은 모여서 맹약했던 기록으로, 이전의 일을 이른다. 崔靈恩이 말하기를 "반드시 모여서 맹약했던 기록을 싣고 가는 것은, 혹은 옛 맹약을 거듭 다지기도 하고 혹은 옛 회맹의 예를 쓰기도 하여 이를 알아야 하므로 싣고서 스스로 뒤따르는 것이다."라고 하였다.

○ 〔前有水 則載靑旌〕 왕의 출행은 의당 경계하고 호위하여 좋고 나쁨을 반드시 먼저 알아야 하므로 軍陣의 行止法을 갖추어 마련한 것이다. 군진의 군사들이 행군하게 되면 모두 입에 銜枚를 물려 떠드는 소리가 없게 하니, 만약 非常한 일이 있게 되면 말로 전달하지 못하며, 또한 사람이 많고 범위가 넓고 멀어서 두루 듣게 하기가 어려

우므로 앞에 변고나 이상한 일이 있으면 유사한 종류를 치켜들어 보이는 것이다. 그러므로 ≪春秋左氏傳≫ 宣公 12년 조에 "앞에 가는 척후가 현재는 없으나 〈갑자기 발생할 사태를〉 밝게 생각한다."라고 한 것이 이것이다. '青旌'은 青雀旌이니, 깃발을 이른다. 군대가 행군할 때 만약 앞에 물을 만나면 깃발 위에 청작을 그려서 치켜들어 보여준다. 이렇게 하는 이유는, 청작은 물새이니 군사들이 멀리서 보면 앞에 반드시 물을 만날 것을 모두 알게 되어 각각 방비할 수 있기 때문이다.

○〔前有塵埃 則載鳴鳶〕'鳶'은 오늘날의 솔개이다. 솔개가 울면 바람이 일어나고, 바람이 일어나면 먼지가 일어난다. 앞에 먼지가 일어나면 깃발 머리에 솔개를 그려서 치켜드니, 군사들이 보면 모두 알고서 대비할 수 있다. 곧바로 '鳶'을 말하지 않고 '鳴'이라 말한 것은, 솔개가 울지 않으면 바람이 일어나지 않으므로 입을 벌린 모습을 그려서 울 때처럼 하는 것이다. '旌'을 말하지 않은 것은 따라서 알 수 있기 때문이다.

○〔前有車騎 則載飛鴻〕'車騎'는 상대방의 車騎이다. '鴻'은 큰기러기이다. 기러기는 날아갈 때 행렬을 이루어서 車騎와 유사하니, 만약 군대 앞에 갑자기 상대방의 많은 車騎가 멀리 보이면 깃발 머리에 큰기러기를 그려서 치켜들어 군사들이 보고 방비하게 한다. 그러나 옛사람은 말을 타지 않았으므로 經에는 올바른 법을 기록할 뿐 騎를 말한 것이 없다. 그런데 지금 騎를 말한 것은 틀림없이 周나라 말기 때의 예일 것이다.

○〔前有士師 則載虎皮〕'士師'는 군대이다. 범은 사나운 짐승이니 이것 역시 군대의 형상이다. 만약 앞에 군대가 보이면 깃대 머리에 범 가죽을 치켜들어 군대로 하여금 보고서 방비하게 한다.

○〔前有摯獸 則載貔貅〕'摯獸'는 사나워서 공격할 수 있는 짐승이니, 범과 이리의 등속을 이른다. '貔貅'는 한 종류의 짐승이니, 이것 역시 사납다. 만약 앞에 맹수가 있으면 이 비휴를 치켜들어서 군사들이 알게 하여 대비하게 한다. 다만 그 가죽을 치켜드는지, 그 형상을 그린 것을 치켜드는지 알지 못할 뿐이다. 통설에 두 설이 있는데, 하나는 범 가죽과 함께 비휴를 깃발에 모두 그 가죽을 그린다는 것이고, 다른 하나는 범이나 貔貅 모두 가죽을 치켜든다는 것이다.

【疏】 ○ 注'載謂'至'如貔'. ○ 正義曰 : '載謂擧於旌首以警衆也', 文竝爲載, 而鄭今云"擧於旌首", 是明諸物竝在旌旗首也. 云"禮, 君行師從, 卿行旅從", 此是定四年祝佗之辭, 此嘉好之事. 若爲其出軍征伐, 則隨軍多少與此不同. 云"書曰 如虎如貔"者, 此尙書牧誓, 引證虎·貔同是猛獸也. 此武王伐紂時, 於牧野[1)]作誓, 誡士卒爲戰之辭也, 令士衆

皆如虎貔然也. 鄭注尙書云 "其威當如獸之將攫搏也." 貔, 一名曰豹(표), 虎類也. 爾雅云 "貔, 白狐也."

1) 牧野 : 商나라의 수도인 朝歌 남쪽 70리에 있는 지명으로, 지금의 중국 河南省 淇縣 남쪽에 있었다. 周 武王이 상나라에 반기를 든 제후들과 함께 이곳에서 상나라 紂王의 군대를 대패시켰다.

○ 注의 〔載謂〕에서 〔如貔〕까지

○ 正義曰 : 〔載謂擧於旌首以警衆也〕 경문에는 모두 '載'로 되어 있는데 정현이 지금 '擧於旌首'라고 하였으니, 이는 여러 물건이 모두 깃발 머리에 있음을 밝힌 것이다.

〔禮 君行師從 卿行旅從〕 이것은 魯 定公 4년에 祝佗가 한 말로, 이것은 조회하는 일로 출행하는 경우이다. 만약 군대를 출동시켜 정벌하기 위해서라면 뒤따르는 군대의 수가 이와 같지 않다.

〔書曰 如虎如貔〕 이것은 ≪書經≫ 〈周書 牧誓〉의 글이니, 이를 인용하여 虎와 貔가 똑같이 맹수임을 증명하였다. 이것은 周 武王이 商 紂王을 정벌할 때 牧野에서 맹세하여 士卒을 경계시켜 전쟁을 독려하는 말이니, 군사들에게 모두 虎와 貔처럼 되라고 한 것이다. ≪서경≫ 정현의 주에 이르기를 "그 사나움을 마치 짐승이 사냥감을 곧 덮치려는 것처럼 해야 한다는 것이다."라고 하였다. 貔는 일명 표범〔豹〕이라고 하니, 범의 한 종류이다. ≪爾雅≫ 〈釋獸〉에 이르기를 "貔는 흰 여우이다."라고 하였다.

【疏】〔○〕[1] '行, 前朱鳥而後(玄)〔玄〕[2]武, 左靑龍而右白虎'者, 前明軍行逢値之禮也, 此明軍行象天文而作陳法也. 前南後北, 左東右西[3]. 朱鳥[4]・(玄)〔玄〕武・靑龍・白虎, 四方宿(수)名也[5]. 軍前宜捷, 故用鳥, 軍後須殿捍, 故用(玄)〔玄〕武. (玄)〔玄〕武, 龜也, 龜有甲, 能禦侮用也. 左爲陽, 陽能發生, 象其龍變生也. 右爲陰, 陰沈能殺, 虎, 沈殺也. 軍之左右, 生殺變應, 威猛如龍虎也. 何(胤)〔胤〕[6]云 "如鳥之翔, 如蛇之毒, 龍騰虎奮, 無能敵此四物." 鄭注四獸爲軍陳, 則是軍陳之法也, 但不知何以爲之耳. 今之軍行, 畫此四獸於旌旗, 以標左右前後[7]之軍陳. ○ '招搖在上'者, 招搖, 北斗七星也. 北斗居四方宿之中, 以斗末從十二月建而指之, 則四方宿不差. 今軍行法之, 亦作此北斗星在軍中, 擧之於上, 以指正四方, 使四方之陳不差, 故云"招搖在上"也. 然竝作七星, 而獨云"招搖"者, 擧指者爲主, 餘從可知也. ○ '急繕其怒'者, 嚮明軍陳之法, 此擧士卒之用也. 急, 堅也. 勁, 利也. 其怒, 士卒之怒也. 軍行旣張四宿於四方, 標招搖於中, 上象天

之行, 故軍旅士卒, 起居擧動, 堅勁奮勇, 如天帝之威怒也. 然若類前而論四宿之陳, 畫旌爲勝. 且鄭云"又畫招搖於旌上", 則知四物是畫, 故星[8]約言云"又畫"也. 崔靈恩云 "此謂軍行所置旌旗於四方以法天. 此旌之旒數皆放其星, 龍旗則九旒[9], 雀則七旒[10], 虎則六旒[11], 龜蛇則四旒[12], 皆放星數以法天也, 皆畫招搖於此四旗之上." 案崔竝畫四旗, 皆爲北斗星, 於義不安. 何者. 天唯一斗以指四方, 何用四斗乎.

1) [○] : 저본에는 부호 '○'가 없으나, 본서의 체제에 의거하여 보충하였다.
2) (玄)[玄] : 저본에는 '玄'으로 되어 있으나, 淸 聖祖의 성명 愛新覺羅玄燁의 '玄'을 避諱한 것이므로, 원글자인 '玄'으로 돌려놓았다. 아래도 같다.
3) 西 : 惠棟校宋本에는 이 뒤에 '也'가 있다.(阮元의 校勘記 참조)
4) 鳥 : 閩本 · 監本 · 毛本 · 衛氏集說에는 '雀'으로 되어 있다.(阮元의 校勘記 참조)
5) 朱鳥(玄)[玄]武青龍白虎 四方宿(수)名也 : '朱鳥'는 28宿 중 井 · 鬼 · 柳 · 星 · 張 · 翼 · 軫으로 이루어진 南方七宿를 가리킨다. 일곱 별자리가 늘어선 모습이 새의 형상이고, 남방은 오행에서 火에 속하고 붉은색은 火를 상징하므로 朱鳥라는 이름을 붙인 것이다. '玄武'는 28수 중 斗 · 牛 · 女 · 虛 · 危 · 室 · 壁으로 이루어진 北方七宿, '青龍'은 角 · 亢 · 氐 · 房 · 心 · 尾 · 箕로 이루어진 東方七宿, '白虎'는 奎 · 婁 · 胃 · 昴 · 畢 · 觜 · 參으로 이루어진 西方七宿를 가리킨다. 모두 그 늘어선 모습과 각 방위에 해당하는 오행의 색을 따라서 이름을 붙인 것이다.
6) (胤)[胤] : 저본에는 '胤'으로 되어 있으나, 淸 世宗의 성명 愛新覺羅胤禛의 '胤'을 避諱한 것이므로 원글자인 '胤'으로 돌려놓았다.
7) 左右前後 : 惠棟校宋本 · 衛氏集說에는 '前後左右'로 되어 있다.(阮元의 校勘記 참조)
8) 星 : 毛本에는 '皇'으로 되어 있다.(阮元의 校勘記 참조)
9) 龍旗則九旒 : '龍旗'는 용 두 마리가 서려 있는 모습을 그린 깃발로, ≪周禮≫ 〈春官 巾車〉에서 말하는 大旂이다. '九旒'는 東方七宿 중 9개의 별로 이루어진 尾宿를 형상한 것이다.
10) 雀則七旒 : '雀'은 새매를 그린 깃발로, ≪주례≫ 〈春官 巾車〉에서 말하는 大赤이다. '七旒'는 南方七宿 중 7개의 별로 이루어진 星宿를 형상한 것이다.
11) 虎則六旒 : '虎'는 범을 그린 깃발로, ≪주례≫ 〈春官 巾車〉에서 말하는 大白이다. 곰을 그린 熊旗를 쓰기도 한다. 西方七宿 중 7개의 별로 이루어진 參宿의 중앙에 있는 가장 밝은 별 3개와 이 3개의 별 바로 아래에 있는 3개의 작은 별을 합쳐서 伐星이라 하는데, '六旒'는 이 6개의 별로 이루어진 별성을 형상한 것이다.
12) 龜蛇則四旒 : '龜蛇'는 거북과 뱀을 그린 깃발로, ≪주례≫ 〈春官 巾車〉에서 말하는 大麾이다. ≪주례≫ 〈春官 司常〉에서는 '旐(조)'라고 하였는데, 주소에 따르면 거북은 등딱지가 있어 난을 막을 수 있고 뱀은 등딱지가 없으나 사람들이 보고 피하므

로 해를 피한다는 뜻을 취한 것이다. '四旒'는 北方七宿 중 각각 2개의 별로 이루어진 室宿와 壁宿의 별의 수를 합친 것을 형상한 것이다.

○〔行 前朱鳥而後玄武 左青龍而右白虎〕 앞에서는 군대가 행군할 때 마주치는 상황에 대한 예를 밝혔고, 여기서는 군대가 행군할 때 천문을 형상하여 진을 치는 법을 밝혔다. '前'은 남쪽이고 '後'는 북쪽이며 '左'는 동쪽이고 '右'는 서쪽이다. '朱鳥', '玄武', '青龍', '白虎'는 사방의 별자리 이름이다. 군대의 선봉〔前〕은 신속해야 하므로 새를 쓰고, 군대의 후미〔後〕는 뒤에서 방어해야 하므로 玄武를 쓴다. '玄武'는 거북이니, 거북은 딱지가 있어 방어하는 데 쓸 수 있다. 왼쪽〔左〕은 陽이고 陽은 발생하는 것이니, 용의 변화가 생기는 것을 형상하였다. 오른쪽〔右〕은 陰이고 陰은 엎드려 숨어서 죽일 수 있으니, 범은 엎드려 숨어서 죽인다. 군대의 좌군과 우군은 그 生殺과 應變이 범과 용처럼 용맹해야 한다. 何胤이 말하기를 "새처럼 날고 뱀처럼 독을 쏘며 용처럼 오르고 범처럼 떨쳐서 이 네 종류의 동물처럼 대적할 수 있는 것이 없다는 것이다."라고 하였다. 정현의 주에 네 종류의 동물로 軍陣을 삼았다고 하였으니, 이는 군대가 진을 치는 법이다. 다만 무엇을 가지고 하는지 알지 못할 뿐이다. 오늘날 군대가 행군할 때는 이 네 종류의 동물을 깃발에 그려서 좌군・우군・전군・후군의 군진을 표시한다.

○〔招搖在上〕 '招搖'는 북두칠성이다. 북두칠성이 사방 별자리의 중앙에 자리하여 북두칠성의 자루 끝으로 12월의 방향을 따라 가리키면 사방의 별자리가 어긋나지 않게 된다. 오늘날 군대가 행군할 때 이를 본떠서 마찬가지로 이 북두칠성을 그린 깃발을 군대의 중앙에 두고 위로 이 깃발을 치켜들어서 사방을 가리켜 바로잡아서 사방의 군진이 어긋나지 않게 한다. 그러므로 '招搖在上'이라 한 것이다. 그러나 모두 일곱 개의 별을 그리는데 단지 〈북두칠성 자루 맨 끝의 별 이름인〉 '招搖'라고만 한 것은, 방향을 가리키는 별을 들어서 주요한 표지로 삼은 것이니 나머지는 따라서 알 수 있다.

○〔急繕其怒〕 앞에서는 군진의 법을 밝혔고, 여기서는 군사들에 대한 효용을 들었다. '急'은 굳세다는 뜻이다. '勁'은 날카롭다는 뜻이다. '其怒'는 군사들의 분노이다. 군대가 행군할 때 이미 사방에 네 별자리를 펼치고 중앙에 북두칠성을 표시하여 위로 하늘의 운행을 형상하였으므로 군대 군사들의 기거와 거동이 굳세고 날카로우며 용맹하게 떨쳐서 마치 天帝가 진노한 것과 같다는 것이다. 그러나 앞의 내용과 비슷한 듯하나 사방 별자리가 늘어선다는 내용을 가지고 논한다면 깃발에 그린다고 보는 것이 낫다. 그리고 정현이 '又畫招搖於旌上'이라고 하였으니, 네 별자리는 그림이라는 것을

알 수 있다. 그러므로 별에 대해서 간략하게 '又畫'라고 한 것이다. 崔靈恩이 말하기를 "이것은 군대가 행군할 때 사방에 깃발을 두어서 하늘을 본받은 것을 이른다. 이 깃발에 달린 술의 수는 모두 그 별을 본떠서 龍旗는 술이 9개, 雀旗는 술이 7개, 虎旗는 술이 6개, 龜蛇旗는 술이 4개이니, 모두 별의 수를 본떠서 하늘을 본받았다. 이 네 개의 깃발 위에 모두 북두성을 그린다."라고 하였다. 살펴보면 최영은이 네 개의 깃발에 다 그리는 것이 모두 북두성이라고 한 것은 의리상 온당치 않다. 왜인가? 하늘에서는 오직 하나의 북두성이 사방을 가리키니 어찌 네 개의 북두성이 필요하겠는가.

【疏】 ○ 注'以此'至'指者'. ○ 正義曰：此朱雀是禽, 而總言"獸"者, 通言耳. 言"爲軍陳"者, 則四獸各有軍陳之法, 故昭二十一年, 宋人與華亥戰, 云"鄭翩願爲鸛(관), 其御願爲鵝[1]." 又兵書云[2] "善用兵者似率然. 率然者, 常山蛇, 擊其首則尾至, 擊其尾則首至, 擊其中則首尾俱至." 是其各有陳法也. 知招搖在北斗杓端者, 春秋運斗樞云 "北斗七星, 第一天樞, 第二旋, 第三機[3], 第四權, 第五衡, 第六開陽, 第七搖光. 第一至第四爲魁, 第五至第七爲標." 案此搖光則招搖也. 在下云端者, 明魁以上爲首, 標則以下爲端也.

1) 鄭翩願爲鸛(관) 其御願爲鵝：≪春秋左氏傳≫ 昭公 21년 조에 보인다. 杜預의 주에 따르면 '鸛'과 '鵝'는 모두 陣 이름이다.
2) 兵書云：이하의 내용이 ≪孫子≫ 〈九地〉에 보인다.
3) 機：毛本에는 '璣'로 되어 있다.(阮元의 校勘記 참조)

○ 注의 〔以此〕에서 〔指者〕까지

○ 正義曰：여기의 朱雀은 새인데 모두 '獸'라고 한 것은 통틀어서 말한 것뿐이다. '爲軍陳'이라 말한 것은, 네 동물이 각각 軍陣의 법이 있다는 것이다. 그러므로 魯 昭公 21년에 宋나라 군대가 〈반란을 일으킨 송나라 사람〉 華亥와 싸울 때 "〈화해 측 사람인〉 鄭翩은 鸛陣을 펼치고자 하였으나 그 御者는 鵝陣을 펼치고자 하였다."라고 한 것이다. 또 兵書에 이르기를 "용병에 뛰어난 사람은 〈군진을〉 率然과 유사하게 펼친다. '率然'은 常山蛇로, 머리를 치면 꼬리가 구하러 오고, 꼬리를 치면 머리가 구하러 오고, 몸통을 치면 머리와 꼬리가 함께 구하러 온다."라고 하였으니, 이는 각각 陣法이 있는 것이다. 招搖가 북두성의 자루 끝에 있음을 아는 것은, ≪春秋運斗樞≫에 이르기를 "북두칠성은 첫 번째 별은 天樞, 두 번째 별은 旋, 세 번째 별은 機, 네 번째 별은

權, 다섯 번째 별은 衡, 여섯 번째 별은 開陽, 일곱 번째 별은 搖光이다. 첫 번째부터 네 번째 별까지가 魁이며, 다섯 번째부터 일곱 번째까지가 標이다."라고 하였는데, 살펴보면 여기의 '搖光'이 바로 招搖이기 때문이다. 아래에서 〈北斗杓端이라 하여〉 '端'이라 한 것은, 魁는 윗부분으로 머리를 삼고 標는 아랫부분으로 끝〔端〕을 삼음을 밝힌 것이다.

【疏】 ○ 注'度謂伐與步數'. ○ 正義曰：牧誓武王誓衆云 "今日之事, 不愆于六步七步, 乃止齊焉." "四伐五伐, 乃止齊焉." 一擊一刺爲一伐. 鄭注尙書云 "伐謂擊刺也." 始前(旣)〔就〕[1]敵, 六步七步當止, 齊正行列, 及兵相接, 少者四伐, 多者五伐, 又當止, 齊正行列也.

1) (旣)〔就〕: 저본에는 '旣'로 되어 있으나, 惠棟校宋本·衛氏集說에 의거하여 '就'로 바로잡았다.(阮元의 校勘記 참조)

○ 注의 〔度謂伐與步數〕

○ 正義曰：≪書經≫ 〈周書 牧誓〉에서 周 武王이 군사들에게 맹세하기를 "오늘의 전투는 6步·7步를 넘지 말아서 멈추어 정돈해야 할 것이다."라고 하고, "〈步數를 넘지 말아서〉 4伐·5伐이면 이에 멈추어 정돈해야 할 것이다."라고 하였다. 한 번 치고 한 번 찌르는 것이 1伐이다. ≪서경≫ 정현의 주에 이르기를 "伐은 치고 찌르는 것을 이른다."라고 하였다. 처음에 적에게 앞으로 나아갈 때 6보·7보 나아가면 멈추어서 행렬을 가지런히 정돈해야 하며, 병기가 서로 부딪치게 되면 적은 경우에는 4伐에, 많은 경우에는 5伐에 또 멈추어서 행렬을 가지런히 정돈해야 한다.

【疏】 ○ '左右有局'者, 局, 部分也. 軍之在左右, 各有部分, 不相濫也. ○ '各司其局'者, 軍行須監領, 故主帥(솔)部分, 各有所司部分也. 爾雅云[1] "局, 分也." 郭云 "謂分部也."

1) 爾雅云 : 이하의 내용이 ≪爾雅≫ 〈釋言〉에 보인다. 邢昺의 疏에, ≪春秋左氏傳≫ 成公 16년 조 기사를 인용하여 "離局은 간사한 것이다.〔離局 姦也〕"라고 하고, 또 杜預의 주를 인용하여 "자기 部曲에서 멀리 떨어지는 것이 離局이다.〔遠其部曲爲離局〕"라고 하였다.

○ 〔左右有局〕 '局'은 부대이다. 군대의 좌우에 각각 부대가 있어 서로 넘지 않는다.

○ 〔各司其局〕 군대의 행군에는 감독과 인솔이 필요하다. 그러므로 主將이 부대를

인솔하여 각각 맡은 부대가 있다. ≪爾雅≫에 이르기를 "局은 分이다."라고 하였는데, 郭璞이 말하기를 "부대를 이른다."라고 하였다.

01-35-01 父之讎는 弗與共戴天하고

아버지를 죽인 원수는 그와 한 하늘을 함께 이지 않고,

【注】 父者는 子之天이니 殺己之天과 與共戴天이면 非孝子也라 行求殺之라야 乃止라

아버지는 자식의 하늘이니, 자기의 하늘을 죽인 자와 함께 한 하늘을 인다면 효자가 아니다. 도모하여 죽인 뒤에야 그친다.

兄弟之讎는 不反兵하고

형제를 죽인 원수에 대해서는 〈곧바로 죽이기 위해 항상 무기를 휴대하고 있으므로〉 병기를 가지러 되돌아가지 않고,

【注】 恒執殺之備라

항상 죽일 병기를 가지고 다니는 것이다.

交遊之讎는 不同國이니라

벗을 죽인 원수와는 같은 나라에 살지 않는다.

【注】 讎不吾辟(피)면 則殺之라 交遊는 或爲朋友라

원수가 나를 피하지 않으면 죽인다. '交遊'는 혹 '朋友'로 되어 있는 판본도 있다.

【疏】 '父之'至'同國'[1]. ○ 正義曰：此一節論親疏復讎之法, 今各依文解之. ○ '父之讎弗與共戴天'者, 父是子之天. 彼殺己父, 是殺己之天, 故必報殺之, 不可與共處於天下也. 天在上, 故曰戴. 又檀弓云, 父母之仇, "寢苫枕干, 不仕, 弗與共天下也, 遇諸市朝, 不反兵而鬬", 竝是不共天下也. 而調人云, 父之讎辟諸海外, 則得與共戴天[2], 此不共戴天者, 謂孝子之心, 不許共讎人戴天, 必殺之乃止. 調人謂逢遇赦宥王法, 辟諸

海外, 孝子雖欲往殺, 力所不能, 故鄭答趙商云 "讎若在九夷之東, 八蠻之南, 六戎之西, 五狄之北, 雖有至孝之心, 能往討之乎." 是也[3). ○ '兄弟之讎不反兵'者, 兄弟謂親兄弟也. 有兄弟之讎, 乃得仕而報之, "不反兵"者, 謂帶兵自隨也. 若行逢讎, 身不帶兵, 方反家取之, 比來則讎已逃辟, 終不可得, 故恒帶兵, 見卽殺之也. 檀弓云, 父母之讎"不反兵", 兄弟之仇"仕弗與共國"[4), 而此云兄弟不反兵者, 父母不反兵於普天之下也, 兄弟不共國, 謂不同中國也, 而亦不反兵者. 父母仇讎則不仕, 不辟市朝, 兄弟仇讎, 則猶仕而辟市朝也, 而亦同不反兵, 則同體重之也. 而調人云 "兄弟之讎, 辟諸千里之外." 二文不同者, 調人亦謂會遇恩赦之法, 辟諸千里之外. 檀弓又云 "銜君命而使, 雖遇之不鬪." 雖同不反兵, 與父母讎異也. ○ '交遊之讎不同國'者, 交遊, 朋友也, 爲朋友亦報仇也. 故前云"父母存, 不許友以死"[5), 則知父母沒, 得爲朋友報也. 此云"不同國"者, 謂不共五等一國[6)之中也. 而調人云"從父母[7)兄弟之讎不同國", 與此同. 又調人云 "主友[8)之讎, 視從父兄弟." 是主友亦同. 此與調人皆謂會赦, 故不同國. 雖不同國, 國外百里二百里則可. 其兄弟仕不與共國者, 必須相去千里之外, 故調人云"兄弟之讎, 辟諸千里之外"是也. 但從父兄弟及交遊·主友報讎之時, 不自爲首, 故檀弓云從父兄弟之仇"不爲魁, 主人能, 則執兵而陪其後"也. 其君之讎, 調人云"視父, 師長之讎視兄弟", 則姑姊妹伯叔, 皆視兄弟. 異義[9) "公羊說復百世之讎[10), 古周禮說復讎之義不過五世. 許愼謹案 魯桓公爲齊襄公所殺, 其子莊公與齊桓公會[11), 春秋不譏. 又定公是魯桓公九世孫, 孔子相定公, 與齊會於夾谷[12). 是不復百世之讎也, 從周禮說." 鄭康成不駁, 卽與許愼同. "凡君非理殺臣[13), 公羊說, 子可復讎[14), 故子胥伐楚, 春秋賢之[15). 左氏說, 君命, 天也[16), 是不可復讎." 鄭駁異義稱 "子思云[17) '今之君子退人, 若將隊(추)諸淵, 無爲戎首, 不亦善乎.' 子胥父兄之誅, 隊淵不足喩, 伐楚(○)[18) 使吳首兵, 合於子思之言也." 是鄭善子胥, 同公羊之義也.

1) 父之至同國 : 惠棟校宋本에는 이 5자가 없다.(阮元의 校勘記 참조)

2) 父之讎辟諸海外 則得與共戴天 : ≪周禮≫ 〈地官 調人〉에 "무릇 원수를 화해시키는데, 아버지의 원수는 해외로 피하게 한다.……만약 피하려고 하지 않으면 〈調人에게〉 옥으로 만든 符節을 주어 붙잡아서 治罪하게 한다.〔凡和難 父之讎辟諸海外……弗辟 則與之瑞節而以執之〕"라는 내용이 보인다.

3) 鄭答趙商云……是也 : 정현의 손자인 魏나라 鄭小同이 정현의 학설과 문답을 모아서 편찬한 ≪鄭志≫에 보인다. '趙商'은 정현의 제자이다. '九夷'는 동방의 9종류 민족을,

'八蠻'은 남방의 8종류 민족을, '六戎'은 서방의 6종류 민족을, '五狄'은 북방의 5종류 민족을 이른다. 다만 ≪爾雅≫ 〈釋地〉에서 "9夷・8狄・7戎・6蠻을 '사해'라고 한다.〔九夷八狄七戎六蠻 謂之四海〕", ≪주례≫ 〈夏官 職方〉에서 "邦國・都・鄙・4夷・8蠻・7閩・9貉・5戎・6狄의 백성을 변별한다.〔辨其邦國都鄙四夷八蠻七閩九貉五戎六狄之人民〕"라고 한 것을 보면 여기에서 말하는 九・八・六・五는 가변적임을 알 수 있다.

4) 兄弟之仇仕弗與共國 : ≪禮記≫ 〈檀弓 上〉에 子夏가 형제의 원수에 대처하는 법을 묻자, 孔子가 "벼슬은 하지만 같은 나라에서 함께 살지 않으며, 군주의 명을 받고 사신을 가게 되면 비록 길에서 만나더라도 싸우지 않는다.〔仕弗與共國 銜君命而使 雖遇之不鬪〕"라고 대답한 내용이 보인다.

5) 父母存 不許友以死 : 01-13-02에 보인다.

6) 五等一國 : ≪예기≫ 〈王制〉에서 말하는 公・侯・伯・子・男 5등의 제후국 중 한 나라를 이른다.

7) 母 : ≪주례≫ 〈地官 調人〉에는 없으며, 바로 다음에 나오는 '視從父兄弟'에 비추어보아도 '母'는 衍文으로 보아야 할 듯하다.

8) 主友 : 다른 나라에서 알게 되어 벗이 된 주인을 이른다. ≪주례≫ 〈地官 調人〉 정현의 주에서는 '主'를 자기가 모시는 대부 즉 '大夫君'이라 하였다.

9) 異義 : 후한 許愼의 ≪五經異義≫를 가리키는데, 이하의 내용이 정현의 ≪駁五經異義補遺≫ 〈復讎〉에 보인다.

10) 公羊說復百世之讎 : ≪春秋公羊傳≫ 莊公 4년 조에 "9대라도 복수할 수 있는가? 비록 백 대라도 복수할 수 있다.〔九世猶可以復讐乎 雖百世可也〕"라는 내용이 보인다.

11) 魯桓公爲齊襄公所殺 其子莊公與齊桓公會 : 魯 桓公은 夫人 文姜과 함께 齊나라에 방문하였다가 문강이 오라버니인 齊 襄公과 私通하는 것을 알게 되었는데, 이로 인해 환공은 18년(B.C. 694) 4월 병자일에 양공의 명을 받은 제나라의 公子 彭生에 의해 살해되었다. 이에 노나라에서는 환공의 적장자인 莊公이 즉위하였다. 노 장공 13년(B.C. 681) 겨울에 장공은 齊 桓公과 제나라 柯邑에서 맹약하였다.

12) 孔子相定公 與齊會於夾谷 : 魯 定公 10년(B.C. 500) 여름에 정공은 齊 景公과 노나라 夾谷이란 곳에서 회맹하였는데, 이때 孔子는 司寇로서 정공을 도와 제나라에 빼앗겼던 汶陽의 땅을 되찾아오는 외교 성과를 거두었다.

13) 凡君非理殺臣 : 이하의 내용이 정현의 ≪駁五經異義補遺≫ 〈凡君非禮殺臣〉에 보인다.

14) 公羊說 子可復讎 : ≪春秋公羊傳≫ 定公 4년 조에 "군주를 섬기는 것은 부모를 섬기는 것과 같은데 여기서 복수할 수 있다고 한 것은 무엇 때문인가? 아버지가 부당한 주벌을 받으면 자식이 복수해도 된다.〔曰事君猶事父也 此其爲可以復讎奈何 曰父不受誅 子復讎可也〕"라는 내용이 보인다.

15) 子胥伐楚 春秋賢之 : '子胥'는 춘추시대 楚나라의 대부 伍員의 字이다. 楚 平王이 부

당하게 아버지 伍奢와 형 伍尙을 죽이자 吳나라로 들어가 闔廬를 오나라 왕에 즉위시키고 重臣이 되었다. 魯 定公 4년(B.C. 506)에 오나라 군대를 이끌고 초나라에 쳐들어가 초 평왕의 묘를 파헤치고 시신에 3백 대를 채찍질하여 복수하였다. '春秋賢之'는, ≪春秋左氏傳≫ 定公 4년 조에 "겨울 11월 경오일에 蔡侯가 吳子를 거느리고서 楚人과 초나라 柏擧 땅에서 전쟁하였는데 초나라 군대가 대패하였다.〔冬十有一月庚午 蔡侯以吳子及楚人戰于柏擧 楚師敗績〕"라는 내용이 보이는데, 宋나라 林堯叟의 附注에 따르면 夷狄인 오나라가 중원의 제후국인 蔡나라의 호소에 응하여 초나라를 토벌한 것을 훌륭하게 여겨서 오나라 군주를 '子'로 칭한 것을 이른다.

16) 左氏說……天也 : ≪춘추좌씨전≫ 定公 4년 조에, 楚나라 鄖縣의 대부인 鬭辛의 아우 懷가 魯 昭公 14년(B.C. 528)에 楚 平王이 아버지를 죽였다 하여 평왕의 아들인 楚 昭王을 죽이려고 하자, 투신이 "임금이 신하를 죽인 것이니 누가 감히 임금을 원수로 여기겠느냐? 임금의 명은 바로 하늘의 명이다. 만약 하늘의 명에 죽었다면 너는 장차 누구를 원수로 여기겠느냐?〔君討臣 誰敢讐之 君命 天也 若死天命 將誰讐〕"라고 말한 내용이 보인다.

17) 子思云 : 이하의 내용이 ≪예기≫ 〈檀弓 下〉에 魯 穆公의 물음에 대한 子思의 대답으로 보인다.

18) (○) : 저본에는 부호 '○'가 있으나, 惠棟校宋本에 의거하여 衍文으로 처리하였다. (阮元의 校勘記 참조)

經의 〔父之〕에서 〔同國〕까지

○ **正義曰** : 이 절은 親疏에 따라 원수 갚는 법을 논한 것이니, 이제 각각 글을 따라 풀이하겠다.

○ 〔父之讎弗與共戴天〕 아버지는 자식의 하늘이다. 저가 자기 아버지를 죽였으면 이는 자기의 하늘을 죽인 것이므로 반드시 보복하여 죽여서 그와 더불어 천하에서 함께 살아서는 안 된다. 하늘은 위에 있으므로 '戴'라고 한 것이다. 또 ≪禮記≫ 〈檀弓 上〉에 이르기를, 부모의 원수에 대해서는 "〈비록 상복을 벗었더라도 거상할 때처럼〉 거적을 깔고 방패를 베개 삼아서 잔다. 그리하여 벼슬하지 않으며, 그와 더불어 천하에서 함께 살지 않으며, 시장과 조정에서 만나면 〈늘 병기를 휴대하고 다녀서〉 병기를 가지러 집에 돌아가지 않고 싸운다."라고 하였으니, 모두 천하를 함께하지 않는 것이다. ≪周禮≫ 〈地官 調人〉에 이르기를, 아버지의 원수가 해외로 피하면 그와 더불어 한 하늘을 함께 일 수 있다고 하였는데, 여기에서 한 하늘을 함께 일 수 없다고 한 것은, 효자의 마음에 원수와 더불어 한 하늘을 일 수 없어서 반드시 죽이고서야 그친다는

말이다. 〈지관 조인〉은 원수가 사면해주는 王法을 만나 해외로 피하면 효자가 비록 가서 죽이고자 해도 人力으로 어쩔 수 없음을 이른다. 그러므로 정현이 趙商에게 답하기를 "원수가 만약 9夷의 동쪽, 8蠻의 남쪽, 6戎의 서쪽, 5狄의 북쪽에 있다면 비록 지극히 효성스러운 마음이 있다 할지라도 가서 토벌할 수 있겠는가."라고 한 것이 이것이다.

○〔兄弟之讎不反兵〕'兄弟'는 친형제를 이른다. 형제의 원수가 있으면 이에 벼슬하면서도 복수할 수 있으니, '不反兵'은 병기를 늘 가지고 다닌다는 말이다. 만약 길을 가다 원수를 만났는데 몸에 병기를 지니고 있지 않아서 그때서야 집으로 돌아가 가져오면 왔을 때는 이미 원수가 달아나 피하여 끝내 잡을 수 없다. 그러므로 늘 병기를 가지고 다니다가 만나면 곧바로 죽이는 것이다. 〈檀弓 上〉에서 부모의 원수에 대해서는 '不反兵'하고 형제의 원수에 대해서는 "벼슬은 하지만 같은 나라에서 함께 살지 않는다.〔仕弗與共國〕"라고 하였는데, 여기에서 형제의 원수에 대해 '不反兵'이라 한 것은, 부모의 원수에 대해서는 온 천하에서 不反兵하는 것이고, 형제의 원수에 대해 不共國하는 것은 중국에서 함께 살지 않는 것을 이르나 또한 不反兵하는 것이다. 부모의 원수에 대해서는 벼슬하지 않고 시장과 조정을 피하지 않지만, 형제의 원수에 대해서는 그래도 벼슬하고 시장과 조정을 피하나 또한 똑같이 不反兵하니, 부모에게서 똑같이 몸을 받은 형제를 중히 여기는 것이다. ≪주례≫ 〈지관 조인〉에 이르기를 "형제의 원수는 천 리 밖으로 피하게 한다."라고 하여 〈단궁 상〉과 〈지관 조인〉의 글이 같지 않은 것은, 〈지관 조인〉은 또한 원수가 사면해주는 법을 만나 천 리 밖으로 피한 것을 이른다. 〈단궁 상〉에 또 이르기를 "군주의 명을 받고 사신을 가게 되면 비록 길에서 만나더라도 싸우지 않는다."라고 하였으니, 비록 똑같이 不反兵하나 부모의 원수와는 달리하는 것이다.

○〔交遊之讎不同國〕'交遊'는 벗이니, 벗을 위해서도 원수를 갚는다. 그러므로 앞에서 "부모님이 살아 계시면 벗을 위해 〈원수를 갚아주느라〉 죽는 것을 허락하지 않는다.〔父母存 不許友以死〕"라고 한 것이니, 부모가 돌아가시면 벗을 위하여 복수할 수 있음을 알 수 있다. 여기에서 '不同國'이라 한 것은, 다섯 등급의 제후국 중 한 나라 안에서 함께 살지 않음을 이르니, ≪주례≫ 〈지관 조인〉에서 "사촌 형제의 원수와는 같은 나라에서 살지 않는다."라고 한 것이 여기와 같다. 또 〈지관 조인〉에 이르기를 "벗이 된 주인의 원수는 사촌 형제의 원수에 비견한다."라고 하였으니, 이는 벗이 된 주

인의 원수를 또한 똑같이 대한 것이다. 여기와 〈지관 조인〉 모두 사면을 만난 경우를 말하였으므로 같은 나라에서 살지 않은 것이다. 비록 같은 나라에서 살지는 않으나 나라 밖 백 리, 2백 리면 괜찮다. 형제의 원수에 대해 ≪예기≫ 〈단궁 상〉의 '벼슬은 하지만 같은 나라에서 함께 살지 않는다〔仕不與共國〕'는 것은 반드시 서로 천 리 밖에 떨어져 살아야 한다는 것이다. 그러므로 〈지관 조인〉에 이르기를 "형제의 원수는 천 리 밖으로 피하게 한다."라고 한 것이 이것이다. 다만 사촌 형제와 벗과 벗이 된 주인을 위하여 원수를 갚을 때는 자기가 앞장서지 않는다. 그러므로 〈단궁 상〉에서 사촌 형제의 원수에 대해서는 "앞장서지 말 것이요, 주인이 충분히 원수를 갚을 수 있으면 병기를 잡고 뒤에서 돕는다."라고 한 것이다. 군주의 원수에 대해서는, 〈지관 조인〉에 이르기를 "아버지의 원수에 비견한다. 師長의 원수에 대해서는 형제의 원수에 비견한다."라고 하였으니, 고모・자매・백부・숙부의 원수를 모두 형제의 원수에 비견하는 것이다.

許愼의 ≪五經異義≫에 "≪春秋公羊傳≫에서는 백 대의 원수를 갚는다고 하고, ≪古周禮≫에서는 복수의 의리는 5대를 넘어가지 않는다고 하였다. 내가 삼가 살펴보건대 魯 桓公은 齊 襄公에게 피살되었는데도 노 환공의 아들 莊公이 齊 桓公과 회합한 것에 대해 ≪춘추≫에서는 비판하지 않았다. 또 魯 定公은 노 환공의 9대손인데, 孔子는 노 정공을 도와 제나라와 夾谷에서 회합하였다. 이는 백 대의 원수를 갚지 않은 것이니, ≪고주례≫의 설을 따른 것이다."라고 하였는데, 정현이 반박하지 않았으니, 즉 허신과 같은 것이다. 허신의 ≪오경이의≫에 "무릇 군주가 이치에 맞지 않게 신하를 죽인 것에 대해 ≪춘추공양전≫에서는 그 자식이 원수를 갚을 수 있다고 하였다. 그러므로 伍子胥가 楚나라를 친 것에 대해 ≪춘추≫에서 훌륭하게 여긴 것이다. ≪春秋左氏傳≫에서는 군주의 명은 바로 하늘의 명이라고 하였으니, 이는 원수를 갚아서는 안 된다는 것이다."라고 하였는데, 정현이 ≪오경이의≫를 반박하여 "子思가 말하기를 '오늘날의 군자는 사람을 물러나게 할 때 마치 깊은 못에 떨어뜨릴 듯이 하니, 외적이나 내란의 우두머리가 되지 않은 것만 해도 좋지 않습니까.'라고 하였다. 오자서의 아버지와 형이 죽임을 당한 것은 깊은 못에 떨어뜨리는 것으로도 비유할 수 없을 정도이니, 초나라를 칠 때 오자서가 吳나라로 하여금 앞장서서 군대를 일으키게 한 것은 자사의 말에 부합한다."라고 하였으니, 이는 정현이 오자서를 좋게 여긴 것으로, ≪춘추공양전≫의 뜻과 같은 것이다.

01-36-01 四郊多壘는 此卿大夫之辱也요

사방 郊外에 보루가 많은 것은 〈경대부가 녹봉만 축낼 뿐 직무를 제대로 수행하지 않아서 외침을 자주 당하기 때문이니〉 경대부의 치욕이고,

【注】辱其謀人之國하여 不能安也라 壘는 軍壁[1]也니 數(삭)見侵伐則多壘라

1) 軍壁 : 군영의 성벽과 성루이다. '壁'은 陸德明의 音義에는 '辟'으로 되어 있다.

나라를 위해 계책을 내는 신분으로 안정시키지 못한 것을 치욕스럽게 여기는 것이다. '壘'는 軍壁이니, 자주 침벌을 당하면 보루가 많게 된다.

地廣大호되 荒而不治는 此亦士之辱也니라

땅이 광대한데 황폐하여 다스려지지 못한 것은 〈邑宰인 士가 직분을 제대로 수행하지 않았기 때문이니, 대부의 치욕일 뿐 아니라〉 또한 士의 치욕이기도 하다.

【注】辱其親民不能安이라 荒은 穢也라

백성을 친근히 하는 신분으로 안정시키지 못한 것을 치욕으로 여기는 것이다. '荒'은 '거칠다'의 뜻이다.

【疏】'四郊'至'辱也'[1]. ○ 正義曰：此明食祿所宜任其事也. 四郊者, 王城四面竝有郊, 近郊五十里, 遠郊百里. 諸侯亦各有四面之郊, 里數隨地廣狹, 故云"四郊"也. 壘, 軍壁也. 言卿大夫尊高, 任當軍帥, 若有威德, 則無敢見侵, 若尸祿素餐, 則寇戎充斥, 數(삭)戰郊坰(경), 故多軍壘. 罪各有所歸, 故爲卿大夫之恥辱也. ○'地廣大, 荒而不治, 此亦士之辱也'者, 地, 采地也. 荒, 廢穢也. 士, 邑宰也. 士爲君邑宰, 必宜地民相得[2], 若使土地廣大而荒廢, 民散而流移, 亦邑宰之恥辱也. 而云"亦"者, 今謂非但大夫之辱, 亦是士之辱. 言四郊多壘, 獨爲大夫之辱, 〔不云士辱者, 但大夫官尊, 入則與君同謀, 出則身爲將帥, 故多壘爲大夫之辱.〕[3] 士則職卑位下, 爲君邑宰, 勸課耕稼, 故地荒爲士之辱也.

1) 四郊至辱也 : 惠棟校宋本에는 이 5자가 없다.(阮元의 校勘記 참조)

2) 士爲君邑宰 必宜地民相得 : ≪禮記≫ 〈王制〉에 "무릇 백성을 거주하게 하는 것은 토지

를 측량하여 성읍을 만들고 토지를 헤아려 백성을 거주하게 해서 토지와 성읍과 백성들의 거처를 반드시 셋이 서로 맞게 해야 한다.〔凡居民 量地以制邑 度地以居民 地邑民居 必參相得也〕"라는 내용이 보인다.

3)〔不云士辱者……故多壘爲大夫之辱〕: 저본에는 이 30자가 없으나, 완원의 교감기에서 惠棟校宋本을 근거로 脫文으로 본 것에 의거하여 보충하였다.(阮元의 校勘記 참조)

經의〔四郊〕에서〔辱也〕까지

○ 正義曰 : 이것은 녹을 먹으면 의당 그 일을 책임져야 함을 밝힌 것이다.

'四郊'는 王城 사면에 모두 郊가 있으니, 近郊는 50리이고 遠郊는 100리이다. 제후 역시 각각 사면의 郊가 있는데, 里數는 땅의 廣狹에 따르므로 '四郊'라 한 것이다. '壘'는 軍壁이다. 경대부는 존귀하여 군대 장수의 책임을 맡으니, 만약 위엄과 덕망이 있으면 선뜻 침략 받는 일이 없지만 녹봉만 축내고 직무를 제대로 수행하지 않으면 적군이 가득하여 자주 교외에서 전투가 벌어지므로 군대의 보루가 많게 된다. 죄가 각각 돌아가는 곳이 있으므로 경대부의 치욕이 되는 것이다.

○〔地廣大 荒而不治 此亦士之辱也〕'地'는 采地이다. '荒'은 황폐하고 거친 것이다. '士'는 邑宰이다. 士가 군주의 읍재가 되었으면 반드시 땅과 백성이 서로 맞게 해야 하니, 만약 토지를 광대한데도 황폐하게 만들고 백성을 뿔뿔이 흩어져서 떠돌게 만들면 또한 읍재의 치욕이기도 하다. '亦'이라 한 것은, 지금 비단 대부의 치욕일 뿐 아니라 또한 士의 치욕이라고 말한 것이다. 사방 교외에 보루가 많은 것에 대해 유독 대부의 치욕이 된다고만 말하고 '士辱'이라고 말하지 않은 것은, 단지 대부는 관직이 높아서 들어가서는 군주와 計謀를 함께하고 나가서는 장수의 몸이 되기 때문에 보루가 많은 것이 대부의 치욕이 되는 것이다. 士는 관직이 낮고 지위가 아래여서 군주의 읍재가 되어 농사를 권면하므로 땅이 황폐한 것이 士의 치욕이 되는 것이다.

01-37-01 臨祭不惰하며

제사에 임하여 게을리하지 않으며,

【注】爲無神也라

神明을 업신여기는 것이기 때문이다.

祭服이 **敝則焚之**하며 **祭器敝則埋之**하며 **龜筴**(책)이 **敝則埋之**하며 **牲**이 **死則埋之**니라

祭服이 해지면 불태우며, 제기가 낡으면 묻으며, 〈점치는 도구인〉 거북 껍질과 蓍草(시초)가 망가지면 묻으며, 희생이 죽으면 묻는다.

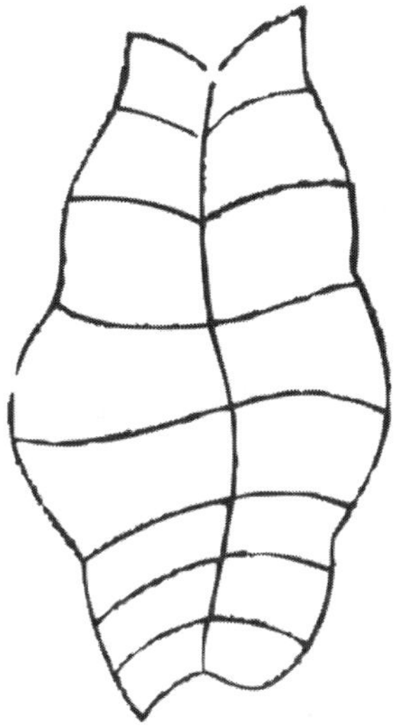

龜

蓍

【注】此皆不欲人褻之也라 焚之는 必已不用이요 埋之는 不知鬼神之所爲라

이것은 모두 사람들이 설만하게 대하지 않게 하려는 것이다. '焚之'는 자기가 쓰지 않을 것을 기필한 것이고, '埋之'는 귀신이 하는 바를 알지 못하기 때문이다.

凡祭於公者는 **必自徹其俎**니라

무릇 〈士가 군주의 제사를 도와〉 公所에서 제사 지낼 경우에는 〈빈객이 아니므로〉 반드시 스스로 자기의 俎를 거둔다.

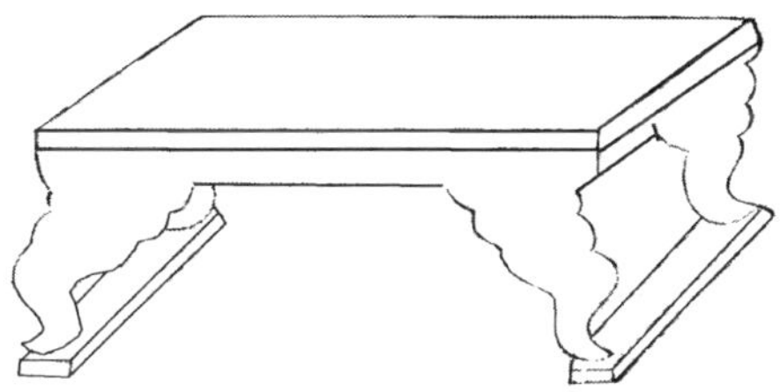

俎

【注】臣不敢煩君使也라 大夫以下는 或使人歸之라 祭於公은 助祭於君也라

신하가 감히 군주의 使者를 번거롭게 하지 못하는 것이다. 대부 이하는 〈직접 자기 사당에 제사를 지냈으면〉 혹 사람을 시켜 보내주기도 한다. '祭於公'은 군주가 있는 곳에서 제사를 돕는 것이다.

【疏】'臨祭'至'其俎'[1]. ○正義曰：此一節明接神及歸俎之禮. ○'臨祭不惰'者, 祭如在[2], 故臨祭須敬, 不得怠惰, 故鄭注云"爲無神也." 鬼神享德, 祭若怠惰, 則神不歆, 是無神也. 既謂其不敬, 亦是無神之心也.

1) 臨祭至其俎：惠棟校宋本에는 이 5자가 없다.(阮元의 校勘記 참조)

2) 祭如在 : ≪論語≫ 〈八佾〉에 "〈조상에게〉 제사를 지낼 때는 조상이 계신 듯이 하였고, 신명에게 제사 지낼 때는 신명이 계신 듯이 하였다.〔祭如在 祭神如神在〕"라는 내용이 보인다.

經의 〔臨祭〕에서 〔其俎〕까지

○ 正義曰 : 이 절은 신명을 만나는 예 및 俎肉을 〈제사를 도운 사람에게〉 보내주는 예를 밝힌 것이다.

○〔臨祭不惰〕 제사를 지낼 때는 조상이 계신 듯이 하므로 제사에 임하여서는 반드시 공경해야 하며 태만해서는 안 된다. 그러므로 정현의 주에 이르기를 '爲無神也'라 한 것이다. 귀신은 덕을 흠향하니 제사 지낼 때 태만하면 신명이 흠향하지 않는다. 그렇다면 이는 신명을 업신여기는 것이다. 이미 불경하다고 말했다면 또한 이는 신명을 업신여기는 마음이다.

【疏】 ○ 注'此皆不欲人褻之也'. ○ 正義曰 : 若不焚埋, 人或用之, 爲褻慢鬼神之物. 所以"焚之"·"埋之"異者, 服是身著(착)之物, 故焚之, 牲器之類, 竝爲鬼神之用, 雖敗, 不知鬼神用與不用, 故埋之猶在, 焚之則消, 故焚·埋異也.

○ 注의 〔此皆不欲人褻之也〕

○ 正義曰 : 만약 불태우거나 묻지 않아서 사람이 혹 사용하면 귀신의 물건을 설만히 여기는 것이 된다. '焚之'하거나 '埋之'하여 달리하는 이유는, 옷은 몸에 닿는 물건이므로 태우는 것이고, 희생이나 기물 종류는 모두 귀신의 쓰임이 되었으니 비록 망가졌다 하더라도 귀신이 쓸지 쓰지 않을지 알지 못한다. 그러므로 묻는 것은 여전히 남아 있고 불태우면 없어지므로 불태우거나 묻는 것을 달리하는 것이다.

【疏】 ○ 注'臣不'至'君也'. ○ 正義曰 : 此謂士助君祭也. 若大夫以上, 則君使人歸之於俎. 而禮本竝云"大夫以下, 或人[1]歸之", 是鄭因君以明臣, 言大夫以下, 自祭其廟, 則使人歸賓俎. 故曾子問云"攝主不歸俎[2]", 明正主則歸也.

1) 人 : 惠棟校宋本에는 이 앞에 '使'가 있다.(阮元의 校勘記 참조)

2) 攝主不歸俎 : ≪禮記≫ 〈曾子問〉에 "만약 종자가 죄가 있어 다른 나라에 있고 서자가 대부가 되었으면 제사 지낼 때……〈제사를 대행하는〉 섭주는……손님에게 俎肉을 보내지 않는다.〔若宗子有罪 居於他國 庶子爲大夫 其祭也……攝主……不歸肉〕"라는 내용이 보인다.

○ 注의 〔臣不〕에서 〔君也〕까지

○ 正義曰：이것은 士가 군주의 제사를 돕는 것을 이른다. 만약 대부 이상이면 군주가 사람을 시켜 俎를 보내준다. 禮에서는 본래 모두 '大夫以下 或人歸之'라고 하는데, 이는 정현이 군주의 예로 인해 신하의 예를 밝힌 것이니, 대부 이하는 스스로 자기 사당에 제사 지냈으면 사람을 시켜 손님에게 俎肉을 보냄을 말한 것이다. 그러므로 ≪禮記≫ 〈曾子問〉에 이르기를 "攝主는 俎를 보내지 않는다."라고 한 것이니, 正主라면 俎肉을 보냄을 밝힌 것이다.

01-38-01 卒哭乃諱니

卒哭이 지나면 〈죽은 사람에 대한 禮를 사용하므로〉 이에 〈죽은 사람의 이름을〉 휘하는데,

【注】 敬鬼神之名也라 諱는 辟(피)也니 生者는 不相辟名이라 衛侯名惡이어늘 大夫有名惡하여 君臣同名이로되 春秋不非라

귀신의 이름을 공경히 하는 것이다. '諱'는 '피하다'의 뜻이니, 산 자는 이름을 피하지 않는다. 衛侯의 이름은 惡이었는데 대부 중에 이름이 惡인 자가 있어 군주와 신하가 이름이 똑같았으나 ≪春秋≫에서는 비난하지 않았다.

禮에 不諱嫌名[1)]하며 二名은 不偏[2)]諱니라

1) 不諱嫌名：예컨대 東漢 和帝의 이름은 肇(조)였는데 京兆郡의 '兆'를 고치지 않았고, 삼국시대 魏 武帝의 이름은 操인데 曹操의 아들인 陳思王 曹植의 시에 '修阪造雲日'이라 하여 '造'를 그대로 사용한 것을 이른다.(陸德明의 音義 참조)

2) 偏：공영달의 소에는 '徧'으로 되어 있으며 '遍'과 같은 뜻이다. 완원에 따르면 '偏'은 傳寫의 오류이나 오랫동안 습관적으로 써왔으므로 고치지 않은 것이다.(阮元의 校勘記 참조)

禮에 따르면 사람의 이름과 음이 비슷한 글자를 휘하지 않으며, 이름이 두 글자일 경우 두 글자를 모두 휘하지는 않는다.

【注】 爲其難辟(피)也라 嫌名은 謂音聲相近이니 若禹與雨 丘與區也라 偏은 謂二名不一一諱也니 孔子之母名徵在에 言在不稱徵하고 言徵不稱在[1]니라

1) 言在不稱徵 言徵不稱在 : 考文引古本에는 첫 번째 '稱'이 '言'으로 되어 있다. 완원은 두 개의 '稱'이 모두 '言'이 되어야 공영달의 소와 부합한다고 하였다.(阮元의 校勘記 참조)

피하기 어렵기 때문이다. '嫌名'은 음이 서로 비슷한 것을 이르니, '禹'와 '雨', '丘'와 '區' 같은 것이다. '偏'은 두 글자로 된 이름은 두 글자 모두 휘하지는 않음을 이르니, 孔子의 어머니 이름은 '徵在'인데 '在'를 말했으면 '徵'을 칭하지 않고 '徵'을 말했으면 '在'를 칭하지 않는다.

逮事父母어든 則諱王父母하고 不逮事父母어든 則不諱王父母니라

〈庶人은〉 부모를 생전에 섬겼으면 〈부모가 조부모를 휘하는 것을 들었으므로〉 조부모를 휘하고, 부모를 생전에 섬기지 못했으면 조부모를 휘하지 않는다.

【注】 逮는 及也니 謂幼孤하여 不及識父母하여 恩不至於祖名이라 孝子聞名心瞿[1]하여 諱之由心하니 此謂庶人이라 適士[2]以上은 廟事祖하니 雖不逮事父母나 猶諱祖라

1) 瞿 : 嘉靖本에는 '懼'로 되어 있다.(阮元의 校勘記 참조)

2) 適士 : ≪禮記≫ 〈祭法〉 정현의 주에 따르면 上士를 이른다.

'逮'는 '미치다'의 뜻이니, 어려서 고아가 되어 부모를 생전에 알지 못하여 은혜가 조부모의 이름에까지 이르지 않은 것을 이른다. 효자가 이름을 듣고 두려워하여 마음에서부터 이를 휘하니, 이는 庶人을 이른다. 適士 이상은 廟에서 조부를 섬기니, 비록 부모를 생전에 섬기지 못했다 하더라도 여전히 조부를 휘한다.

君所엔 無私諱하고

군주가 계시는 곳에서는 〈先君에 대한 휘만 있고〉 私家의 휘가 없으며,

【注】 謂臣言於君前에 不辟(피)家諱는 尊無二[1]라

1) 二 : 閩本·監本·毛本에는 이 다음에 '也'가 있다.(阮元의 校勘記 참조)

신하가 군주 앞에서 말할 때 집안의 휘를 피하지 않는 것은 높이는 대상이 둘이 없음을 이른다.

大夫之所엔 **有公諱**[1]니

1) 公諱 : ≪禮記≫ 〈玉藻〉 鄭玄의 注에 "公諱는 언어로 先君의 이름을 피하는 것과 같은 것이다.〔公諱 若言語所辟先君之名〕"라는 내용이 보인다.

〈자신이 대부보다 신분이 낮아도〉 대부가 있는 곳에서는 〈대부 私家의 휘는 없고〉 先君에 대한 휘가 있으니,

【注】 辟君諱也라

군주의 휘를 피하는 것이다.

詩書不諱하며 **臨文不諱**하며

≪詩經≫과 ≪書經≫을 〈가르치고 배울 때〉 휘하지 않으며, 〈예를 행하는〉 글을 대할 때 휘하지 않으며,

【注】 爲其失事正이라

일의 올바름을 잃기 때문이다.

廟中不諱니라

〈윗대 조상의〉 廟 안에서는 〈아랫대 조상을〉 휘하지 않는다.

【注】 爲有事於高祖면 **則不諱曾祖以下**하니 **尊無二也**요 **於下則諱上**이라

高祖에게 제사 지내면 曾祖 이하는 휘하지 않으니, 높이는 대상에는 둘이 없기 때문이다. 아랫대 조상에게 제사 지내면 윗대 조상을 휘한다.

夫人之諱는 **雖質君之前**이라도 **臣不諱也**하며

〈군주의 처인〉 夫人 본가의 휘는 비록 군주의 앞에서 대답할 때라도 신하가 휘하지 않으며,

【注】 臣於夫人之家에 **恩遠也**라 **質**은 **猶對也**라

신하는 군주 부인의 집안에 대해 은혜가 멀기 때문이다. '質'은 〈'대답하다'의 뜻인〉 '對'와 같다.

婦諱는 不出門하며

어머니나 처가 휘하는 것은 〈어머니나 처가 거처하는〉 집 문밖을 나가서는 휘하지 않으며,

【注】 婦親遠하니 於宮中言엔 辟之라

어머니나 처의 부모는 소원하기 때문이니, 〈어머니나 처가 거처하는〉 집 안에서 말할 때는 피한다.

大功小功은 不諱니라 入竟[1]而問禁하며 入國而問俗하며 入門而問諱니라

1) 竟 : '境(국경)'과 통용한다. ≪說文解字≫에는 '境'이 없다. 王力에 따르면 '竟'과 '境'은 同源字이다.(王力의 ≪王力古漢語字典≫ 참조)

大功親과 小功親은 〈은혜와 상복을 입는 기간이 적으므로〉 휘하지 않는다. 남의 나라 국경에 들어가서는 〈그 나라에서〉 금하는 것을 물으며, 남의 도성 안에 들어가서는 〈그 지방의〉 풍속을 물으며, 남의 집 문안에 들어가서는 〈그 집안에서〉 휘하는 것을 묻는다.

【注】 皆爲敬主人也라 禁은 謂政教요 俗은 謂常所行與所惡(오)也라 國은 城中也라

모두 주인을 공경하는 것이다. '禁'은 政教를 이른다. '俗'은 늘 행하는 것과 싫어하는 것을 이른다. '國'은 도성 안이다.

【疏】 '卒哭'至'問諱'[1]. ○ 正義曰 : 此一節論諱與不諱之事, 各依文解之. ○ 古人生不諱, 故卒哭[2]前, 猶以生事之, 則未諱. 至卒哭後, 服已受變[3], 神靈遷廟, 乃神事之, 敬鬼神之名, 故諱之. 諱, 避也. 生不相避名, 名以名質, 故言之不諱. 死則質藏, 言之則感動孝子, 故諱之也.

1) 卒哭至問諱 : 惠棟校宋本에는 이 5자가 없다.(阮元의 校勘記 참조)

2) 卒哭 : 장례를 치르고 虞祭를 지낸 뒤에 지내는 제사 이름으로, 수시로 곡하는 것을 그친다는 말이다. ≪儀禮≫ 〈旣夕禮〉 정현의 주에 "처음에는 조석 간에 슬퍼지면 수시로 곡을 하다가, 이 제사를 지낸 뒤에는 수시로 곡하는 것을 그치고 아침과 저녁에만 곡한다.〔始朝夕之間 哀至則哭 至此祭 止也 朝夕哭而已〕"라고 하였다. '虞祭'는 죽은 이의 혼백을 편안히 안정시키는 뜻에서 지내는 제사로, ≪禮記≫ 〈雜記 下〉에 따르면 士는 三虞祭, 대부는 五虞祭, 제후는 七虞祭를 지낸다.

3) 服已受變 : 장례를 행한 뒤 초상의 成服 때 착용했던 冠布의 升數에 따라 조금 가벼운 상복으로 바꾸어서 입는 受服을 이르는 것으로, '受'는 衰服(최복)을 받는다는 뜻이다. ≪의례≫ 〈喪服〉에 따르면 斬衰服 正服일 경우 成服 때 옷은 3升布로 만들고 冠은 6승포로 만들어 입으며, 장례 후에는 옷은 6승포로 만들고 관은 7승포로 만들어 입는다. 〈상복〉 정현의 주에 따르면 1승은 80올〔縷〕이며, 吉服인 朝服은 1,200올, 즉 15승포로 만든다.

經의 〔卒哭〕에서 〔問諱〕까지

○ 正義曰 : 이 절은 휘하는 일과 휘하지 않는 일을 논한 것이니, 각각 글을 따라 풀이하겠다.

○ 옛사람은 살아 있을 때는 휘하지 않았다. 그러므로 卒哭 전에는 여전히 살아 있을 때의 예로 섬겨서 아직 휘하지 않다가 졸곡 후에 이르러 상복도 이미 바꾸어서 입고 신령도 廟를 옮겼으면 이에 신명으로 섬기니, 귀신의 이름을 공경하므로 휘하는 것이다. '諱'는 '피하다'의 뜻이다. 살아 있을 때 이름을 피하지 않는 것은, 이름은 형체에 이름을 붙인 것이므로 이를 말하여 휘하지 않는다. 죽으면 형체가 감추어지는데 이를 말하면 효자를 감촉시키므로 휘한다.

【疏】 ○ 注'衛侯'至'不非'. ○ 正義曰 : 證生不相諱也, 時君臣同名, 春秋不譏. 案魯襄公二十八年, "衛石惡出奔晉", 二十九年, "衛侯衎(간)卒", 衛侯惡乃卽位, 與石惡不相干. 熊氏云"石字誤, 當云'大夫有名惡'. 知者, 昭七年'衛侯惡卒', 穀梁傳云[1] '昭元年有衛齊惡, 今衛侯惡, 何謂君臣同名也. 君子不奪人親所名也.' 是衛齊惡不得爲石惡也."

1) 穀梁傳云 : ≪春秋穀梁傳≫ 昭公 7년 조에 "앞에서는 '衛나라 齊惡'이라 하고 지금은 '衛나라 군주 惡'이라 하였는데, 여기에서 어찌하여 군주와 신하가 이름이 똑같은가? 군자는 남의 이름을 뺏지 않으며 남의 부모가 지어준 이름을 뺏지 않으니, 그 유래를 중히 여기기 때문이다. 조부가 자식인 아버지의 이름을 지어준 것이다.〔鄕曰衛齊惡 今曰衛侯惡 此何爲君臣同名也 君子不奪人名 不奪人親之所名 重其所以來也 王父名子也〕"라는 내용

이 보인다. '앞에서는'은 소공 원년을 이른다.

○ 注의 〔衛侯〕에서 〔不非〕까지

○ 正義曰 : 살아 있을 때는 휘하지 않음을 증명한 것이니, 당시 군주와 신하가 이름이 똑같았는데도 ≪春秋≫에서는 비판하지 않았다. 살펴보면 魯 襄公 28년(B.C. 545)에 "衛나라 石惡이 晉나라로 달아났으며", 양공 29년에 "衛나라 군주 衎이 죽자"라고 하였는데, 衛나라 군주 惡이 이에 즉위하였으니, 石惡과는 상관이 없다. 熊安生이 말하기를 "〈정현 주의 '大夫有石惡' 중〉 '石' 자는 오류이다. 마땅히 '大夫有名惡'이라 해야 한다. 이를 아는 것은, ≪춘추≫ 昭公 7년(B.C. 535) 조에 '衛나라 군주 惡이 죽었다.'라고 하였는데, ≪春秋穀梁傳≫에 이르기를 '소공 원년 조에 「衛나라 齊惡」이라는 구절이 있는데 지금 여기에서 「衛나라 군주 惡」이라고 하였다. 어찌하여 군주와 신하가 이름이 똑같은가? 군자는 남의 부모가 지어준 이름을 뺏지 않기 때문이다.'라고 하였으니, 이 때문에 衛나라 齊惡이 石惡이 될 수 없는 것이다."라고 하였다.

【疏】 ○ '禮, 不諱嫌名', 注'若禹與雨, 丘與區'. ○ 正義曰 : 今謂禹與雨音同而義異, 丘與區音異而義同, 此二者各有嫌疑, 禹與雨有同音嫌疑, 丘與區有同義嫌疑, 如此者不諱. 若其音異義異, 全是無嫌, 不涉諱限, 必其音同義同, 乃始諱也.

○ 經의 〔禮 不諱嫌名〕과 注의 〔若禹與雨 丘與區〕

○ 正義曰 : 지금 '禹'와 '雨'는 음이 같으나 뜻이 다르고 '丘'와 '區'는 음이 다르나 뜻이 같아서 이 두 경우 모두 각각 혐의가 있는데, '禹'와 '雨'는 同音의 혐의가 있고 '丘'와 '區'는 同義의 혐의가 있으나 이러한 경우 휘하지 않는다는 말이다. 만약 음이 다르고 뜻이 다르면 전혀 혐의가 없어서 휘하는 제한에 걸리지 않고, 반드시 음이 같고 뜻이 같아야 비로소 휘한다는 것이다.

【疏】 ○ '二名不偏諱', 注'孔子之母名徵在, 言在不稱徵, 言徵不稱在'. ○ 正義曰 : '不偏諱'者, 謂兩字作名, 不一一諱之也. 孔子言徵不言在, 言在不言徵者, 案論語云"足則吾能徵之矣"[1), 是言徵也, 又云"某在斯"[2), 是言在也. 案異義[3) "公羊說譏二名[4), 謂二字作名, 若魏曼多[5)也. 左氏說二名者, 楚公子棄疾弑其君, 卽位之後, 改爲熊居[6), 是爲二名. 許愼謹案 云文・武賢臣有散宜生・蘇忿生, 則公羊之說非也, 從左氏義也."

1) 足則吾能徵之矣 : ≪論語≫ 〈八佾〉에 "夏나라의 예를 내가 말할 수 있으나 〈그 후손의

나라인〉 杞나라에서 〈선왕의 예를〉 이루지 못하고, 殷나라의 禮를 내가 말할 수 있으나 〈그 후손의 나라인〉 宋나라에서 〈선왕의 예를〉 이루지 못하니, 〈두 나라 군주의〉 문장과 현명함이 부족하기 때문이다. 〈두 나라 군주의 문장과 현명함이〉 충분하다면 내가 〈두 나라에서 예로〉 이룰 수 있을 것이다.〔夏禮 吾能言之 杞不足徵也 殷禮 吾能言之 宋不足徵也 文獻不足故也 足則吾能徵之矣〕"라는 孔子의 말이 보인다.

2) 某在斯 : ≪논어≫ 〈衛靈公〉에 "〈장님인〉 악사 冕이 〈공자를〉 뵈러 왔을 때, 계단에 이르자 공자는 '계단'이라 말하였고, 돗자리에 미치자 공자는 '돗자리'라 말하였고, 모두 다 앉자 공자는 아무개는 여기에 있고 아무개는 여기에 있다고 말하였다.〔師冕見 及階 子曰 階也 及席 子曰 席也 皆坐 子告之曰 某在斯某在斯〕"라는 내용이 보인다.

3) 異義 : 후한 許愼의 ≪五經異義≫를 이른다. 이하의 내용이 정현의 ≪駁五經異義補遺≫ 〈二名〉에 보인다.

4) 公羊說譏二名 : ≪春秋≫ 定公 6년 조에 "季孫斯와 仲孫忌가 군사를 거느리고 가서 運을 포위하였다.〔季孫斯仲孫忌帥師圍運〕"라고 하였는데, ≪春秋公羊傳≫에 "이는 仲孫何忌이다. 어찌하여 '仲孫忌'라고 하였는가? 두 글자 이름을 비판한 것이다. 두 글자 이름은 〈新王의〉 예가 아니다.〔此仲孫何忌也 曷爲謂之仲孫忌 譏二名 二名非禮也〕"라고 하였다. ≪춘추공양전≫ 注疏에 따르면 周 文王의 신하인 散宜生이나 공자의 제자인 宓不齊와 같이 두 글자 이름은 古禮를 따른 것으로, 공자는 ≪춘추≫를 지을 때 고례를 後王의 법으로 바꾸고자 하였으므로 두 글자로 된 이름을 비판한 것이다. 두 글자 이름은 피휘하기가 어렵기 때문이다.

5) 魏曼多 : 전국시대 晉나라 魏氏의 수장인 魏襄子를 이른다.

6) 左氏說二名者……改爲熊居 : ≪春秋左氏傳≫ 昭公 13년(B.C. 529) 조에 보인다. '二名'은 '이름이 두 개'라는 뜻으로, ≪춘추공양전≫에서 '두 글자로 된 이름'의 뜻으로 본 것과 다르다. '棄疾'은 楚 平王의 초명으로, 楚 靈王의 아우이다. 기질은 영왕의 태자를 죽이고 셋째 형인 公子 比를 初王으로 옹립한 뒤 영왕을 자살하게 만들고, 이어서 초왕 또한 자살하게 만든 뒤 스스로 즉위하였다. '熊居'의 '居'가 閩本·監本·毛本에는 '君'으로 되어 있으나, 완원은 '熊'은 姓이고 '居'는 이름이라고 한 惠棟의 설을 근거로 '君'을 오류로 보았다.(阮元의 校勘記 참조)

○ 經의 〔二名不偏諱〕와 注의 〔孔子之母名徵在 言在不稱徵 言徵不稱在〕

○ 正義曰 : 〔不偏諱〕 두 글자로 이름을 지을 경우 두 글자 모두 휘하지는 않음을 이른다. 공자가 '徵을 말하면 在를 말하지 않고 在를 말하면 徵을 말하지 않았다'는 것은, 살펴보면 ≪論語≫ 〈八佾〉에 이르기를 "足則吾能徵之矣(〈두 나라 군주의 문장과 현명함이〉 충분하다면 내가 〈두 나라에서 예로〉 이룰 수 있을 것이다.)"라고 하였으니, 이것은 '徵'을 말한 것이고, 또 ≪논어≫ 〈衛靈公〉에 이르기를 "某在斯(아무개는 여기에 있다.)"

라고 하였으니, 이것은 '在'를 말한 것이다. 살펴보면 ≪五經異義≫에 이르기를 "≪春秋公羊傳≫에서 '二名을 비판하였다.'라고 한 것은 魏曼多와 같이 두 글자로 이름을 지은 것을 이른다. ≪春秋左氏傳≫에서 二名을 말한 것은, 楚나라 公子 棄疾이 군주를 시해하고 즉위한 뒤에 〈이름을〉 '熊居'로 바꾸었는데 이것이 〈이름이 두 개라는 뜻의〉 二名이다. 내가 삼가 살펴보건대 周나라 文王과 武王의 賢臣으로 〈이름이 두 글자로 된〉 散宜生과 蘇忿生이 있다고 하니, ≪춘추공양전≫의 설은 틀렸다. ≪춘추좌씨전≫의 뜻을 따른다."라고 하였다.

【疏】〔○〕[1] '逮事〔父母, 則諱〕[2]王父母'者[3], 逮, 及也. "王父母"謂祖父母也. 若及事父母則諱祖也. 何以然. 孝子聞名心瞿, 祖是父之所諱, 則子不敢言. 旣已終不言, 若父母已亡, 而己言便心瞿憶父母, 故諱之也. ○'不逮事父母, 則不諱王父母'者, 孝子若幼少孤, 不及識父母, 便得言之, 故不諱祖父母. 庾云"諱王父母之恩, 正應由父. 所以連言母者, 婦事舅姑, 同事父母, 且配夫爲體, 諱敬不殊, 故幼無父而識母者, 則可以諱王父母也."

1)〔○〕: 저본에는 부호 '○'가 없으나, 저본의 체제에 의거하여 보충하였다.
2)〔父母 則諱〕: 저본에는 '父母則諱'가 없으나, 經文과 다음에 나오는 '不逮事父母 則不諱王父母者'에 의거하여 보충하였다.
3) 者 : 惠棟校宋本에는 없다.(阮元의 校勘記 참조)

○〔逮事父母 則諱王父母〕'逮'는 '미치다'의 뜻이다. '王父母'는 조부모를 이른다. 만약 부모를 살아생전 미쳐 섬겼다면 조부모를 휘한다. 왜 그러는가? 효자는 조부모의 이름을 듣고 마음속으로 두려워하니, 조부모는 아버지가 휘하는 분이었으므로 자식으로서 감히 말하지 못하는 것이다. 이미 자기가 〈조부모의 이름을〉 끝내 말하지 못하였다면, 만약 부모가 이미 돌아가셨어도 자기가 〈조부모의 이름을〉 말하면 곧 부모를 생각하게 될 것을 마음속으로 두려워하므로 휘하는 것이다.

○〔不逮事父母 則不諱王父母〕효자가 만약 어려서 고아가 되어 생전에 부모를 알지 못하면 곧 〈조부모의 이름을〉 말할 수 있으므로 조부모를 휘하지 않는 것이다. 庾蔚之가 말하기를 "조부모의 은혜를 휘하는 것은 바로 아버지로부터 말미암아야 한다. 그런데 어머니를 연이어 말하는 이유는, 며느리가 시부모를 섬길 때 부모와 똑같이 섬기고 또 남편에 짝하여 한 몸이 되어서 공경하는 이를 휘하는 것이 다르지 않기 때문이

다. 그러므로 어려서 아버지가 없어도 어머니를 알 경우에는 조부모를 휘할 수 있다." 라고 하였다.

【疏】 ○ 注'此謂'至'諱祖'. 〔○〕[1] 正義曰 : '適士已上, 廟事祖'者, 祭法云適士二廟, 祖之與禰各一廟[2], 其中士・下士亦廟事祖, 但祖・禰共廟, 則既夕禮一廟是也. 熊氏云 "此適士者, 包中・下士, 對庶人府・史[3]亦稱適也."

1) 〔○〕 : 저본에는 부호 '○'가 없으나, 저본의 체제에 의거하여 보충하였다.
2) 祭法云適士二廟 祖之與禰各一廟 : ≪禮記≫ 〈祭法〉에 "適士는 2廟 1壇이니, 考廟와 王考廟이다. 四時祭만 지내고 그친다.〔適士二廟一壇 曰考廟 曰王考廟 享嘗乃止〕"라는 내용이 보인다.
3) 府史 : ≪예기≫ 〈王制〉에서 말하는 '庶人在官者'이다. 注疏에 따르면 '府'는 재화의 收藏을 주관하는 하급 관리이며, '史'는 문서를 관장하는 하급 관료로, 모두 官長이 직접 임명하며 작위가 없다.

○ 注의 〔此謂〕에서 〔諱祖〕까지

○ 正義曰 : 〔適士已上 廟事祖〕 ≪禮記≫ 〈祭法〉에 이르기를 適士는 2廟이니 조부와 부친이 각각 1廟라고 하였다. 中士와 下士 역시 廟에서 조부를 섬기되 다만 조부와 부친이 廟를 함께 쓰니, ≪儀禮≫ 〈既夕禮〉의 1廟가 이것이다. 熊安生이 말하기를 "여기의 적사는 中士와 下士를 포함하니, 庶人인 府와 史에 대해서도 適이라 칭한다."라고 하였다.

【疏】 ○ '大夫之所有公諱'者, 今謂人於大夫之所, 正[1]得避公家之諱, 不得避大夫諱. 所以然者, 尊(君諱也)[2]君諱也. 若兼爲大夫諱, 則君諱不尊也. 不言士之所諱者, 士卑, 人不爲之諱故也. 或可大夫所有公諱者, 君及大夫諱耳, 亦無己之私諱. 玉藻云 "於大夫所有公諱, 無私諱." 但此文上承"君所(有)〔無〕[3]私諱"之下, 唯云"大夫之所有公諱", 故略之, 不云"無私諱"耳. ○ '詩書不諱', 何(胤)〔胤〕[4]云 "詩書謂教學時也. 臨文謂禮執文行事時也." 案論語云"詩書執禮"[5], 是教學惟詩書有誦, 禮則不誦, 惟臨文行事, 若有所諱, 則竝失事正, 故不諱也. ○ '廟中不諱'者, 謂有事於高祖廟, 祝嘏辭[6]說, 不爲曾祖已下諱也. 爲尊無二上[7]也, 於下則諱上也. 若有事於禰, 則諱祖已上也. ○ '夫人之諱, 雖質君之前, 臣不諱也'者, 夫人, 君之妻. 質, 對也. 夫人本家所諱, 臣雖對君前, 而言語不爲諱也. 臣於夫人之家恩遠, 故不諱也. ○ '婦諱不出門'者, 門謂婦宮門. 婦家之諱, 但於婦宮中不言耳. 若於宮外, 則不諱也, 故臣對君前不諱也.

1) 正 : 監本・毛本・衛氏集說에는 '止'로 되어 있다.(阮元의 校勘記 참조)
2) (君諱也) : 저본에는 '君諱也'가 있으나, 閩本・監本에 의거하여 衍文으로 처리하였다.(阮元의 校勘記 참조)
3) (有)〔無〕: 저본에는 '有'로 되어 있으나, 바로 앞의 경문에 의거하여 '無'로 바로잡았다.
4) (胤)〔胤〕: 저본에는 '胤'으로 되어 있으나, 淸 世宗의 성명 愛新覺羅胤禛의 '胤'을 避諱한 것이므로 원글자인 '胤'으로 돌려놓았다.
5) 論語云詩書執禮 : ≪論語≫ 〈述而〉에 "孔子가 〈피휘하지 않고〉 올바른 음으로 읽는 것은 ≪詩經≫과 ≪書經≫과 禮를 행할 때였으니, 모두 올바른 음으로 읽었다.〔子所雅言詩書執禮 皆雅言也〕"라는 내용이 보인다.
6) 祝嘏辭 : '祝辭'는 제사 지내는 자가 기원하는 말이며, '嘏辭'는 신이 제사 지내는 자에게 전하는 말이다.
7) 尊無二上 : ≪禮記≫ 〈坊記〉에 "하늘에는 두 해가 없고 땅에는 두 왕이 없고 집 안에는 두 주인이 없어서 높임에 두 윗사람이 없는 것은, 백성에게 군신의 분별이 있음을 보여주는 것이다.〔天無二日 土無二王 家無二主 尊無二上 示民有君臣之別也〕"라는 내용이 보인다.

○〔大夫之所有公諱〕 지금 말하는 것은 사람들이 대부가 있는 곳에서는 바로 公家의 휘를 피할 수 있고 대부의 휘를 피할 수 없다는 것이니, 이렇게 하는 이유는 군주의 휘를 높이기 때문이다. 만약 겸하여 대부의 휘를 피한다면 군주의 휘가 높지 않게 된다. 士가 휘하는 대상을 언급하지 않은 것은, 士는 신분이 낮아서 사람들이 휘를 하지 않기 때문이다. 혹 대부가 있는 곳에서 先君에 대한 휘가 있을 수 있다면 군주와 대부의 휘일 뿐이고 또한 자기의 사적인 휘는 없다. ≪禮記≫ 〈玉藻〉에 이르기를 "대부가 있는 곳에서 先君에 대한 휘는 있고 사적인 휘는 없다."라고 하였다. 다만 이 글이 앞의 '君所無私諱' 다음에 나와서 오직 '大夫之所有公諱'라고만 말한 것이다. 그러므로 생략하여 '無私諱'를 말하지 않았을 뿐이다.

○〔詩書不諱〕 何胤이 말하기를 "'詩書'는 가르치고 배울 때를 이르고, '臨文'은 禮에 글을 잡고 일을 행할 때를 이른다."라고 하였다. 살펴보면 ≪論語≫ 〈述而〉에 이르기를 "≪詩經≫과 ≪書經≫을 읽고 예를 행할 때이다."라고 하였으니, 이는 가르치고 배울 때 오직 ≪시경≫과 ≪서경≫만 외움이 있는 것이며, 禮는 외지 않고 오직 글을 대하여 일을 행할 뿐이니, 만약 휘하는 바가 있으면 모두 일의 올바름을 잃으므로 휘하지 않는 것이다.

○〔廟中不諱〕 高祖廟에 제사가 있어 祝辭나 嘏辭를 할 때 증조 이하의 휘를 하지 않는 것을 이른다. 높임에는 두 윗사람이 없기 때문이니, 아랫대에 제사할 때는 윗대를

휘한다. 만약 〈아버지 사당인〉 禰廟에 제사가 있으면 조부 이상을 휘한다.

○〔夫人之諱 雖質君之前 臣不諱也〕'夫人'은 군주의 처이다. '質'은 '대답하다'의 뜻이다. 부인의 본가에서 휘하는 것을 신하는 비록 군주의 앞이라 하더라도 언어로 휘하지 않는다. 신하는 부인의 집안에 대해 은혜가 소원하므로 휘하지 않는다.

○〔婦諱不出門〕'門'은 婦人이 거처하는 집의 문을 이른다. 부인 집안의 諱는 다만 부인이 거처하는 집 안에서만 말하지 않을 뿐이다. 만약 집 밖에서라면 휘하지 않으므로 신하가 군주 앞에서 휘하지 않는 것이다.

【疏】 ○ 注'婦親遠, 於宮中言, 辟之(之)[1]'.〔○〕[2] 陳鏗(갱)問云[3] "雜記 '母之諱, 宮中諱. 妻之諱, 不擧諸其側也.' 此則與母諱同, 何也." 田瓊答曰 "雜記方分尊卑, 故詳言之. 曲禮據'不出門', 大略言之耳. 母諱遠, 妻諱近, 則亦宜言也, 但所辟者狹耳."

1) (之) : 저본에는 '之'가 있으나, 閩本・監本・毛本에 의거하여 衍文으로 처리하였다.(阮元의 校勘記 참조)
2) 〔○〕 : 저본에는 부호 '○'가 없으나, 閩本・監本・毛本에 의거하여 보충하였다.(阮元의 校勘記 참조)
3) 陳鏗(갱)問云 : 이하의 내용이 정현의 손자인 魏나라 鄭小同이 정현의 학설과 문답을 모아서 편찬한 ≪鄭志≫에 보인다.

○ 注의〔婦親遠 於宮中言 辟之〕

○ 陳鏗이 물었다. "≪禮記≫ 〈雜記 下〉에 이르기를 '어머니가 〈친정 부모를〉 諱하는 것은 〈자손이〉 집 안에서 휘하고, 아내가 〈친정 부모를〉 휘하는 것은 〈남편이〉 그 옆에서 거론하지 않는다.'라고 하였는데, 여기 주의 내용은 어머니의 휘와 똑같으니, 무엇 때문인가?" 田瓊이 대답하였다. "〈잡기 하〉에서는 한창 尊卑를 구분하고 있는 상황이므로 자세히 말한 것이고, 여기 〈곡례 상〉에서는 경문의 '不出門'에 의거하여 대략 말한 것뿐이다. 어머니의 휘는 멀고 처의 휘는 가까우니, 또한 말을 해야 한다. 다만 피하는 범위가 좁을 뿐이다."

【疏】 ○ '大功小功不諱'者, 古者期親則爲諱. 陳鏗(갱)問曰 "亦爲父乎. 自己親乎." 田瓊答曰 "雜記云 '卒哭而諱. 王父母・兄弟・世父・叔父・姑・姊妹, 子與父同諱[1].' 父諱, 齊衰(자최)親也, 然則大功・小功不諱矣." 熊氏云 "大功亦諱, 小功不諱. 若小功與父同諱, 則亦諱之. 知者, 雜記云 '王父母・兄弟・世父・叔父・姑・姊妹, 子與父同

諱.' 是父之世叔父及姑姊妹以下, 皆爲之小功, 父爲諱, 故己從父爲之諱." ○'入竟而問禁'者, 此以下竝爲敬主人也. 竟, 界首也. 禁謂國中政教所忌, 凡至竟界, 當先訪問主國何所禁也. ○'入國而問俗'者, 國, 城中. 城中如今國門內也. 俗謂常所行也. 入主人之城內, 亦先問風俗常行也. ○'入門而問諱'者, 門, 主人之門也. 諱, 主人祖先君名, 宜先知之, 欲爲避之也. 問諱而以門爲限者, 主人出至大門外迎客, 客入門, 方應交接, 故於門爲限也. 故注云 "皆爲敬主人也."

1) 王父母兄弟世父叔父姑姊妹 子與父同諱 : ≪儀禮≫ 〈喪服〉에 따르면 아버지의 조부모에게 자식은 小功服을 입어주며, 아버지의 백부・숙부・고모에게도 자식은 소공복을 입어준다. 또 아버지의 자매는 자식에게는 고모가 되는데, 고모가 시집을 갔으나 제사를 주관할 자가 없으면 期年服을 입어주고 제사를 주관할 자가 있으면 大功服을 입어준다. 그렇다면 자식은 大功親과 小功親에게 모두 휘를 하는 것이다. 다만 대부의 아들이 士에게 시집간 고모를 위해서는 소공복을 입어준다.

○ 〔大功小功不諱〕 옛날에 期年服을 입어주는 친척이면 諱를 하였다. 陳鏗이 묻기를 "또한 아버지 때문인가? 아니면 자신이 친척이어서인가?"라고 하자, 田瓊이 답하였다. "≪禮記≫ 〈雜記 下〉에 이르기를 '卒哭을 지내면 휘를 하는데, 조부모・형제・백부・숙부・고모・자매에 대해 자식은 아버지와 똑같이 휘한다.'라고 하였는데, 아버지가 휘를 하는 대상이 齊衰服을 입어주는 친척이다. 그렇다면 아버지의 大功親과 小功親에게는 휘를 하지 않는 것이다." 熊安生은 말하기를 "대공친에게는 또한 휘를 하며 소공친에게는 휘를 하지 않는다. 만약 소공친에게 아버지와 똑같이 휘를 한다면 또한 휘를 한다. 이를 아는 것은, 〈잡기 하〉에 이르기를 '조부모・형제・백부・숙부・고모・자매에 대해 자식은 아버지와 똑같이 휘를 한다.'라고 하였기 때문이다. 이것은 아버지의 백부・숙부・고모・자매 이하는 모두 자식에게는 소공친인데 아버지가 휘를 하므로 자기가 아버지를 따라 휘를 하는 것이다."라고 하였다.

○ 〔入竟而問禁〕 이 이하는 모두 주인을 공경히 대하는 것이다. '竟'은 경계의 처음이다. '禁'은 國中의 政教에 기휘하는 것이니, 무릇 경계에 이르면 먼저 주인 나라에서 무엇을 금하는지 물어보아야 한다.

○ 〔入國而問俗〕 '國'은 도성 안이다. 도성 안은 오늘날의 國門 안과 같다. '俗'은 늘 행하는 것이다. 주인 나라의 도성 안에 들어가면 또한 먼저 풍속과 늘 행하는 것을 물어본다.

○〔入門而問諱〕'門'은 주인의 문이다. '諱'는 주인의 조상과 先君의 이름이니, 의당 먼저 알아서 피휘하고자 해서이다. 휘하는 것을 물어보는데 문을 한계로 삼은 것은, 주인이 나와서 대문 밖에 이르러 손님을 맞으니 손님이 문에 들어가서야 비로소 서로 만나게 되므로 문에서 한계가 되는 것이다. 그러므로 정현의 주에서 '皆爲敬主人也'라고 한 것이다.

01-39-01 外事란 以剛日하고

外事는 홀수인 剛日을 사용하고,

【注】順其出爲陽也니 出郊爲外事라 春秋傳曰 甲午祠兵이라하니라

그 나감을 따르는 것이 陽이니, 교외로 나가는 것이 外事이다. ≪春秋公羊傳≫에 이르기를 "〈剛日인〉 갑오일에 祠兵하였다."라고 하였다.

內事란 以柔日이니라

內事는 짝수인 柔日을 사용한다.

【注】順其居內爲陰이라

그 안에 거처함을 따르는 것이 陰이다.

凡卜筮日호되 旬之外曰遠某日이요 旬之內曰近某日이니

무릇 날짜를 점쳐 정할 때 열흘 밖은 '먼 아무 날〔遠某日〕'이라 하고 열흘 안은 '가까운 아무 날〔近某日〕'이라 하니,

【注】旬은 十日也라

'旬'은 열흘이다.

喪事란 先遠日하고 吉事란 先近日이니라

喪事는 먼 날을 먼저 점치고 吉事는 가까운 날을 먼저 점친다.

【注】孝子之心이라 喪事는 葬與練祥也라 吉事는 祭祀와 冠과 取[1]之屬也라

1) 取 : '娶(장가들다)'와 통용한다. 王力에 따르면 '取'와 '娶'는 同源字이다.(王力의 ≪王力古漢語字典≫ 참조)

효자의 마음이다. '喪事'는 장례와 練祭·祥祭이다. '吉事'는 제사와 冠禮와 婚禮의 등속이다.

曰호되 爲日하여 假爾泰龜有常하며 假爾泰筮有常이라하나니

〈점치는 자가〉 명하기를 "吉日을 택하기 위해 항상 신통력을 발휘하는 그대 泰龜의 신령함을 빌리며, 항상 신통력을 발휘하는 그대 泰筮의 신령함을 빌리노라."라고 하니,

【注】命龜筮辭라 龜筮於吉凶有常하여 大事卜하고 小事筮라

거북과 蓍草에 명하는 말이다. 거북과 시초가 길흉에 항상 신통력이 있어서 大事에는 거북점을 치고 小事에는 시초점을 친다.

卜筮는 不過三하며

거북점과 蓍草占은 세 번을 넘지 않으며,

【注】求吉不過三이니 魯四卜郊어늘 春秋譏之라

길함을 구하는 것은 세 번을 넘지 못하니, 魯나라가 郊祭에 대해 거북점을 네 번 치자 ≪春秋≫에서는 비판하였다.

卜筮는 不相襲이니라

거북점과 시초점은 〈大事가 아닌 경우〉 서로 이어서 점치지 않는다.

【注】卜不吉則又筮하고 筮不吉則又卜하면 是는 瀆龜筴(책)也라 晉獻公이 卜取驪(리)姬하여 不吉한대 公曰筮之[1]是也라

1) 晉獻公……公曰筮之 : ≪春秋左氏傳≫ 僖公 4년 조에 "처음에 晉 獻公이 驪姬를 夫人

으로 삼고자 하여 거북점을 치자 불길하였고 시초점을 치자 길하였다. 헌공이 말하기를 '시초점을 따르겠다.'라고 하였다.〔初 晉獻公欲以驪姬爲夫人 卜之不吉 筮之吉 公曰 從筮〕"라는 내용이 보인다.

점을 쳐서 불길하면 또 시초점을 치고, 시초점을 쳐서 불길하면 또 거북점을 치면, 이것은 거북과 시초를 모독하는 것이다. 晉 獻公이 驪姬를 아내로 맞이하는 것에 대해 거북점을 쳤는데 불길하자, 공이 "시초점을 쳐라."라고 한 것이 이것이다.

【疏】 '外事'至'相襲'[1]. ○ 正義曰：此一節明卜筮及用日之法, 各依文解之. ○ '外事以剛日'者, 外事, 郊外之事也. 剛, 奇日也. 十日有五奇・五偶, 甲・丙・戊・庚・壬五奇爲剛也. 外事剛義, 故用剛日也.

1) 外事至相襲：惠棟校宋本에는 이 5자가 없다.(阮元의 校勘記 참조)

經의 〔外事〕에서 〔相襲〕까지

○ 正義曰：이 절은 거북점과 시초점 및 날짜를 쓰는 법을 밝힌 것이니, 각각 글을 따라 풀이하겠다.

○ 〔外事以剛日〕 '外事'는 교외의 일이다. '剛'은 홀수일이다. 열흘은 다섯 홀수일과 다섯 짝수일이 있으니, 甲・丙・戊・庚・壬의 다섯 홀수일이 剛日이다. 外事는 강건함의 뜻이 있으므로 강일을 쓴다.

【疏】 ○ 注'順其'至'祠兵'. ○ 正義曰：以出在郊外, 故順用剛日也. 公羊莊公八年, "正月, 師次於郎[1], 以俟陳人・蔡人. 甲午祠兵." 傳云 "祠兵者何. 出曰祠兵." 何休云 "禮, 兵不徒使, 故將出兵, 必祠於近郊." 此鄭所引, 直取甲午證用剛日事耳, 其"祠兵"之文, 鄭所不用, 故異義[2]"公羊說以爲甲午祠兵, 左氏說甲午治兵", 鄭駁之云, 公羊字誤也, 以治爲祠, 因爲作說. 引周禮四時田獵・治兵振旅之法[3], 是從左氏之說, 不用公羊也.

1) 師次於郎：'次'는 군대가 사흘 이상 유숙하는 것을 이른다. ≪春秋左氏傳≫ 莊公 3년 조에 "일반적으로 군대가 하루 묵는 것을 '舍', 이틀 묵는 것을 '信', 이틀 이상 묵는 것을 '次'라 한다.〔凡師一宿爲舍 再宿爲信 過信爲次〕"라는 내용이 보인다. '郎'은 魯나라의 지명이다.

2) 異義：東漢 許愼의 ≪五經異義≫를 이른다. 이하의 내용이 정현의 ≪駁五經異義補遺≫ 〈甲午祠兵〉에 보인다.

3) 引周禮四時田獵治兵振旅之法 : ≪駁五經異義補遺≫ 〈甲午祠兵〉에 “≪周禮≫ 〈夏官 大司馬〉에 이르기를 ‘중하에 초지에서 야영하는 것을 가르친다.’ ‘중추에 治兵을 가르친다.’라고 하였다.……虞人이 장차 사냥을 거행하고자 하는 들의 풀을 제거한다.〔周司馬職曰 仲夏敎茇舍 仲秋敎治兵……虞人萊所田之野〕”라는 정현의 반박 내용이 보인다. ‘四時田獵’은, 사시에 하는 사냥으로, 〈하관 대사마〉에 따르면 仲春에는 蒐(수), 仲夏에는 苗, 仲秋에는 獮(선), 仲冬에는 狩(수)를 한다. ‘治兵振旅’는, 〈하관 대사마〉 賈公彦의 소에 “무릇 군대는 출동하는 것을 ‘治兵’이라 하고, 들어오는 것을 ‘振旅’라 한다. 봄에 군대를 들어오게 하는 것으로 이름을 삼은 것은 봄에는 농사를 숭상하기 때문이며, 가을에 군대를 출동시키는 것으로 이름을 삼은 것은 가을에는 위엄을 숭상하기 때문이다.〔凡兵 出曰治兵 入曰振旅 春以入兵爲名 春尙農事 秋以出兵爲名 秋尙嚴威故也〕”라고 하였다.

○ 注의 〔順其〕에서 〔祠兵〕까지

○ 正義曰 : 나가서 교외에 있으므로 이를 따라 剛日을 쓰는 것이다. ≪春秋公羊傳≫ 莊公 8년 조에 “정월에 〈함께 郕나라를 토벌하기 위해 魯나라 군대가 노나라〉 郎 땅에 주둔하여 陳나라와 蔡나라의 군대를 기다렸다. 갑오일에 祠兵하였다.”라고 하였다. 公羊壽의 傳에 이르기를 “祠兵은 무엇인가? 出兵하는 것을 祠兵이라 한다.”라고 하였는데, 何休가 말하기를 “禮에 따르면 군대는 이유 없이 부리지 않는다. 그러므로 장차 출병하려면 반드시 근교에서 제사 지낸다.”라고 하였다. 여기에서 정현이 인용한 것은 단지 ‘甲午’를 취하여 剛日을 쓰는 일을 증명한 것뿐이며 ‘祠兵’의 글은 정현이 쓰지 않았다. 그러므로 ≪五經異義≫에 “≪춘추공양전≫에서는 ‘甲午祠兵’이라 하고 ≪春秋左氏傳≫에서는 ‘甲午治兵’이라 하였다.”라고 하였는데, 정현은 이를 반박하여 말하기를, ≪춘추공양전≫은 글자가 잘못되었으니 ‘治’를 ‘祠’로 만들고 인하여 설을 지었다고 하였다. 그리고 ≪周禮≫의 四時에 하는 사냥과 군대를 훈련하고 정돈하는 법을 인용하였는데, 이것은 정현이 ≪춘추좌씨전≫의 설을 따르고 ≪춘추공양전≫의 설을 쓰지 않은 것이다.

【疏】 ○ ‘內事以柔日’者, 內事, 郊內之事也. 乙・丁・己・辛・癸五偶爲柔也. 然則郊天是國外之事, 應用剛日, 而郊特牲云“郊之用辛”[1], 非剛也. 又社稷是郊內, 應用柔日, 而郊特牲云祀社“日用甲”[2], 非柔也. 所以然者, 郊社尊, 不敢同外內之義故也. 此言外剛內柔, 自謂郊社之外, 他禮則皆隨外內而用之. 崔靈恩云 “外事指用兵之事, 內事指宗廟之祭者. 以郊用辛, 社用甲, 非順其居外內剛柔故也. 祭社用甲, 所以召誥用戊者, 召誥是告祭, 非常禮也[3). 郊之用辛者, 唯夏正郊天[4)及雩・大享明堂耳. 若圜丘自用冬至日[5), 五時迎氣[6), 各用其初朔之日, 不皆用辛."

1) 郊特牲云郊之用辛 : ≪禮記≫ 〈郊特牲〉에 "郊에서 제사하므로 郊祭라고 이르니……교제에 〈柔日인〉 辛日을 쓰는 것은 周나라가 처음 교제를 지낼 때 그 날짜인 辛日에 冬至가 들었기 때문이다.〔於郊 故謂之郊……郊之用辛也 周之始郊 日以至〕"라는 내용이 보인다.

2) 郊特牲云祀社日用甲 : ≪예기≫ 〈교특생〉에 "社는 토지에 제사하여 陰氣를 주관하는 것이니, 군주가 〈社 안의〉 북쪽 담장의 창문 아래에서 남향하는 것은 陰에 답하는 뜻이고, 날짜를 〈剛日인〉 甲日을 쓰는 것은 날짜의 처음을 쓰는 것이다.〔社祭土而主陰氣也 君南鄕於北墉下 答陰之義也 日用甲 用日之始也〕"라는 내용이 보인다.

3) 所以召誥用戊者……非常禮也 : ≪서경≫ 〈周書 召誥〉에 "다음날인 무오일에 새 도읍에서 社祭를 지내니, 〈희생으로 太牢를 써서〉 소 한 마리, 양 한 마리, 돼지 한 마리를 썼다.〔越翼日戊午 乃社于新邑 牛一羊一豕一〕"라고 하였는데, 공영달의 소에 "여기의 郊와 社는 궁궐터를 닦을 때 이미 계획하여 만들었다. 지금은 常祭의 달이 아닌데도 특별히 희생을 써서 하늘에 제사한 것은 이 郊의 자리가 이미 정해졌으므로 하늘에 고하여 알게 한 것이다.〔此郊與社 於攻位之時已經營之 今非常祭之月 而特用牲祭天 知是郊位旣定 告天使知〕"라고 하였다.

4) 夏正郊天 : ≪春秋左氏傳≫ 桓公 5년 조에 "무릇 제사는 啓蟄에 郊에서 지낸다.〔凡祀 啓蟄而郊〕"라는 내용이 보이는데, 杜預의 주에 "啓蟄은 夏正의 建寅之月이니, 이때 南郊에서 하늘에 제사를 지낸다.〔啓蟄 夏正建寅之月 祀天南郊〕"라고 하였다. '夏正'은 夏曆 正月의 줄인 말로, 하나라 역법을 이른다. 周나라에서는 하력 11월을 歲首로 삼았다. '建寅之月'은 북두칠성의 자루가 寅方을 가리키는 달이다.

5) 圜丘自用冬至日 : ≪周禮≫ 〈春官 大司樂〉에 "〈하늘에 제사할 때〉 동지일에 지상의 圜丘에서 연주한다.〔冬日至 於地上之圜丘奏之〕"라는 내용이 보인다.

6) 五時迎氣 : '五時'는 春・夏・秋・冬・季夏를 이른다. 오행으로 분류하면 1년 360일 중 각각 72일이 해당하여, 봄은 木, 여름은 火, 가을은 金, 겨울은 水, 季夏는 土에 속한다. 季春・季夏・季秋・季冬의 마지막 18일이 모두 土에 속하나, 土의 방위가 중앙이므로 특별히 四時의 중앙인 계하를 土의 계절로 본다. '迎氣'는 오시의 기운을 맞이하여 풍년을 기원하는 제사를 지내는 것으로, ≪예기≫ 〈月令〉에 따르면 立春에는 靑帝에, 立夏에는 赤帝에, 立秋에는 白帝에, 立冬에는 黑帝에, 立秋 18일 전에는 黃帝에 제사한다.

○〔**內事以柔日**〕 '**內事**'는 郊內의 일이다. 乙・丁・己・辛・癸 다섯 짝수일이 柔日이다. 그렇다면 하늘에 郊祭를 지내는 것은 도성 밖의 일이니 剛日을 써야 하는데, ≪禮

記≫ 〈郊特牲〉에 이르기를 "교제에는 辛日을 쓴다."라고 하였으니, 강일이 아니다. 또 社稷에 제사 지내는 것은 교내의 일이니 유일을 써야 하는데, 〈교특생〉에 이르기를 〈토지신인〉 社에 제사 지낼 때 "날짜는 甲日을 쓴다."라고 하였으니, 유일이 아니다. 이렇게 하는 이유는, 교제와 社祭는 높아서 감히 內外의 뜻을 똑같이 할 수 없기 때문이다. 여기에서 外事에는 강일을 쓰고 內事에는 유일을 쓴다고 말한 것은 본래 교제와 사제 이외의 일을 이르니, 다른 예라면 모두 〈예를 행하는 곳의〉 내외를 따라 날짜를 쓴다. 崔靈恩이 말하기를 "외사는 用兵의 일을 가리키고, 내사는 宗廟의 제사를 가리킨다. 〈외사인〉 교제에 〈유일인〉 신일을 쓰고 〈내사인〉 사제에 〈강일인〉 갑일을 쓰는 것은, 처한 장소의 내외에 따라 강일이나 유일을 쓰는 것이 아니기 때문이다. 社에 제사 지낼 때는 갑일을 쓰니, ≪書經≫ 〈周書 召誥〉에서 〈강일인〉 戊日을 쓴 것은 〈소고〉의 제사는 고하는 제사이고 常禮가 아니기 때문이다. 교제에 신일을 쓰는 것은, 오직 夏正에 하늘에 교제를 지낼 때와 雩祭를 지낼 때와 明堂에서 大享을 지낼 때뿐이다. 만약 圜丘에서 하늘에 지내는 제사라면 본래 冬至日을 쓰고, 五時에 기운을 맞이하는 제사를 지내는 것은 각각 그 초하룻날을 써서, 모두 신일을 쓰는 것은 아니다."라고 하였다.

【疏】 ○'凡卜筮日'者, 凡先聖王之所以立卜筮者, 下云[1]"所以使民信時日, 敬鬼神, 決嫌疑, 定猶與"也. 卜筮必用龜蓍者, 案劉向云 "蓍之言耆, 龜之言久. 龜千歲而靈, 蓍百年而神, 以其長久, 故能辯吉凶也." 說文云 "蓍, 蒿(호)屬也. 生千歲, 三百莖, 易以爲數[2]. 天子[3]九尺, 諸侯七尺, 大夫五尺, 士三尺." 陸機[4]草木疏云 "似藾蕭(뢰소)[5], 青色, 科生." 洪範五行傳[6]曰 "蓍生百年, 一本生百莖." 論衡云 "七十年生一莖, 七百年〔生〕[7]十莖, 神靈之物, 故生遲也." 史記曰 "滿百莖者, 其下必有神龜守之, 其上常有雲氣覆之." 淮南子云 "上有藂蓍, 下有伏龜." 卜筮實問於神, 龜筮能傳神命以告人[8]. 故金縢告大(태)王・王季・文王云[9] "爾之許我", "乃卜三龜, 一襲吉", 是能傳神命也. 又鄭注天府云 "卜筮實問於鬼神, 龜筮能出其卦兆之占耳." 案白虎通稱[10] "禮三正記[11]天子龜一尺二寸, 諸侯一尺, 大夫八寸, 士六寸. 龜, 陰也, 故其數偶." 筮者, 案少牢, 大夫"立筮", 鄭云 "大夫蓍長五尺." 推此而言, 天子九尺, 諸侯七尺, 士三尺. 蓍, 陽也, 故其數奇. 所以謂之"卜筮"者, 師說云 卜, 覆也, 以覆審吉凶. 筮, 決也, 以決定其惑. 劉氏以爲卜, 赴也, 赴來者之心, 筮, 問也, 問筮者之事. 赴・問, 互言之. 案易繫辭云 "定天下之吉凶, 成天下之亹亹者, 莫大乎蓍龜." 又云 "蓍之德圓而神, 卦之德方以知[12], 神以知來, 知以

藏往." 又說卦云 "昔者聖人[13]幽贊於神明而生蓍." 據此諸文, 蓍龜知靈相似, 無長短也. 所以僖四年左傳云"筮短龜長, 不如從長"者, 時晉獻公卜娶驪(리)姬, 不吉, 更欲筮之. 故太史史蘇[14]欲止公之意, 託云筮短龜長耳, 實無優劣也. 若杜預・鄭(玄)〔玄〕[15]因筮短龜長之言, 以爲實有長短, 故杜預注傳云"物生而後有象, 象而後有滋, 滋而後有數, 龜象筮數, 故象長數短"是也. 象所以長者, 以物初生則有象, 去初旣近, 且包羅萬形, 故爲長. 數短者, 數是終末, 去初旣遠, 推尋事數, 始能求象, 故以爲短也. 又鄭康成注占人云 "占人亦占筮, 言掌占龜者, 筮短龜長, 主於長者." 是鄭及杜預皆以爲龜長筮短. 凡卜筮, 天子諸侯若大事, 則卜筮竝用, 皆先筮後卜, 故筮人云 "凡國之大事, 先筮而後卜." 卽事之漸. 大事者, 則大(태)卜云[16]"國大貞, 卜立君, 卜大封, 大祭祀, 凡出軍旅喪事", 及"龜之八命, 一曰征, 二曰象, 三曰與, 四曰謀, 五曰果, 六曰至, 七曰雨, 八曰瘳", 此等皆爲大事. 故鄭注占人云"將卜八事, 皆先以筮筮之"是也. 若次事則唯卜不筮也. 故表記云 "天子無筮." 鄭注云 "謂征伐出師, 若巡守, 天子至尊, 大事皆用卜也." 是天子出行, 唯卜無筮是也. 小事無卜唯筮. 筮人掌九筮之名[17], 一曰筮更(경), 謂遷都邑也. 二曰筮咸, 咸猶僉也, 謂筮衆心歡不也. 三曰筮式, 謂制作法式也. 四曰筮目, 謂事衆, 筮其要所當也. 五曰筮易(역), 謂民衆不說(열), 筮所改易也. 六曰筮比, 謂與民和比也. 七曰筮祠, 謂筮牲與日也. 八曰筮參(참)[18], 謂筮御與右也. 九曰筮環, 謂筮可致師不. 鄭注占人[19]"不卜而徒筮者, 則用九筮"是也. 天子旣爾, 諸侯亦然, 故春秋僖二十五年, 晉卜納襄王, 得黃帝戰於阪泉之兆, 又筮之, 得大有之睽[20], 哀九年, 晉卜伐宋, 亦卜而後筮, 是大事卜筮竝用也. 但春秋亂世, 皆先卜後筮, 不能如禮. 其禮旣先筮後卜, 尙書先云 "龜從"者[21], 以尊卑言之, 故先言龜也. 鄭注周禮云[22] "筮凶, 則止不卜." 所以洪範有"筮逆"・"龜從"者, 崔靈恩云 "凡卜筮, 天子皆用三代蓍龜, 若三筮竝凶, 則止而不卜." 鄭云 "若一吉一凶, 雖筮逆, 猶得卜之也." 則洪範所云者是也. 其大夫則大事卜, 小事筮. 大事則葬地及葬日, 爲事之大則卜, 故雜記云"大夫卜宅與葬日"是也. 其小事用筮, 則少牢 "常祀筮日"是也. 士亦大事卜, 小事筮, 故士喪禮"卜葬日", 以喪葬爲重, 須定吉凶, 故用卜也. 其尋常吉祭, 比葬爲輕, 故筮日也. 葬旣卜日得吉, 餘事皆吉可知, 故唯筮葬地, 不復用卜也.

1) 下云 : 이하의 내용이 01-39-02에 보인다.

2) 易以爲數 : ≪周易≫ 〈繫辭傳 上〉에 "乾의 策數가 216개이고 坤의 책수가 144개이

다. 그러므로 모두 360이니, 1년의 일수에 해당한다.〔乾之策二百一十有六 坤之策百四十有四 凡三百有六十 當期之日〕"라는 내용이 보인다. '策'은 '筴'과 같은 뜻으로, 점칠 때 사용하는 蓍草를 이른다.

3) 天子 : 東漢 許愼의 ≪說文解字≫ '蓍' 항목에는 '天子' 뒤에 '蓍'가 있다.

4) 機 : 毛本에는 '璣'로 되어 있다. 孫志祖에 따르면, 陸璣는 字가 元恪이고 吳郡人으로 저서에 ≪毛詩草木鳥獸蟲魚疏≫ 2권이 있으며, 陸機는 字가 士衡이고 吳人으로 明나라 李時珍의 ≪本草綱目≫에 주를 내었다. 완원은 璣와 機는 옛날에 통용하던 글자로 보고 錢大昕의 설에 근거하여 元恪의 이름 역시 陸機라고 하였다.(阮元의 校勘記 참조)

5) 藾蕭(뢰소) : 부평초이다. ≪爾雅≫ 〈釋草〉에 "苹은 藾蕭이다.〔苹 藾蕭〕"라는 구절에 대한 郭璞의 주에 "오늘날의 藾蒿이다. 처음 나왔을 때 또한 먹을 수 있다.〔今藾蒿也 初生亦可食〕"라고 하였다.

6) 洪範五行傳 : 구설에는 西漢의 伏生에게서 나왔다고 전해지다가 淸나라 말부터는 서한의 夏侯始昌이 지었다고 한다.

7) 〔生〕 : 저본에는 '生'이 없으나, 惠棟校宋本을 근거로 '生'이 있는 것을 옳다고 본 阮元의 校勘記에 의거하여 보충하였다.

8) 卜筮實問於神 龜筮能傳神命以告人 : 宋나라 衛湜의 ≪禮記集說≫에는 ≪淮南子≫의 구절로 인용되어 있으나, 今本 ≪회남자≫에는 보이지 않는다.

9) 金縢告大(태)王王季文王云 : ≪書經≫ 〈周書 金縢〉에 "〈太史가 축사하기를〉 '이제 저는 큰 거북에게 나아가 〈세 분 왕의〉 명을 받을 것이니, 당신이 〈武王의 병을 낫게 하여〉 저의 청을 들어준다면 저는 璧과 珪를 가지고 돌아가 〈신을 섬겨서〉 당신의 명을 기다릴 것이지만, 당신이 저의 말을 들어주지 않는다면 저는 〈신을 섬기지 않아서〉 벽과 규를 감출 것입니다.'라고 하고서 세 왕의 거북을 가지고 점치니 한결같이 길함이 거듭하였다.〔今我卽命于元龜 爾之許我 我其以璧與珪 歸俟爾命 爾不許我 我乃屛璧與珪 乃卜三龜 一習吉〕"라는 내용이 보인다.

10) 白虎通稱 : 이하의 내용이 東漢 班固의 ≪白虎通義≫ 〈德論下 蓍龜〉에 보인다.

11) 禮三正記 : 각종 표점본에는 하나의 서명으로 되어 있으나, 역사서의 문헌 목록에는 보이지 않는다. '三正記'는 王應麟에 따르면 ≪記≫ 131편 중 오늘날 볼 수 있는 逸篇의 이름으로, ≪儀禮≫ 〈少牢饋食禮〉 '立筮'에 대한 賈公彦의 소에 "정현의 주에서 '卿大夫之蓍長五尺'이라 한 것은 ≪대대례≫ 〈삼정기〉에 모두 이 구절이 있기 때문이다.〔云卿大夫之蓍長五尺者 大戴禮三正記皆有此文〕"라는 내용이 보인다. 이에 근거하면 '禮'는 '大戴禮'를 생략한 것, ≪禮≫ 〈삼정기〉의 뜻, '禮에 따르면'의 뜻 등으로 해석할 수 있을 듯하다.(≪經義考≫ 권139 〈禮記2 戴氏禮記〉 참조)

12) 知 : ≪周易≫ 〈繫辭傳 上〉에는 이 뒤에 '六爻之義 易以貢 聖人以此洗心 退藏於密 吉凶 與民同患' 23자가 더 있다.

13) 人 : ≪주역≫ 〈說卦傳〉에는 이 뒤에 '之作易也' 4자가 더 있다.

14) 太史史蘇 : ≪春秋左氏傳≫ 僖公 4년 조에 따르면 '卜人'이 되어야 한다. '太史 史蘇'는 ≪춘추좌씨전≫ 희공 15년 조에 따르면 晉 獻公이 伯姬를 秦나라에 출가시킬 때 점친 결과의 길흉을 풀이했던 사람이다.

15) (玄)〔玄〕 : 저본에는 '玄'으로 되어 있으나, 淸 聖祖의 성명 愛新覺羅玄燁의 '玄'을 避諱한 것이므로, 원글자인 '玄'으로 돌려놓았다.

16) 大(태)卜云 : ≪周禮≫ 〈春官 大卜〉에 "무릇 나라에 크게 점을 쳐서 물어볼 일이 있어 〈적장자가 없어서〉 군주로 세울 만한 사람을 거북점 치거나 〈국경을 침탈당해 군대를 출동하여 정벌함으로써〉 크게 국경을 바로잡을 것을 거북점 치는 경우에는 〈龜甲 중 불로 지져 점을 칠 수 있는〉 높은 부분을 〈大宗伯에게〉 보여주고 홈을 파며, 큰 제사를 지낼 경우에는 귀갑의 높은 부분을 보여주고 〈직접 홈을 파지는 않으며 점칠 일을〉 거북에게 명한다. 무릇 小事일 경우에는 〈대종백을 대신하여〉 거북점 치는 데 임한다. 도성을 크게 옮기거나 크게 정벌할 일이 있으면 귀갑을 〈거북점 칠 자리에〉 바르게 놓는다. 무릇 〈上帝와 사방 산천에〉 旅祭를 지낼 때 귀갑을 〈진열해야 할 곳에〉 진열한다. 무릇 喪事에는 〈점칠 일을〉 거북에게 명한다.〔凡國大貞 卜立君 卜大封 則眡高作龜 大祭祀則眡高命龜 凡小事涖卜 國大遷 大師 則貞龜 凡旅 陳龜 凡喪事 命龜〕"라는 내용이 보인다.

17) 筮人掌九筮之名 : 이하의 내용이 ≪주례≫ 〈春官 筮人〉 經文과 정현의 주에 보인다. 다만 九筮의 이름이 ≪주례≫에는 巫更·巫咸·巫式·巫目·巫易·巫比·巫祠·巫參·巫環으로 되어 있다. 저본에는 '巫'가 모두 '筮'로 되어 있는데, 정현의 주에서 "여기 아홉 개의 '巫'는 모두 '筮'로 읽어야 하니, 글자의 오류이다.〔此九巫讀皆當爲筮字之誤也〕"라고 한 것에 의거하여 수정한 것으로 보인다.

18) 參(참) : ≪주례≫ 〈春官 筮人〉 주소에 따르면 수레에 參乘하는 것을 이른다. 옛날에는 수레에 탈 때 尊者는 왼쪽에, 御者는 중앙에, 車右는 오른쪽에 탔다.

19) 鄭注占人 : ≪주례≫ 〈春官 占人〉 정현의 주에 "여덟 가지 일은 거북점을 치지 않고 시초점만 치는 것을 이른다. 〈시초점을 먼저 치고 뒤에 거북점을 치는 ≪주례≫ 〈大卜〉에서 말하는 大事인〉 여덟 가지 일이 아니면 九筮를 쓰는데, 占人이 또한 점을 친다.〔謂八事不卜而徒筮之也 其非八事 則用九筮 占人亦占焉〕"라는 내용이 보인다.

20) 春秋僖二十五年……得大有之睽 : '黃帝' 운운은, 黃帝 軒轅氏가 炎帝 神農氏와 阪泉의 들에서 전쟁하여 승리했는데 지금 그 징조를 얻었으니 길하다는 말이다. '大有卦' 운운은, 전쟁에 승리하여 천자가 마음을 낮추고서 晉 文公을 영접하는 象을 만났으니 길하다는 말이다.

21) 尙書先云龜從者 : ≪書經≫ 〈周書 洪範〉에 "네가 따르고, 거북점이 따르고, 시초점이 거스르고, 卿士가 거스르고, 서민이 거스르면, 〈제사나 관례·혼례 등〉 국내의 일

을 하는 것은 길하고 〈군대를 출동하고 정벌하는 등〉 국경 밖의 일을 하는 것은 흉할 것이다.〔汝則從 龜從 筮逆 卿士逆 庶民逆 作內吉 作外凶〕"라는 내용이 보인다.

22) 鄭注周禮云 : 《주례》 〈春官 筮人〉의 "무릇 나라의 大事에는 먼저 시초점을 치고 뒤에 거북점을 친다.〔凡國之大事 先筮而後卜〕"에 대한 정현의 주에 "시초점을 쳐서 흉한 일에 대해서는 중지하고 거북점을 치지 않는다.〔於筮之凶 則止不卜〕"라는 내용이 보인다.

○〔凡卜筮日〕 무릇 先聖王이 거북점과 시초점을 확립한 이유는, 다음 경문에서 "사람들로 하여금 시일을 믿게 하고, 귀신을 공경하게 하고, 의심스러운 것을 결단하게 하고, 망설여지는 것을 결정하게 하기 위한 것이다.〔所以使民信時日 敬鬼神 決嫌疑 定猶與〕"라고 하였다. 거북점과 시초점에 반드시 거북과 시초를 사용한 것은, 살펴보면 劉向이 말하기를 "蓍라는 말은 '장수하다〔耆〕'의 뜻이고, 龜라는 말은 '오래되다〔久〕'의 뜻이다. 거북은 천 년이 되면 영험해지고 시초는 백 년이 되면 신령스러워지니, 장수하고 오래되었으므로 능히 길흉을 변별할 수 있는 것이다."라고 하였다. 《說文解字》에 이르기를 "蓍는 쑥에 속한다. 천 년을 살면 줄기가 300개가 되니 《周易》에서 이를 數로 삼았다. 천자가 사용하는 시초는 길이가 9尺이고, 제후는 7척, 대부는 5척, 士는 3척이다."라고 하였다. 陸機의 《毛詩草木鳥獸蟲魚疏》에 이르기를 "맑은대쑥과 비슷하다. 푸른색이며 무더기로 자란다."라고 하였다. 《洪範五行傳》에 이르기를 "시초는 100년을 살면 뿌리 하나에 줄기 100개가 생긴다."라고 하였다. 《論衡》 〈狀留篇〉에 이르기를 "70년에 줄기 1개가 나오니, 700년이면 줄기 10개가 나온다. 신령한 물건이므로 나오는 것이 더디다."라고 하였다. 《史記》 〈龜策列傳〉에 이르기를 "줄기 100개가 가득 나온 시초는 그 아래에 반드시 지키는 神龜가 있고 그 위에는 항상 구름 기운이 덮고 있다."라고 하였다. 《淮南子》 〈說山訓〉에 이르기를 "위에는 무더기로 나는 시초가

蓍草

있고 아래에는 엎드려 있는 거북이 있다."라고 하였다. 거북점과 시초점은 실은 신에게 묻는 것이니, 거북과 시초는 능히 신의 명을 전하여 사람들에게 고할 수 있다. 그러므로 《書經》 〈周書 金縢〉에서 太王·王季·文王의 신에게 고하여 "당신이 〈武王의 병을 낫게 하여〉 저의 말을 들어준다면"이라 하고, "세 분 왕의 거북을 점치니 한결같이 길함이 거듭하였다."라고 한 것이니, 이것은 신의 명을 전할 수 있는 것이다. 또 《周禮》 〈春官 天府〉 정현의 주에 이르기를 "거북점과 시초점은 실은 귀신에게 묻는 것이니, 거북과 시초는 그 卦象과 龜兆의 점을 낼 수 있을 뿐이다."라고 하였다.

살펴보면 《白虎通義》에 이르기를 "《禮三正記》에 따르면 천자가 사용하는 거북은 길이가 1尺 2寸이고, 제후는 1척, 대부는 8촌, 士는 6촌이다. 거북은 陰이므로 그 수가 짝수이다."라고 하였다. 시초는, 살펴보면 《儀禮》 〈少牢饋食禮〉에서 대부는 "서서 점친다."라고 하였는데, 정현이 말하기를 "대부가 사용하는 시초는 길이가 5척이다."라고 하였다. 이를 미루어 말한다면 천자는 9척, 제후는 7척, 士는 3척이다. 시초는 陽이므로 그 수가 홀수이다.

'卜筮'라고 말한 것은, 師說에 이르기를, '卜'은 '중복하다〔覆〕'의 뜻이니 길흉을 재차 살핀다는 것이며, '筮'는 '결정하다〔決〕'의 뜻이니 그 의혹을 결정한다는 것이라고 하였다. 劉向은 말하기를, '卜'은 '부응하다〔赴〕'의 뜻이니 점치러 온 사람의 마음에 부응한다는 것이며, '筮'는 '묻다〔問〕'의 뜻이니 점치는 자의 일을 묻는 것이라고 하였다. '赴'와 '問'은 互文으로 말한 것이다. 살펴보면 《주역》 〈繫辭傳 上〉에 이르기를 "천하의 길흉을 정하고 천하의 힘써야 할 일을 이룸은 시초와 거북보다 큰 것이 없다."라고 하였고, 또 이르기를 "시초의 덕은 둥글어서 신묘하고, 괘의 덕은 네모져서 지혜로우니, 신묘하여 다가올 일을 알고 지혜로워서 지나간 일을 보관한다."라고 하였다. 또 《주역》 〈說卦傳〉에 이르기를 "옛날에 聖人이 신명의 이치를 깊이 밝혀서 시초를 내었다."라고 하였다.

이 여러 글에 근거하면 시초와 거북은 지혜로움과 영험함이 비슷하여 길고 짧음이 없다. 《春秋左氏傳》 僖公 4년 조에 이르기를 "시초점은 〈말하는 이치가〉 짧고 거북점은 〈말하는 이치가〉 기니 긴 것을 따르는 것만 못하다.〔筮短龜長 不如從長〕"라고 했던 것은, 당시 晉 獻公이 驪姬를 아내로 맞이하는 것에 대해 거북점을 쳤는데 불길한 점이 나오자 다시 시초점을 치려고 하였으므로 太史 史蘇가 헌공의 뜻을 만류하고자 가탁하여 '筮短龜長'이라고 말한 것뿐이지 실제로는 우열이 없다. 그런데 杜預와 정현은 '筮短龜長'의 말로 인하여 실제로 길고 짧음이 있다고 여겼다. 그러므로 두예가 ≪춘추좌씨전≫ 주에 이르기를 "物이 생긴 뒤에 象이 있게 되었고, 象이 있고 난 뒤에 物이 점점 많아졌고, 物이 점점 많아진 뒤에 數가 있게 되었다. 거북점은 象으로 점치고 시초점은 數로 점치므로 象으로 점치는 것은 이치가 길고 數로 점치는 것은 이치가 짧다."라고 한 것이 이것이다. 〈두예는〉 象으로 점치는 것이 이치가 긴 이유는, 物이 처음 생기면 象이 있게 되니 태초에서 이미 가깝고 또 만물을 포괄하기 때문에 긴 것이며, 數로 점치는 것이 이치가 짧은 것은, 數는 끝에 생겨난 것이니 태초에서 이미 멀고 일의 數를 미루어 찾아야 비로소 象을 구할 수 있으므로 짧다고 여긴 것이다. 또 정현은 ≪주례≫ 〈春官 占人〉의 주에 이르기를 "占人은 또한 시초로 점을 치기도 하는데, 경문에서 '거북으로 점치는 것을 관장한다.〔掌占龜〕'라고 한 것은 筮短龜長하니 긴 것을 위주로 말한 것이다."라고 하였다. 이것은 정현과 두예가 모두 筮短龜長으로 여긴 것이다.

무릇 거북점과 시초점을 칠 때 천자와 제후는 만약 大事라면 거북점과 시초점을 병용하여 모두 시초점을 먼저 치고 거북점을 뒤에 친다. 그러므로 ≪주례≫ 〈春官 筮人〉에 이르기를 "무릇 나라의 대사에는 시초점을 먼저 치고 거북점을 뒤에 친다."라고 한 것이니, 일에 점점 나아가는 것이다. '大事'라는 것은, ≪주례≫ 〈春官 大卜〉에 이르기를 "나라에 크게 점을 쳐서 물어볼 일이 있어 〈적장자가 없어〉 군주로 세울 만한 사람을 거북점 치거나 〈국경을 침탈당해 군대를 출동하여 정벌함으로써〉 크게 국경을 바로잡을 것을 거북점 치는 경우, 크게 제사를 지내는 경우, 무릇 군대를 출동하거나 喪事가 있을 경우"라고 하였고, "〈나라의 대사에〉 거북에게 명하는 여덟 가지 命은, 첫째는 남을 정벌하는 것〔征〕, 둘째는 災變으로 나타나는 雲物 등의 천문 현상〔象〕, 셋째는 물건을 하사하는 것〔與〕, 넷째는 모의하는 것〔謀〕, 다섯째는 일이 이루어질 것인가의 여부〔果〕, 여섯째는 이를 것인가의 여부〔至〕, 일곱째는 비가 내릴 것인가의 여부〔雨〕, 여덟째는 병이 나을 것인가의 여부〔瘳〕이다."라고 하였으니, 이것들이 모두 대사이다. 그러므로 ≪주례≫ 〈春官 占人〉 정현의 주에 이르기를 "장차 여덟 가지 일에 대해 거북점을 치려고 할 때 모두 먼저 시초로 점을 친다."라고 한 것이 이것이다.

만약 次事라면 오직 거북점만 치고 시초점은 치지 않는다. 그러므로 ≪禮記≫ 〈表記〉에 이르기를 "천자는 시초점이 없다."라고 하였는데, 정현의 주에 이르기를 "정벌하기 위해 군대를 출동하거나 巡狩하는 것을 이르니, 천자는 지극히 존귀하여 대사에 모두 거북점을 쓴다."라고 하였다. 이것은 천자가 出行할 때 오직 거북점만 치고 시초점은 없는 것이 이것이다.

小事는 거북점은 없고 오직 시초점만 친다. 筮人은 九筮의 이름을 관장한다. 첫째는 筮更이니, 도읍을 천도하는 것을 이른다. 둘째는 筮咸이니, 咸은 〈'모두'의 뜻인〉 '僉'과 같다. 사람들이 마음으로 기뻐하는지 여부에 대해 시초점 치는 것을 이른다. 셋째는 筮式이니, 法式을 제작하는 것을 이른다. 넷째는 筮目이니, 일이 많아서 마땅히 해야 할 중요 항목에 대해 시초점 치는 것을 이른다. 다섯째는 筮易이니, 백성들이 기뻐하지 않아서 〈政教를〉 고치는 것에 대해 시초점 치는 것을 이른다. 여섯째는 筮比니, 백성들과 화목하게 지내는 것을 이른다. 일곱째는 筮祠니, 〈小祭祀를 지낼 때〉 희생과 날짜에 대해 시초점 치는 것을 이른다. 여덟째는 筮參이니, 〈수레에 탈 때〉 御者와 車右에 대해 시초점 치는 것을 이른다. 아홉째는 筮環이니, 挑戰해도 되는지 여부에 대해 시초점 치는 것을 이른다. ≪주례≫ 〈春官 占人〉 정현의 주에 이르기를 "거북점을 치지 않고 시초점만 칠 경우에는 九筮를 쓴다."라고 한 것이 이것이다.

천자가 이미 이렇게 한다면 제후 또한 이렇게 하는 것이다. 그러므로 ≪춘추좌씨전≫ 僖公 25년 조에서는, 晉나라가 周 襄王을 〈호송하여 京師로〉 들여보내는 것에 대해 거북점을 쳐서 黃帝가 阪泉에서 싸울 때의 징조를 얻었는데, 또 시초점을 쳐서 大有卦(☲☰)가 睽卦(☲☱)로 변하는 괘를 얻었으며, ≪춘추좌씨전≫ 哀公 9년 조에서는, 晉나라가 〈宋나라의 침공을 받은 鄭나라를 구원하기 위해〉 송나라를 정벌하는 것에 대해 거북점을 쳤는데, 이때에도 거북점을 치고 뒤에 시초점을 쳤으니, 이것은 大事에 거북점과 시초점을 병용한 것이다. 다만 ≪춘추≫의 난세에는 모두 먼저 거북점을 치고 뒤에 시초점을 쳐서 예에 맞게 하지 못하였다. 그 禮가 이미 먼저 시초점을 치고 뒤에 거북점을 치는 것인데, ≪서경≫ 〈周書 洪範〉에서 먼저 '龜從'이라고 말한 것은 尊卑를 가지고 말하였으므로 먼저 거북점을 말한 것이다. ≪주례≫ 〈春官 筮人〉 정현의 주에 이르기를 "시초점을 쳐서 흉하면 중지하고 거북점을 치지 않는다."라고 하였다. 그런데 〈주서 홍범〉에 시초점은 거스르고[筮逆] 거북점은 따르는[龜從] 경우가 있는 것은, 崔靈恩은 "무릇 거북점과 시초점을 칠 때 천자는 모두 〈夏·商·周〉 3代의 시초와 거북을 쓰니, 만약 세 시초점이 모두 흉하면 중지하고 거북점을 치지 않는다."라고 하였고, 정현은 "만약 〈세 시초점 중〉 하나는 길하고 하나는 흉하면, 비록 〈세 번째〉 시초점이 거스르더라도 여전히 거북점을 칠 수 있다."라고 하였으니, 〈주서 홍범〉에서 말한 것이 이것이다.

대부로 말하면 大事는 거북점을 치고 小事는 시초점을 친다. 대사는 葬地와 장례일을 정하는 것이 일의 큰 것이니 거북점을 친다. 그러므로 ≪예기≫ 〈雜記 上〉에 이르기를 "대부는 장지와 장례일에 대해 거북점을 친다."라고 한 것이 이것이다. 소사에는 시초점을 쓰니, ≪의례≫ 〈少牢饋食禮〉에서 常祀에 '날짜를 점친 것〔筮日〕'이 이것이다.

士 또한 대사에는 거북점을 치고 소사에는 시초점을 친다. 그러므로 ≪의례≫ 〈士喪禮〉에서 장례일에 대해 거북점을 친 것이니, 喪葬을 중하게 여겨서 길흉을 정해야 하므로 거북점을 쓴 것이다. 그러나 평상의 吉祭는 장례에 비해 가벼우므로 날짜에 대해서는 시초점을 쳤다. 장례에 대해 이미 날짜를 거북점 쳐서 길함을 얻었으면 나머지 일은 모두 길함을 알 수 있으므로 오직 장지에 대해서만 시초점을 치고 더는 거북점을 쓰지 않는다.

【疏】 ○'旬之外曰遠某日'者, 案少牢大夫禮, 今月下旬筮來月上旬, 是旬之外日也. 主人告筮者云, 欲用遠某日, 故少牢云"日用丁己, 筮旬有一日", 吉乃官戒. 旣云"旬有一日", 是旬外一日. 此謂大夫禮. ○'旬之內曰近某日'者, 案特牲士禮云 "不諏日." 注云 "士賤職褻, 時至事暇, 可以祭, 則筮其日. 不如少牢大夫, 先與有司於廟門諏丁己之日." 是士於旬初卽筮旬內之日, 是旬之內日也. 主人告筮者云, 用近某日. 此據大夫・士, 故有旬內・旬外之日也. 若天子・諸侯, 其有雜祭, 或用旬內, 或用旬外, 其辭皆與此同. 案少牢・特牲, 其辭皆云"來日丁亥", 不云"遠某日"・"近某日"者, 彼文不具也. ○'喪事先遠日'者, 喪事謂葬與二祥, 是奪哀之義也. 非孝子之所欲, 但制不獲已, 故卜先從遠日而起, 示不宜急, 微伸孝心也. 故宣八年左傳云 "禮, 卜葬先遠日, 辟(피)不懷." 杜云 "懷, 思也." 辟不思親也. 此尊卑俱然, 雖士亦應今月下旬先卜來月下旬. 不吉, 卜中旬, 不吉, 卜上旬. ○'吉事先近日'者, 吉事, 謂祭祀・冠婚之屬, 故少牢云"若不吉, 則及遠日, 又筮日如初." 是"先近日"也.

○〔旬之外曰遠某日〕 살펴보면 ≪儀禮≫ 〈少牢饋食禮〉 大夫禮에서 이달 하순에 다음달 상순의 날에 대해 시초점을 치니, 이것이 열흘 밖의 날〔旬之外日〕이다. 주인이 筮者에게 고하여 말하기를, 먼 아무 날〔遠某日〕을 쓰고자 한다고 한다. 그러므로 〈소뢰궤사례〉에 이르기를 "제사를 지내는 날은 〈柔日 중〉 丁日이나 己日을 쓰니, 〈제사 지내기 열흘 전인〉 11일째 되는 날에 대해 시초점을 친다."라고 하고, 길하면 이어서 여러 祭官에게 고하여 경계시킨다. 이미 '11일째 되는 날〔旬有一日〕'이라 하였으니, 이것이

열흘 밖의 1일이다. 이것은 대부의 예를 이른다.

○〔旬之內曰近某日〕 살펴보면 ≪의례≫ 〈特牲饋食禮〉 士禮에 이르기를 "제사 지낼 날을 미리 상의하지 않는다."라고 하였는데, 정현의 주에 이르기를 "士는 신분이 천하여 직분이 낮으니 때가 되고 일이 한가하여 제사를 지낼 수 있으면 그 날짜에 대해 시초점을 친다. ≪의례≫ 〈少牢饋食禮〉의 대부가 먼저 有司와 함께 廟門에서 丁日이나 己日을 묻는 것과 같지 않다."라고 하였다. 이것은 士가 旬初에 열흘 안의 날에 나아가 시초점을 치는 것이니, 이것이 열흘 안의 날이다. 〈士인〉 주인은 筮者에게 고하여 말하기를, 가까운 아무 날〔近某日〕을 쓰겠다고 한다. 여기에서는 대부와 士에 근거한 것이므로 열흘 안과 열흘 밖의 날이 있는 것이다. 만약 천자와 제후라면 잡다한 제사가 있어 때로는 열흘 안을 쓰고 때로는 열흘 밖을 쓰는데, 그 筮辭가 모두 이와 똑같다. 살펴보면 〈소뢰궤사례〉와 〈특생궤사례〉에서 그 서사에 모두 '오는 정해일〔來日丁亥〕'이라 하고 '먼 아무 날〔遠某日〕'이나 '가까운 아무 날〔近某日〕'이라 하지 않은 것은 ≪의례≫의 글이 갖추어지지 않은 것이다.

○〔喪事先遠日〕 '喪事'는 장례와 〈大祥·小祥의〉 두 祥祭를 이르니, 이것은 슬픔을 빼앗는다는 뜻이다. 효자가 원하는 것은 아니나 제도상 어쩔 수 없으므로 먼저 먼 날부터 점을 치기 시작하니, 급하게 여겨서는 안 됨을 보여서 은미하게 효심을 펴는 것이다. 그러므로 ≪春秋左氏傳≫ 宣公 8년 조에 이르기를 "예에 따르면 장례일에 대해 거북점을 치는데 먼 날을 먼저 점치는 것은 不懷의 비난을 피하기 위해서이다."라고 하였는데, 杜預가 말하기를 "懷는 '생각하다'의 뜻이다."라고 하였으니, 부모를 생각하지 않는다는 비난을 피하는 것이다. 이것은 신분이 높은 자든 낮은 자든 모두 그러하여, 비록 士라 할지라도 이달 하순에 다음 달 하순의 날을 먼저 점쳐야 한다. 불길하면 중순의 날을 점치고, 불길하면 상순의 날을 점친다.

○〔吉事先近日〕 '吉事'는 제사와 관례·혼례의 등속을 이른다. 그러므로 ≪의례≫ 〈少牢饋食禮〉에 이르기를 "만약 불길하면 〈처음 점을 쳤던 날인 열흘 뒤의 丁日이나 己日의〉 먼 날이 되었을 때 또 날짜에 대해 시초점을 치는데 처음 날을 점칠 때와 같이 한다."라고 하였으니, 이것이 '先近日'이다.

【疏】 ○'曰爲'至'有常'者, 曰, 命龜筮辭也. 卜擇吉日, 故云"曰爲日". ○'假爾泰龜有常, 假爾泰筮有常'〔者〕[1], 假, 因也[2]. 爾, 汝也, 爾謂指蓍龜也. 泰, 大中之大也, 欲褒美此龜筮, 故謂爲泰龜·泰筮也. "有常"者, 言汝泰龜泰筮決判吉凶, 分明有常也. 故云"假爾泰龜"·"泰筮有常". 凡卜筮, 大夫以上命龜有三, 命筮有二. 其一爲事命龜, 涖卜[3]之官, 以主人卜事命卜史, 是一也. 二, 卜史旣得所卜之命, 更序述涖卜所陳之辭, 名曰述命, 二也. 卜人卽席, 西面命龜云"假爾泰龜有常", 三也. 命筮二者, 一爲事命筮, 則主人以所爲之事命筮史, 是一也. 二則筮史得主人之命, 遂述之, 爲述命[4], 是二也. 士則命龜有二, 命筮有一. 知士命筮有一者, 士喪禮云[5] "命筮人, '哀子某, 爲其父筮宅.' 筮人許諾, 不述命." 注云 "不述者, 士禮略." 是士命筮一也. 知士命龜二者, 士喪禮[6] "涖卜命曰 '哀子某, 卜葬其父, 無有近悔.' 許諾, 不述命." 乃云"卽席, 西面坐, 命龜". 旣云 "不述命", 是士命龜(三)〔二〕[7]也. 知大夫命筮二者, 以士云命筮不述命, 則知大夫以上述命也. 故少牢云 "主人曰 '孝孫某, 來日丁亥, 用薦歲事於皇祖伯某.'" 又云 "史[8]遂述命, 曰 '假爾泰筮有常, 孝孫某, 來日丁亥'云云.", 是大夫命筮二, 但冠卽席所命于述命之上也. 知大夫命龜三者, 以士喪禮涖卜爲事命龜, 又有卽席西面命龜, 云"不述命", 明大夫有述命, 故知大夫命龜三也.

1) 〔者〕: 저본에는 '者'가 없으나, 惠棟校宋本에 의거하여 보충하였다.(阮元의 校勘記 참조)
2) 假 因也 : ≪儀禮≫ 〈少牢饋食禮〉 '假爾大筮有常'에 대한 정현의 주에 "假는 '빌리다'의 뜻이니, 시초의 신령함에 의탁하여 묻는다는 말이다.〔假 借也 言因蓍之靈以問之〕"라고 하였다.
3) 涖卜 : 族長을 이른다. ≪의례≫ 〈士喪禮〉의 "족장은 거북점을 칠 때 와서 참석한다.〔族長涖卜〕"라는 구절에서 온 것으로, 정현의 주에 "族長은 有司로 가깝고 먼 족인들을 관장하는 사람이다.〔族長 有司掌族人親疏者也〕"라고 하였다.
4) 述命 : ≪의례≫ 〈사상례〉 정현의 주에 "述은 '그대로 따르다'의 뜻이다. 이미 명을 받은 뒤 거듭 말하는 것을 '述'이라 한다.〔述 循也 旣受命而申言之曰述〕"라고 하였다.
5) 士喪禮云 : ≪의례≫ 〈사상례〉에 "〈命筮者가 주인을 대신하여〉 명하기를 '哀子 某가 부친 某甫를 위하여 묘지를 시초점 쳐서 이곳을 幽宅으로 잡아 묘역을 조성하려고 하는데 훗날 어려운 일이 생기지는 않겠지요?'라고 한다. 筮人이 허락한 뒤에 述命하지 않는다.〔命曰 哀子某 爲其父某甫筮宅 度玆幽宅 兆基 無有後艱 筮人許諾 不述命〕"라는 내용이 보인다. '某甫'의 '某'는 아버지의 字이며, '甫'는 남자의 미칭으로 '父(보)'로 쓰기도 한다.
6) 士喪禮 : ≪의례≫ 〈사상례〉에 "〈涖卜이 주인을 대신하여〉 명하기를 '哀子 某가 오는 某日을 거북점 쳐서 부친 某甫를 장례하고자 합니다. 선친을 모신 뒤에 회한에 가까운 무슨 일이 생기지는 않겠지요?'라고 한다. 〈宗人이〉 허락한 뒤에 述命하지 않는다.〔命曰 哀子某 來日某 卜葬其父某甫 考降無有近悔 許諾不述命〕"라는 내용이 보인다.

7) (三)〔二〕: 저본에는 '三'으로 되어 있으나, 바로 앞의 '士則命龜有二'에 의거하여 '二'로 바로잡았다.
8) 史 : ≪의례≫ 〈少牢饋食禮〉 정현의 주에 따르면 '가신으로서 시초점을 주관하는 사람〔家臣主筮者〕'이다. 胡匡衷의 ≪儀禮釋官≫에 "여기에서는 '史'라 하고 ≪의례≫ 〈특생궤사례〉에서는 '筮人'이라 하였는데, 똑같은 것이다.〔此言史 特牲言筮人 一也〕"라고 하였다.

○ 〔曰爲〕에서 〔有常〕까지

'曰'은 거북과 시초에게 명하는 말이다. 점을 쳐서 길일을 택하므로 '曰 爲日'이라 한 것이다.

○ 〔假爾泰龜有常 假爾泰筮有常〕 '假'는 '의탁하다〔因〕'의 뜻이다. '爾'는 '너'의 뜻이니, '爾'는 거북과 시초를 가리킴을 이른다. '泰'는 큰 것 중의 큰 것이라는 뜻이니, 이 거북과 시초를 찬미하고자 하였으므로 泰龜와 泰筮라고 말한 것이다. '有常'은 너 泰龜와 泰筮가 길흉을 결판할 때 분명히 〈어긋남 없이〉 일정함이 있다는 말이다. 그러므로 '假爾泰龜'·'泰筮有常'이라 한 것이다.

무릇 거북점과 시초점을 칠 때 대부 이상은 거북에게 명하는 것이 세 번 있고 시초에게 명하는 것이 두 번 있다. 첫 번째는 일을 위하여 거북에게 명하는 것이다. 涖卜의 관원이 주인의 점칠 일을 卜史에게 명하는 것이니, 이것이 첫 번째이다. 두 번째는 卜史가 이미 점칠 바의 명을 얻은 뒤 다시 진달할 말을 涖卜에게 서술하는 것이니, 이를 '述命'이라 이름하는데, 이것이 두 번째이다. 卜人이 돗자리에 나아가 서향하고 거북에게 명하기를 '假爾泰龜有常'이라 하는 것이 세 번째이다. 시초에게 명하는 것이 두 번이라는 것은, 첫 번째는 일을 위하여 시초에게 명하는 것이다. 주인이 筮史에게 할 일을 명하는 것이니, 이것이 첫 번째이다. 두 번째는 서사가 주인의 명을 얻은 뒤 마침내 이를 서술하는 것이 述命이니, 이것이 두 번째이다.

士의 경우는 거북에게 명하는 것이 두 번 있고 시초에게 명하는 것이 한 번 있다. 士는 시초에게 명하는 것이 한 번 있음을 아는 것은, ≪儀禮≫ 〈士喪禮〉에 이르기를 "〈命筮者가 주인을 대신하여〉 筮人에게 명하기를 '哀子 某가 부친을 위하여 묘지를 시초점 치고자 합니다.'라고 한다. 서인이 허락한 뒤 술명하지 않는다."라고 하였는데, 정현의 주에 이르기를 "술명하지 않는 것은 士禮는 소략하게 하기 때문이다."라고 하였다. 이것은 士가 시초에게 명하는 것이 한 번인 것이다.

士가 거북에게 명하는 것이 두 번임을 아는 것은, ≪의례≫ 〈사상례〉에 "涖卜이 〈주인을 대신하여〉 명하기를 '哀子 某가 거북점을 쳐서 부친을 장례하고자 하는데 회한에 가까운 무슨 일이 생기지는 않겠지요?'라고 한다. 〈宗人이〉 허락한 뒤에 술명하지 않는다."라고 하고, 이어 "돗자리로 나아가 서향하고 앉아서 거북에게 명한다."라고 하였는데, 이미 "술명하지 않는다.〔不述命〕"라고 하였으니, 이것은 士가 거북에게 명하는 것이 두 번인 것이다.

대부가 시초에게 명하는 것이 두 번임을 아는 것은, 士는 시초에게 명한 뒤에 술명하지 않는다고 말했기 때문이니, 그렇다면 대부 이상은 술명함을 알 수 있는 것이다. 그러므로 ≪의례≫ 〈少牢饋食禮〉에 이르기를 "주인이 말하기를 '효손 某가 오는 丁亥日에 歲時의 제사를 皇祖 伯某께 올리고자 합니다.'라고 한다."라고 하고, 또 이르기를 "筮史가 마침내 술명하여 말하기를 '항상 신통력을 발휘하는 그대 泰筮의 신령함을 빌려서 효손 某가 오는 정해일에……'라고 한다."라고 하였으니, 이것은 대부가 시초에게 명하는 것이 두 번인 것이다. 다만 관례에는 자리에 나아가 명하는 것을 述命의 앞에 두었다. 대부가 거북에게 명하는 것이 세 번임을 아는 것은, ≪의례≫ 〈사상례〉에서 涖卜이 일을 위하여 거북에게 명하고, 또 자리에 나아가 서향하고 거북에게 명하는 의절이 있는데 "술명하지 않는다.〔不述命〕"라고 하였으니, 대부에게는 술명이 있음을 밝힌 것이다. 그러므로 대부가 거북에게 명하는 것이 세 번임을 아는 것이다.

【疏】 ○ 注'大事卜, 小事筮'. ○ 正義曰：此大事者, 謂小事之中爲大事, 非周禮大貞大封及八事[1]之等, 故得用卜而已. 或云"大事卜"者, 總兼大貞大封及八事等, 雖卜筮竝用, 總皆用卜, 故云"大事卜". 但大事則先筮後卜, 卜筮俱有, 若小事筮, 徒有筮而無卜也.

1) 周禮大貞大封及八事 : '大貞'은 나라에 큰일이 있을 때 시초점과 거북점을 쳐서 물어볼 일이라는 뜻으로, ≪周禮≫ 〈春官 小宗伯〉 정현의 주에 따르면 '卜立君'과 '卜大封'을 이른다. ≪주례≫ 〈春官 大卜〉 정현의 주에 이르기를 '卜立君'은 적장자가 없어 군주로 세울 만한 사람에 대해 거북점을 치는 것이며, '卜大封'은 국경을 침탈당해 군대를 출동하여 정벌함으로써 크게 국경을 바로잡는 것에 대해 거북점을 치는 것이라고 하였다. '八事'는 시초점과 거북점을 기다려 결정할 나라의 여덟 가지 큰일이라는 뜻으로, 남을 정벌하는 것〔征〕, 災變으로 나타나는 雲物 등의 천문 현상〔象〕, 물건을 하사하는 것〔與〕, 모의하는 것〔謀〕, 일이 이루어질 것인가의 여부〔果〕, 이를 것인가의 여부〔至〕, 비가 내릴 것인가의 여부〔雨〕, 병이 나을 것인가의 여부〔瘳〕 등 八命을 이른다.

○ 注의 〔大事卜 小事筮〕

○ 正義曰 : 여기의 '大事'는 小事 중에 대사인 것을 이르니, ≪周禮≫에서 말하는 大

貞의 大封과 八事 등이 아니므로 〈시초점은 없이〉 거북점을 쓸 수 있을 뿐이다. 혹자는 말하기를, '大事卜'은 대정의 대봉과 팔사 등을 통틀어 겸한 것이니, 비록 거북점과 시초점을 병용하더라도 결국은 모두 거북점을 쓰는 것이므로 '大事卜'이라 하였다고 한다. 다만 대사는 먼저 시초점을 치고 뒤에 거북점을 쳐서 거북점과 시초점이 모두 있지만, '小事筮' 같은 경우는 단지 시초점만 있고 거북점은 없다고 하였다.

【疏】 ○'卜筮不過三'者, 王肅云, 禮以三爲成也. 上旬·中旬·下旬, 三卜筮不吉, 則不擧也. 鄭意"不過三"者, 謂一卜不吉而凶, 又卜, 以至於三, 三若不吉則止, 若筮亦然也. 故魯有四卜之譏[1]. 崔靈恩云"謂不過三用. 若大事龜筮竝用者, 先用三王筮, 次用三王龜, 始是一也, 三如是乃爲三也. 若初始之時, 三筮三龜皆凶, 則止. 或逆多從少, 或從多逆少, 如此者皆至於三也. 單卜單筮, 其法惟一用而已, 不吉則擇遠日, 不至於三也. 前以用三王之龜筮者, 有逆有從, 故至三也, 此唯用一, 故不至三也." 案崔解亦有三王龜筮也.

1) 魯有四卜之譏 : ≪春秋≫ 僖公 31년 및 襄公 11년 조에 보인다. 자세한 것은 아래 '注의 〔魯四卜郊 春秋譏之〕'에 대한 공영달의 소 참조.

○〔卜筮不過三〕 王肅이 말하기를, 禮는 3을 완성으로 삼는다고 하였으니, 上旬·中旬·下旬의 날에 대해 세 차례에 걸쳐 시초점과 거북점을 쳐서 불길하면 거행하지 않는다. 정현의 생각에 '不過三'은, 한 번 거북점을 쳤는데 불길하고 흉하여서 또 거북점을 치고, 이렇게 세 번째에 이르렀는데 세 번째에도 만약 불길하면 중지하니, 시초점의 경우에도 그렇게 한다는 말이다. 그러므로 魯나라는 네 번 거북점을 친 것에 대해 비판을 받았던 것이다.

崔靈恩이 말하기를 "세 번 쓰는 것을 넘지 않는다는 말이다. 만약 거북점과 시초점을 병용하는 大事라면, 먼저 〈夏·商·周〉 三王의 시초를 쓰고 다음에 삼왕의 거북을 쓰는 것이 비로소 한 번이니, 세 번을 이와 같이 하는 것이 바로 세 번이 된다. 만약 처음 점을 쳤을 때 세 시초와 세 거북이 모두 흉하면 중지한다. 혹은 거스르는 것이 많고 따르는 것이 적기도 하며〔逆多從少〕, 혹은 따르는 것이 많고 거스르는 것이 적기도 하는데〔從多逆少〕, 이와 같을 경우에는 모두 세 번에까지 이른다. 單卜과 單筮는 그 법이 오직 한 번만 쓰는 것이니, 불길하면 먼 날을 택하고 세 번에까지 이르지 않는다. 앞에서는 삼왕의 거북과 시초를 쓰는 경우 거스르는 것도 있고 따르는 것도 있었으므로 세 번에까지 이른 것이고, 여기서는 오직 한 번만 쓰므로 세 번에까지 이르지 않은 것이다."라고 하였다. 살펴보면 최영은의 풀이에도 삼왕의 거북과 시초가 있다.

【疏】 ○ 注'魯四卜郊, 春秋譏之'. ○ 正義曰 : 卜郊之事, 或三或四或五. 襄七年, "夏四月, 三卜郊, 不從, 乃免牲." 僖三十一年及襄十一年, "夏四月, 四卜郊, 不從". 成十年, "夏四月, 五卜郊, 不從". 三傳之說, 參差(참치)不同. 若左氏之說, 魯郊常祀, 不須卜可郊與否, 但卜牲與日, 唯周之三月爲之, 不可在四月, 雖三卜亦爲非禮, 故僖三十一年左傳云"禮不卜常祀." 是常祀不卜也. 襄七年左傳云"啓蟄而郊, 郊而後耕. 今旣耕而卜郊, 宜其不從也." 是用周之三月, 不可至四月也. 若公羊之義, 所云卜者, 皆爲卜日, 故僖三十一年公羊傳云 "三卜, 禮也, 四卜, 非禮也." 又成十七年公羊傳云 "郊用正月上辛." 何休云 "魯郊(搏)〔博〕[1] 卜三正[2], 三王之郊, 一用夏正." 又定十五年[3] "禮[4], 三卜之運也." 何休云 "運, 轉也. 已卜春三正, 不吉, 復轉卜夏三月, 周五月, 得(一)〔二〕[5] 吉, 故五月郊." 如休之意, 魯郊轉卜三正, 假令春正月卜不吉, 又卜殷正, 殷正不吉, 則用夏正郊天. 若此三正之內, 有凶不從, 則得卜夏三月, 但滿三吉日, 則得爲郊. 此公羊及何休之意也. 穀梁之說, 春秋卜者皆卜日也. 哀元年穀梁傳云[6] "郊自正月至三月, 郊之時也." 或以十二月下辛卜正月上辛, 卜如不從, 則以正月下辛卜二月上辛, 如不從, 則以二月下辛卜三月上辛, 如不從, 則不郊. 如是穀梁三正正月卜吉, 則爲四月五月則不可, 與公羊之說同, 與何休意異. 休以四月五月卜滿三吉, 則可郊也. 若鄭(玄)〔玄〕[7] 意, 禮不當卜常祀, 與左氏同, 故鄭箴膏肓云 "當[8] 卜祀日月爾, 不當卜可祀與否." 鄭又云 "以魯之郊天, 惟用周正建子之月, 牲數有災不吉, 改卜後月, 故或用周之二月三月, 故有啓蟄而郊, 四月則不可." 故駁異義引明堂云[9] "孟春正月, 乘大路, 祀帝於郊." 又云 "魯用孟春建子之月, 則與天子不同明矣. 魯數失禮, 牲數有災不吉, 則改卜後月." 如鄭之言, 則與公羊·穀梁傳卜三正不同也. 此云"魯四卜郊, 春秋譏之", 用公羊·穀梁傳三卜正·四卜非正也. 是四卜爲譏, 三卜得正, 與左氏意違. 左氏三卜亦非故也.

1) (搏)〔博〕: 저본에는 '搏'으로 되어 있고 閩本·監本·毛本에는 '轉'으로 되어 있으나, 완원이 惠棟校宋本과 ≪春秋公羊傳≫ 정현의 주를 근거로 '博'이 옳다고 한 것에 의거하여 '博'으로 바로잡았다.(阮元의 校勘記 참조)

2) 三正 : 建寅之月 즉 북두칠성의 자루가 寅方을 가리키는 음력 1월을 歲首로 삼은 夏正, 建丑之月 즉 丑方을 가리키는 12월을 세수로 삼은 殷正, 建子之月 즉 子方을 가

리키는 11월을 세수로 삼은 周正을 이른다.

3) 定十五年 : 이하의 내용은 ≪春秋公羊傳≫ 定公 15년 조의 "여름 5월 신해일에 郊祭를 지냈다.〔夏五月辛亥 郊〕"라는 경문에 대한 傳이다.
4) 禮 : 今本 ≪춘추공양전≫ 定公 15년 조에는 없다.
5) (一)〔二〕: 저본에는 '一'로 되어 있으나, 考文引宋板에 '二'로 되어 있는 것이 ≪춘추공양전≫ 何休의 注와 부합한다고 한 완원의 교감기에 의거하여 '二'로 바로잡았다. (阮元의 校勘記 참조)
6) 哀元年穀梁傳云 : 이하의 내용은 ≪春秋穀梁傳≫ 哀公 원년 조의 "여름 4월 신사일에 郊祭를 지냈다.〔夏四月辛巳 郊〕"라는 경문에 대한 傳이다.
7) (玄)〔玄〕: 저본에는 '玄'으로 되어 있으나, 淸 聖祖의 성명 愛新覺羅玄燁의 '玄'을 避諱한 것이므로, 원글자인 '玄'으로 돌려놓았다.
8) 當 : 鄭玄의 ≪箴膏肓≫에는 이 앞에 '魯郊' 2자가 있다.
9) 駮異義引明堂云 : 이하의 내용이 정현의 ≪駮五經異義≫ 〈附錄〉에 보인다. ≪禮記≫ 〈明堂位〉에 "魯나라 군주가 맹춘에 大路를 타고……郊에서 상제에게 제사하되 후직으로 배향하였으니, 이는 천자의 예이다.〔魯君 孟春 乘大路……祀帝於郊 配以后稷 天子之禮也〕"라고 하였다. '大路'는 '大輅'로도 쓰며, 천자가 타는 다섯 종류의 수레 중 제사를 지낼 때 타는 玉路를 가리킨다.

○ 注의 〔魯四卜郊 春秋譏之〕

○ 正義曰 : 郊祭에 대해 거북점을 친 일은, 혹은 세 번, 혹은 네 번, 혹은 다섯 번 친 일을 이른다. ≪春秋≫ 襄公 7년 조 여름 4월에 "교제에 대해 세 번 점을 쳤는데 모두 길하지 않아서 이에 희생을 풀어주었다."라고 하였고, 僖公 31년 및 양공 11년 조 여름 4월에 "교제에 대해 네 번 점을 쳤는데 모두 길하지 않았다."라고 하였고, 成公 10년 조 여름 4월에 "교제에 대해 다섯 번 점을 쳤는데 모두 길하지 않았다."라고 하였다.

이에 대한 ≪춘추≫ 三傳의 설은 들쭉날쭉하여 똑같지 않다. ≪春秋左氏傳≫의 설로 말하면, 魯나라는 교제가 정기적으로 지내는 제사여서 교제를 지내도 되는지 여부에 대해 점칠 필요가 없었고 모두 희생과 날짜에 대해서 점을 쳤다. 오직 周나라의 3월에 지내야 했고 4월에 지내서는 안 되었으니, 비록 세 번 점을 쳤다 해도 〈4월에 교제를 지낸 것은〉 또한 예가 아니다. 그러므로 ≪춘추좌씨전≫ 희공 31년 조에 이르기를 "예에 따르면 정기적인 제사는 점을 치지 않는다."라고 하였으니, 이것이 정기적인 제사는 점을 치지 않는다는 것이다. ≪춘추좌씨전≫ 양공 7년 조에 이르기를

"驚蟄이 되면 교제를 지내고 교제를 지낸 뒤에 농사를 시작한다. 지금 이미 농사를 시작했는데 교제를 점쳤으니 그 점이 길하지 않은 것도 당연하다."라고 하였으니, 이것이 〈교제에〉 주나라의 3월을 쓰고 4월에 이르게 해서는 안 된다는 것이다.

≪春秋公羊傳≫의 뜻으로 말하면, "거북점을 쳤다.〔卜〕"라고 한 것은 모두 '날짜를 점친 것〔卜日〕'이다. 그러므로 ≪춘추공양전≫ 희공 31년 조에 이르기를 "세 번 점친 것은 禮에 맞지만 네 번 점친 것은 예가 아니다."라고 하였다. 또 ≪춘추공양전≫ 성공 17년 조에 이르기를 "교제는 정월 상순의 辛日을 쓴다."라고 하였는데, 何休가 말하기를 "노나라는 교제에 점을 칠 때 〈夏正·殷正·周正의〉 三正을 두루 점쳤는데, 〈夏·殷·周〉 三王의 교제에는 하나같이 하정을 썼다."라고 하였다. 또 ≪춘추공양전≫ 定公 15년 조에 "예에 따르면 세 번 바꾸어가며 거북점을 친다.〔禮 三卜之運也〕"라고 하였는데, 하휴가 말하기를 "運은 '바꾸다〔轉〕'의 뜻이다. 이미 봄 삼정을 점쳤는데 불길하자 다시 바꾸어 夏曆 3월을 점쳤다. 이는 周曆 5월로 두 길함을 얻었으므로 5월에 교제를 지낸 것이다."라고 하였다. 하휴의 뜻대로라면 노나라는 교제에 삼정을 바꾸어가며 점을 친 것이다. 가령 봄 정월에 점을 쳐서 불길하면 또 殷正을 점치고, 은정이 불길하면 夏正을 써서 하늘에 교제를 지낸다. 만약 이 삼정 안에 凶이 있고 길하지 않으면 하력 3월을 점칠 수 있는데, 다만 세 번 모두 길일이면 교제를 지낼 수 있다. 이것이 ≪춘추공양전≫과 하휴의 뜻이다.

≪春秋穀梁傳≫의 설은, ≪춘추≫에서 거북점을 친 것은 모두 '날짜를 점친 것〔卜日〕'이라는 것이다. ≪춘추곡량전≫ 哀公 원년 조에 이르기를 "교제는 정월부터 3월까지가 교제를 지내는 시기이다."라고 하였다. 혹은 12월 하순의 辛日에 정월 상순의 신일을 점치고, 점을 쳐서 만약 길하지 않으면 정월 하순의 신일에 2월 상순의 신일을 점치고, 만약 길하지 않으면 정월 하순의 신일에 2월 상순의 신일을 점치고, 만약 길하지 않으면 2월 하순의 신일에 3월 상순의 신일을 점치고, 만약 길하지 않으면 교제를 지내지 않는다. 만약 ≪춘추곡량전≫에서 三正의 정월에 길일을 점친 것이라면 4월·5월이 되니 불가하다. 이는 ≪춘추공양전≫의 설과 똑같으나 하휴의 뜻과는 다르다. 하휴는 4월과 5월로 점쳐서 세 번 다 길하면 교제를 지낼 수 있다고 하였다.

鄭玄의 뜻으로 말하면, 예에 따르면 정기적인 제사는 점을 쳐서는 안 된다는 것은 ≪춘추좌씨전≫과 똑같다. 그러므로 정현은 ≪箴膏肓≫에서 말하기를 "〈노나라의 교제는〉 제사를 지내는 날과 달만 점쳐야 하며 제사를 지내도 되는지 여부를 점쳐서는 안 된다."라고 하였다. 정현은 또 말하기를 "노나라가 하늘에 교제를 지내는 달로 오직 周正 建子의 달을 쓰는데, 희생의 禮數에 재앙이 있어 불길하면 고쳐서 다음 달을 점치므로 혹 주나라의 2월·3월을 쓰기도 한다. 그러므로 경칩이 되면 교제를 지내지만 4월이면 불가한 것이다."라고 하였다. 그러므로 ≪駁五經異義≫에서 ≪禮記≫ 〈明堂位〉를 인용하여 말하기를 "〈노나라는〉 맹춘 정월에 大路를 타고 郊에서 上帝에게 제사를 지냈다."라고 하고, 또 말하기를 "노나라는 맹춘 建子의 달을 쓰니 천자와 같지 않음이 분명하다. 노나라의 예수가 예를 잃어서 희생의 예수에 재앙이 있어 불길하면 고쳐서 다음 달을 점친다."라고 하였다. 정현의 말대로라면 ≪춘추공양전≫과 ≪춘추곡량전≫에서 三正을 점친 것과 같지 않다. 여기에서 〈정현은〉 '魯四卜郊 春秋譏之'라고 하였으니, ≪춘추공양전≫과 ≪춘추곡량전≫에서 세 번 점친 것은 옳고 네 번 점친 것은 옳지 않다고 한 것을 쓴 것이다. 이것은 네 번 점친 것을 비판하고 세 번 점치는 것을 옳게 여긴 것이니, ≪춘추좌씨전≫의 뜻과 어긋난다. ≪춘추좌씨전≫에서는 세 번 점친 것도 틀리다고 하였기 때문이다.

【疏】 ○'卜筮不相襲'者, 襲, 因也. 前卜不吉則止, 不得因更筮, 若前筮不吉則止, 不得因更卜, 是"不相襲"也. 若相因不止, 是瀆龜(筮)〔筴〕[1], 則神不告也. 王云 "三筮及三卜不相襲, 三者初各專其心也."

1) (筮)〔筴〕: 저본에는 '筮'로 되어 있으나, 이 구절에 대한 정현의 주에 의거하여 '筴'으로 바로잡았다.

○〔卜筮不相襲〕'襲'은 '이어서 하다〔因〕'의 뜻이다. 앞에서 친 거북점이 불길하면 그만두어야 하고 이어서 다시 시초점을 쳐서는 안 되며, 앞에서 친 시초점이 불길하면 그만두어야 하고 이어서 다시 거북점을 쳐서는 안 된다는 것이 바로 '不相襲'이다. 만약 점을 이어서 쳐서 그만두지 않으면 이것은 거북과 시초를 모독하는 것이니 신이 알려주지 않는다. 王肅이 말하기를 "세 시초점과 세 거북점은 이어서 치지 않으니, 세 점은 애초에 각각 그 마음을 전일하게 한다."라고 하였다.

【疏】 ○注'卜不'至'是也'. ○正義曰 : 晉獻公初卜不吉, 故公云"更筮之", 是因襲也. 表記云"卜筮不相襲." 鄭云"襲, 因也. 大事則卜, 小事則筮." 然與此注不同者, 明襲有二義, 故兩注各擧其一. 一則大事小事, 各有所施, 不得因龜卜小事, 因蓍筮大事也. 二則筮不吉, 不可復卜, 卜不吉, 不可復筮也.

○ 注의 〔卜不〕에서 〔是也〕까지

○ 正義曰 : 晉 獻公이 처음 거북점을 쳐서 불길하였으므로 공이 '更筮之'라고 한 것이니, 이것이 이어서 거듭 치는 것이다. ≪禮記≫ 〈表記〉에 이르기를 "거북점과 시초점은 서로 거듭 치지 않는다."라고 하였는데, 정현이 말하기를 "襲은 '이어서 하다〔因〕'의 뜻이니, 大事는 거북점을 치고, 小事는 시초점을 친다."라고 하였다. 그러나 여기 〈곡례〉 注와 다른 것은, '襲'에 두 가지 뜻이 있음을 밝힌 것이다. 그러므로 두 곳의 주에서 각각 그 하나를 든 것이다. 첫째는 대사와 소사에 각각 시행하는 바가 있어서, 〈대사를 점친 거북으로〉 이어서 소사에 거북점을 쳐서는 안 되고, 〈소사를 점친 시초로〉 이어서 대사에 시초점을 쳐서는 안 된다는 것이다. 둘째는 시초점을 쳐서 불길하면 다시 거북점을 쳐서는 안 되고, 거북점을 쳐서 불길하면 다시 시초점을 쳐서는 안 된다는 것이다.

01-39-02 龜爲卜이요 **筴**(책)**爲筮**니 **卜筮者**는 **先聖王之所以使民**으로 **信時日**하며 **敬鬼神**하며 **畏法令也**며 **所以使民**으로 **決嫌疑**하며 **定猶與**(예)[1]**也**니 **故**로 **曰**호되 **疑而筮之則弗非也**하며 **日而行事則必踐之**하나니라

1) 與(예) : '豫'로 되어 있는 판본도 있다. 완원에 따르면 '與'는 '豫'의 假借字로, 공영달의 正義에도 본래는 '豫'로 되어 있었으나 후대 사람들이 ≪經典釋文≫에 '與'로 되어 있는 것을 근거로 정의의 '豫'를 고치고, 아울러 정의에서 인용한 ≪說文解字≫의 '豫'도 '與'로 고쳤다고 한다.(阮元의 校勘記 참조)

거북으로 치는 점은 '卜'이고 蓍草로 치는 점은 '筮'이니, 卜筮는 先聖王이 사람들로 하여금 時日을 믿게 한 것이며, 귀신을 공경하게 한 것이며, 법령을 두려워하게 한 것이며, 사람들로 하여금 의심스러운 것을 결단하게 한 것이며, 망설여지는 것을 결정하게 한 것이다. 그러므로 이르기를 "의심스러워서 시초점을 치면 틀렸다고 하는 사람이 없으며, 길일을 점쳐서 일을 행하면 반드시 좋다."라고 한 것이다.

【注】 弗非는 無非之者라 日은 所卜筮之吉日也라 踐은 讀曰善이니 聲之誤也라 筴은 或爲蓍라

'弗非'는 틀렸다고 하는 사람이 없는 것이다. '日'은 거북점과 시초점을 쳐서 나온 길일이다. '踐'은 '善'으로 읽으니, 음이 비슷하여 생긴 오류이다. '筴'은 혹 '蓍'로 되어 있다.

【疏】'龜爲'至'踐之'. ○ 正義曰[1]：解卜筮所用也. 龜處筮後, 龜覆(부)於筮. 〔○〕[2]'筴爲筮'者, 筮在龜前爲決也. 謂蓍爲筴者, 筴以謀筴爲義, 言用此物以謀於前事也. ○'卜筮者, 先聖王之所以使民信時日'者, 解所以須卜筮之義也. "先聖王", 伏羲以來聖人爲天子者. 不直云"先王", 又加"聖"字者, 夫王未必聖, 古來非一, 聖不必王, 孔子是也. 明造制卜筮, 必須聖位兼竝. 時者, 四時及一日十二時也. 日者, 甲乙之屬. 聖王制此卜筮, 使民擇愼而信時日與吉凶也. ○'敬鬼神'者, 乃擇吉而祭祀, 是"敬鬼神"也[3]. 〔○〕'畏法令'者, 法, 典則也. 令, 教訓也. 君行法令, 若依卜筮而爲之, 則民敬而畏之也. ○'所以使民決嫌疑'者, 事旣異, 故更云"所以", 有嫌疑而卜筮決斷之也. ○'定猶與也'者, 說文云[4], 猶, 獸名, 玃(확)屬, 與, 亦是獸名, 象屬. 此二獸皆進退多疑, 人多疑惑者似之, 故謂之"猶與". ○'故曰疑而筮之, 則弗非也'者, 引舊語以結之. 卜筮所以定是非也, 若有疑而筮之, 則人無非之也. 不言卜者, 從可知也. ○'日而行事, 則必踐之'者, 踐, 善也. 言卜得吉而行事, 必善也. 王云"卜得可行之日, 必履而行之, 踐, 履也. 弗非, 無非之者也."

1) 正義曰：惠棟校宋本에는 이 3자가 없다.(阮元의 校勘記 참조)

2) 〔○〕：저본에는 부호 '○'가 없으나, 본서의 체제에 의거하여 보충하였다. 아래도 같다.

3) 也：惠棟校宋本에는 없다.(阮元의 校勘記 참조)

4) 說文云：東漢 許愼의 ≪說文解字≫ '猶'조에 "원숭이 종류이다.〔玃屬〕", '豫'조에 "코끼리 중에 큰 것이다.〔象之大者〕"라는 내용이 보인다.

經의 〔龜爲〕에서 〔踐之〕까지

○ 正義曰：거북점과 시초점의 용도를 풀이한 것이다. 거북점이 시초점 뒤에 있는 것은 거북점이 시초점을 덮기 때문이다.

○〔筴爲筮〕 시초점이 거북점 앞에 결정을 내린다는 것이다. 시초로 筴을 만드는 것은, 筴은 '상의하다〔謀筴〕'로 뜻을 삼은 것을 이르니, 이 물건을 사용하여 앞의 일을 상의한다는 말이다.

○〔卜筮者 先聖王之所以使民信時日〕 거북점과 시초점을 쳐야 하는 의미를 풀이한 것이다. '先聖王'은 伏羲 이후 聖人으로서 천자가 된 사람이다. '先王'이라고만 하지 않고 또 '聖'자를 더한 것은, 무릇 왕이 반드시 성인인 것은 아니어서 예로부터 똑같은 것이 아니었고, 성인이 반드시 왕이었던 것은 아니어서 孔子가 이런 분이었기 때문이다. 거북점과 시초점을 만들 때 반드시 성인과 천자의 지위가 모두 있어야 함을

밝힌 것이다. '時'는 四時와 1일 12時辰이다. '日'은 甲乙의 등속이다. 聖王은 이 거북점과 시초점을 만들어 백성들로 하여금 신중하게 가려서 시일과 길흉을 믿게 한 것이다.

○〔敬鬼神〕 이에 길일을 가려 제사 지내는 것이니, 이것이 '敬鬼神'이다.

○〔畏法令〕 '法'은 법칙이고, '令'은 가르침이다. 군주가 법령을 행할 때 거북점과 시초점을 따라서 행하면 백성들이 공경하여 두려워한다.

○〔所以使民決嫌疑〕〈信時日・敬鬼神・畏法令과〉 일이 이미 다르므로 다시 '所以'를 말한 것이니, 의심이 있을 때 거북점과 시초점을 쳐서 결단한다.

○〔定猶與也〕≪說文解字≫에 이르기를, '猶'는 짐승의 이름으로 '원숭이 종류'라고 하였으며, '與' 또한 짐승의 이름으로 '코끼리 종류'라고 하였다. 이 두 짐승은 모두 나아가거나 물러갈 때 의심이 많은데, 사람 중에 의혹이 많은 자가 이와 비슷하므로 '猶與'라고 한 것이다.

○〔故曰疑而筮之 則弗非也〕 옛말을 인용하여 맺은 것이다. 거북점과 시초점은 是非를 정하는 것이니, 만약 의심이 있어 시초점을 치면 사람들이 틀렸다고 하는 사람이 없다. 거북점을 말하지 않은 것은 따라서 알 수 있기 때문이다.

○〔日而行事 則必踐之〕 '踐'은 '좋다〔善〕'의 뜻이다. 점을 쳐서 길함을 얻은 뒤 일을 행하면 반드시 좋다는 말이다. 王肅은 말하기를 "점을 쳐서 행해도 되는 날을 얻으면 반드시 실천하여 행한다는 것이니, '踐'은 '실천하다〔履〕'의 뜻이다. '弗非'는 틀렸다고 하는 사람이 없다는 것이다."라고 하였다.

01-40-01 君車將駕어든 則僕이 執策하여 立於馬前하고

군주의 수레에 장차 멍에 하려고 하면 僕(수레 모는 사람)이 채찍을 잡고서 말 앞에 서고,

【注】 監駕하고 且爲馬行이라

멍에 하는 것을 감독하고 또 말이 가는 것을 위해서다.

已駕어든 僕이 展軨(령)하여

이미 멍에 했으면 僕이 걸쇠를 살펴보고서

【注】 展軨은 具視라

'展軨'은 두루 보는 것이다.

效駕하며

멍에 하였음을 아뢰며

【注】 白已駕라

이미 멍에 하였음을 아뢰는 것이다.

奮衣하여 由右上하여 取貳綏(수)하여

〈僕이 먼저 나와 수레 뒤에서〉 옷의 먼지를 털고서 〈군주의 자리가 왼쪽에 있으므로〉 수레의 오른쪽을 통해 올라가는데 〈僕과 車右가 사용하는 수레 끈인〉 貳綏를 잡고서

【注】 奮은 振去塵也라 貳는 副也라

'奮'은 먼지를 털어 제거하는 것이다. '貳'는 '부차적이다〔副〕'의 뜻이다.

跪乘하며

〈감히 평상시처럼 서지 못하고〉 무릎을 꿇고 수레에 타며,

【注】 未敢立은 敬也라

감히 서지 못하는 것은 공경하는 것이다.

執策分轡(비)하여 驅之하여 五步而立이니

〈오른손으로〉 채찍을 잡고 〈양손에〉 고삐를 〈셋씩〉 나누어 잡고서 〈시험 삼아〉 수레를 몰아 다섯 걸음을 가면 그치고 〈수레에서〉 서 있으니,

【注】 調試之라

시험해보는 것이다.

君이 出就車어시든 則僕이 竝轡授綏어든

군주가 나와서 수레에 오르고자 하거든 僕이 〈채찍과 여섯〉 고삐를 〈오른손에〉 한꺼번에 쥐고 〈왼손으로 군주에게 군주용 수레 끈인〉 正綏를 건네주면

【注】 車上僕所主라

수레 위에서는 僕이 주관한다.

左右攘辟(피)[1]니라

1) 辟(피) : 陸德明의 音義에서는 음을 '避(피)'라 하고 일설로 '벽〔扶亦反〕'의 음을 제시하였으나, 판본 중에 '避'로 되어 있는 것은 틀리다고 하였다. ≪禮記大文諺讀≫에서는 '辟니라'라고 하여 음을 '피'로 보았다.

〈군주가 수레에 이미 탔으면〉 이에 좌우에 있는 신하들이 〈수레가 가는 것을 방해하지 않기 위해〉 물러나 피한다.

【注】 謂群臣陪位侍駕者라 攘은 却也니 或者攘은 古讓字라

수레 곁에서 모시며 배석한 신하들을 이른다. '攘'은 '물리치다〔却〕'의 뜻이다. 혹자는 '攘'은 옛 '讓' 자라고 한다.

車驅而騶하여 至于大門하여 君이 撫僕之手而顧命車右하사 就車니 門閭溝渠엔 必步니라

수레가 앞으로 나아가면 〈좌우에서 시종하는 자들이〉 빠른 걸음으로 수레 뒤를 따라간다. 大門에 이르면 군주가 僕의 손을 눌러서 수레를 멈추게 하고 〈비상사태가 발생할 수 있으므로〉 車右를 돌아보고 명하여 수레에 오르게 하니, 門閭와 도랑이 있는 곳에서는 〈거우는〉 반드시 내려서 걷는다.

【注】車右는 勇力之士로 備制非常者니 君行則陪乘하고 君式則下步行이라

'車右'는 勇力을 쓰는 무사로, 비상한 일을 제어하기 위해 대비하는 사람이다. 군주가 출행하면 陪乘하고, 군주가 수레의 軾을 잡고 고개를 조금 숙여 경의를 표하면 수레에서 내려 걸어간다.

凡僕人之禮는 必授人綏(수)니 若僕者降等이어든 則受하고 不然則否하며 若僕者降等이어든 則撫僕之手하고 不然則自下拘之니라

모든 僕人의 예는 반드시 수레에 오르는 사람에게 〈수레에 오를 때 잡는 끈인〉 綏를 주어야 한다. 만약 복인이 〈수레에 오르는 자보다〉 신분이 낮으면 〈수레에 오르는 자가〉 수를 그대로 받고, 그렇지 않고 신분이 대등하면 〈수레에 오르는 자가〉 사양하고 수를 받지 않는다. 만약 복인이 신분이 낮으면 〈수레에 오르는 자가 비록 그 수를 받는다 해도 우선은〉 복인의 손을 눌러 사양하여 멈추게 하고, 그렇지 않고 신분이 같으면 〈주인은 수를 사양하고〉 복인의 손 아래에서 스스로 수를 걷어 취한다.

【注】撫는 小止之니 謙也라 自下拘之는 由僕手下取之也니 僕與己同爵이면 則不受라

'撫'는 가만히 멈추게 하는 것이니, 겸양하는 것이다. '自下拘之'는 僕人의 손 아래에서 취하는 것이니, 복인이 자기와 작위가 동일하면 받지 않는다.

客車는 不入大門하며

손님의 수레는 대문에 들어가지 않으며,

【注】謙也라

겸양한 것이다.

婦人은 不立乘하며

婦人은 수레를 서서 타지 않으며,

【注】 異於男子라

남자와 다른 것이다.

犬馬는 不上於堂이니라

〈예물로 가져온〉 개와 말은 〈목줄과 굴레만 바치고〉 堂에 올리지 않는다.

【注】 非摯[1]幣也라

1) 摯 : ≪經典釋文≫・衛氏集說 및 공영달의 正義에는 '贄(지)'로 되어 있다.(阮元의 校勘記 참조)

폐백이 아니기 때문이다.

【疏】 '君車'至'於堂'. ○ 正義曰 : 此以下總明乘車顧式僕御謹敬之事, 各依文解之. ○ '君車將駕'者, 〔謂〕[1]爲君僕御之禮. "君車", 君所乘之車也. "將駕", 謂始欲駕行時(者)[2]也. ○ '則僕執策立於馬前'者, 僕卽御車者也. 古者僕用好人爲之, 故孔子曰[3] "吾執御矣." 又云[4] "子適衛, 冉有僕." 及周禮諸僕皆用大夫士[5]也. 策, 馬杖也. 別有人牽馬駕車, 而此僕旣知車事, 故監駕也, 又恐馬奔走, 故自執馬杖, 立當馬前也. 執策是監駕. 立馬前, 恐馬行也. ○ '已駕, 僕展軨'者, 已駕, 駕竟. 展, 視也. 舊解云 "軨, 車欄[6]也." 駕竟, 僕則從車軨左右四面看視之, 上至於欄也. 盧氏云 "軨, 轄(할)頭[7]靼(조)也." 皇氏謂軨是轄頭. 盧言是也. 一則車行由轄, 二則欄之. "尒"[8]字不作"車"邊爲之. 鄭云"展軨, 具視", 謂徧視之. ○ '效駕'者, 效, 白也. 僕監視駕竟, 而入白君, 道駕畢, 故鄭云"白已駕"也.

1) 〔謂〕 : 저본에는 '謂'가 없으나, 완원이 閩本・監本・毛本을 근거로 '謂'를 脫文으로 본 것에 의거하여 보충하였다.(阮元의 校勘記 참조)

2) (者) : 저본에는 '者'가 있으나, 완원이 閩本・監本・毛本을 근거로 '者'를 衍文으로 본 것에 의거하여 연문으로 처리하였다.(阮元의 校勘記 참조)

3) 孔子曰 : ≪論語≫ 〈子罕〉에 "내가 무엇을 잡을까? 수레 모는 일을 잡을까? 활 쏘는 일을 잡을까? 나는 수레 모는 일을 잡겠다.〔吾何執 執御乎 執射乎 吾執御矣〕"라는 공자의 말이 보인다.

4) 又云 : 이하의 내용이 ≪논어≫ 〈子路〉에 보인다.

5) 周禮諸僕皆用大夫士 : ≪周禮≫ 〈夏官 敍官〉에 따르면 戎僕은 中大夫가, 大僕과 齊僕은 下大夫가, 道僕과 田僕은 上士가, 祭僕은 中士가, 御僕과 隸僕은 下士가 담당한다.

6) 車欄 : '車闌' 또는 '車蘭'이라고도 한다. 수레 몸체〔車箱〕의 앞과 좌우 양쪽에 나무로 댄 울타리 같은 부분을 이른다.

7) 轄(할)頭 : '轄의 머리'라는 뜻으로, 轄은 수레바퀴가 떨어져 나가지 않도록 수레의 축 양 끝에 붙인 쇠붙이이다.

8) 笭 : '軨'과 통용하는 글자이다.

經의 〔君車〕에서 〔於堂〕까지

○ 正義曰 : 이 이하는 수레를 탔을 때 돌아보거나 수레의 軾을 잡고 고개를 조금 숙여 경의를 표하는 일과 수레를 모는 僕이 삼가고 공경하는 일을 총괄하여 밝힌 것이니, 각각 글을 따라 풀이하겠다.

○ 〔君車將駕〕 군주를 위하여 수레를 모는 僕의 예를 이른다. '君車'는 군주가 타는 수레이다. '將駕'는 처음에 멍에 하여 출행하려고 할 때를 이른다.

○ 〔則僕執策立於馬前〕 '僕'은 즉 수레를 모는 사람이다. 옛날에 僕은 좋은 사람을 써서 시켰다. 그러므로 孔子가 말하기를 "나는 수레 모는 일을 잡겠다."라고 하였고, 또 말하기를 "공자가 衛나라에 갈 때 冉有가 수레를 몰았다."라고 하였다. ≪周禮≫의 여러 僕에 이르러서는 모두 대부와 士를 썼다. '策'은 말채찍이다. 별도로 말을 끌고 수레를 모는 사람이 있으나, 여기의 僕이 이미 수레의 일을 알기 때문에 멍에 하는 것을 감독하는 것이며, 또 말이 달려갈까 우려되므로 스스로 말채찍을 잡고서 말 앞에 서 있는 것이다. 채찍을 잡는 이것이 멍에 하는 것을 감독하는 것이다. 말 앞에 서는 것은 말이 갈까 우려되어서이다.

○ 〔已駕 僕展軨〕 '已駕'는 멍에 하는 것이 끝난 것이다. '展'은 '살피다〔視〕'의 뜻이다. 옛 해석에서는 "軨은 車欄이다."라고 하였다. 멍에 메는 것이 끝나면 僕은 수레의 軨 좌우부터 사방을 살펴보고 위로 欄에까지 이른다. 盧植은 말하기를 "軨은 〈수레의〉 轄頭의 가죽이다."라고 하였고, 皇侃은 軨을 '轄頭'라고 하였는데, 노식의 말이 옳다. 첫째는 수레가 갈 때 轄을 통해서이고, 둘째는 수레가 가는 것을 막기 때문이다. '笭'이란 글자는 '車'변으로 써서는 안 된다. 정현이 '展軨, 具視'라고 하였으니, 두루 보는 것을 이른다.

○ 〔效駕〕 '效'는 '아뢰다〔白〕'의 뜻이다. 僕은 감독하여 멍에 하는 것이 끝나면 들어가 군주에게 아뢰어서 멍에 하는 것이 끝났다고 말한다. 그러므로 정현이 '白已駕'라고 한 것이다.

【疏】○'奮衣由右上'者, 奮, 振也. 由, 從也, 從右邊上升也. 僕入白駕竟, 先出就車, 於車後自振其衣去塵, 從右邊升. 上必從右者, 君位在左, 故辟(피)君空位. ○'取貳綏'者, (二)〔貳〕[1], 副也. 綏, 登車索(삭). 綏有二, 一是正綏, 擬君之升, 一是副綏, 擬僕右之升. 故僕振衣畢, 取副(二)〔貳〕綏而升也. 詩云"淑旂綏章." 箋云"綏, 所引登車也." ○'跪乘'者, 謂僕先試車時. 君旣未出, 未敢依常而立, 所以跪而乘之, 爲敬也. 然此是暫試, 空左[2]不嫌也. ○'執策分轡'者, 策, 馬杖也. 轡, 御馬索(삭)也. 車有一轅(원)而四馬駕之, 中央兩馬夾轅者, 名服馬, 兩邊名騑(비)馬, 亦曰驂馬. 故詩云"兩服上襄, 兩驂鴈行." 鄭云"兩服, 中央夾轅者也. 鴈行者, 言與中服相次序是[3]也." 然每一馬有兩轡, 四馬八轡, 以驂馬內轡繫於軾前, 其驂馬外轡, 竝夾轅兩服馬各二轡, 六轡在手, 分置兩手, 是各得三轡, 故詩云"六轡在手"是也. 今言"執策分轡", 謂一手執杖, 又六轡以三置空手中, 以三置杖手中, 故云"執策分轡"也. ○'驅之'者, 分轡旣竟, 而試驅行之也. ○'五步而立'者, 僕向跪而驅, 令馬行之, 得五步止, 而僕倚立待君出也. 何(肙)〔胤〕[4]云"跪以見敬, 則立調試之也."

1) (二)〔貳〕: 저본에는 '二'로 되어 있으나, 毛本 및 본서 경문에 의거하여 '貳'로 바로잡았다. 다음에 나오는 '取副二綏'의 '二'도 같다.(阮元의 校勘記 참조)
2) 空左 : 01-40-02의 ≪禮記≫ 〈曲禮 上〉 경문에 "〈장례 때 타는 吉車인〉 祥車에서는 〈신의 자리인〉 왼쪽을 비우니, 군주가 타는 수레를 탈 때는 〈왼쪽을 비우면 흉하므로〉 감히 왼쪽을 비워두지 않는다.〔祥車曠左 乘君之乘車 不敢曠左〕"라고 하였는데, 공영달의 소에 "수레 위에서는 왼쪽을 귀하게 여기므로 僕이 오른쪽에 있으니, 왼쪽을 비워 두어서 신의 자리를 형상한다.〔車上貴左 故僕在右 空左以擬神也〕"라고 하였다.
3) 是 : 惠棟校宋本에는 없다.(阮元의 校勘記 참조)
4) (肙)〔胤〕: 저본에는 '肙'으로 되어 있으나, 淸 世宗의 성명 愛新覺羅胤禛의 '胤'을 避諱한 것이므로 원글자인 '胤'으로 돌려놓았다.

○〔奮衣由右上〕'奮'은 '털다〔振〕'의 뜻이다. '由'는 '~로 경유하다〔從〕'의 뜻이니, 〈'由右上'은〉 오른쪽을 통해 위로 올라간다는 것이다. 僕은 들어가서 멍에 하는 것이 끝났다고 아뢰고 먼저 나와 수레에 나아가서 수레 뒤에서 스스로 그 옷을 털어 먼지를 제거하고 오른쪽을 통해 수레에 오른다. 올라갈 때 반드시 오른쪽으로 경유하는 것은, 군주의 자리는 왼쪽에 있으므로 군주의 빈 자리를 피하는 것이다.

○〔取貳綏〕'貳'는 '부차적이다〔副〕'의 뜻이다. '綏'는 수레에 오를 때 잡는 끈이다. 綏는 두 가지가 있다. 하나는 正綏이니, 군주의 오름에 대비한 것이고, 다른 하나는

副綏이니, 僕과 車右의 오름에 대비한 것이다. 그러므로 僕은 옷을 다 털고 나면 부차적인 貳綏를 취하여 수레에 오른다. ≪詩經≫ 〈大雅 韓奕〉에 이르기를 "〈왕께서 韓侯에게 하사하는 것은〉 좋은 빛깔의 〈交龍이 그려진〉 旂와 문채가 있는 綏로다.〔淑旂綏章〕"라고 하였는데, 정현의 箋에 이르기를 "綏는 이를 당겨서 잡는 수레에 오르는 도구이다."라고 하였다.

○〔跪乘〕 僕이 먼저 수레를 시험해볼 때를 이른다. 군주가 이미 아직 나오지 않았다면 감히 평소대로 서 있지 못하므로 무릎 꿇고 타는 것이니, 공경을 표하기 위해서다. 그러나 이것은 잠시 시험 삼아 하는 것이니, 왼쪽을 비워두는 것을 혐의하지 않는다.

○〔執策分轡〕 '策'은 말채찍이다. '轡'는 말을 제어하는 끈이다. 수레는 끌채〔輈〕 하나에 말 네 마리를 멍에 하는데, 중앙에서 끌채를 끼고 양쪽에 있는 말 두 마리는 이름을 '服馬'라고 하며, 양쪽 가장자리의 말 두 마리는 '騑馬'라 하고 또한 '驂馬'라고도 한다. 그러므로 ≪시경≫ 〈鄭風 大叔于田〉에 이르기를 "두 마리 복마는 상등의 말이요, 두 마리 참마는 기러기처럼 뒤따른다.〔兩服上驤 兩驂鴈行〕"라고 하였는데, 정현이 말하기를 "'兩服'은 중앙에서 끌채를 끼고 있는 말이다. '鴈行'은 중앙의 복마와 차서가 있다는 말이다."라고 하였다. 그러나 한 마리의 말마다 고삐〔轡〕가 둘이 있어서 말 네 마리면 고삐가 여덟이다. 참마의 안쪽 고삐를 수레의 軾 앞에 매고, 참마의 바깥쪽 고삐는 끌채를 끼고 있는 복마 두 마리의 각각 두 개씩의 고삐와 함께 여섯 고삐가 손에 있는데 양손에 나누어 둔 것이니, 이것은 각각 세 고삐를 얻은 것이다. 그러므로 ≪시경≫ 〈秦風 駟驖〉에 이르기를 "여섯 고삐가 손에 있다.〔六轡在手〕"라고 한 것이 이것이다. 지금 '執策分轡'라고 한 것은, 한 손은 채찍을 잡고 또 여섯 고삐 중 셋은 빈손 안에 두고 셋은 채찍을 든 손안에 둔 것을 이른다. 그러므로 '執策分轡'라고 한 것이다.

○〔驅之〕 채찍을 나누어 잡는 것이 이미 끝났으면 시험 삼아 몰아서 간다.

○〔五步而立〕 僕은 계속 무릎을 꿇고 몰아서 말을 가게 하는데 다섯 걸음을 가면 그친다. 그리고 僕은 〈수레에서〉 서서 군주가 나오기를 기다린다. 何胤이 말하기를 "무릎을 꿇어서 공경함을 보였으니 서서 시험해보는 것이다."라고 하였다.

【疏】 ○'君出就車'者, 謂君始出上車時也. ○'則僕竝轡授綏'者, 君初來欲上, 而僕竝六轡及策置一手中, 所餘一空手取正綏授與君, 令登車也. 當右手竝轡, 左手授綏, 轉身向後, 引君上也. ○'左右攘辟'者, 左右謂侍駕陪位諸臣也. 攘, 却也. 辟, 遠也. 君已上車, 車欲進行, 故左右侍者悉遷却以辟車, 使不妨車行也. ○'車驅而騶[1)]'者, 左右已辟,故驅車而進, 則左右從者疾趨從車行也. ○'至於大門'者, 君至外門[2], 謂車行至外門時也. ○'君撫僕之手'者, 撫, 按止也. 僕手執轡, 車行由僕, 君欲令駐車, 故君抑止僕手也. ○'而顧命車右就車'者, 顧, 回頭也. 鄭箋詩云"廻首曰顧"也. 車右, 勇力之士也. 就車, 謂君命勇力士, 令上車也. 車行則有三人, 君在左, 僕人中央, 勇士在右也. 初在門內, 未顧勇士, 勇士故從趨在車後. 今車行既至大門, 方出履險阻, 恐有非常, 故廻頭命車右上車也. ○'門閭溝渠必步'者, 是車右勇士之禮也. 門閭, 謂凡所過門閭處也. 溝, 廣深四尺者[3], 渠亦溝也. 步謂下車也. 勇士雖卽上車, 車若至門閭溝渠, 而勇士必下車. 所以然者, 一則君子不誣十室, 過門閭必式, 君式則臣當下也. 二則溝渠是險阻, 恐有傾覆, 故勇士亦須下扶持之也. 而僕不下者, 車行由僕, 僕下則車無御, 故不下也.

1) 騶 : 惠棟校宋本에는 '騶(취)'로 되어 있다. 완원은 '騶'는 '驟'의 假借字로, ≪說文解字≫에 근거하면 '驟'가 되어야 한다고 하였다. ≪설문해자≫ '騶' 조에 "마구간을 담당하는 사람이다.〔廏御也〕"라고 하였고, '驟' 조에 "말이 빨리 걷는 것이다.〔馬疾步也〕"라고 하였다.(阮元의 校勘記 참조)

2) 外門 : '大門'이라고도 한다. ≪禮記≫ 〈明堂位〉 정현의 주에 따르면 천자의 궁궐은 밖에서부터 안쪽으로 皐門·庫門·雉門·應門·路門의 다섯 개의 문이 있고, 제후는 庫門·雉門·路門의 세 개의 문이 있다. 천자의 궁궐은 皐門이 외문이며, 제후의 궁궐은 庫門이 외문이다.

3) 溝 廣深四尺者 : '溝'는 논밭 사이로 난 水路를 이른다. ≪周禮≫ 〈考工記 匠人〉에 "9夫가 1井이 된다. 井과 井 사이는 너비 4척, 깊이 4척인 도랑이 있는데, 이를 '溝'라 이른다.〔九夫爲井 井間廣四尺 深四尺 謂之溝〕"라는 내용이 보인다.

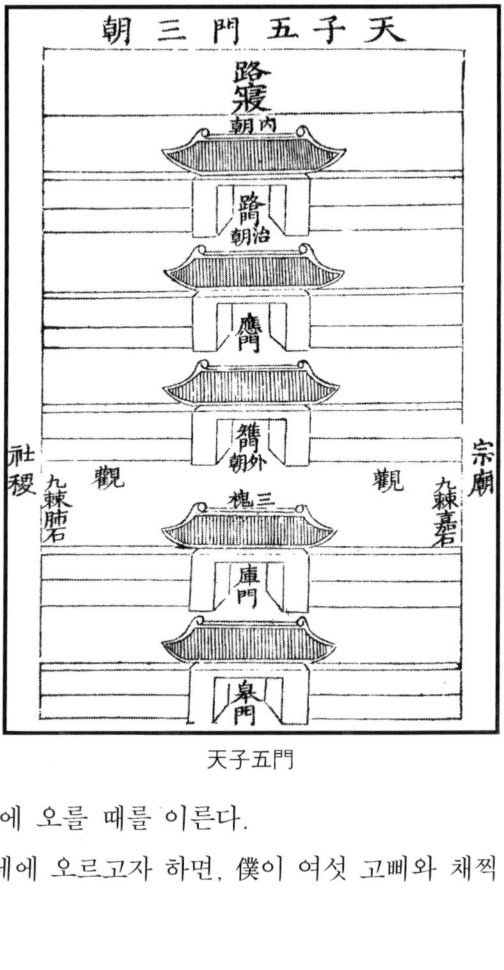

天子五門

○〔君出就車〕 군주가 비로소 나와 수레에 오를 때를 이른다.

○〔則僕竝轡授綏〕 군주가 처음 와서 수레에 오르고자 하면, 僕이 여섯 고삐와 채찍

을 한꺼번에 한 손안에 두고 남은 한 빈손은 正綏를 취하여 군주에게 건네주어 수레에 오르도록 한다. 이때 오른손에 〈여섯〉 고삐를 한꺼번에 잡고 왼손으로 綏를 〈군주에게〉 건네주되 몸을 뒤쪽으로 돌려 군주가 오르는 것을 인도한다.

○〔左右攘辟〕'左右'는 수레 곁에서 모시며 배석한 여러 신하를 이른다. '攘'은 물러가는 것이다. '辟'는 멀리하는 것이다. 군주가 이미 수레에 올랐으면 수레는 앞으로 나아가고자 하므로 좌우에서 모시는 자들이 모두 뒤로 물러나 수레를 피하여 수레가 가는 것에 방해되지 않도록 한다.

○〔車驅而騶〕좌우 신하들이 이미 피하였으므로 수레를 몰아서 앞으로 나아가면 좌우에서 따르는 자들이 빠른 걸음으로 수레를 따라간다.

○〔至於大門〕군주가 外門에 이르는 것이니, 수레가 가다가 외문에 이르렀을 때를 이른다.

○〔君撫僕之手〕'撫'는 눌러서 멈추게 하는 것이다. 僕이 손에 고삐를 잡아서 수레가 가는 것이 僕으로부터 나오니, 군주가 수레를 멈추게 하고자 하므로 군주가 僕의 손을 눌러 멈추게 하는 것이다.

○〔而顧命車右就車〕'顧'는 머리를 돌리는 것이다. ≪詩經≫ 〈檜風 匪風〉 정현의 箋에 이르기를 "머리를 돌리는 것을 '顧'라 한다."라고 하였다. '車右'는 용력을 쓰는 무사이다. '就車'는 군주가 용력을 쓰는 무사에게 명하여 수레에 오르도록 하는 것을 이른다. 수레가 가면 〈군주의 수레에 탄 사람이〉 세 사람이 있는데, 군주는 왼쪽에 있고, 僕人은 중앙에, 勇士는 오른쪽에 있다. 처음 대문 안에 있을 때는 〈군주가〉 용사를 돌아보지 않았으므로 본래는 수레 뒤에서 빠른 걸음으로 따라갔다. 지금 수레가 출발하여 이미 대문에 이르렀으면 비로소 〈궁궐을〉 나와서 험한 곳을 가게 되었으니, 비상한 일이 있을까 염려되므로 고개를 돌려 車右에게 명하여 수레에 오르게 하는 것이다.

○〔門閭溝渠必步〕이것은 車右인 勇士의 예이다. '門閭'는 모든 지나가는 門閭를 이른다. '溝'는 너비와 깊이가 4尺인 도랑이며 '渠' 또한 溝이다. '步'는 수레에서 내리는 것을 이른다. 용사는 비록 바로 수레에 오르지만, 수레가 만약 문려나 도랑에 이르면 용사는 반드시 수레에서 내린다. 이렇게 하는 이유는, 첫째 군자는 열 가구의 작은 고을도 무시하지 않아서 문려를 지날 때 반드시 수레의 軾을 잡고 고개를 조금 숙여 공경을 표하는데, 군주가 수레의 軾을 잡고 고개를 조금 숙여 공경을 표하면 신하는 수레에서 내려야 하기 때문이며, 둘째 도랑은 험한 것이니 〈수레가〉 기울거나 뒤집힐

염려가 있으므로 용사가 또한 수레에서 내려 붙잡아야 하기 때문이다. 그런데 僕은 수레에서 내리지 않는 것은, 수레가 가는 것이 僕으로부터 나오니 僕이 내리면 수레를 몰 사람이 없으므로 내리지 않는다.

【疏】〔○〕[1]'凡僕人之禮, 必授人綏'者, "凡僕人", 謂爲一切僕, 非但爲君僕時也. 車上旣僕爲主, 故爲人僕, 必授綏與所升之人也. ○'若僕者降等, 則受'者, 謂士與大夫·大夫與卿御也. 若御者卑降, 則主人不須謙, 故受取綏也.〔○〕'不然則否'者, "不然"謂僕者敵體, 雖御, 其主人宜謙不受其綏也. ○'若僕者降等, 則撫僕之手'者, 僕者雖卑而受其綏不謙, 猶當撫止僕手, 若不聽自授, 然後乃受也. ○'不然則自下(而)[2]拘之'者, "不然", 不降等者, 旣敵不受, 而僕者必授, 則主人當却手從僕手下自拘取之.

1)〔○〕: 저본에는 부호 '○'가 없으나, 본서의 체제에 의거하여 보충하였다. 아래도 같다.

2) (而) : 저본에는 '而'가 있으나, 경문과 惠棟校宋本에 의거하여 衍文으로 처리하였다. (阮元의 校勘記 참조)

○〔凡僕人之禮 必授人綏〕'凡僕人'은 모든 僕을 이르니, 단지 군주의 僕이 되었을 때만이 아니다. 수레 위에서는 이미 僕이 주도하므로 남의 僕이 되면 반드시 수레를 타는 사람에게 綏를 건네주어야 한다.

○〔若僕者降等 則受〕士가 大夫와 함께, 대부가 卿과 함께 수레를 모는 것을 이른다. 만약 수레를 모는 사람이 신분이 낮으면 주인이 겸양할 필요가 없으므로 綏를 받아서 취한다.

○〔不然則否〕'不然'은 僕人이 신분이 대등한 것을 이르니, 비록 〈복인이〉 수레를 몰더라도 그 주인은 겸양하여 〈복인이 건네주는〉 綏를 받지 말아야 한다.

○〔若僕者降等 則撫僕之手〕僕人이 비록 신분이 낮아서 〈복인이 건네주는〉 綏를 받고 겸양하지 않는다 하더라도 마땅히 복인의 손을 눌러 멈추게 해야 하니, 만약 〈복인이〉 듣지 않고 스스로 건네주면 그런 뒤에야 비로소 받는다.

○〔不然則自下拘之〕'不然'은 등급이 낮지 않은 사람이니, 이미 대등하여 綏를 받지 않았는데도 僕人이 반드시 건네준다면 주인은 손을 뒤집어 복인의 손 아래에서 스스로 綏를 걷어 취해야 한다.

【疏】○注'撫小'至'不受'. ○正義曰 : 由, 從也. 此時主人初欲上, 而僕在車上, 轉身向主人以授綏, 主人不就僕手外取之, 而以手從僕手下進, 拘取僕手裏上邊, 示不用僕授也. "僕與己同爵則不受", 謂不降等者.

○ 注의 〔撫小〕에서 〔不受〕까지

○ 正義曰 : '由'는 '~로부터〔從〕'의 뜻이다. 이때 주인이 처음 수레에 오르려고 하는데 僕이 수레 위에서 몸을 돌려 주인을 향해 綏를 건네주면, 주인은 복의 손 바깥쪽으로 나아가서 취하지 않고 손을 복의 손 아래쪽으로 나아가서 복의 손 안 위쪽에서 걷어 취하니, 복이 건네줄 필요가 없다는 뜻을 보인 것이다. '僕與己同爵則不受'는 〈복의〉 등급이 〈자기보다〉 낮지 않은 사람을 이른다.

【疏】 ○ '客車不入大門'者, 案公食大夫禮云 "賓之乘車在大門外西方." 注云 "賓車不入門, 廣敬也." 與此同. 覲禮云"偏駕[1]不入王門", 謂同姓金路, 異姓象路之等, 舍之於賓館, 謂不得入王門. 又云"墨車龍旂以朝", 墨車得入大門, 但不得入廟門耳. ○ '婦人不立乘'者, 立, 倚也. 婦人質弱, 不倚乘, 異男子也. 男子倚乘, 婦人坐乘, 所以異也. ○ '犬馬不上於堂'者, 賓主相見之禮也. 犬馬將爲禮而賤, 不牽上堂也. 犬則執紲(설), 馬則執勒, 以呈之耳, 非贄幣故也. 贄謂羔鴈錦玉之屬, 乃上堂也. 犬馬用充庭實[2]而已, 非物聘之贄幣, 故不上堂也.

1) 偏駕 : 제후가 타는 수레를 이른다. ≪周禮≫ 〈春官 巾車〉에 따르면 왕은 五路 즉 다섯 종류의 수레를 타는데, 玉路는 제사를 지낼 때 타고 제후에게 하사하지 않으며, 金路는 賓과 연회할 때 타고 同姓의 제후에게 하사하며, 象路는 조회갈 때 타고 異姓의 제후에게 하사하며, 革路는 軍事에 타고 사방을 지키는 제후에게 하사하며, 木路는 사냥갈 때 타고 蕃國의 제후에게 하사한다. 제후가 타는 수레는 왕이 타는 오로 중 하나라는 의미에서 '偏'을 붙인 것이다. 제후는 왕궁에 들어갈 때 이 하사받은 수레를 왕이 타는 수레와 동일하기 때문에 타지 못하고 대부가 타는 墨車를 타고 들어간다.

2) 庭實 : 손님이 주인에게 바치기 위해 뜰에 진열하는 개나 말 등의 예물을 이른다.

○〔客車不入大門〕 살펴보면 ≪儀禮≫ 〈公食大夫禮〉에 이르기를 "賓이 타고 온 수레는 대문 밖 서쪽에 있다."라고 하였는데, 정현의 주에 이르기를 "賓의 수레가 문으로 들어가지 않는 것은 공경을 넓힌 것이다."라고 하여 여기 경문과 동일하다. ≪의례≫ 〈覲禮〉에 이르기를 "〈제후가 왕에게 하사받은〉 偏駕는 왕의 문에 들어가지 못한다."라고 하였는데, 〈偏駕인〉 同姓 제후의 金路와 異姓 제후의 象路 등은 賓館에 머물러두는 것을 이르니, 왕의 문에 들어갈 수 없다는 말이다. 또 이르기를 "墨車에 龍旂를 싣고

서 조회한다."라고 하였으니, 묵거는 大門에 들어갈 수 있으나 다만 廟門에 들어가지 못할 뿐이다.

○〔婦人不立乘〕'立'은 '서다〔倚〕'의 뜻이다. 婦人은 타고난 바탕이 약하여 서서 타지 않으니 남자와 다르다. 남자는 서서 타고 부인은 앉아서 타는 것이 차이 나는 점이다.

○〔犬馬不上於堂〕 손님과 주인이 만나는 예이다. 개와 말은 장차 예를 행하려 할 때 비천하므로 끌고서 堂에 오르지 않는다. 개는 목줄을 잡고 말은 굴레를 잡아서 바칠 뿐이니, 폐백이 아니기 때문이다. '폐백'은 새끼 양·기러기·비단·옥의 등속을 이르니, 이에 〈들고서〉 당에 오른다. 개와 말은 庭實을 채우는 데 쓸 뿐이니 聘問할 때 폐백으로 쓰는 물건이 아니므로 〈들고서〉 당에 오르지 않는다.

墨車

01-40-02 故로 君子式黃髮하며

그러므로 〈人君인〉 군자는 누런 머리의 노인을 보면 수레의 軾을 잡고 고개를 조금 숙여 공경을 표하며,

【注】 敬老也라 發句言故는 明此衆篇雜辭也라

노인을 공경하는 것이다. 처음 시작하는 句에 '故'라고 말한 것은 이 篇이 여러 편이 뒤섞여 있는 글임을 밝힌 것이다.

下卿位하며

〈조정에서〉 卿의 자리를 지날 때는 수레에서 내리며,

【注】 尊賢也라 卿位는 卿之朝位也라 君出에 過之而上車하고 入에 未至而下車라

현자를 존경하는 것이다. '卿位'는 경의 조정에서의 자리이다. 군주는 나갈 때 이곳을 지나서 수레에 오르고 들어올 때 이곳에 이르기 전에 수레에서 내린다.

入國不馳하며

도성에 들어가서는 〈사람이 많아 다치게 할 수 있으므로〉 수레를 빨리 달리지 않으며,

【注】 愛人也니 馳는 善藺(린)[1] 人也라

1) 藺(린) : 閩本·監本·毛本 및 공영달의 正義에는 '躙(린)', 衛氏集說에는 '躪(린)'으로 되어 있다. 완원은 ≪說文解字≫를 근거로 '蹸(린)'이 되어야 하며 '藺'은 假借字라고 하였다.(阮元의 校勘記 참조)

사람을 사랑하는 것이니, '馳'는 사람을 짓밟기가 쉽다.

入里必式이니라

마을에 들어가서는 반드시 수레의 軾을 잡고 고개를 숙여 공경을 표한다.

【注】 不誣十室이라

열 가구의 작은 고을도 무시하지 않는 것이다.

君이 命召어시든 雖賤人이나 大夫士必自御(아)之니라

군주가 명하여 부르시면 비록 〈군주의 使者가〉 신분이 낮은 사람이라 하더라도 대부와 士가 반드시 직접 나가 맞이한다.

【注】 **御**는 **當爲訝**[1)]니 **訝**는 **迎也**라 **君雖使賤人來**나 **必自出迎之**는 **尊君命也**라 **春秋傳曰 跛**(파)**者御跛者**하고 **眇者御眇者**라하니 **皆訝也**어늘 **世人亂之**라

1) 訝 : 閩本・監本・毛本에는 '迓'로 되어 있다. 완원은 ≪說文解字≫를 근거로 '訝'가 되어야 한다고 하였다. 이하의 '訝'도 같다.(阮元의 校勘記 참조)

'御'는 '訝'가 되어야 하니, '訝'는 '맞이하다〔迎〕'의 뜻이다. 군주가 비록 신분이 낮은 사람을 使者로 보내오더라도 반드시 직접 나가서 맞이하는 것은, 군주의 명을 존중하기 때문이다. ≪春秋穀梁傳≫에 이르기를 "절름발이에게 절름발이를 맞이하게 하고〔御〕 애꾸눈에게 애꾸눈을 맞이하게 한다.〔御〕"라고 하였는데, 〈'御'는〉 모두 '訝'이나 세상 사람들이 어지럽힌 것이다.

介者不拜는 爲其拜而蓌(좌)[1)]拜니라

1) 蓌(좌) : 陸德明의 音義에 따르면 盧本에는 '蹲(준)'으로 되어 있다. ≪春秋公羊傳≫ 僖公 33년 조 何休의 주에 "갑옷 입고 투구를 쓴 자가 절하지 않는 것은 절을 하면 웅크린 듯하기 때문이다.〔介冑不拜 爲其拜如蹲〕"라는 내용이 보이는데, 완원에 따르면 '而'와 '如'는 옛날에 통용하였다. 공영달의 正義에는 '蓌'로 되어 있다.(阮元의 校勘記 참조)

갑옷 입은 자가 절하지 않는 것은 절을 하면 〈威儀가 부족하여〉 거짓으로 절하는 것처럼 보이기 때문이다.

【注】 蓌則失容節하니 蓌는 猶詐也[1)]라

1) 蓌猶詐也 : 공영달은 '蓌'를 '꺾다〔挫〕'의 뜻으로 보고, 정현의 설을 일설로 보았다. 군대의 모습은 과감하고 굳센 것인데 갑옷을 입고 허리를 굽혀 절하면 그 위엄 있는 모습이 꺾이고 손상된다는 것이다.

거짓으로 절을 하면 모습과 절도를 잃게 되니, 蓌는 〈'속이다'의 뜻인〉 '詐'와 같다.

祥車엔 曠左니

〈장례 때 타는 吉車인〉 祥車에서는 〈神의 자리인〉 왼쪽을 비우니,

【注】空神位也라 祥車는 葬之乘車라

神의 자리를 비워두는 것이다. '祥車'는 장례 때 타는 수레이다.

乘君之乘車호되 **不敢曠左**하며 **左必式**이니라

군주가 타는 수레를 탈 때는 〈왼쪽을 비우면 흉하므로〉 감히 왼쪽을 비워두지 않으며, 왼쪽에 있게 되면 〈편안히 있을 수 없으므로〉 반드시 수레의 軾을 잡고 고개를 조금 숙여 공경을 표하는 예를 행한다.

【注】君存하니 惡(오)空其位라

군주가 살아 있으므로 군주의 자리를 비워두는 것을 싫어하는 것이다.

僕이 **御婦人**호되 **則進左手**하고 **後右手**하며

僕이 婦人을 위해 수레를 몰 때는 〈왼쪽의 부인과 등지는 모습이 되도록〉 왼손을 앞으로 내밀어 〈고삐를 잡고〉 오른손을 뒤로 두며,

【注】遠嫌이라

혐의를 멀리하는 것이다.

御國君호되 **則進右手**하고 **後左手而俯**니라

군주를 위해 수레를 몰 때는 〈왼쪽의 군주와 서로 향하는 모습이 되도록〉 오른손을 앞으로 내밀어 〈고삐를 잡고〉 왼손을 뒤로 두고서 〈늘 수레의 軾을 잡고 고개를 조금 숙여 공경을 표하는 예를 행할 수는 없으므로 경의를 표하기 위해〉 몸을 굽힌다.

【注】敬也라

공경하는 것이다.

國君은 **不乘奇車**하며

군주는 〈제도에 맞지 않은 不正한〉 奇車를 타지 않으며,

【注】 出入必正也라 奇車[1)]는 獵衣[2)]之屬이라

1) 奇車 : 陸德明의 音義에 따르면 '기이하고 바르지 않은 수레〔奇邪不正之車〕'이다.

2) 獵衣 : 獵車와 衣車를 이른다. '獵車'는 사냥할 때 타는 수레이다. '衣車'는 귀족 부녀자가 타는 수레로, 앞쪽은 문을 열고 뒤쪽은 휘장으로 가리는데, 누워서 쉴 수도 있으며 의복을 아울러 싣기도 하였다. ≪釋名≫ 〈釋車〉에 "衣車는 문을 앞쪽으로 내니, 의복을 싣는 수레이다.〔衣車 前戶 所以載衣服之車也〕"라는 내용이 보인다.

나가고 들어올 때 반드시 바르게 해야 한다. '奇車'는 獵車·衣車의 등속이다.

車上에 不廣欬(해)하며

〈과시하는 것처럼 보이므로〉 수레 위에서는 기침 소리를 크게 내지 않으며,

【注】 爲若自矜이니 廣은 猶(弘)〔弘〕[1)]也라

1) (弘)〔弘〕 : 저본에는 '弘'으로 되어 있으나, 淸 高宗의 성명 愛新覺羅弘曆의 '弘'을 避諱한 것이므로, 원글자인 '弘'으로 돌려놓았다.

과시하는 것처럼 보이기 때문이다. '廣'은 〈'크다'의 뜻인〉 '弘'과 같다.

不妄指하며

함부로 손가락질하지 않으며,

【注】 爲惑衆이라

사람들을 미혹시키기 때문이다.

立視五巂(휴)하며

〈수레 위에서〉 똑바로 앞을 볼 때는 다섯 바퀴 거리의 앞을 보며,

【注】 立은 平視也라 巂는 猶[1)]規也니 謂輪轉之度라 巂는 或爲槷(예)라

1) 猶 : 宋監本에는 '謂'로 고쳐져 있다.(阮元의 校勘記 참조)

'立'은 똑바로 앞을 보는 것이다. '巂'는 〈'한 바퀴'의 뜻인〉 '規'와 같으니, 바퀴가 구르는 횟수를 이른다. '巂'는 혹 '槷'로 되어 있는 판본도 있다.

式視馬尾하며

수레의 軾을 잡고 고개를 조금 숙여 공경을 표할 때는 말의 꼬리를 보며,

【注】 小俛이라

조금 숙이는 것이다.

顧不過轂이니라

뒤돌아볼 때는 시선이 수레의 바퀴통을 벗어나지 않는다.

【注】 爲掩在後라

뒤에 있는 사람의 사사로움을 덮치기 때문이다.

國中에 **以策彗**(수)로 **卹勿**(솔몰)**驅**하여 **塵**이 **不出軌**니라

도성 안에서는 〈빨리 달리지 않으므로〉 빗자루 모양의 채찍으로 말을 쓰다듬어 〈속도를 늦추어〉 달리게 해서 먼지가 수레바퀴 자국을 벗어나 날리지 않게 한다.

【注】 入國不馳라 彗는 竹帚라 卹勿은 搔摩也라

도성에 들어가 말을 달리지 않는 것이다. '彗'는 대나무 빗자루이다. '卹勿'은 쓰다듬는 것이다.

國君이 **下齊**(재)**牛**하며 **式宗廟**[1]하고 **大夫士**가 **下公門**하며 **式路馬**니라 **乘路馬**호되 **必朝服**이니 **載鞭策**하며 **不敢授綏**하며 **左必式**이니라 **步路馬**호되 **必中道**니 **以足**으로 **蹙路馬芻有誅**호며 **齒路馬有誅**하니라

1) 下齊(재)牛 式宗廟 : 孔穎達의 疏에 따르면 ≪周禮≫ 〈夏官 齊右〉의 鄭玄 注에 의거하여 '下宗廟 式齊牛'로 수정해야 한다.

군주는 희생으로 쓸 齋牛를 보면 수레에서 내리며, 宗廟를 지날 때는 수레의 軾을 잡고 고개를 조금 숙여 공경을 표한다. 대부와 士는 군주의 문을 지날 때 수레에서 내리며, 〈군주의 수레를 끄는〉 路馬를 보면 수레의 軾을 잡고 고개를 조금 숙여 공경을 표한다. 〈신하가 의식을 익히기 위해 군주의 수레를 끄는〉 노마를 탈 때는 반드시 朝服을 입으며, 채찍을 〈사용하지 않고〉 싣기만 하며, 감히 〈車右로 하여금 자기에게 수레에 오를 때 잡는 끈인〉 綏를 주게 하지 않으며, 〈군주의 자리인〉 왼쪽에 타되 반드시 수레의 軾을 잡고 고개를 조금 숙여 공경을 표한다. 〈조련하기 위해 단독으로 군주의 수레를 끄는〉 노마를 끌고 걸을 때는 반드시 길 중앙으로 가야 하니, 발로 노마의 꼴을 차면 〈임금의 물건을 소홀히 하는 것이므로〉 처벌하며, 〈말의 힘을 살피기 위해〉 노마의 나이를 세어보면 처벌한다.

【注】 皆廣敬也라 路馬는 君之馬라 載鞭策은 不敢執也라 齒는 欲年也라 誅는 罰也라

모두 공경을 넓히는 것이다. '路馬'는 군주의 말이다. '載鞭策'은 감히 잡지 못하는 것이다. '齒'는 나이를 알고자 하는 것이다. '誅'는 처벌하는 것이다.

【疏】 '故君'至'有誅'. ○ 正義曰[1] : 此以下明雜敬禮也. 君子謂人君也. 黃髮, 太老人也. 人初老則髮白, 太老則髮黃, 髮黃彌老, 宜敬之, 故人君見而式敬也. 人君尙爾, 則大夫士可知也. 若與君同行, 君式則臣下, 若異行, 則式而已. 詩云 "黃髮兒齒[2]", 皆謂老人也.

1) 正義曰 : 惠棟校宋本에는 이 3자가 없다.(阮元의 校勘記 참조)
2) 兒齒 : 노인의 치아가 빠진 뒤에 다시 나는 가는 치아를 이른다.

經의 〔故君〕에서 〔有誅〕까지

○ 正義曰 : 이 이하는 여러 가지 공경하는 예를 밝힌 것이다. '君子'는 人君을 이른다. '黃髮'은 매우 늙은 사람이다. 사람이 처음에 늙으면 머리가 희어지고 매우 늙으면 머리가 누렇게 되니, 머리가 누렇게 되면 더욱 늙은 것이어서 의당 공경해야 한다. 그러므로 인군이 이들을 보면 수레의 軾을 잡고 고개를 조금 숙여 공경을 표하는 것이다. 인군도 오히려 그렇다면 대부와 士는 알 수 있다. 만약 군주와 함께 가는데 군주가 수레의 軾을 잡고 고개를 조금 숙여 공경을 표하면 신하는 수레에서 내리고, 만약

〈군주와〉 달리 가면 수레의 軾을 잡고 고개를 조금 숙여 공경을 표하기만 한다. ≪詩經≫ 〈魯頌 閟宮〉에 이르기를 "누런 머리와 가는 치아가 다시 났도다.〔黃髮兒齒〕"라고 하였으니, 모두 노인을 이른다.

【疏】 ○ 注'發句言故, 明此衆篇雜辭也'. ○ 正義曰：謂他篇上舊禮雜辭, 連上至下, 所以有"故", 今作曲禮記者, 引此他篇雜辭而來, 爲此篇發首有"故"也.

○ 注의 〔發句言故 明此衆篇雜辭也〕

○ 正義曰：다른 편에 있는 舊禮의 잡다한 글이 앞을 이어서 다음에까지 이른 것을 말하니, 이 때문에 '故'가 있는 것이다. 지금 〈曲禮〉의 기록을 지은 자가 이러한 다른 편의 잡다한 글들을 인용하였으므로 이 편의 첫머리에 '故'가 있는 것이다.

【疏】 ○ '下卿位'者, 卿位, 路門之內, 門東北面位, 故論語鄕黨云 "入公門." 又云 "過位, 色勃如也." 注 "過位謂入門右北面君揖之位." 故燕禮・大射卿大夫門右, 北面, 公降阼階, 南嚮, 爾卿是也[1]. 今謂尋常出入, 故出則過卿位而上車, 入則未到卿位而下車. 若迎賓客, 則案樂師注云 "登車於大寢西階之前, 反降於阼階之前." 或可"下卿位"是諸侯禮, 樂師據天子禮. ○ '入國不馳'者, 國中人多, 若馳車則害人, 故不馳.

1) 燕禮……爾卿是也：≪儀禮≫ 〈燕禮〉에 "경과 대부가 모두 문 오른쪽으로 들어가 동쪽을 상위로 하여 북향한다.……군주가 당에서 내려가 동쪽 계단 동남쪽에 서서 남향하고 경에게 〈揖을 하여〉 가까이 오도록 한다.〔卿大夫皆入門右 北面 東上……公降 立于阼階之東南 南鄕 爾卿〕"라는 내용이 보이고, ≪의례≫ 〈大射〉에 "여러 공경대부가 모두 문 오른쪽으로 들어가 동쪽을 상위로 하여 북향한다.……군주가 당에서 내려가 동쪽 계단 동남쪽에 서서 남향한다. 小臣師가 〈군주에게〉 고하여 여러 공경대부에게 〈군주에게 가까이 오라는 뜻에서〉 揖을 하도록 한다.〔諸公卿大夫 皆入門右 北面 東上……公降 立于阼階之東南 南鄕 小臣師詔揖諸公卿大夫〕"라는 내용이 보인다.

○ 〔下卿位〕 '卿位'는 路門 안의 문 동쪽 북향하는 자리이다. 그러므로 ≪論語≫ 〈鄕黨〉에 이르기를 "궁궐 문에 들어갈 때"라고 하고, 또 이르기를 "자리를 지나갈 때 낯빛을 변하였다.〔過位 色勃如也〕"라고 하였는데, 정현의 注에 "'過位'는 문 오른쪽으로 들어가서 북향하면 군주가 揖을 하는 〈경의〉 자리이다."라고 하였다. 그러므로 ≪儀禮≫ 〈燕禮〉와 〈大射〉에서 경과 대부가 문 오른쪽에서 북향하면 군주가 동쪽 계단으로 내려와서 남향하고 〈읍을 하여〉 경에게 가까이 오도록 한다는 것이 이것이다. 지금은

평상시에 출입하는 것을 말한 것이므로 나갈 때는 경의 자리를 지나서 수레에 오르고, 들어갈 때는 경의 자리에 도착하기 전에 수레에서 내리는 것이다. 만약 빈객을 맞이한다면, 살펴보면 ≪周禮≫ 〈春官 樂師〉 정현의 주에 이르기를 "〈왕은 만약 수레를 타고 나갈 일이 있으면〉 大寢의 서쪽 계단 앞에서 수레에 오르고, 돌아올 때는 동쪽 계단 앞에서 〈수레에서〉 내린다."라고 하였다. 혹 '下卿位'는 제후의 예이고, 〈춘관 악사〉는 천자의 예에 근거한 것이라고도 할 수 있다.

○〔入國不馳〕 도성 안은 사람이 많으니, 만약 수레를 빨리 달리면 사람을 해치므로 빨리 달리지 않는 것이다.

【疏】〔○〕[1] 注云 '愛人也. 馳, 善藺人也.' 善猶好也. 藺, 雷刺也. 若車馳則好行刺人也. 何(胤)〔胤〕[2]云 "藺, 躐也."

1)〔○〕: 저본에는 부호 '○'가 없으나, 본서의 체제에 의거하여 보충하였다.
2) (胤)〔胤〕: 저본에는 '胤'으로 되어 있으나, 淸 世宗의 성명 愛新覺羅胤禛의 '胤'을 避諱한 것이므로 원글자인 '胤'으로 돌려놓았다.

○ 注의 〔愛人也 馳 善藺人也〕

'善'은 〈'~하기 쉽다'의 뜻인〉 '好'와 같고, '藺'은 우레처럼 치는 것이니, 만약 수레가 빨리 달리면 사람을 치기가 쉽다는 것이다. 何胤이 말하기를 "藺은 밟는 것이다."라고 하였다.

【疏】 ○ '入里必式'者, 二十五家爲里, 里巷首有門, 十室不誣, 故入里則必式而禮之爲敬也. 里必式, 則門閭亦式, 故門閭必步, 不誣十室也. 論語云[1] "十室之邑, 必有忠信如丘者焉." 是"不誣十室"也. ○ '君命召'者, 謂有君命呼召臣也. ○ '雖賤人'者, 君之使者, 假令是賤人爲之來. ○ '大夫士必自御(아)之'者, 御, 迎也. 使者雖賤, 而君命可尊, 故雖大夫士, 貴亦自出迎之也.

1) 論語云 : ≪論語≫ 〈公冶長〉에 "열 가구 되는 작은 고을에도 반드시 나처럼 忠信한 자는 있지만, 나처럼 학문을 좋아하는 사람은 없을 것이다.〔十室之邑 必有忠信如丘者焉 不如丘之好學也〕"라는 공자의 말이 보인다.

○〔入里必式〕 25家가 1里이고, 里의 골목길 첫머리에 문이 있으니, 열 가구의 작은 고을도 업신여기지 않으므로 里에 들어가면 반드시 수레의 軾을 잡고 고개를 조금 숙

여서 예를 행하는 것이 공경이 된다. 里에 반드시 수레의 軾을 잡고 고개를 조금 숙여서 예를 행한다면 門閭에도 수레의 軾을 잡고 고개를 조금 숙여서 예를 행한다. 그러므로 문려에서도 반드시 〈수레에서 내려〉 걸어서 열 가구의 작은 고을도 업신여기지 않는 것이다. ≪論語≫ 〈公冶長〉에 이르기를 "열 가구의 작은 고을에도 반드시 나처럼 忠信한 자는 있다."라고 하였는데, 이것이 '열 가구의 작은 고을도 업신여기지 않는다〔不誣十室〕'는 것이다.

○〔君命召〕 신하를 부르는 군주의 명이 있는 것을 이른다.

○〔雖賤人〕 군주의 使者로 가령 신분이 낮은 사람이 사자로 올 경우이다.

○〔大夫士必自御之〕 '御'는 '맞이하다'의 뜻이다. 使者가 비록 신분이 낮더라도 군주의 명이 존귀하므로 비록 대부나 士는 신분이 귀하더라도 스스로 나와서 맞이한다.

【疏】 ○ 注'御當'至'亂之'. ○ 正義曰：鄭引春秋證御者迓也. 成二年[1)], 季孫行父(항보)・臧孫許會晉郤(극)克・衛孫良夫・曹公子首, 及齊侯戰于鞌(안). 公羊傳云"前此者, 晉郤克與臧孫許同時而聘於齊. 蕭同[2)]姪子[3)]者, 齊君[4)]之母也, 窺客或跛或眇[5)], 於是使跛者迓跛者, 眇者迓眇者, 二大夫歸, 相與率(솔)師爲鞌之戰." 穀梁傳云[6)] "曹公子手僂(루), 同時聘齊, 齊頃公使跛者御跛者, 眇者御眇者, 禿(독)者御禿者, 僂者御僂者[7)]. 齊頃公母蕭同姪子處臺上而笑之也." 鄭言彼旣以爲訝, 此御故宜是訝, 而世人亂之, 讀云"御"耳.

1) 成二年：≪春秋≫ 成公 2년 조에 "6월 계유일에 계손항보・장손허・숙손교여・공손영제가 군대를 거느리고 가서 晉나라 극극, 衛나라 손량부, 曹나라 공자 수와 회합하여 齊나라 군주와 〈齊나라 땅인〉 鞌에서 교전하였는데, 제나라 군대가 대패하였다.〔六月癸酉 季孫行父臧孫許叔孫僑如公孫嬰齊帥師 會晉郤克衛孫良夫曹公子首 及齊侯戰于鞌 齊師敗績〕"라는 내용이 보인다.

2) 蕭同：≪春秋公羊傳≫ 成公 2년 조 何休의 解詁에 따르면 '蕭同'은 나라 이름이다. ≪春秋穀梁傳≫ 성공 원년 조 范寧의 集解에서는 '蕭'를 나라 이름, '同'을 姓으로 보았다.

3) 姪子：≪춘추공양전≫ 성공 2년 조 何休의 解詁에 따르면 '소동 나라 군주의 媵妾의 딸〔蕭同君姪娣之子〕'이다. ≪춘추곡량전≫ 성공 원년 조 范寧의 集解에서는 '姪子'를 字로 보았다.

4) 齊君：齊 頃公을 이른다.

5) 或跛或眇：≪춘추곡량전≫ 성공 원년 조에 따르면 '跛'는 衛나라의 孫良夫를 가리키고, '眇'는 晉나라의 郤克을 가리킨다. ≪춘추공양전≫ 성공 2년 조 何休의 解詁에서는

'跛'는 晉나라의 극극을 가리키고 '眇'는 魯나라의 臧孫許를 가리킨다고 하였다.

6) 穀梁傳云 : 이하의 내용이 ≪춘추곡량전≫ 성공 원년 조에 보인다.

7) 禿(독)者御禿者 僂者御僂者 : ≪춘추곡량전≫ 성공 원년 조에 따르면 '禿者'는 魯나라 季孫行父를 가리키고, '僂者'는 曹나라 公子 首를 가리킨다.

○ 注의 〔御當〕에서 〔亂之〕까지

○ 正義曰 : 정현이 ≪春秋≫를 인용하여 '御'가 '맞이하다〔迓〕'의 뜻임을 증명한 것이다. 魯 成公 2년에 魯나라 季孫行父와 臧孫許가 晉나라 郤克, 衛나라 孫良夫, 曹나라 公子 首와 회합하여 齊나라 군주와 〈제나라 땅인〉 鞌에서 교전하였는데, ≪春秋公羊傳≫에 이르기를 "이보다 앞서 晉나라 극극이 〈노나라〉 장손허와 동시에 齊나라에 빙문 간 일이 있다. 蕭同나라 군주의 媵妾의 딸이 제나라 군주의 어머니였는데, 손님 중에 혹은 절름발이이고 혹은 애꾸눈인 것을 엿보았다. 〈제나라 군주가〉 이에 절름발이에게 절름발이를 맞이하게〔迓〕 하고 애꾸눈에게 애꾸눈을 맞이하게〔迓〕 하자, 〈모욕을 당했다고 여긴〉 두 대부가 귀국하여 함께 군대를 끌고 와서 鞌의 전투를 벌였다."라고 하였고, ≪春秋穀梁傳≫에 이르기를 "曹나라 公子 手는 곱사등이였다. 〈노나라 계손항보, 晉나라 극극, 衛나라 손양부와〉 동시에 제나라에 빙문 갔는데, 齊 頃公이 절름발이에게 절름발이를 맞이하게 하고, 애꾸눈에게 애꾸눈을 맞이하게 하고, 대머리인 자에게 대머리인 자를 맞이하게 하고, 곱사등이에게 곱사등이를 맞이하게 하였다. 제 경공의 어머니인 蕭나라 同姪子가 臺 위에 처하여 〈이 모습을 보고〉 웃었다."라고 하였다. 정현은, ≪춘추≫에서 이미 '訝'라고 하였으니 여기의 '御'는 참으로 '訝'인 것이 당연한데도 세상 사람들이 이를 어지럽혀 '御'로 읽는 것뿐이라고 말한 것이다.

【疏】 ○ '介者不拜'者, 介, 甲鎧(개)也. 著(착)鎧者不爲式敬, 故宜無所拜之也. 〔○〕[1] '爲其拜而蓌拜'者, 解所以不拜. 蓌, 挫也. 戎容暨暨(기기)[2], 著甲而屈拜, 則坐損其戎威之容也. 一云蓌, 詐也, 言著鎧而拜, 形儀不足, 似詐也. 虛作矯蓌, 則失容節, 是蓌猶詐也. ○ '祥車曠左'者, 此以下又明僕御之禮. 祥猶吉也, 吉車爲平生時所乘也. 死葬時因[3]爲魂車, 鬼神尙吉, 故葬魂乘吉車也. 曠, 空也. 車上貴左, 故僕在右, 空左以擬神也.

1) 〔○〕 : 저본에는 부호 '○'가 없으나, 본서의 체제에 의거하여 보충하였다.

2) 戎容暨暨(기기) : ≪禮記≫ 〈玉藻〉에 보인다.

3) 因 : 閩本・監本・毛本에는 '用'으로 되어 있다.(阮元의 校勘記 참조)

○〔介者不拜〕'介'는 갑옷과 투구이다. 투구를 쓴 자는 수레의 軾을 잡고 고개를 조금 숙여 공경을 표하지 않으므로 절하는 바가 없는 것도 당연하다.

○〔爲其拜而蓌拜〕 절하지 않는 이유를 풀이한 것이다. '蓌'는 '꺾다〔挫〕'의 뜻이다. 군대의 모습은 과감하고 굳센 것인데 갑옷을 입고 허리를 굽혀 절하면 그 위엄 있는 모습이 꺾이고 손상된다. 일설에 '蓌'는 '속이다〔詐〕'의 뜻이니, 투구를 쓰고 절하면 위의가 부족하여 마치 속이는 것 같음을 말한 것이라고 한다. 헛되이 거짓으로 꺾는 모습을 지으면 모습과 절도를 잃으니, 이것이 〈정현의 주에서 말한〉 '蓌'가 '詐'와 같다는 것이다.

○〔祥車曠左〕 이 이하는 또 수레를 모는 僕의 예를 밝힌 것이다. '祥'은 〈'길하다'의 뜻인〉 '吉'과 같으니, 吉車는 평상시 타는 것이다. 죽어서 장례 지낼 때 인하여 魂車로 삼는데, 귀신은 길함을 숭상하기 때문에 장례에 혼이 길거를 타는 것이다. '曠'은 비워두는 것이다. 수레 위에서는 왼쪽을 귀하게 여기므로 僕이 오른쪽에 있으니, 왼쪽을 비워두어서 신의 자리를 형상한다.

【疏】 ○ 注'空神'至[1)]'乘車'. ○ 知"葬之乘車"者, 以其大小二祥, 生人所乘之車, 無空左之法, 言空左, 唯據葬時魂車, 故知也.

1) 至 : 惠棟校宋本에는 '位也祥車葬之' 6자로 되어 있다.(阮元의 校勘記 참조)

○ 注의 〔空神〕에서 〔乘車〕까지

○ 정현이 '葬之乘車'임을 안 것은, 大祥과 小祥 두 祥祭 때 산 사람이 타는 수레는 왼쪽을 비워두는 법이 없으니, 왼쪽을 비워둔다고 말한 것은 오직 장례 때 魂車에 근거한 것이므로 〈장례 때 타는 수레임을〉 안 것이다.

【疏】 ○'乘君之乘車, 不敢曠左'者[1)], 乘車, 謂君之次路也. 王者五路, 玉·象·木·金·革各一路. 王自乘一, 所餘四路, 皆從行. 臣若乘此車, 不敢空左. 故典路云"凡會同·軍旅·弔于四方, 以路從." 鄭云"王出於事無常, 王乘一路[2)], 典路以其餘路從行, 亦以華國." 又戎右職云"會同, 充革車." 鄭云"會同, 王雖乘金路, 猶以革路〔從〕[3)]行. 充之者, 謂居左也. 曲禮曰'乘君之乘車, 不敢曠左.'" 若曠左則似祥車, 近於凶時, 故乘者自居左也. ○'左必式'者, 雖處左而不敢自安, 故恒馮(빙)式. 云"乘車", 則君皆在左. 若兵·戎·革·路, 則君在中央, 御者居左. 故成二年, 韓厥代御居中[4)], 杜云"自

非元帥, 御者皆在中, 將在左." 以此而言, 則元帥及君宜在中也. 又詩云[5] "左旋右抽." 鄭箋云 "左, 左人, 謂御者. 右, 車右也. 中軍謂將也. 兵車之法, 將居鼓下, 故御者在左." 君存, 惡(오)空其位也. 太僕云 "王出入, 則自左馭而前驅." 注云 "前驅, 如今道引也. 道而居左自馭, 不參乘, 辟(피)王也. 亦有車右焉." ○ '僕御婦人則進左手'者[6], 僕在中央, 婦人在左, 僕御之時, 進左手持轡, 所以爾者, 形微相背也. ○ '後右手'者, 若進右手, 則近相嚮, 相嚮則生嫌, 故後右手, 遠嫌也. ○ '御國君則進右手, 後左手'者, 禮以相嚮爲敬, 故進右手. 非男女, 無所嫌也.〔○〕[7] '而俯'者, 旣御, 不得恒式, 故但俯俛而爲敬也, 竝兩御也. ○ '國君不乘奇車'者, 國君出入宜正, 不可乘奇邪不正之車. 盧氏云 "不如御者之車也."

1) 不敢曠左者 : 惠棟校宋本에는 이 5자가 없다.(阮元의 校勘記 참조)
2) 王出於事無常 王乘一路 : ≪周禮≫ 〈春官 典路〉 賈公彦의 소에 따르면, 예컨대 왕은 제후들과 우호적으로 회합하는 衣裳之會나 조문할 때는 玉路를 타고, 정벌이나 토벌로 인해 會盟하는 兵車之會에는 革路를 탄다.
3) 〔從〕 : 저본에는 '從'이 없으나, ≪주례≫ 〈夏官 戎右〉 鄭玄의 주에 의거하여 보충하였다.
4) 韓厥代御居中 : ≪春秋左氏傳≫ 成公 2년 조에 "〈晉나라의 대부〉 韓厥의 꿈에 〈아비〉 子輿가 자기에게 이르기를 '내일 車左나 車右의 자리를 피하라.'라고 하였다. 그러므로 〈한궐은 수레〉 중앙에서 수레를 몰고 齊나라 군주를 추격하였다.〔韓厥夢子輿謂己曰 且辟左右 故中御而從齊侯〕"라는 내용이 보인다.
5) 詩云 : ≪詩經≫ 〈鄭風 淸人〉에 "왼쪽 사람은 수레를 돌리고 오른쪽 사람은 칼을 뽑거늘, 중군은 아름답게 있도다.〔左旋右抽 中軍作好〕"라는 구절이 보인다.
6) 者 : 惠棟校宋本에는 '正義曰'로 되어 있다.(阮元의 校勘記 참조)
7) 〔○〕 : 저본에는 부호 '○'가 없으나, 본서의 체제에 의거하여 보충하였다.

○〔乘君之乘車 不敢曠左〕 '乘車'는 군주의 副車를 이른다. 왕의 5路는 玉路·象路·木路·金路·革路가 각각 한 대씩이다. 왕 자신이 하나를 타면 나머지 4路가 모두 따라간다. 신하가 만약 〈왕의 나머지 4로인〉 이 수레를 타면 감히 왼쪽을 비워두지 못한다. 그러므로 ≪周禮≫ 〈春官 典路〉에 이르기를 "무릇 會同이나 정벌, 사방의 제후에게 조문할 때 〈왕의 나머지 4로인〉 路를 타고 따라간다."라고 하였는데, 정현이 말하기를 "왕이 출행하는 것이 일에 일정함이 없으니, 왕이 하나의 路를 타면 典路는 나머지 路를 타고 따라가는데 또한 나라를 빛내는 것이다."라고 하였다. 또 ≪주례≫ 〈夏官 戎右〉에 이르기를 "회동할 때 革車를 채운다."라고 하였는데, 정현이 말하기를

"회동할 때 왕이 비록 금로를 타더라도 여전히 혁로를 타고 따라간다. '채운다〔充〕'는 것은 수레 왼쪽에 타는 것을 이르니, ≪禮記≫ 〈曲禮〉에 이르기를 '군주가 타는 수레를 탈 때는 감히 왼쪽을 비워두지 않는다.〔乘君之乘車 不敢曠左〕' 하였다."라고 하였다. 만약 왼쪽을 비운다면 祥車와 비슷하여 흉한 때에 가까우므로 타는 자가 스스로 왼쪽에 타는 것이다.

○〔左必式〕 비록 수레 왼쪽에 타고 있더라도 감히 스스로 편안히 여기지 못하므로 항상 수레의 軾에 기대는 것이다. 경문에서 '乘車'라고 하였으니 군주는 모두 왼쪽에 있는 것이다. 만약 兵車・戎車・革車・路車라면 군주는 중앙에 있고 御者가 왼쪽에 있다. 그러므로 魯 成公 2년에 〈晉나라의 대부〉 韓厥이 어자를 대신하여 수레 중앙에 탔는데, 杜預가 말하기를 "자신이 원수가 아니기 때문이니, 〈일반적으로 병거는〉 어자는 모두 중앙에 있고 장수는 왼쪽에 있다."라고 하였다. 이것으로 말한다면 원수와 군주는 의당 수레 중앙에 있어야 한다. 또 ≪詩經≫ 〈鄭風 淸人〉에 이르기를 "왼쪽 사람은 수레를 돌리고 오른쪽 사람은 칼을 뽑도다.〔左旋右抽〕"라고 하였는데, 정현의 箋에 이르기를 "'左'는 左人이니 어지를 이른다. '右'는 車右이다. '中軍'은 장수를 이른다. 병거의 법에 장수는 북 아래에 있으므로 어자가 왼쪽에 있는 것이다."라고 하였다. 군주가 살아 있을 때는 그 자리를 비워두는 것을 싫어한다. ≪주례≫ 〈夏官 太僕〉에 이르기를 "왕이 〈朝覲・會同・祭祀・巡狩・征伐 등으로〉 출입할 때면 직접 〈副車의〉 왼쪽에 타고서 〈부거를〉 몰아 〈왕을 앞에서 인도하는〉 前驅가 된다."라고 하였는데, 정현의 주에 이르기를 "前驅는 오늘날의 〈앞에서 인도한다는 뜻의〉 道引과 같다. 〈왕의 수레를〉 인도하여 부거의 왼쪽에 타고서 직접 부거를 몰며 〈왕의 수레에〉 參乘하지 않으니, 왕을 피하는 것이다. 〈부거에도〉 또한 車右가 있다."라고 하였다.

○〔僕御婦人則進左手〕 僕은 수레의 중앙에 있고 婦人은 왼쪽에 있으니, 僕이 수레를 몰 때 왼손을 앞으로 내밀어 고삐를 잡는다. 이렇게 하는 이유는, 은미하게 서로 등지는 모습을 나타내는 것이다.

○〔後右手〕 만약 오른손을 앞으로 내밀면 〈부인과〉 가까이 서로 향하게 되니, 서로 향하게 되면 혐의가 생긴다. 그러므로 오른손을 뒤에 두어서 혐의를 멀리하는 것이다.

○〔御國君則進右手 後左手〕 禮에 서로 향하는 것을 공경으로 삼으므로 오른손을 앞으로 내미는 것이다. 남녀 사이가 아니면 혐의할 것이 없기 때문이다.

○〔而俯〕 이미 수레를 몬다면 평상시의 법식대로 할 수 없으므로 단지 몸을 굽혀서

공경을 표하는 것이니, 〈婦人과 군주의〉 두 御者에게 모두 해당된다.

○〔國君不乘奇車〕 國君은 출입할 때 바르게 해야 하니, 기이하고 올바르지 않은 수레를 타서는 안 된다. 盧植이 말하기를 "御者의 수레와 같지 않은 것이다."라고 하였다.

【疏】 ○ 注'出入'至'之屬'. ○ 正義曰 : 隱義曰 "獵車之形, 今之鉤車是也. 衣車如鼈而長也. 漢桓帝之時, 禁臣下乘之."

○ 注의 〔出入〕에서 〔之屬〕까지

○ 正義曰 : 何胤의 ≪禮記隱義≫에 이르기를 "〈사냥할 때 타는 수레인〉 獵車의 형태는 오늘날의 鉤車가 이것이다. 衣車는 자라처럼 생겼는데 길다. 漢 桓帝 때 신하들이 타는 것을 금하였다."라고 하였다.

【疏】 ○ '車上不廣欬'者, 廣, (弘)〔弘〕[1]大也. 欬(해), 聲欬也. 車已高, 若在上而聲大欬, 似自驕矜, 又驚衆也. ○ '不妄指'者, 妄, 虛也. 在車上高, 若無事, 忽虛以手指麾於四方, 竝爲惑衆也. ○ '立視五巂', 車上依禮. 巂(휴), 規也, 車輪一周爲一規. 乘車之輪, 高六尺六寸, 徑一圍三, 三六十八, 得一丈八尺, 又六寸爲一尺八寸, 總一規爲一丈九尺八寸. (三)〔五〕[2]規爲九十九尺, 六尺爲步, 總爲十六步半, 在車上所視, 則前十六步半地.

1) (弘)〔弘〕 : 저본에는 '弘'으로 되어 있으나, 淸 高宗의 성명 愛新覺羅弘曆의 '弘'을 避諱한 것이므로, 원글자인 '弘'으로 돌려놓았다.

2) (三)〔五〕 : 저본에는 '三'으로 되어 있으나, 北京大本에 의거하여 '五'로 바로잡았다.

○〔車上不廣欬〕 '廣'은 크다는 뜻이다. '欬'는 기침 소리이다. 수레가 이미 높은데, 만약 그 위에서 기침 소리를 크게 내면 스스로 교만하고 자만하는 것처럼 보이고 또 사람들을 놀라게 하기 때문이다.

○〔不妄指〕 '妄'은 허황하다는 뜻이다. 수레 위에 높이 있을 때 만약 일이 없는데도 홀연 허황하게 손으로 사방을 가리키면 모두 사람들을 미혹시키기 때문이다.

○〔立視五巂〕 수레 위에서 예에 따르는 것이다. '巂'는 '規'이니, 수레바퀴가 한 바퀴 구르는 것이 1規이다. 乘車의 바퀴는 높이가 6尺 6寸이다. 지름 1일 때 둘레가 3이니, 〈바퀴의 둘레는〉 6척 곱하기 3은 18척, 즉 1丈 8척을 얻고, 또 6촌에서 〈곱하기 3을 하여〉 1척 8촌을 얻으면 모두 합하여 1規는 1장 9척 8촌이 된다. 5規는 99척이

되는데, 6척이 1步이므로 모두 16步 반이다. 따라서 수레 위에서 보는 거리는 앞쪽으로 16보 반이 되는 곳이다.

【疏】 ○ 注'巂猶規也'. ○ 正義曰：知巂(휴)爲規者, 以巂・規聲相近, 故爲規, 規是圓, 故讀從規. 言"或爲槷(예)[1)]", 他本禮記有作縶(예)字者.

1) 槷(예)：閩本・監本・毛本에는 '縶'로 되어 있다. '槷'가 옳다면 바로 이어진 '他本禮記有作縶字者'의 '縶'는 '槷'가 되어야 한다.(阮元의 校勘記 참조)

○ 注의 〔巂猶規也〕

○ 正義曰：정현의 주에서 '巂'가 規임을 아는 것은, 巂와 規는 소리가 서로 비슷하므로 規가 된다는 것이며, 規는 둥근 것이므로 읽을 때 規를 따른 것이다. '或爲槷'라고 말한 것은, 다른 판본 ≪禮記≫에는 '縶' 자로 되어 있는 것도 있다는 것이다.

【疏】 ○ '式視馬尾'者, 馬引車, 其尾近在車欄前, 故車上(巂)〔馮〕[1)]式下頭時, 不得遠矚, 而令瞻視馬尾. ○ '顧不過轂'者, 車轂也. 若轉頭, 不得過轂, 過轂則掩後人私也. 論語云"車中不內顧"是也. ○ '國中以策彗卹勿驅'者, 前云"入國不馳", 此爲不馳, 故爲遲行法也. 策, 馬杖. 彗, 竹帚也.

1) (巂)〔馮〕：저본에는 '巂'로 되어 있으나, 北京大本에 의거하여 '馮'으로 바로잡았다.

○ 〔式視馬尾〕 말이 수레를 끌 때 그 꼬리가 수레 난간 앞에 가까이 있으므로 수레 위에서 軾에 기대어 고개를 조금 숙여 공경을 표할 때 멀리 볼 수 없어서 말의 꼬리를 쳐다보게 한 것이다.

○ 〔顧不過轂〕 수레의 바퀴통이다. 만약 머리를 돌리게 되면 수레의 바퀴통을 넘어서는 안 되니, 바퀴통을 넘으면 〈준비하고 있지 않은〉 뒤에 있는 사람의 사사로움을 덮치게 된다. ≪論語≫ 〈鄕黨〉에 이르기를 "수레에서는 안으로 돌아보지 않는다."라고 한 것이 이것이다.

○ 〔國中以策彗卹勿驅〕 앞 경문에서 '入國不馳'라 하였으니, 이것은 不馳하는 것이므로 천천히 가는 법이 된다. '策'은 말채찍이다. '彗'는 대나무 빗자루이다.

【疏】 ○ 注'卹勿, 搔摩也'. 入國不馳, 故不用鞭策, 但取竹帚帶葉者爲杖, 形如埽帚, 故云策彗. 云"卹勿"者, 以策微近馬體, 不欲令疾也, 但僕搔摩之時, 其形狀卹勿然.

○ 注의 〔卹勿 搔摩也〕

도성에 들어가서는 빨리 달리지 않으므로 채찍을 쓸 필요가 없고 단지 잎이 달린 대나무 빗자루를 취하여 채찍으로 삼는데, 모양이 쓰는 빗자루와 같이 생겼으므로 '策彗'라고 한 것이다. '卹勿'이라 한 것은, 채찍을 말의 몸에 살짝 가까이 대어서 빨리 달리지 못하게 하려는 것이니, 다만 僕이 어루만질 때 그 모습이 쓰다듬듯〔卹勿然〕 한다는 것이다.

【疏】 ○ '塵不出軌'者, 軌, 車轍也. 車行遲, 故塵埃不起, 不飛楊[1]出轍外也. ○ '國君下齊牛, 式宗廟'者, 案齊(재)右職云 "凡有牲事, 則前馬." 注云 "王見牲, 則拱而式." 又引曲禮曰 "國君下宗(朝)〔廟〕[2], 式齊牛." 鄭注周官與此文異者, 熊氏云 "此文誤, 當以周禮注爲正, 宜云 '下宗(朝)〔廟〕, 式齊牛.'" ○ '大夫士下公門, 式路馬'者, 公門謂君之門也. 路馬, 君之馬也. 敬君, 至門下車, 重君物, 故見君馬而式之也. 馬比門輕, 故有下・式之異. ○ '乘路馬必朝服'者, 謂臣行儀習禮獨行時也. 路馬, 君之車馬, 臣雖得乘之, 猶不可慢, 故必朝服而自御乘之也. ○ '載鞭策'者, 又不敢執杖杖馬, 故但載杖以行也. ○ '不敢授綏'者, 君在則僕人授綏, 今習儀者, 身旣居左, 自馭而乘, 雖有車右, 而不敢授綏與己也. ○ '左必式'者, 旣不空左, 故亦居左, 式而敬之, 此言"不敢授綏", 與前"不敢曠左"文互也. ○ '步路馬, 必中道'者, 此謂單牽君馬行時. 步, 獨行也. 若牽行君之馬, 必在中道正路, 爲敬也. ○ '以足蹙路馬芻有誅'. (○)[3] 芻, 食馬草也. 誅, 罰也. 此草擬爲供馬所食, 若以足蹴蹹(축답)之者, 則有[4]責罰也. ○ '齒路馬有誅'者, 齒, 年也. 若論量君馬歲數, 亦爲不敬, 亦被責罰, 皆廣敬也.

1) 楊 : 監本・毛本에는 '揚'으로 되어 있다.(阮元의 校勘記 참조)
2) (朝)〔廟〕 : 저본에는 '朝'로 되어 있으나, ≪周禮≫ 〈夏官 齊右〉 및 ≪周禮注疏≫에 의거하여 '廟'로 바로잡았다. 아래도 같다.
3) (○) : 저본에는 부호 '○'가 있으나, 본서의 체제에 의거하여 衍文으로 처리하였다.
4) 有 : 惠棟校宋本에는 '被'로 되어 있다.(阮元의 校勘記 참조)

○ 〔塵不出軌〕 '軌'는 수레바퀴 자국이다. 수레가 천천히 가므로 먼지가 일어나지 않아서 수레바퀴 자국 밖으로 날리지 않는 것이다.

○ 〔國君下齊牛 式宗廟〕 살펴보면 ≪周禮≫ 〈夏官 齊右〉에 이르기를 "무릇 〈왕이 수레의 軾을 잡고 제사에 쓸〉 희생에게 〈공경을 표하는〉 일이 있으면 〈齊右는 수레에서

내려〉 말의 앞으로 간다."라고 하였는데, 정현의 주에 이르기를 "왕은 희생을 보면 두 손을 모으고 경의를 표한다."라고 하고, 또 ≪禮記≫ 〈曲禮〉를 인용하여 '國君下宗廟 式齊牛'라고 하였다. ≪주례≫ 정현의 주가 여기 경문과 다른 것은, 熊安生이 말하기를 "여기 경문이 틀린 것이다. 마땅히 ≪주례≫ 정현의 주를 옳다고 보아야 하니, 의당 '下宗廟 式齊牛'라고 해야 한다."라고 하였다.

○〔大夫士下公門 式路馬〕 '公門'은 군주의 문을 이른다. '路馬'는 군주의 말이다. 군주를 공경하여 〈군주의〉 문에 이르면 수레에서 내리고, 군주의 물건을 중히 여기므로 군주의 말을 보면 수레의 軾을 잡고 고개를 조금 숙여 경의를 표하는 것이다. '馬'는 '門'에 비해 가벼우므로 '下'와 '式'의 차이가 있는 것이다.

○〔乘路馬必朝服〕 신하가 의식을 행하고 예를 익히기 위해 홀로 갈 때를 이른다. '路馬'는 군주의 수레를 끄는 말이니, 신하가 비록 탈 수 있다 하더라도 함부로 해서는 안 되므로 반드시 朝服 차림으로 직접 몰아 탄다.

○〔載鞭策〕 또 감히 채찍을 잡아서 말에 채찍질하지 못하므로 단지 채찍을 싣고서 가는 것이다.

○〔不敢授綏〕 군주가 있으면 僕人이 〈수레에 오를 때 잡는 끈인〉 綏를 건네주는데, 지금 의식을 익히는 경우에는 자신이 이미 〈군주의 자리인 수레〉 왼쪽에 처하여 스스로 말을 부려서 타니, 비록 車右가 있더라도 감히 자기에게 綏를 건네주게 하지 못한다.

○〔左必式〕 이미 〈군주의 자리인〉 왼쪽 자리를 비우지 않았으므로 또한 수레 왼쪽에 처하여 수레의 軾을 잡고 고개를 조금 숙여 공경을 표하니, 여기에서 '不敢授綏'라고 말한 것은 앞의 '不敢曠左'와 互文이다.

○〔步路馬 必中道〕 이것은 홀로 군주의 말을 끌고 갈 때를 이른다. '步'는 홀로 가는 것이다. 만약 군주의 말을 끌고 간다면 반드시 길 중앙의 정도로 가는 것이 공경이 된다.

○〔以足蹙路馬芻有誅〕 '芻'는 말에게 먹이는 풀이다. '誅'는 벌하는 것이다. 여기의 풀은 말에게 먹이로 주기 위해 준비한 것이니, 만약 발로 차거나 밟는다면 책벌이 있게 된다.

○〔齒路馬有誅〕 '齒'는 나이이다. 만약 군주의 말의 나이를 가늠하면 또한 不敬이 되어 마찬가지로 책벌을 받으니, 모두 공경을 넓히는 것이다.

제2편 曲禮 下

禮記 鄭氏 注 孔穎達 疏

【疏】 正義曰：案鄭目錄云 "義與前篇同, 簡策重多, 分爲上下."

正義曰：살펴보면 鄭玄의 ≪目錄≫에 이르기를 "뜻이 전편인 〈曲禮 上〉과 동일하니, 簡策이 무겁고 많아서 상하로 나누었다."라고 하였다.

02-01-01 凡奉者는 當心하고 提者는 當帶니라

무릇 〈군주의〉 물건을 받들 때는 손을 심장 위치에 오게 하고, 물건을 들 때는 손을 〈평소 입는 深衣의〉 띠 위치에 오게 한다.

【注】 高下之節이라

〈손을〉 높이고 낮추는 범절이다.

【疏】 '凡奉'至'當帶'[1]. ○ 正義曰：此一節[2]論臣所奉持及俛仰裼襲(석습)[3]之節, 各依文解之. ○ '凡奉者當心, 提者當帶'者, 物有宜奉持之者, 有宜提挈之者, 各因其宜. 奉之者, 謂仰手當心, 奉持其物. 提之者, 謂屈臂當帶, 而提挈其物. 帶有二處, 朝服之屬, 其帶則高於心, 深衣之類, 其帶則下於脅. 何以知然. 玉藻說大帶[4]云 "三分帶下, 紳居二焉." 紳長三尺, 而居帶之下三分之二, 則帶之下去地四尺五寸矣. 人長八尺爲限, 若帶下四尺五寸, 則帶上所餘正三尺五寸, 故知朝服等帶則高也. 而深衣云 "帶下毋厭(압)髀, 上毋厭脅, 當無骨者." 故知深衣之帶則下也. 今云"提者當帶", 謂深衣之帶. 且古人恒著(착)深衣, 此明平常提奉, 故益可知也.

1) 凡奉至當帶：惠棟校宋本에는 이 5자가 없다.(阮元의 校勘記 참조)

2) 此一節 : 浦鏜校本에서는 이 3자가 '自此至則襲'이 되어야 한다고 하였는데, 阮元에 따르면 宋本은 본래 '則襲'까지의 5절을 1절로 삼았으므로 '此一節'이라 한 것이다.(阮元의 校勘記 참조)

3) 裼襲(석습) : 옛날에 가장 안에는 袍와 襗(탁) 같은 옷을 입고, 그 위에 겨울에는 가죽〔裘〕, 여름에는 葛衣를 입으며, 그 위에 裼衣를 입고, 그 위에 中衣인 襲衣를 입고, 그 위에 늘 입는 深衣나 皮弁服 등의 正服을 입었다. '裼'은 겉옷 소매를 벗어서 석의를 드러내는 것을 이르며, '襲'은 석의를 드러내지 않는 것을 이른다. 《禮記》 〈表記〉 정현의 주에 따르면 盛禮일 경우 襲을 공경한 것으로 보고, 성례가 아닐 경우 裼을 공경한 것으로 본다.

4) 大帶 : 禮服에 사용하는 띠로 革帶와 大帶 두 종류가 있는데, 혁대는 가죽으로 만들며 슬갑〔韍〕을 차는 데 사용하고, 대대는 명주로 만들며 혁대 위에 착용한다. 띠를 착용했을 때 아래로 늘어뜨린 부분을 '紳'이라고 한다.

大帶

經의 〔凡奉〕에서 〔當帶〕까지

○ 正義曰 : 이 절은 신하가 〈물건을〉 받드는 범절 및 〈허리를〉 굽히고 쳐드는 것, 裼과 襲의 의절을 논한 것이니, 각각 글을 따라 풀이하겠다.

○ 〔凡奉者當心 提者當帶〕 물건은 받들어야 할 것이 있고 들어야 할 것이 있으니 각각 그 마땅함을 따른다. '받든다〔奉〕'는 것은 손을 심장 위치에 오도록 올려서 물건을 받든다는 말이다. '든다〔提〕'는 것은 팔을 띠의 위치에 오도록 굽혀서 물건을 든다는 말이다. 띠는 위치하는 곳이 둘이 있다. 朝服의 등속은 띠가 심장보다 높으며, 深衣의 종류는 띠가 갈비보다 아래이다. 무엇으로 그렇다는 것을 아는가? 《禮記》 〈玉藻〉에서 大帶에 대하여 말하기를 "띠의 아랫부분을 3등분했을 때 紳이 3분의 2를 차지한다."라고 하였다. 紳은 길이가 3尺인데 띠의 아랫부분이 3분의 2를 차지한다면 띠의 아랫부분은 바닥에서 4尺 5寸 떨어진 것이다. 사람의 신장은 8척을 한정으로 삼으니, 만약 띠의 아랫부분이 4척 5촌이면 띠 위의 남은 부분은 바로 3척 5촌이다. 그러므로 조복 등의 띠는 〈심장보다〉 높음을 아는 것이다. 그리고 《예기》 〈深衣〉에 이르기를 "띠는 아래로는 넓적다리를 누르지 않고 위로는 갈비를 누르지 않게 하여 뼈가 없는 곳에 위치한다."라고 하였다. 그러므로 심의의 띠는 〈갈비보다〉 아래임을 아는 것이다. 지금 '提者當帶'라고 한 것은 심의의 띠를 이른다. 그리고 옛사람은 늘 심의를 입

었는데, 이것은 평상시 〈물건을〉 받들거나 드는 것을 밝힌 것이므로 더욱 알 수 있는 것이다.

02-01-02 執天子之器則上衡하고

천자의 기물을 들 때는 심장보다 높게 하고,

【注】 謂高於心이니 彌敬也라 此衡은 謂與心平이라

심장보다 높게 하는 것을 이르니, 더욱 공경하는 것이다. 여기의 '衡'은 심장과 나란히 하는 것을 이른다.

國君則平衡하고 大夫則綏(타)之하고 士則提之니라

제후의 기물을 들 때는 심장과 나란히 하고, 대부의 기물을 들 때는 심장보다 낮게 하고, 士의 기물을 들 때는 〈손의 높이를 띠보다 아래에 오도록〉 더욱 낮게 한다.

【注】 綏는 讀曰妥(타)니 妥之는 謂下於心이라

'綏'는 '妥'로 읽으니, '妥之'는 심장보다 낮게 하는 것을 이른다.

【疏】 '執天'至'提之'. ○ 正義曰[1]：嚮明常法, 此以下明臣各爲其君上提奉之禮也. 執, 持也. 上猶高也. 衡, 平也, 平謂人之拱手正當心平, 故謂心爲衡. 天子至尊, 器不宜下, 故臣爲擎奉皆高於心, 彌敬也. 此衡謂與心平也. 凡言衡有二處, 若大夫衡視[2], 則面爲衡, 此爲天子執器, 則上衡, 謂高心也. 旣有二處不同, 故鄭云此衡與心平, 明他衡者不與心平也. ○ '國君則平衡'者, 國君, 諸侯也. 降於天子, 故其臣爲奉持器與心齊平也. ○ '大夫則綏之'者, 綏, 下也. 又降於諸侯, 故其臣爲奉器下於心也. ○ '士則提之'者, 上云大夫綏之, 已下於心, 今爲士提之, 又在綏之下, 卽上"提者當帶". 然凡常提物, 尙得當帶, 今爲士提物, 更在帶下者, 士臣爲士, 卑遠於君, 故厭降在下. 故禮云[3]"大夫之臣, 不稽首, 以辟(피)君", 其義同也.

1) 正義曰：惠棟校宋本에는 이 3자가 없다.(阮元의 校勘記 참조)

2) 大夫衡視 : ≪禮記≫ 〈曲禮 下〉에 보이는 내용으로, "〈대부의 신하가〉 대부를 볼 때는 대부의 얼굴을 본다."라는 뜻이다.
3) 禮云 : ≪예기≫ 〈郊特牲〉에 보인다.

經의 〔執天〕에서 〔提之〕까지

○ 正義曰 : 앞에서는 평상시의 법을 밝혔고, 이 이하는 신하가 각각 자기 군주를 위하여 〈물건을〉 받드는 예를 밝혔다. '執'은 '들다〔持〕'의 뜻이다. '上'은 〈'높다'의 뜻인〉 '高'와 같다. '衡'은 '평평하다〔平〕'의 뜻이니, 평평하다는 것은 사람이 두 손을 맞잡았을 때 바로 심장과 평평하게 된 것을 이른다. 그러므로 심장을 일러 '衡'이라 한 것이다. 천자는 至尊이니 〈천자의〉 기물을 낮게 들어서는 안 된다. 그러므로 신하가 공경히 받들 때 모두 심장보다 높게 하니, 더욱 공경하는 것이다. 여기의 '衡'은 심장과 평평하게 된 것을 이른다. 무릇 '衡'이라 말할 때는 두 곳이 있다. "〈대부의 신하가〉 대부를 볼 때는 衡視한다."라고 할 때는 얼굴이 '衡'이 되고, 여기에서 천자를 위하여 기물을 들 때는 上衡한다는 것은 심장보다 높이 드는 것을 이른다. 이미 이 두 곳이 같지 않으므로 정현이 여기의 '衡'을 심장과 나란히 하는 것이라고 말한 것이니, 다른 곳의 '衡'은 심장과 나란히 하지 않음을 밝힌 것이다.

○ 〔國君則平衡〕 '國君'은 제후이다. 〈제후는〉 천자보다 낮추므로 제후의 신하가 〈제후를 위하여〉 기물을 받들 때 심장과 나란히 되도록 든다.

○ 〔大夫則綏之〕 '綏'는 낮게 하는 것이다. 〈대부는〉 제후보다 더 낮으므로 대부의 신하가 〈대부를 위하여〉 기물을 받들 때 심장보다 낮게 한다.

○ 〔士則提之〕 앞에서 '大夫綏之'라고 했을 때 이미 심장보다 낮게 들었는데, 지금 士를 위하여 들 때는 綏之보다 더 아래에 있으니 바로 앞 경문의 '提者當帶'이다. 그러나 무릇 평상시 물건을 들 때는 그래도 띠가 있는 위치에 오게 할 수 있지만 지금 士를 위하여 물건을 들 때 다시 띠보다 아래에 오도록 하는 것은, 士의 신하가 士를 위하여 들 때는 신분의 낮음이 군주에 비해 훨씬 크므로 壓尊되어 낮추어서 〈띠보다〉 아래에 오도록 하는 것이다. 그러므로 禮에 이르기를 "대부의 신하가 〈대부에게〉 머리를 조아리지 않는 것은 군주에게 하는 예를 피하기 위한 것이다."라고 하였으니, 그 뜻이 동일하다.

02-01-03 凡執主器호되 執輕如不克하며

무릇 군주의 기물을 들 때는 가벼운 것을 들더라도 이기지 못하는 것처럼 하며

【注】重愼之也라 主는 君也라 克은 勝也라

신중히 하는 것이다. '主'는 '군주'의 뜻이다. '克'은 '이기다'의 뜻이다.

【疏】'凡執'至'不克'. ○ 正義曰[1] : 嚮明持奉高下之節, 此辨持奉之容儀也. 主亦君也. 禮, 大夫稱主[2], 今此言"主", 上通天子諸侯, 下含大夫爲君者[3], 故竝曰"主", 士則不然. 克, 勝也. 尊者之器, 不論輕重, 其臣執之, 唯宜重愼, 器雖輕小, 而執之恒如實重, 如不勝之容也. 故論語云 "孔子執圭, 鞠躬如也, 如不勝." 聘禮曰 "上介執玉[4]如重."是也.

1) 正義曰 : 惠棟校宋本에는 이 3자가 없다.(阮元의 校勘記 참조)
2) 大夫稱主 : ≪周禮≫ 〈天官 大宰〉에 "아홉 가지 방법으로 각국의 백성들을 화합하게 한다.……여섯째는 主이니, 이로움으로 민심을 얻는다.〔以九兩繫邦國之民……六曰主 以利得民〕"라는 내용이 보이는데, 정현의 주에 "主는 공경대부를 이른다.〔主謂公卿大夫〕" 라고 하였다.
3) 大夫爲君者 : 封地가 있는 大夫를 가리킨다. ≪禮記≫ 〈曲禮 下〉의 孔穎達 疏에 "봉지가 있는 대부를 또한 '君'이라 칭하므로 '君大夫'라고 한 것이다.〔大夫有地則亦稱曰君 故云君大夫也〕"라는 내용이 보인다. ≪儀禮≫ 〈喪服〉 정현의 주에서도 "천자와 제후와 봉지가 있는 경대부를 모두 '君'이라고 한다.〔天子諸侯及卿大夫有地者 皆曰君〕"라고 하였다. 아래 02-02-02 정현의 주 참조.
4) 玉 : ≪儀禮≫ 〈聘禮〉에는 '圭'로 되어 있다.

經의 〔凡執〕에서 〔不克〕까지

○ 正義曰 : 앞에서는 〈물건을〉 받들 때 〈손을〉 높이고 낮추는 범절을 밝혔고, 여기서는 받들 때의 모습을 변별하였다. '主'는 마찬가지로 '군주'의 뜻이다. 예에 따르면 대부를 '主'라 칭하는데, 지금 여기서 '主'라 한 것은 위로는 천자와 제후를 통틀고 아래로 君大夫를 포함한 것이다. 그러므로 모두 '主'라 한 것이니, 士는 그렇게 칭하지 않는다. '克'은 '이기다'의 뜻이다. 尊者의 기물은 경중에 상관없이 그 신하가 잡을 때 오직 신중히 해서 기물이 아무리 가볍고 작더라도 잡을 때 항상 가득 차고 무거운 것처럼 하여 마치 이기지 못하는 모습처럼 해야 한다. 그러므로 ≪論語≫ 〈鄕黨〉에 이르기를 "공자는 圭를 잡을 때 몸을 굽혀서 이기지 못하는 듯이 하였다."라고 하고, ≪儀禮≫ 〈聘禮〉에 이르기를 "〈副使인〉 上介가 옥을 잡되 무거운 것처럼 한다."라고 한 것이 이것이다.

02-01-04 執主器호되 操幣圭璧할샌 則尙左手하며 行不擧足[1)]하여 車輪曳踵이니라

1) 行不擧足 : 陸德明의 ≪經典釋文≫ 〈禮記音義〉 표제어에는 '行擧足'으로 되어 있어 '不'이 없고, '行不擧足'을 一本으로 소개하였다.

군주의 기물을 들되 폐백이나 圭와 璧을 들 때는 〈오른손을 아래에 놓고〉 왼손을 위에 놓으며, 〈기물을 들고〉 걸을 때는 발을 높이 들지 않고 수레바퀴처럼 발꿈치를 끌며 걷는다.

【注】 重愼也라 尙左手는 尊左也라 車輪은 謂行不絶〔地〕[1)]也라

1) 〔地〕 : 저본에는 '地'가 없으나, 완원의 교감기에 의거하여 보충하였다. 岳本・嘉靖本・宋監本 및 ≪儀禮經傳通解≫에는 '也'가 '地'로 되어 있고, 考文引古本에는 '也' 앞에 '地'가 있다. 완원은 공영달의 疏 중 '如車輪曳地而行'을 근거로 '地'가 있는 것을 옳다고 보았다.(阮元의 校勘記 참조)

신중히 하는 것이다. '尙左手'는 왼쪽을 높인 것이다. '車輪'은 걸을 때 〈발이〉 바닥에서 떨어지지 않는 것을 이른다.

【疏】 '執主'至'曳踵'. ○ 正義曰 : 又明提擧用手足之儀也. 圭璧, 瑞玉[1)]也. 尙, 上也. 謂執持君器及幣玉也. 若擎奉此物, 則右手在下, 左手在上, 左尊, 故云"尙左手". ○ '行不擧足, 車輪曳踵'者, 曳, 拽(예)也. 踵, 脚後也. 若執器行時, 則不得擧足, 但起前拽後, 使踵如車輪曳地而行, 故云"車輪曳踵".

1) 瑞玉 : 제후가 朝聘할 때 드는 옥으로 만든 信物을 이른다. ≪周禮≫ 〈春官 大宗伯〉에 따르면 公은 桓圭, 侯는 信圭, 伯은 躬圭, 子는 穀璧, 男은 蒲璧을 든다.

經의 〔執主〕에서 〔曳踵〕까지

○ 正義曰 : 또 물건을 들 때 손과 발을 쓰는 모습을 밝힌 것이다. '圭璧'은 瑞玉이다. '尙'은 '위'의 뜻이니, 군주의 기물 및 폐백이나 옥을 들 때를 이른다. 만약 이 물건들을 받들어 올린다면 오른손을 아래에 두고 왼손을 위에 두니, 왼쪽이 높으므로 '尙左手'라 하였다.

○ 〔行不擧足 車輪曳踵〕 '曳'는 '끌다'의 뜻이다. '踵'은 발뒤꿈치이다. 만약 기물을 들

고 걸어갈 때라면 발을 들어서는 안 되며 단지 앞쪽을 들고 뒤쪽을 끌어서 뒤꿈치를 수레바퀴처럼 땅에 끌고서 가게 할 뿐이다. 그러므로 '車輪曳踵'이라 하였다.

02-01-05 立則磬折垂佩니 主佩倚어시든 則臣佩垂하고 主佩垂어시든 則臣佩委니라

서 있을 때는 경쇠처럼 허리를 굽혀 〈양쪽에 찬〉 佩玉이 아래로 드리워지도록 하니, 〈군주가 똑바로 서 있어서〉 군주의 패옥이 몸에 붙어 있으면 〈신하는 조금 굽혀서〉 신하의 패옥은 드리워져야 하고, 〈군주가 조금 굽혀서〉 군주의 패옥이 드리워지면 〈신하는 더욱 굽혀서〉 신하의 패옥은 바닥에 닿아야 한다.

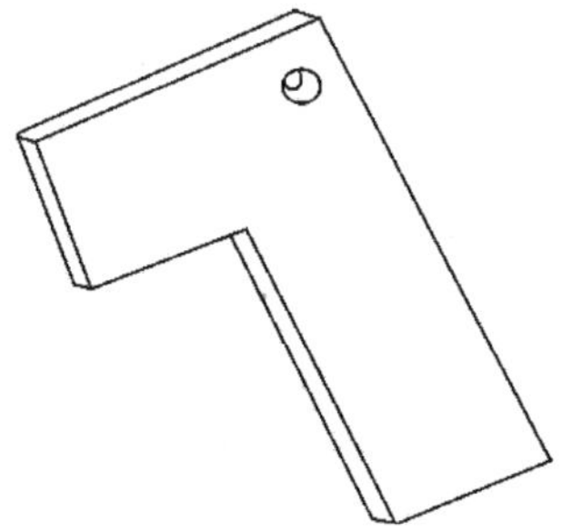
磬

【注】 君臣俛仰之節이라 倚는 謂附於身이니 小俛則垂요 大俛則委於地라

군주와 신하의 〈허리를〉 굽히고 쳐드는 범절이다. '倚'는 몸에 붙이는 것을 이르니, 〈허리를〉 조금 굽히면 〈패옥이〉 아래로 드리워지고 크게 굽히면 바닥에 닿는다.

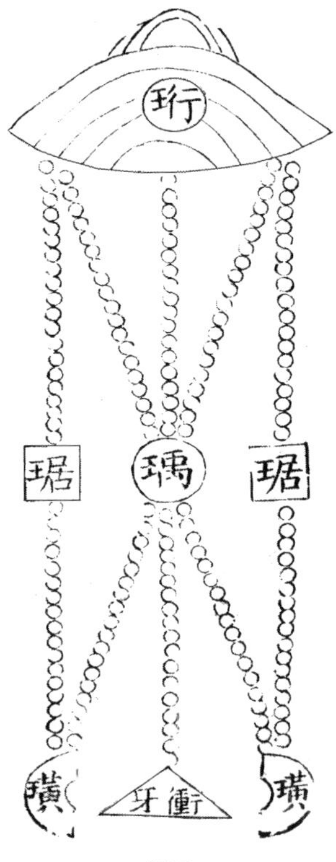

佩玉

執玉하되 其有藉者則裼(석)하고 無藉者則襲이니라

옥을 들 때 옥 받침이 있으면 裼을 하고, 옥 받침이 없으면 〈裼衣가 드러나지 않도록〉 襲을 한다.

【注】 藉는 藻[1]也라 裼과 襲[2]은 文質相等[3]耳니 有藻爲文이요 裼見(현)美亦文이며 無藻爲質이요 襲充美[4]亦質이라 圭璋特而襲하고 璧琮加束帛而裼도 亦是也라

1) 藻 : 옥을 받치는 채색 판이다. ≪禮記≫ 〈雜記 下〉의 공영달 소에 "藻는 판에 가죽을 입혀서 옥을 받치도록 한

것이다.〔藻謂以韋衣板以藉玉者〕"라고 하였다.

2) 裼襲 : 02-01-01 역주 참조.

3) 等 : 閩本・監本・毛本 및 岳本・嘉靖本・衛氏集說에는 '變'으로 되어 있다.(阮元의 校勘記 참조)

4) 充美 : ≪예기≫ 〈玉藻〉에 "갖옷 위에 裼衣를 입는 것은 아름다움을 드러내는 것이다.……옷을 襲衣로 입는 것은 아름다움을 가리는 것이다.〔裘之裼也 見美也……服之襲也 充美也〕"라는 내용이 보이는데, 공영달의 소에 "〈充美는〉 석의의 아름다움을 가리는 것을 이른다.〔謂覆蓋裼衣之美〕"라고 하였다.

'藉'는 藻(옥 받침)이다. 裼과 襲은 〈藉나 비단의 여부에 따라〉 文과 質을 똑같이 하는 것뿐이다. 藻가 있는 것이 文이고 裼이 아름다움을 드러내는 것 또한 文이며, 藻가 없는 것이 質이고 襲이 아름다움을 가리는 것 또한 質이다. 〈享禮에 함께 올리는 가죽과 말은 뜰에 진열하고〉 圭와 璋을 〈당 위에〉 단독으로 올릴 때 襲을 하고 璧과 琮을 다섯 필의 비단 위에 올려서 바칠 때 裼을 하는 것 역시 이런 뜻이다.

【疏】 '立則'至'則襲'. ○ 正義曰[1] : 嚮明奉持及手足之儀, 此明授受時禮也. 立, 倚也. 佩謂玉佩也, 帶佩於兩邊. 臣則身宜僂折, 如磬之背, 故云"磬折"也. 身既僂折, 則所著(착)之佩從兩邊出, 縣垂於前也. ○ '主佩倚'者, 主謂君也. 倚猶附也. 君宜直立, 則佩直附倚身, 而縣垂不出前. ○ '則臣佩垂'者, 君若直立, 佩倚於身, 則臣宜曲折, 曲折則佩不得倚身, 故縣垂於前也. ○ '主佩垂, 則臣佩委'者, 主, 君也. 言君若重愼折身而佩垂, 則臣彌曲, 故佩歷委於地. 然臣不發初太曲, 必待君僂而後方曲者, 亦"授立不跪"[2]之義也. ○ '執玉, 其有藉者則裼, 無藉者則襲'. (○)[3]凡執玉之時, 必有其藻, 以承於玉. 若盡飾見美之時, 必垂藻於兩端, 令垂向於下, 謂之"有藉". 當時所執之人, 則去體上外服, 以見在內裼衣, 故云"有藉者則裼"也. 其事質, 充美之時, 承玉之藻, 不使下垂, 屈而在手, 謂之"無藉". 當時所執之人, 則掩其上服, 襲蓋裼衣, 謂之"無藉者則襲". 此謂執玉之人, 朝聘行禮, 或有裼時, 或有襲時.

1) 正義曰 : 惠棟校宋本에는 이 3자가 없다.(阮元의 校勘記 참조)

2) 授立不跪 : ≪禮記≫ 〈曲禮 上〉(01-18-01)에 보인다.

3) (○) : 저본에는 부호 '○'가 있으나, 본서의 체제에 의거하여 衍文으로 처리하였다.

經의 〔立則〕에서 〔則襲〕까지

○ 正義曰 : 앞에서는 물건을 받들 때의 거동 및 손과 발의 거동을 밝혔고, 여기서는

물건을 주고받을 때의 예를 밝혔다. '立'은 '몸에 붙이다〔倚〕'의 뜻이다. '佩'는 패옥을 이르니, 패옥을 몸 양쪽에 찬다. 신하의 경우 몸을 경쇠의 등처럼 굽히므로 '磬折'이라 한 것이다. 몸을 이미 굽혔으면 차고 있는 패옥이 몸 양쪽에서 나와 앞으로 드리워지게 된다.

○〔主佩倚〕'主'는 군주를 이른다. '倚'는 〈'붙이다'의 뜻인〉 '附'와 같다. 군주는 똑바로 서야 하니, 〈똑바로 서 있으면〉 패옥이 똑바로 몸에 붙어 있어 드리운 것이 앞으로 나오지 않는다.

○〔則臣佩垂〕군주가 만약 똑바로 서 있어서 패옥이 몸에 붙어 있으면 신하는 몸을 굽혀야 하니, 몸을 굽혔으면 패옥이 몸에 붙어 있지 못하므로 앞으로 드리워지게 된다.

○〔主佩垂 則臣佩委〕'主'는 군주이다. 군주가 만약 삼가서 몸을 굽혀 패옥이 드리워지면 신하는 더욱 굽히므로 패옥이 바닥에 닿게 된다는 말이다. 그러나 신하가 처음부터 지나치게 굽히지 않고 반드시 군주가 굽힌 뒤에 비로소 굽히는 것은, 또한 '존자가 서 있을 경우 무릎을 꿇고 주지 않는' 뜻이다.

○〔執玉 其有藉者則裼 無藉者則襲〕무릇 옥을 들 때는 반드시 그 〈옥을 받치는 채색 판인〉 藻가 있어서 옥을 받친다. 만약 꾸밈을 다하여 아름다움을 드러낼 때는 반드시 양 끝에 藻의 끈을 드리워서 드리운 끈이 아래를 향하게 하는데, 이를 '有藉'라 이른다. 이때 이를 든 사람은 몸 위에 입은 겉옷을 벗어 안에 입은 裼衣를 드러내므로 '有藉者則裼'이라고 한 것이다. 일이 질박하여 아름다움을 가릴 때는 옥을 받치는 藻의 끈을 아래로 드리워지도록 하지 않고 구부려서 손에 갖고 있는데, 이를 '無藉'라 이른다. 이때 이를 든 사람은 그 上服을 가려서 襲을 하여 裼衣를 가리니, 이를 일러 '無藉者則襲'이라 한다. 이것은 옥을 든 사람이 조회하거나 聘問하여 예를 행할 때 혹은 裼을 할 때가 있고 혹은 襲을 할 때가 있음을 이른다.

【疏】○注'圭璋'至'是也'. ○正義曰：鄭云此者, 以經云裼・襲者, 人之裼襲, 欲明玉亦有裼襲. 云"圭璋特而襲"者, 上公享[1)]王圭以馬, 享后璋以皮, 皮・馬旣不上於堂, 其上唯特有圭璋. 圭璋旣是寶物, 不可露見(현), 必以物覆襲之, 故云"圭璋特而襲"也. 云"璧琮加束帛而裼"者, 謂侯・伯・子・男享天子璧以帛, 享后琮以錦, 旣有帛錦承玉, 上唯用輕細之物, 蒙覆以裼之, 故云"璧琮加束帛而裼"也. 云"亦是"者, 非但人有裼襲, 其玉亦有裼襲之義, 此皇氏之說. 熊氏以爲上明賓・介二人爲裼・襲, "圭璋特"以下又

明賓・主各自爲裼・襲, 謂朝時用圭璋特, 賓・主俱襲, 行享時用璧琮加束帛, 賓・主俱裼, 亦是也. 凡執玉, "天子執冒四寸, 以朝諸侯[2]." 注云 "德能覆蓋天下. 四寸者方, 以尊接卑, 以小爲貴." 又孔安國注顧命云, "方四寸, 邪刻之", 用之以冒諸侯之圭, 以爲瑞信. 子・男執璧, 蓋亦刻驗覆之, 但無以言焉. 又執鎭圭以朝日及祭天地宗廟, 知者, 典瑞云, 王執鎭圭以朝日, 又鄭志云[3]"祭天地宗廟亦執之", 是朝日旣執鎭圭, 則夕月亦當然也[4]. 大宗伯云 "王執鎭圭." 注 "以四鎭之山[5]爲(綵)〔瑑〕[6]飾, 圭長尺有二寸." 故玉人云"鎭圭尺有二寸, 天子守之"是也. 其五等諸侯, 大宗伯又云"公[7]執桓圭", 注云 "雙植謂之桓. 桓, 宮室之象, 所以安其上也. 圭長九寸." 故玉人云"命圭[8]九寸, 公守之"是也. 宗伯又云 "侯執信圭, 伯執躬圭." 注云 "蓋皆象以人形爲瑑[9]飾, 文有麤縟耳, 欲其愼行以保身. 圭皆長七寸." 故玉人云 "命圭七寸, 謂之信圭, 侯守之. 命圭七寸, 謂之躬圭, 伯守之." 江南儒者解云, 直者爲信, 其文縟細, 曲者爲躬, 其文麤略, 義或然也. 宗伯又云 "子執穀璧, 男執蒲璧." 注云 "穀所以養人, 蒲爲席, 所以安人. 不執圭者, 未成國也[10]." (言以)〔蓋瑑〕[11]爲穀稼及蒲葦之文, 蓋皆徑五寸. 故大行人云, 子執穀璧, 男執蒲璧, 五寸是[12]也. 凡圭廣三寸, 厚半寸, 剡上左右各寸半, 知者, 是聘禮記文[13]. 其璧則內有孔, 外有玉, 其孔謂之好. 故爾雅釋器云 "肉[14]倍好謂之璧, 好倍肉謂之瑗, 肉好若一謂之環." 此謂諸侯所執圭璧, 皆朝於王及相朝所用也. 故典瑞前旣陳玉, 則云"朝・覲・宗・遇・會・同[15]於王, 諸侯相見亦如之"是也. 其公・侯・伯朝后皆用璋, 知者, 以聘禮聘君用圭, 聘夫人以璋, 則知於天子及后亦然也. 其子・男旣朝王用璧, 朝后宜用琮, 以璧・琮相對故也. 鄭注小行人云, 其上公及二王之(后)〔後〕[16], 享天子圭以馬, 享后璋以皮[17], 其侯・伯・子・男享天子璧以帛, 享后琮以錦, 其玉小大, 各如其命數[18]. 知者, 玉人云"璧琮九寸, 諸侯以享天子"是也. 其諸侯相朝所執之玉, 與朝天子同. 其享玉皆以璧享君, 以琮享夫人. 知者, 聘禮璧以享君, 琮以享夫人, 明相朝禮亦當然. 子・男相享, 則降用琥以繡, 璜以黼. 故鄭注小行人云 "其於諸侯亦用璧琮耳. 子・男於諸侯則享用琥璜, 下其瑞"是也. 其諸侯之臣聘天子及聘諸侯, 其聘玉及享玉, 降其君瑞一等, 故玉人云"瑑圭璋八寸, 璧琮八寸, 以覜聘[19]"是也. 其藉玉之藻, 鄭注(周)〔覲〕[20]禮云 "繅(조)所以藉玉, 以韋衣木, 廣袤各如其玉之大小." 天子則以五采畫之, 諸侯則三采, 子・男二采, 其卿・大夫亦二采. 故典瑞云, 王五采五就[21], 公・侯・伯三采三就, 子・男二采二就. 又云"瑑圭・璋・璧・琮, 繅

皆二采一就”是也. 熊氏云 “五采五就者, 采別二行爲一就, 故五就也. 三采三就者, 亦采別二行爲一就, 故三就也. 二采二就者, 亦采別二行爲一就, 故再就也. 二采一就者, 以卿・大夫卑, 二采, 采則別唯一行, 共爲一就.” 知然者, 雜記及聘禮記三采六等[22], 則知天子・諸侯采別爲二等也. 此是周法. 其殷以上, 則禮說含文嘉云 “天子・三公・諸侯, 皆以三帛以薦玉.” 宋均注云 “其殷禮三帛謂朱・白・倉, 象三正. 其五帝之禮, 薦玉用一色之帛.” 故鄭注虞書“三帛”, “高陽氏之後用赤繒, 高辛氏之後用黑繒, 其餘用白繒.” “其餘”謂堯舜之諸侯. 既以采色畫韋衣於板上, 前後垂之, 又有五采組繩以爲繫, 其組上以(𤣥)〔玄〕[23]爲天, 下以黃爲地, 長尺, 無事則以繫玉, 有事則垂爲飾. 故聘禮記“皆(𤣥)〔玄〕纁繫, 長尺, 絇(현)組”, 注云“采成文曰絇, 繫, 無事則以繫玉, 因以爲飾, 皆用五采組, 上以(𤣥)〔玄〕, 下以絳爲地”是也. 其裼・襲之義者, 藻藉有二種, 一者以韋衣木畫之也, 二者絇組垂之. 若板之藻藉, 則當有, 今言無者, 據垂之也. 其垂藻之時則須裼, 屈藻之時則須襲. 案聘禮賓至主人廟門之外, “賈人[24]東面坐, 啓櫝, 取圭垂繅, 不起而授上介”. 注云 “不言裼・襲者, 賤不裼.” 以賈賤, 故不言裼, 明貴者垂藻當裼也. 又云 “上介不襲, 執圭屈繅授賓.” 注 “上介不襲者, 以盛禮不在於己.” 明屈藻合襲也. 又云 “賓襲, 執圭.” 又云 “公襲, 受玉.” 於時圭皆屈藻, 故賓與公執玉皆襲. 是屈藻之時皆襲, 則所謂“無藉者襲”是也. 聘禮又云 “賓出, 公授宰玉, 裼降立.” 是授玉之後乃裼也. 又云 “賓裼, 奉束帛加璧享.” 是有藉者裼. 凡朝之與聘[25], 賓與主君行禮皆屈而襲, 至于行享之時皆裼也. 知者, 以聘禮行聘則襲, 受享則裼. 凡享時其玉皆無藉藻, 故崔靈恩云 “初享圭璋特, 故有藻, 其餘則束帛加璧. 既有束帛, 不須藻.” 凡諸侯朝天子, 皆行三享之禮, 故大行人云公・侯・伯・子・男, 竝云 “廟中將幣, 三享.” 覲禮云“四享”者, 鄭注云 “四當爲三. 初享或用虎豹之皮, 其次享, 三牲・魚・腊・龜・金・丹漆, 唯國所有. 分爲三享, 皆以璧帛致之.” 若其臣出聘, 唯行一享, 故聘禮致夫人聘享, 唯一享也. 裼所以異於襲者, 凡衣近體有袍・襗(탁)之屬, 其外有裘, 夏月則衣葛, 其上有裼衣, 裼衣上有襲衣, 襲衣之上有常著之服, 則皮弁之屬也. 掩而不開則謂之爲襲. 若開此皮弁及中衣, 左袒出其裼衣, 謂之爲裼. 故鄭注聘禮云 “裼者, 左袒也.” 一玉之上, 若垂藻之時, 其人則裼, 屈藻之時, 其人則襲, 則裼・襲不相因. 表記云“裼襲不相因”者, 彼謂各執其物, 執龜玉者則襲, 受享者則裼, 與此同也.

1) 享 : ≪儀禮≫ 〈覲禮〉에 따르면 제후들이 왕에게 覲見禮를 행한 뒤에 이어서 예물을

바치는 세 차례의 享禮를 이른다. 제후들은 근현례 때 公·侯·伯은 圭를, 子·男은 璧을 옥 받침판인 藻에 받쳐서 올리고, 향례 때 璧을 다섯 필의 帛 위에 올려서 바치고 庭實로 10필의 말을 뜰에 진열한다.

2) 天子執冒四寸 以朝諸侯 : ≪周禮≫ 〈冬官考工記 玉人〉에 보인다. '冒'는 瑁의 가차자로, 천자가 드는 瑞玉이다. 제후가 든 圭의 상부와 맞출 수 있도록 하부에 삼각형 모양으로 터져있다.

3) 鄭志云 : 魏나라 鄭小同의 ≪鄭志≫ 卷下에 보인다.

4) 夕月亦當然也 : ≪주례≫ 〈春官 典瑞〉 '以朝日'에 대한 정현의 주에 "천자는 항상 춘분에는 태양에 제사하고 추분에는 달에 제사한다.〔天子常春分朝日 秋分夕月〕"라는 내용이 보인다.

5) 四鎭之山 : ≪주례≫ 〈春官 大宗伯〉 賈公彦의 소에 따르면 揚州의 會稽, 青州의 沂山, 幽州의 醫無閭(즉 醫巫閭山), 冀州의 霍山을 이른다.

6) (綵)〔瑑〕 : 저본에는 '綵'로 되어 있으나, '瑑(전)'을 옳다고 본 완원의 교감기에 의거하여 '瑑'으로 바로잡았다. 惠棟校宋本에는 '瑑', 閩本·監本·毛本에는 '琢(탁)'으로 되어 있으며, 浦鏜의 교감기에는 '琢'을 '瑑'의 오류라고 하였다.(阮元의 校勘記 참조)

7) 公 : ≪주례≫ 〈春官 大宗伯〉 정현의 주에 따르면 夏나라·殷나라의 후손인 제후와 왕의 上公을 이른다.

8) 命圭 : ≪주례≫ 〈冬官考工記 玉人〉 정현의 주에 따르면 왕이 제후를 策命할 때 하사하는 圭라는 뜻이다.

9) 琢 : 惠棟校宋本에는 '瑑'으로 되어 있다.(阮元의 校勘記 참조)

10) 不執圭者 未成國也 : 공영달의 소에 따르면 ≪주례≫ 〈春官 大宗伯〉의 "5命은 법을 하사한다.〔五命賜則〕"라고 한 경우를 이른다. 이는 4命인 왕의 下大夫가 봉지를 받을 때 1命을 올려 받는 경우로, 사방 100리나 200리의 땅을 하사받는다. 나라를 이루는 것은 사방 300리 이상이 되어야 한다.

11) (言以)〔蓋瑑〕 : 저본에는 '言以'로 되어 있으나, 惠棟校宋本에 '蓋瑑'로 되어 있는 것을 옳게 본 완원의 교감기에 의거하여 '蓋瑑'으로 바로잡았다. 閩本·監本에는 '以'가 '琢'으로 되어 있다.(阮元의 校勘記 참조)

12) 是 : 惠棟校宋本에는 '長'으로 되어 있다.(阮元의 校勘記 참조)

13) 聘禮記文 : ≪의례≫ 〈聘禮 記〉에 "천자에게 조회할 때 사용하는 圭와 繅(옥 받침)는 길이가 모두 9촌이다. 圭의 상단 좌우를 1촌 반씩 깎아내며, 두께는 반촌, 너비는 3촌이다.〔所以朝天子 圭與繅皆九寸 剡上寸半 厚半寸 博三寸〕"라는 내용이 보인다.

14) 肉 : 가운데 구멍이 있는 둥근 모양의 옥에서 구멍 주위의 옥이 있는 부분을 이른다. 구멍은 '好'라 이른다.

15) 朝覲宗遇會同 : ≪주례≫ 〈春官 大宗伯〉에 "〈제후가〉 봄에 〈천자를〉 알현하는 것을

朝, 여름에 알현하는 것을 宗, 가을에 알현하는 것을 覲, 겨울에 알현하는 것을 遇, 때때로 알현하는 것을 會, 한꺼번에 알현하는 것을 同이라 한다.〔春見曰朝 夏見曰宗 秋見曰覲 冬見曰遇 時見曰會 殷見曰同〕"라는 내용이 보인다.

16) (后)〔後〕: 저본에는 '后'로 되어 있으나, ≪주례≫ 〈秋官 小行人〉 정현의 주에 의거하여 '後'로 바로잡았다.

17) 皮 : ≪주례≫ 〈秋官 小行人〉 정현의 주에 따르면 범이나 표범 가죽을 이른다.

18) 各如其命數 : 예컨대 ≪주례≫ 〈冬官考工記 玉人〉에 따르면 9命인 公은 9촌 길이의 桓圭를 들고, 7命인 侯와 伯은 각각 7촌 길이의 信圭와 躬圭를 드는 것을 이른다.

19) 覜聘 : ≪주례≫ 〈春官 典瑞〉 '以覜聘'에 대한 정현의 주에 "대부가 여럿이 오는 것을 '覜', 적게 오는 것을 '聘'이라 한다.〔大夫衆來曰覜 寡來曰聘〕"라고 하였다. ≪주례≫ 〈春官 大宗伯〉에 "때때로 빙문하는 것을 '問', 여럿이 조현하는 것을 '視'라 한다.〔時聘曰問 殷覜曰視〕"라고 하였는데, ≪주례≫ 〈춘관 전서〉 賈公彦의 소에 따르면 '覜'는 九服의 제후 중 1服의 제후들이 정해진 해에 천자에게 사신을 보내는 것으로 '視'를 이르며, '聘'은 천자에게 일이 있을 때 제후가 천자에게 사신을 보내는 것으로 '問'을 이른다.

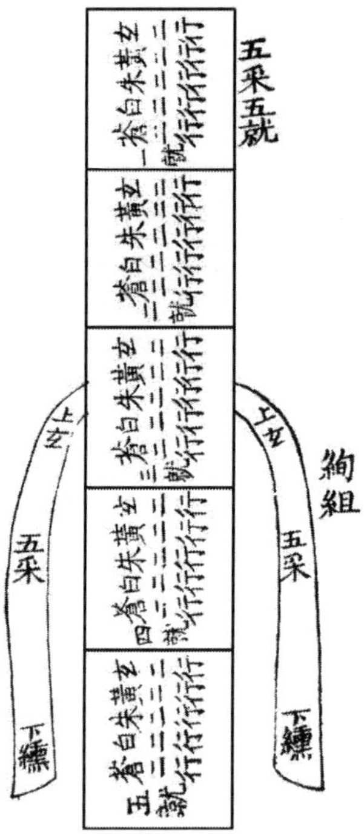

繅藉

20) (周)〔覲〕: 저본에는 '周'로 되어 있으나, 이하의 내용이 ≪의례≫ 〈覲禮〉 정현의 주이므로 이에 의거하여 '覲'으로 바로잡았다.

21) 五就 : ≪주례≫ 〈春官 典瑞〉 주소에 따르면 '就'는 '둘레〔匝〕' 또는 '이루다〔成〕'의 뜻으로, '五就'는 옥 받침판인 藻의 가죽 위에 1采로 1就를 그려서 5采로 모두 5就를 그리는 것을 이른다.

22) 雜記及聘禮記三采六等 : ≪禮記≫ 〈雜記 下〉에 "藻는 〈朱・白・蒼〉 3采로 〈두 줄씩〉 여섯 줄을 그린다.〔藻三采六等〕", ≪의례≫ 〈聘禮 記〉에 "繅는 3采로 여섯 줄을 그리니, 朱・白・蒼이다.〔繅三采六等 朱白蒼〕"라는 내용이 보인다.

23) (玄)〔玄〕: 저본에는 '玄'으로 되어 있으나, 淸 聖祖의 성명 愛新覺羅玄燁의 '玄'을 避諱한 것이므로, 원글자인 '玄'으로 돌려놓았다. 아래도 같다.

24) 賈人 : ≪의례≫ 〈聘禮〉 정현의 주에 따르면 府・史・胥・徒와 같이 관청에 소속된 庶人으로 물가를 아는 자이다.

25) 朝之與聘 : ≪예기≫ 〈王制〉에 "제후는 천자에게 매년 한 번 小聘하고, 3년에 한 번 大聘하고, 5년에 한 번 朝를 한다.〔諸侯之於天子也 比年一小聘 三年一大聘 五年一朝〕"라

고 하였는데, 정현의 주에 "小聘은 대부를 보내고, 大聘은 경을 보내고, 朝는 군주가 직접 간다.〔小聘使大夫 大聘使卿 朝則君自行〕"라고 하였다.

○ 注의 〔圭璋〕에서 〔是也〕까지

○ 正義曰 : 정현이 이를 말한 것은, 경문에서 裼과 襲을 말한 것이 사람이 裼이나 襲을 할 때 玉 또한 裼과 襲이 있음을 밝히고자 해서이다. '圭璋特而襲'이라 한 것은, 上公이 왕에게 享禮를 행할 때는 圭와 함께 〈뜰에 진열하는 庭實로〉 말을 바치고 왕후에게 향례를 행할 때는 璋과 함께 〈뜰에 진열하는 정실로〉 가죽을 바치는데, 가죽과 말은 이미 堂에 올리지 않으니 당 위에는 오직 圭와 璋만 단독으로 있게 된다. 圭와 璋이 이미 보물이라면 노출시켜 드러내어서는 안 되니 반드시 물건으로 덮어 가려야 하므로 '圭璋特而襲'이라 한 것이다. '璧琮加束帛而裼'이라 한 것은, 侯·伯·子·男이 천자에게 향례를 행할 때 璧과 함께 帛을 바치고 왕후에게 향례를 행할 때 琮과 함께 錦을 바치는데, 이미 帛과 錦이 있어 옥을 받친다면 그 위에는 오직 가볍고 고운 물건을 사용하여 덮어 가려서 드러나게 하므로 '璧琮加束帛而裼'이라 한 것이다. '亦是'라 한 것은, 단지 사람에게만 裼과 襲이 있는 것이 아니라 옥에도 裼과 襲이 있다는 뜻이니, 이것은 皇侃의 설이다. 熊安生은 말하기를, 앞에서는 賓과 介 두 사람이 裼과 襲을 함을 밝힌 것이고 '圭璋特' 이하는 또 賓과 주인이 각각 스스로 裼과 襲을 함을 밝힌 것이니, 조회할 때 圭와 璋만 단독으로 바칠 때는 빈과 주인이 모두 襲을 하고, 享禮를 행할 때 璧과 琮을 다섯 필의 비단 위에 올려서 바칠 때는 빈과 주인이 모두 裼을 하는 것이 또한 이 뜻이라고 하였다.

무릇 옥을 들 때 "천자는 4寸의 冒를 들고 제후에게 조회 받는다."라고 하였는데, 정현의 주에 이르기를 "덕이 능히 천하를 덮을 수 있다는 뜻이다. 4촌은 사방의 치수를 이르니, 신분이 높은 사람이 신분이 낮은 사람을 만날 때는 작은 것으로 귀함을 삼는다."라고 하였다. 또 ≪書經≫ 〈周書 顧命〉 孔安國의 주에 이르기를 "사방 4촌이니, 비스듬히 깎는다."라고 하였으니, 이것으로 제후의 圭를 덮어서 〈증표로 삼는 옥인〉 瑞信을 삼는 것이다. 子와 男은 璧을 드는데, 아마 이때에도 역시 깎아서 시험 삼아 덮어서 맞추어볼 것이나 다만 이를 언급한 데가 없을 뿐이다. 또 〈천자는〉 鎭圭를 들고서 태양에 제사하고〔朝日〕 天地와 宗廟에 제사한다. 이를 아는 것은, ≪周禮≫ 〈春官 典瑞〉에 이르기를 왕은 진규를 들고서 태양에 제사한다고 하였고, 또 ≪鄭志≫에 이르기를 "천지와 종묘에 제사할 때도 이를 든다."라고 하였기 때문이다. 이것은 태양에 제사할 때 이미 진규를 들었다면 달에 제사할 때〔夕月〕에도 마찬가지로 그렇게 해야 한다는 것이다. ≪주례≫ 〈春官 大宗伯〉에 이르기를 "왕은 진규를 든다."라고 하였는데, 정현의 주에 이르기를 "사방의 鎭山을 새겨 꾸밈을 삼은 것이니, 圭의 길이는 1尺 2寸이다."라고 하였다. 그러므로 ≪주례≫ 〈冬官考工記 玉人〉에 이르기를 "진규는 1척 2촌이니, 천자가 든다."라고 한 것이 이것이다.

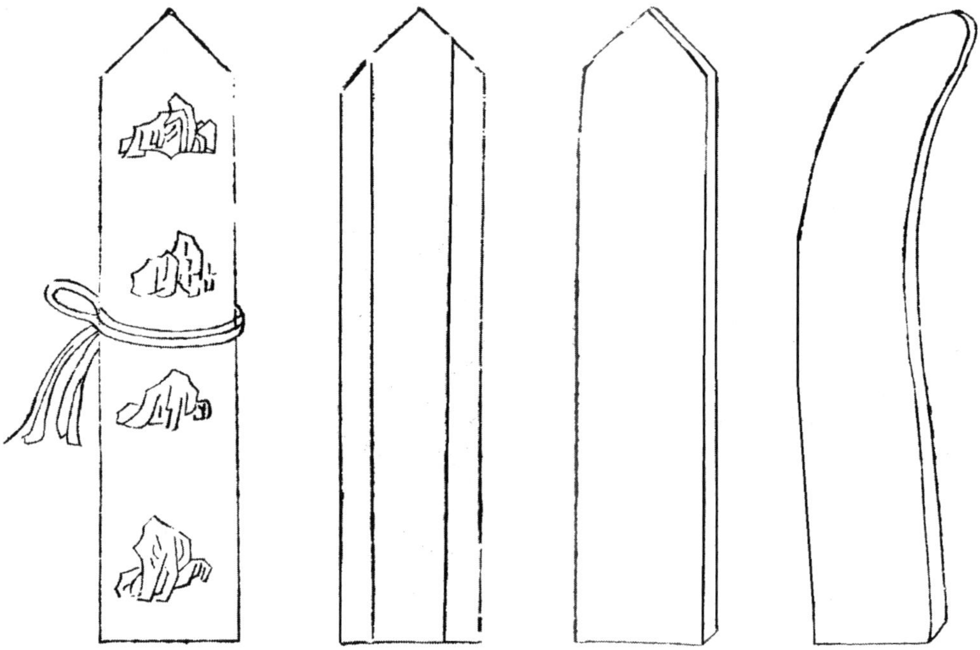

鎭圭 桓圭 信圭 躬圭

5등의 제후는, ≪주례≫ 〈춘관 태종백〉에 또 이르기를 "公은 桓圭를 든다."라고 하였는데, 정현의 주에 이르기를 "두 모서리가 있는 것을 '桓'이라 이른다. '桓'은 궁실의 형상이니, 〈궁실이 기둥〔桓楹〕을 얻어야 안정되는 것처럼〉 그 위를 안정시키는 것이다. 圭의 길이는 9촌이다."라고 하였다. 그러므로 ≪주례≫ 〈동관고공기 옥인〉에 이르기를 "命圭는 9촌이니, 公이 든다."라고 한 것이 이것이다. ≪주례≫ 〈춘관 태종백〉에 또 이르기를 "侯는 信圭를 들고, 伯은 躬圭를 든다."라고 하였는데, 정현의 주에 이르기를 "아마도 모두 사람의 모습을 형상하여 꾸밈을 삼되 무늬의 거침과 세밀함이 있을 뿐인 듯하다. 행실을 삼가서 몸을 보전하게 하고자 한 것이다. 圭는 모두 길이가 7촌이다."라고 하였다. 그러므로 ≪주례≫ 〈동관고공기 옥인〉에 이르기를 "7촌인 命圭를 信圭라 이르니, 侯가 든다. 7촌인 명규를 躬圭라 이르니, 伯이 든다."라고 하였다. 강

남의 儒者가 해설하기를, 곧은 것이 信圭이니 무늬가 세밀하고, 굽은 것이 躬圭이니 무늬가 거칠다고 하였는데, 뜻이 혹 옳은 듯하다. ≪주례≫ 〈춘관 태종백〉에 또 이르기를 "子는 穀璧을 들고, 男은 蒲璧을 든다."라고 하였는데, 정현의 주에 이르기를 "곡식〔穀〕은 사람을 기르는 것이고, 부들〔蒲〕은 돗자리를 만드니 사람을 편안하게 하는 것이다. 圭를 들지 않은 것은 封地가 나라를 이루지 못했기 때문이다."라고 하였다. 곡물 및 부들이나 갈대의 무늬를 새긴 듯하니, 모두 지름이 5촌일 듯하다. 그러므로 ≪주례≫ 〈秋官 大行人〉에 이르기를, 子는 곡벽을 들고 男은 포벽을 드는데 지름이 5촌이라고 한 것이 이것이다.

穀璧

蒲璧

무릇 圭는 너비가 3寸, 두께가 半寸으로, 圭의 상단 좌우를 각각 1촌 반씩 깎아낸다. 이를 아는 것은 ≪儀禮≫ 〈聘禮 記〉의 글이기 때문이다. 璧은 안에 구멍이 있고 밖에 옥이 있으니, 그 구멍을 '好'라 이른다. 그러므로 ≪爾雅≫ 〈釋器〉에 이르기를 "肉이 好의 배가 되는 것을 '璧'이라 이르고, 好가 肉의 배가 되는 것을 '瑗'이라 이르고, 肉과 好가 똑같은 것을 '環'이라 이른다."라고 하였다. 이것은 제후가 드는 圭와 璧을 이르니, 모두 왕에게 조회하거나 〈제후들이〉 서로 조회할 때 사용하는 것이다. 그러므로 ≪주례≫ 〈春官 典瑞〉에서 앞에 이미 〈왕과 제후들이 드는〉 옥을 나열한 뒤 이르기를 "〈이것을 들고〉 왕에게 朝·覲·宗·遇·會·同을 하며, 제후들이 서로 만날 때에도 또한 이와 같다."라고 한 것이 이것이다. 公·侯·伯이 왕후에게 조회할 때는 모두 璋을 사용하는데, 이를 아는 것은 ≪의례≫ 〈聘禮〉에서 군주에게 聘禮를 행할 때는 圭를 사용하고 夫人에게 빙례를 행할 때는 璋을 사용하기 때문이니, 그렇다면 천자와 왕후에게도 그렇게 한다는 것을 알 수 있다. 子와 男은 이미 왕에게 조회할 때 璧을 사용하였으니 왕후에게 조회할 때는 琮을 사용해야 한다. 璧과 琮은 서로 짝이 되기 때문이다.

≪주례≫ 〈秋官 小行人〉 정현의 주에 이르기를, 上公과 夏나라·殷나라의 후손인 제후가 천자에게 享禮를 행할 때는 圭와 함께 말을 바치고 왕후에게 향례를 행할 때는 璋과 함께 가죽을 바치며, 侯·伯·子·男이 천자에게 향례를 행할 때는 璧과 함께 帛을 바치고 왕후에게 향례를 행할 때는 琮과 함께 錦을 바치는데, 옥의 크기는 각각 그 命數와 같다. 이를 아는 것은, ≪주례≫ 〈冬官考工記 玉人〉에 이르기를 "璧과 琮은 9寸이니, 제후들이 이것으로 천자에게 향례를 행한다."라고 한 것이 이것이다. 제후들이 서로 조회할 때 드는 옥은 천자에게 조회할 때와 똑같다. 향례에 사용하는 옥은 모두 璧으로 군주에게 향례를 행하고 琮으로 夫人에게 향례를 행한다. 이를 아는 것은, ≪의례≫ 〈聘禮〉에서 璧으로 군주에게 향례를 행하고 琮으로 夫人에게 향례를 행하였으니, 제후들이 서로 조회하는 예도 그렇게 해야 함이 분명하다. 子와 男은 서로 향례를 행할 때 〈천자에게 향례를 행할 때보다〉 등급을 낮추어 사용하여 琥와 함께 繡를 바치고 璜과 함께 黼를 바친다. 그러므로 ≪주례≫ 〈추관 소행인〉 정현의 주에 이르기를 "〈하나라·은나라의 후손인 제후는〉 5등 제후들에게 〈향례를 행할 때〉 또한 璧과 琮을 사용할 뿐이다. 子와 男이 제후들에게 향례를 행할 때는 琥와 璜을 사용하여 그 瑞玉의 등급을 낮춘다."라고 한 것이 이것이다. 제후의 신하가 천자를 빙문할 때나 제후를 빙문할 때는 〈朝見하는〉 빙례에 사용하는 옥과 〈예물을 바치는〉 향례에 사용하는 옥을 그 군주의 서옥보다 1등급을 낮춘다. 그러므로 ≪주례≫ 〈동관고공기 옥인〉에 이르기를 "꾸밈이 있는 瑑圭와 瑑璋은 〈길이가〉 8寸이고 瑑璧과 瑑琮은 〈지름과 변의 길이가〉 8촌이니, 이것을 사용하여 〈왕에게〉 覜와 聘을 행한다."라고 한 것이 이것이다.

옥을 받치는 판인 藻는, ≪의례≫ 〈覲禮〉 정현의 주에 이르기를 "繅(藻)는 옥을 받치는 것이다. 가죽으로 나무판에 옷을 입히며, 너비와 길이는 각각 그 옥의 크기와 같다."라고 하였다. 천자는 〈玄·黃·朱·白·蒼의〉 5采로 그리고, 여러 侯는 〈朱·白·蒼의〉 3采, 子와 男은 〈赤·綠의〉 2采, 경과 대부 역시 2采로 그린다. 그러므로 ≪주례≫ 〈春官 典瑞〉에 이르기를, 왕은 5采로 〈藻의 가죽 위에〉 5就를 그리고, 公·侯·伯은 3采로 3就를 그리고, 子·男은 2采로 2就를 그린다고 하였다. 또 ≪주례≫ 〈춘관 전서〉에 이르기를 "꾸밈이 있는 瑑圭·瑑璋·瑑璧·瑑琮은 이를 받치는 繅에 모두

2采로 1就를 그린다."라고 한 것이 이것이다. 熊安生이 말하기를 "5采로 5就를 그린다는 것은 채색 별로 두 줄씩 그린 것이 1就이므로 5就가 된다. 3采로 3就를 그린다는 것은 마찬가지로 채색 별로 두 줄씩 그린 것이 1就이므로 3就가 된다. 2采로 2就를 그린다는 것은 마찬가지로 채색 별로 두 줄씩 그린 것이 1就이므로 2就가 된다. 2采로 1就를 그린다는 것은 경과 대부는 신분이 낮아서 2采를 사용하니, 채색 별로 오직 한 줄만 그린 것이 모두 1就가 된다."라고 하였다. 그러함을 아는 것은, ≪예기≫ 〈雜記 下〉와 ≪의례≫ 〈聘禮 記〉에서 3采로 여섯 줄을 그리기 때문이니, 천자와 제후가 채색 별로 두 줄을 만든다는 것을 알 수 있다. 이것은 周나라의 법이다. 은나라 이상은 ≪禮說≫ 〈含文嘉〉에 이르기를 "천자·삼공·제후는 모두 세 종류의 비단을 사용하여 옥을 바친다."라고 하였는데, 〈後漢 光武帝 때의 대신인〉 宋均의 주에 이르기를 "은나라 예에서 세 종류의 비단은 朱·白·倉(蒼)의 비단을 이르니, 〈하·은·주〉 3代의 正朔을 형상한다. 五帝의 예는 옥을 바칠 때 한 가지 색의 비단을 사용한다."라고 하였다. 그러므로 ≪서경≫ 〈虞書 舜典〉의 '三帛'에 대한 정현의 주에 "高陽氏의 후손은 붉은색 비단을 사용하고, 高辛氏의 후손은 검은색 비단을 사용하고, 나머지는 흰색 비단을 사용하였다."라고 하였다. '나머지'는 堯·舜의 제후를 이른다. 판 위에 입힌 가죽에 이미 채색으로 그려서 앞뒤로 늘어뜨리고는, 또 5采로 끈을 짜서 〈繅의 끝에 달린〉 繫를 만든다. 그 組(繫)는 상단은 검은색으로 하늘을 삼고 하단은 누런색으로 땅을 삼으며, 길이가 1尺이다. 일이 없을 때는 이것으로 옥을 묶고, 일이 있으면 늘어뜨려서 꾸밈을 삼는다. 그러므로 ≪의례≫ 〈聘禮 記〉에 "모두 검은색과 붉은색의 繫가 있는데, 길이가 1척이며, 絇組이다."라고 하였는데, 정현의 주에 이르기를 "채색이 무늬를 이룬 것을 '絇'이라 이르니, 繫는 일이 없으면 이것으로 옥을 묶고 인하여 꾸밈을 삼는다. 모두 五采組를 사용하는데, 상단은 검은색이고 하단은 붉은색으로 땅을 삼는다."라고 한 것이 이것이다.

裼과 襲의 뜻이 있다는 것은, 〈채색한 옥 받침인〉 藻藉에는 두 종류가 있는데, 첫째는 가죽으로 나무판에 옷을 입혀서 그 위에 그린 것이고, 둘째는 絇組를 늘어뜨린 것이다. 만약 나무판의 藻藉라면 마땅히 있어야 하는데 지금 없다고 말한 것은 늘어뜨린 것에 근거한 것이다. 藻의 끈을 늘어뜨릴 때는 裼을 해야 하며, 藻의 끈을 구부렸을 때는 襲을 해야 한다. 살펴보면 ≪의례≫ 〈聘禮〉에 賓이 주인의 廟門 밖에 이르면 "賈人이 동향하고 앉아 圭櫝을 열고 圭를 꺼내어서 〈圭의 받침판인〉 繅의 끈을 늘어뜨린 상태로 〈신분이 천해서 대등한 예를 행하지 못하여〉 일어나지 않고 上介에게 건네준다."라고 하였는데, 정현의 주에 이르기를 "裼과 襲을 말하지 않은 것은 신분이 천하여 裼을 하지 않기 때문이다."라고 하였다. 賈人은 신분이 천하므로 裼을 언급하지 않은 것이니, 신분이 귀한 자는 藻의 끈을 늘어뜨렸을 때 마땅히 裼을 해야 함을 밝힌 것이다. 또 〈빙례〉에 이르기를 "上介는 襲을 하지 않고 圭를 드는데 繅(藻)의 끈을 구부린 상태로 賓에게 건네준다."라고 하였는데, 정현의 주에 "上介가 襲을 하지 않는 것은 성대한 예가 자기에게 있지 않기 때문이다."라고 하였다. 藻의 끈을 구부렸으면 襲을 하는 것과 맞음을 밝힌 것이다. 또 〈빙례〉에 이르기를 "賓은 襲을 하고 圭를 든다."라고 하였고, 또 〈빙례〉에 이르기를 "公은 襲을 하고 옥을 받는다."라고 하였다. 이때 圭는 모두 藻의 끈을 구부리므로 賓과 公이 옥을 들 때 모두 襲을 한 것이다. 이것은 藻의 끈을 구부릴 때는 모두 襲을 한 것이니, 〈빙례 記〉에 이른바 "藉(藻)가 없을 경우에는 襲을 한다."라는 것이 이것이다. 〈빙례〉에 또 이르기를 "賓이 나가면 公이 宰에게 옥을 건네준 뒤 裼을 하고 〈堂에서〉 내려가 〈中庭에〉 선다."라고 하였으니, 이것은 옥을 건네준 뒤에 비로소 裼을 하는 것이다. 또 〈빙례〉에 이르기를 "賓이 裼을 하고 다섯 필의 비단을 바치는데, 그 위에 璧을 올려 享禮를 행한다."라고 하였으니, 이것은 藉가 있을 경우에는 裼을 하는 것이다. 무릇 〈제후가 직접 가는〉 朝와 〈제후가 신하를 보내는〉 聘에 賓과 주인 나라의 군주는 예를 행할 때 모두 藻의 끈을 구부리고 襲을 하였다가 〈예물을 바치는 예인〉 享禮에 이르렀을 때 모두 裼을 한다. 이를 아는 것은, 〈빙례〉에서 〈朝見하는 예인〉 聘禮를 행할 때는 襲을 하고 享禮를 받을 때는 裼을 하기 때문이다. 무릇 향례를 행할 때 옥은 모두 藉藻가 없다. 그러므로 崔靈恩이 말하기를 "처음 향례를 행할 때는 圭와 璋만 단독으로 바치므로 藻가 있는 것이며, 나머지는 다섯 필의 비단 위에 璧을 올려 바친다. 이미 다섯 필의 비단이 있다면 藻가 필요하지 않다."라고 하였다.

무릇 제후들은 천자에게 조회할 때 모두 〈세 차례에 걸쳐 예물을 바치는〉 三享의 예를 행한다. 그러므로 ≪주례≫ 〈秋官 大行人〉에 이르기를 公·侯·伯·子·男이 모두 "〈天命을 받은 조상의〉 廟 안에서 폐백을 받들고 삼향의 예를 행한다."라고 하였고, ≪의례≫ 〈覲禮〉에서 '四享'이라 한 것에 대해 정현의 주에 이르기를 "'四'는 '三'이 되어야 한다. 첫 번째 享禮에는 혹 범이나 표범의 가죽을 사용하고, 그다음 향례에는 〈牛·羊·豕의〉 세 종류 희생, 물고기, 말린 짐승〔腊〕, 거북, 金, 丹漆 중 오직 각 나라에 있는 것을 나누어서 바치는 三享의 禮를 행하되 모두 璧을 비단 위에 올려서 바친다."라고 하였다. 만약 제후의 신하가 출국하여 聘問하면 오직 한 차례의 향례만 행한다. 그러므로 ≪의례≫ 〈聘禮〉에서 夫人에게 聘享의 예를 바칠 때 오직 한 차례의 향례만 행한 것이다.

裼이 襲과 다른 것은, 무릇 옷은 몸에 닿는 것으로 袍와 속고의〔襗〕 등속이 있고, 그 밖에는 갖옷〔裘〕이 있으며 여름에는 갈옷이 있다. 그 위에는 裼衣가 있고, 석의 위에는 襲衣가 있고, 습의 위에는 평상시 입는 옷이 있으니 바로 皮弁服의 등속이다. 가려서 개방하지 않으면 이를 '襲'이라 이른다. 만약 이 피변복과 中衣를 개방하여 왼쪽 소매를 벗어서 석의를 나오게 하면 이를 '裼'이라 이른다. 그러므로 ≪의례≫ 〈聘禮〉 정현의 주에 이르기를 "裼은 왼쪽 소매를 벗는 것이다."라고 한 것이다. 하나의 옥을 올리는데 만약 〈옥을 받치는〉 藻의 끈을 늘어뜨렸을 때라면 그 사람은 裼을 하고, 藻의 끈을 구부렸을 때라면 그 사람은 襲을 하니, 그렇다면 裼과 襲은 〈享禮와 같이 盛禮가 아닐 경우에는 裼이 敬이 되고 聘禮와 같이 성례일 경우에는 襲이 경이 되어서〉 서로 따르지 않는 것이다. ≪禮記≫ 〈表記〉에 이르기를 "裼과 襲은 서로 따르지 않는다."라고 한 것은 〈표기〉에서는 각각 그 물건을 들 때를 이른 것이니, 거북이나 옥을 든 자는 襲을 하고 향례를 받는 자는 裼을 하여 여기와 동일하다.

02-02-01 國君은 不名卿老世婦하고 大夫는 不名世臣姪娣하고 士는 不名家相長妾이니라

군주는 〈上卿인〉 卿老와 〈두 媵妾인〉 世婦의 이름을 부르지 않고, 대부는 〈아버지 때의 老臣인〉 世臣과 〈처가 시집올 때 따라와 첩이 된〉 처조카와 처제의 이름을 부르지 않고, 士는 〈집안일을 총괄하여 돕는 사람인〉 家相과 〈자식을 낳은 첩인〉 長妾의 이름을 부르지 않는다.

【注】 雖貴나 於其國家에 猶有所尊也라 卿老는 上卿也라 世臣은 父時老臣이라

비록 신분이 귀하더라도 그 나라와 집안에서 여전히 존중하는 대상이 있다. '卿老'는 上卿이다. '世臣'은 아버지 때의 老臣이다.

【疏】 '國君'至'長妾'. ○ 正義曰：此一節總明稱謂之事, 各依文解之. ○ '國君不名卿老〔世婦〕[1]'者, 人君雖有國家之貴, 猶宜有所敬, 不得呼其名者也. "卿老"謂上卿, 上卿貴, 故曰"卿老". "世婦"者, 謂兩媵也, 次於夫人, 而貴於諸妾也. 言諸侯雖貴, 不得呼其名也. ○ '大夫不名世臣姪娣'者, 世臣, 父在時老臣也. 姪是妻之兄女, 娣是妻之妹, 從妻來爲妾也. 大夫不得呼世臣及貴妾名也. 然王制云 "大夫不世爵." 此有世臣者, 子賢, 謂襲父爵者也. ○ '士不名家相長妾'者, 家相謂助知家事者也. 長妾, 妾之有子者也. 士不得呼此二等人名也. 不名長妾者, 熊氏云 "士有一妻二妾, 言長妾者, 當謂娣也. 故鄭注昏禮云 '娣尊姪卑.'" 義或然也.

1) 〔世婦〕: 저본에는 '世婦'가 없으나, 다음에 나오는 풀이 내용에 의거하여 보충하였다.

經의 〔國君〕에서 〔長妾〕까지

○ 正義曰 : 이 절은 호칭의 일을 총괄적으로 밝힌 것이니, 각각 글을 따라 풀이하겠다.

○ 〔國君不名卿老世婦〕 人君이 비록 국가의 귀함이 있다 하더라도 여전히 공경해야 하는 대상이 있어서 그 이름을 불러서는 안 된다. '卿老'는 上卿을 이르니, 상경은 귀하므로 '卿老'라 한 것이다. '世婦'는 두 媵妾을 이르니, 夫人의 다음 가는 신분으로 첩들 중에서 귀하다. 제후가 비록 귀하더라도 이들의 이름을 부를 수 없다는 말이다.

○ 〔大夫不名世臣姪娣〕 '世臣'은 아버지가 살아있을 때의 老臣이다. '姪'은 처형의 딸이고 '娣'는 처의 여동생이니, 이들은 처를 따라 시집와서 첩이 된 자들이다. 대부는 世臣과 〈처를 따라 시집온 여동생과 조카인〉 貴妾의 이름을 부를 수 없다. 그러나 《禮記》 〈王制〉에 이르기를 "대부는 작위를 세습하지 않는다."라고 하였는데 여기에 세신이 있는 것은 자식이 현명해서이니, 아버지의 작위를 이어받은 자를 이른다.

○ 〔士不名家相長妾〕 '家相'은 가사를 도와 주관하는 자를 이른다. '長妾'은 첩 중에 자식이 있는 자이다. 士는 이 두 부류 사람의 이름을 부르지 못한다. 장첩의 이름을 부르지 않는 것은, 熊安生이 말하기를 "士는 처 하나에 첩이 둘이니, '장첩'이라 말한 것은 마땅히 〈처를 따라 시집온 처의〉 여동생을 이른다. 그러므로 《儀禮》 〈士昏禮〉 정현의 주에 이르기를 '여동생은 높고 조카는 낮다.'라고 한 것이다."라고 하였는데, 뜻이 혹 옳은 듯하다.

02-02-02 君大夫之子 不敢自稱曰余小子라하며

〈토지가 있는 천자의〉 대부의 아들은 〈喪中에 있을 때〉 감히 자칭하여 '余小子'라고 하지 못하며,

【注】 辟(피)天子之子未除喪之名이라 君大夫는 天子大夫有土地者라

천자 아들의 喪服을 벗기 전의 명칭을 피하는 것이다. '君大夫'는 천자의 대부로 토지가 있는 자이다.

大夫士之子 不敢自稱曰嗣子某라하며

〈제후국의〉 대부와 士의 아들은 〈喪中에 있을 때〉 감히 자칭하여 '嗣子某'라고 하지 못하며,

【注】 亦辟(피)其君之子未除喪之名이라

마찬가지로 군주 아들의 喪服을 벗기 전의 명칭을 피하는 것이다.

不敢與世子로 同名이니라

〈제후의 신하는 아들의 이름을 지을 때〉 감히 〈제후의 적자인〉 세자와 같은 이름으로 짓지 못한다.

【注】 辟(피)僭傚也니 其先之生이면 則亦不改라 世或爲大[1]라

1) 大 : 閩本·監本·毛本에는 '太'로 되어 있다.

참람하게 모방함을 피하는 것이니, 〈군주의 적자인 세자보다〉 먼저 태어났으면 또한 고치지 않는다. '世'는 혹 '大'로 되어 있는 판본도 있다.

【疏】 '君大'至'同名'. ○〔正義曰〕[1] : 此以下明孝子在喪, 擯者接對賓客之辭也. 君大夫, 謂天子大夫有地者, 大夫有地者, 則亦稱曰君, 故云"君大夫"也. 天子未除喪, 自稱曰"余小子". 今大夫有地, 雖同曰君, 而其子在喪, 不敢同天子稱余小子也. ○'大夫士之子不敢自稱曰嗣子某'者, 此諸侯(稱)〔之〕[2]大夫士之子也. 諸侯在喪(之)〔稱〕[3]嗣子某, 臣之子避之也. ○'不敢與世子同名'者, 世子謂諸侯之適子也. 諸侯之臣爲其子作名, 不得與君適子名同也. 白虎通云 "(生)〔父〕[4]在稱世子何. 繫於君也."

1) 〔正義曰〕 : 저본에는 '正義曰' 3자가 없으나, 본서의 체제에 의거하여 보충하였다.
2) (稱)〔之〕 : 저본에는 '稱'으로 되어 있으나, 監本·毛本에 '之'로 되어 있는 것을 옳게

본 완원의 교감기에 의거하여 '之'로 바로잡았다.(阮元의 校勘記 참조)

3) (之)〔稱〕: 저본에는 '之'로 되어 있으나, 앞의 '諸侯稱'의 '稱'과 뒤바뀌어 있다는 완원의 교감기에 의거하여 '稱'으로 바로잡았다.(阮元의 校勘記 참조)

4) (生)〔父〕: 저본에는 '生'으로 되어 있으나, ≪白虎通義≫ 卷上 〈德論上 爵〉에 의거하여 '父'로 바로잡았다.

經의 〔君大〕에서 〔同名〕까지

○ 正義曰: 이 이하는 효자가 喪中에 있을 때 擯者가 빈객을 대하는 말이다. '君大夫'는 천자의 대부로 토지가 있는 자를 이르니, 대부로서 토지가 있는 자를 또한 '君'이라 칭하므로 '君大夫'라 한 것이다. 천자가 상복을 벗기 전에는 스스로 칭하기를 '余小子'라 하니, 지금 대부로서 토지가 있으면 비록 똑같이 '君'이라 하지만 그 대부의 아들이 상중에 있을 때 감히 천자와 똑같이 '余小子'라 칭하지 못한다.

○〔大夫士之子不敢自稱曰嗣子某〕 이것은 제후의 대부와 士의 아들이다. 제후가 상중에 있을 때 '嗣子某'라 칭하니, 신하의 아들이 〈이 호칭을〉 피하는 것이다.

○〔不敢與世子同名〕 '世子'는 제후의 적자를 이른다. 제후의 신하는 그 아들에게 이름을 지어줄 때 군주의 적자 이름과 똑같이 해서는 안 된다. ≪白虎通義≫에 이르기를 "아버지가 살아있을 때 '世子'라 칭하는 것은 무엇 때문인가? 군주에 매어서 칭하는 것이다."라고 하였다.

【疏】 ○ 注'辟僭'至'爲大'. ○ 正義曰: 若名子與君世子同, 則嫌其名自比擬於君, 故云"避僭傚也". 世子貴, 不得同, 則與庶子同不嫌. 又若其子生在君之世子前, 已爲名, 而君來同之, 此是君來同己, 不須易也. 故穀梁昭七年傳云"何爲君臣同名[1]. 君子不奪人親之所名, 重其所由來也." 是臣先名, 君後名, 同之, 臣不改也. 又案雜記云"與君之諱同則稱字." 若先生與世子同名, 亦當然也. 諸侯之子不可同天子之子, 故宜不也. 異義[2] "公羊說臣子先死, 君父猶名之[3]. 孔子云'鯉也死', 是已死而稱名. 左氏說旣沒, 稱字而不名[4]. 桓二年, '宋督弑其君與夷及其大夫孔父', 先君死, 故稱其字[5]. 穀梁同左氏說. 許愼謹案 同左氏·穀梁說, 以爲論語稱'鯉也死'[6], 時實未死, 假言死耳." 鄭康成亦同左氏·穀梁之義, 以論語云'鯉也死, 有棺而無槨', 是實死未葬已前也. 故鄭駁許愼云"設言死, 凡人於恩猶不然, 況賢聖乎. 然鯉也死, 未滿五十. 鯉死稱伯魚者, 按冠禮二十已稱伯某甫, 未必要五十也. 但五十直稱伯耳." 焦氏問"案春秋君在稱世子, 君薨稱子某, 旣葬稱子, 無言嗣子某者也. 又大夫之子當何稱." 張逸答曰"此避子某耳, 大夫之子稱未聞. 案稱嗣子某, 或殷禮也."

1) 何爲君臣同名 : 衛 襄公의 이름인 '惡'이 그 신하 '齊惡'과 똑같은 것을 이른다.

2) 異義 : 후한 許愼의 ≪五經異義≫를 이른다. 이하의 내용이 정현의 ≪駁五經異義≫ 〈田稅 臣子已死猶名〉에 보인다.

3) 公羊說臣子先死 君父猶名之 : ≪春秋公羊傳≫ 桓公 2년 조 何休의 解詁에는 "예에 따르면 신하가 죽으면 군주가 신하의 字를 칭한다.〔禮 臣死 君字之〕"라고 되어 있어 공영달의 소와 내용이 다르다.

4) 左氏說旣沒 稱字而不名 : ≪春秋左氏傳≫ 莊公 27년 조에 "가을에 公子 友가 陳나라에 가서 〈진나라 대부〉 原仲을 장사 지냈다.〔秋 公子友如陳 葬原仲〕"라고 하였는데, 杜預의 주에 "예에 따르면 신하가 죽은 뒤에는 이름을 부르지 않으므로 〈仲이라는〉 字를 칭한 것이다.〔禮 臣旣卒不名 故稱字〕"라고 하였다.

5) 先君死 故稱其字 : ≪춘추좌씨전≫ 환공 2년 조 두예의 주에 따르면 '孔父'는 宋나라의 대부 孔父嘉로, 孔父는 이름이고 嘉가 字이다. 이에 의거하면 공영달이 예로 든 이 사례는 옳지 않다. 그러나 ≪춘추공양전≫ 하휴의 解詁에서는 '孔父'의 '父'를 字로 보았다.

6) 論語稱鯉也死 : ≪論語≫ 〈先進〉에 顔回가 죽었을 때 안회의 부친이 공자에게 공자의 수레를 팔아 槨을 만들 것을 청하자, 공자가 "鯉가 죽으면 널은 쓸 것이나 덧널은 쓰지 않을 것이다.〔鯉也死 有棺而無槨〕"라고 말한 내용이 보인다. '鯉'는 공자의 아들 伯魚의 이름이다. 邢昺의 소에, 안회는 공자보다 30세가 적고 32세에 죽었으니 이때 공자는 61세이며, 백어는 50세의 나이로 공자보다 먼저 죽었는데 이때 공자는 70세 전후라고 하였다. 이에 따르면 안회가 죽었을 때 백어는 살아있을 때이므로 '鯉也死'는 가정하는 말이 된다.

○ 注의 〔辟僭〕에서 〔爲大〕까지

○ 正義曰 : 만약 아들의 이름을 지을 때 군주의 世子와 똑같이 지으면 그 이름이 스스로 군주에 비견한다는 혐의가 있으므로 '避僭儗也'라 한 것이다. 세자는 귀하여 이름을 똑같이 지을 수 없다면 庶子와 똑같이 짓는 것은 혐의하지 않는다. 또 자기 아들이 군주의 세자보다 전에 태어나서 자기가 이름을 지어주었는데 군주가 뒤에 〈세자의 이름을〉 똑같이 지었다면 이것은 군주가 뒤에 자기와 똑같이 지은 것이므로 바꿀 필요가 없다. 그러므로 ≪春秋穀梁傳≫ 昭公 7년 조 傳에 이르기를 "어찌하여 군주와 신하가 이름이 똑같은가? 군자는 남의 부모가 지어준 이름을 빼지 않으니, 그 유래를 중히 여기기 때문이다."라고 하였으니, 이것은 신하가 먼저 이름을 지었는데 군주가 뒤에 이름을 지을 때 똑같이 지었으므로 신하가 바꾸지 않은 것이다. 또 살펴보면 ≪禮記≫ 〈雜記 下〉에 이르기를 "군주의 諱와 똑같으면 字를 칭한다."라고 하였으니, 만약

먼저 낳았는데 세자와 이름이 똑같으면 마찬가지로 字를 칭해야 한다. 제후의 아들은 천자의 아들과 이름을 똑같이 해서는 안 되므로 당연히 그렇게 하지 않는다.

≪五經異義≫에 이르기를 "≪春秋公羊傳≫에서는 신하와 자식이 먼저 죽어도 군주와 아버지는 여전히 이름을 부른다고 하였다. 공자가 '鯉也死'라고 하였으니, 이것은 이미 자식이 죽었는데도 이름을 부른 것이다. ≪春秋左氏傳≫에서는 이미 죽은 뒤에는 字를 칭하고 이름을 부르지 않는다고 하였다. 魯 桓公 2년에 '宋督이 그 군주인 〈宋 殤公〉 與夷와 대부 孔父를 시해하였다.'라고 하였는데, 〈대부인 孔父가〉 군주보다 먼저 죽었으므로 그 字를 칭한 것이다. ≪춘추곡량전≫은 ≪춘추좌씨전≫의 설과 동일하다. 내가 삼가 살펴보건대 ≪춘추좌씨전≫·≪춘추곡량전≫의 설과 똑같다면 ≪論語≫에서 '鯉也死'라고 한 것은, 이때는 사실은 鯉가 아직 죽지 않은 것이고 가정하여 죽었다고 말한 것뿐이다."라고 하였다. 정현 또한 ≪춘추좌씨전≫·≪춘추곡량전≫의 뜻과 똑같이 보아, ≪논어≫에서 '鯉也死 有棺而無椁'이라 한 것은 사실은 鯉가 죽었으나 아직 장례하기 이전이라고 하였다. 그러므로 정현은 許愼의 설을 반박하여 "죽은 것을 가정하여 말한 것이니, 보통 사람도 부자의 은혜에 있어 오히려 그렇게 하지 않는데 더구나 성현은 말해 무엇하겠는가."라고 하였다. 그러나 鯉가 죽은 것은 50이 채 되기 전이었다. 鯉가 죽고 '伯魚'라 칭한 것은, 살펴보면 ≪儀禮≫ 〈士冠禮〉에서 20세 때 이미 '伯某甫'라 칭하니 반드시 50세가 되어야 하는 것은 아니다. 다만 50세에는 단지 '伯'을 칭할 뿐이다.

焦喬가 묻기를 "≪춘추≫를 살펴보면 군주가 살아있을 때는 '世子'라 칭하고, 군주가 薨逝했을 때는 '子某'라 칭하고, 군주를 이미 장사 지냈을 때는 '子'라 칭하여 '嗣子某'라고 말한 경우가 없습니다. 또 대부의 아들은 마땅히 어떻게 칭해야 합니까?"라고 하자, 張逸이 답하기를 "이것은 '子某'를 피한 것뿐이니, 대부의 아들에 대해서는 호칭을 듣지 못하였다. 살펴보면 '嗣子某'라 칭하는 것은 혹 殷나라의 예일 수 있다."라고 하였다.

02-03-01 君이 使士로 射어시든 不能이어든 則辭以疾하여 言曰호되 某有負薪之憂니라

군주가 〈짝을 갖추기 위해〉 士에게 활을 쏘게 했는데 士가 활을 쏘지 못하겠으면 병이 있다는 뜻으로 사양하여 말하기를 "某가 땔나무를 짊어지는 수고로움이 있습니다."라고 한다.

【注】射者는 所以觀德이니 唯有疾이라야 可以辭也라 使士射는 謂以備耦也라 憂或爲疾이라

활을 쏘는 것은 덕을 보는 것이니 오직 병이 있을 때만 사양할 수 있다. '使士射'는 〈활쏘기의〉 짝을 갖추게 하는 것을 이른다. '憂'는 혹 '疾'로 되어 있는 판본도 있다.

【疏】'君使'至'之憂'[1]. ○正義曰：射法, 每兩人相對, 以決勝負, 名之曰耦. 耦, 貴賤必對, 故卿與卿耦, 大夫與大夫耦, 或奇餘不足, 則使士備耦. 案大射君與賓耦, 卿・大夫自相耦, 又有士御於大夫. 又司射誓耦, "卑者與尊者爲耦, 不異侯[2]", 是言士得備預爲耦, 故此有"使士射"之禮也. ○'不能, 則辭以疾'者, 士若不能, 不得云不能, 但當自稱有疾也. 所以然者, 夫射以表德, 士旣升朝, 必宜有德, 若不能, 則是素餐之辱, 兼辱君不知人, 誤用己也. ○'言曰 某有負薪之憂'者, 此稱疾之辭也. 某, 士名也. 負, (檐(첨))〔儋(담)〕[3]也. 薪, 樵也, 大樵曰薪. 詩云 "析薪如之何. 匪斧不克." 是大故用斧也. 憂, 勞也, 言己有(檐)〔儋〕樵之餘勞, 不堪射也. 不直云"疾"而云"負薪"者, 若直云"疾", 則似傲慢, 故陳疾之所由, 明非假也. 然士祿代耕, 且後問庶人子云"能負薪"[4], 而今云士負薪者, 亦謙辭也. 謙言昔未爲士時經(檐)〔儋〕樵, 今猶發動昔日之勞也. 白虎通云 "天子病曰不豫, 言不復豫政也. 諸侯曰負子. 子, 民也, 言憂民不復子之也." 桓十六年, 衛侯朔出奔齊, 公羊云有疾曰"負茲". 諸侯之疾, 所以名不同者, 蓋"子"・"茲"聲相近, 其字相亂, 未知孰是. 音義隱云 "天子曰不豫, 諸侯曰不茲, 大夫曰犬馬, 士曰負薪."

1) 君使至之憂：惠棟校宋本에는 이 5자가 없다.(阮元의 校勘記 참조)
2) 不異侯：'侯'는 '과녁'의 뜻이다. ≪儀禮≫ 〈大射〉에 따르면 군주는 천자의 熊侯와 똑같이 고라니 가죽으로 正鵠을 만든 大侯, 대부는 표범 가죽으로 정곡을 만들고 고라니 가죽으로 장식을 삼은 參侯, 士는 들개 가죽으로 장식한 干侯(한후)를 사용하는데, 만약 신분이 다른 사람이 하나의 耦가 된다면 신분이 높은 사람의 과녁을 함께 사용한다는 말이다.
3) (檐(첨))〔儋(담)〕：저본에는 '檐'으로 되어 있으나, ≪說文解字≫에 의거하여 '儋'으로 바로잡았다. 이하 '儋樵'의 '儋'도 같다. 毛本에는 '擔'으로 되어 있는데, 완원에 따르면 '檐'은 假借字, '擔'은 俗字이다.(阮元의 校勘記 참조)
4) 後問庶人子云能負薪：02-19-01 경문 참조.

經의 〔君使〕에서 〔之憂〕까지

○正義曰：射法은 두 사람씩 서로 짝을 지어 승부를 가리므로 이를 '耦'라 이름한다. 耦는 貴賤이 반드시 짝을 지으므로 卿은 卿과 耦가 되고 대부는 대부와 耦가 되

며, 혹 인원이 남거나 부족하면 士로 하여금 耦를 갖추게 한다. 살펴보면 ≪儀禮≫〈大射〉에서 군주는 賓과 짝이 되고, 경과 대부는 각각 짝이 되며, 또 士가 대부를 모시고 활을 쏜다. 또 司射가 耦에게 고하기를 "신분이 낮은 자가 신분이 높은 자와 耦가 되었을 때 과녁을 달리하지 않는다."라고 하였으니, 이것은 士가 耦가 되는 데 갖추어질 수 있음을 말한 것이다. 그러므로 여기에 '使士射'의 禮가 있는 것이다.

○〔不能 則辭以疾〕 士가 만약 활을 쏠 수 없다면 "할 수 없다."라고 말해서는 안 되고, 다만 스스로 병이 있다고 칭해야 한다. 이렇게 하는 이유는, 저 활쏘기는 덕을 나타내는 것이니 士가 이미 조정에 나갔다면 반드시 덕이 있어야 하는데, 만약 할 수 없다면 이는 욕되게 녹봉만 축내고 직무를 제대로 수행하지 않는다는 것이며 아울러 욕되게 군주가 사람을 알아보지 못하여 자기를 잘못 등용했다는 것이기 때문이다.

○〔言曰 某有負薪之憂〕 이것은 병을 칭탁하는 말이다. '某'는 士의 이름이다. '負'는 '메다'의 뜻이다. '薪'은 땔나무이니, 큰 땔나무를 '薪'이라 한다. ≪詩經≫〈齊風 南山〉에 이르기를 "장작을 패려면 어찌해야 하는가? 도끼가 아니면 하지 못하느니라."라고 하였으니, 이것은 땔나무가 크기 때문에 도끼를 사용한 것이다. '憂'는 '수고로움'의 뜻이니, 자신이 땔나무를 짊어지는 남은 수고로움이 있어 활을 쏠 수 없다는 말이다. 곧바로 '疾'이라 하지 않고 '負薪'이라 한 것은, 만약 곧바로 '疾'이라 하면 오만해 보이므로 병이 생긴 연유를 진술하여 거짓이 아님을 밝힌 것이다. 그러나 士의 녹봉은 〈농민의〉 경작을 대신할 뿐 아니라 뒤의 경문에서 서인의 자식에 대해 〈나이를〉 물으면 '能負薪'이라 하였는데 지금 士가 負薪한다고 말한 것은, 또한 겸손한 말이다. 옛날 아직 士가 되지 않았을 때 땔나무를 짊어진 적이 있는데 지금 오히려 지난날의 수고로움이 생겼다고 겸손하게 말한 것이다. ≪白虎通義≫에 이르기를 "천자가 병이 위중하면 '不豫'라 하니, 더는 정사에 참여하지 못한다는 말이다. 제후는 '負子'라 한다. '子'는 백성이니, 백성을 〈저버려서〉 더는 사랑하지 못할까 근심스럽다는 말이다."라고 하였다. 魯 桓公 16년에 衛侯 朔이 齊나라로 망명하였는데, ≪春秋公羊傳≫에서는 병이 있는 것을 '負玆'라 한다고 하였다. 제후의 병에 붙인 이름이 같지 않은 이유는, 아마도 '子'와 '玆'가 소리가 가까워 글자가 어지럽게 뒤섞여서일 것이니, 어느 것이 옳은지 알지 못하겠다. ≪禮記音義隱≫에 이르기를 "천자의 병은 '不豫', 제후는 '不玆', 대부는 '犬馬', 士는 '負薪'이라 한다."라고 하였다.

【疏】 ○ 注'使士射, 謂以備耦也. 憂或爲疾'. ○ 正義曰：知非士自射, 而云"備耦"者, 熊

氏云 "若其自射, 不須云使, 又不應辭, 以其言使言辭, 故云備耦."

○ 注의 〔使士射 謂以備耦也 憂或爲疾〕

○ 正義曰 : 〈정현이〉 士가 스스로 활을 쏘는 것이 아님을 알아서 '備耦'라고 한 것은, 熊安生이 말하기를 "만약 스스로 쏘는 것이라면 '使'라고 말할 필요가 없고 또 사양해서도 안 되는데, '使'를 말하고 '辭'를 말하였기 때문에 '備耦'라고 한 것이다."라고 하였다.

02-03-02 侍於君子에 不顧望而對홈이 非禮也니라

군자를 모실 때 〈군자가 여러 사람에게 물었는데〉 주위를 돌아보지 않고 대답하는 것은 〈남을 앞질러서 말하는 것이므로〉 예가 아니다.

【注】 禮尙謙也라 不顧望은 若子路帥(솔)[1]爾而對라

1) 帥(솔) : 閩本·監本·毛本·岳本에는 '率'로 되어 있다.(阮元의 校勘記 참조)

禮는 겸양을 숭상하기 때문이다. '不顧望'은 子路가 성급하게 대답한 것과 같은 것이다.

【疏】 '侍於'至'禮也'. ○ 正義曰 : 謂多人侍而君子有問, 若指問一人, 則一人直對. 若問多人, 則侍者當先顧望坐中, 或有勝己者宜前, 而己不得率爾先對, 先對非禮也.

經의 〔侍於〕에서 〔禮也〕까지

○ 正義曰 : 많은 사람이 모시고 있는데 군자가 물어보는 것을 이르니, 만약 한 사람을 가리켜서 물어본다면 그 사람이 곧바로 대답한다. 그러나 만약 많은 사람에게 물어본다면 모시는 자는 마땅히 먼저 좌중을 돌아보고서 혹 자기보다 나은 자가 있으면 앞에 대답하도록 해야 하며 자기가 성급하게 먼저 대답해서는 안 되니, 먼저 대답하는 것은 예가 아니다.

【疏】 ○ 注'禮尙'至'而對'. ○ 正義曰 : 此證問多人而不顧望對者. 論語云, 子路·曾晳·冉有·公西華侍於孔子, 孔子問四人各言其志. 而子路率爾先對云, 願治千乘之國, 而孔子哂之云 "爲國以禮, 其言不讓, 是故哂之."

○ 注의 〔禮尙〕에서 〔而對〕까지

○ 正義曰 : 이것은 많은 사람에게 물었는데 돌아보지 않고 대답한 사례를 입증한 것이다. ≪論語≫ 〈先進〉에 이르기를, 子路·曾晳·冉有·公西華가 공자를 모시고 있을 때 공자가 네 사람에게 물으며 각각 자기 뜻을 말하라고 하였다. 자로가 성급하게 먼저 대답하여 千乘의 나라를 다스리기를 원한다고 하자, 공자가 웃고서 말하기를 "나라를 다스리는 것은 예로 하는 것인데, 그 말이 겸양하지 않았으므로 이 때문에 웃은 것이다."라고 하였다.

02-04-01 君子行禮호되 不求變俗이니

군자는 〈선조의 나라를 떠나 타국에 살면서〉 예를 행할 때 본국의 풍속을 바꾸기를 힘쓰지 않으니,

【注】 求는 猶務也라 不務變其故俗은 重本也라 謂去先祖之國하여 居他國이라

'求'는 〈'힘쓰다'의 뜻인〉 '務'와 같다. 옛 풍속을 바꾸기를 힘쓰지 않은 것은 근본을 중히 여기기 때문이다. 선조의 나라를 떠나 타국에 사는 것을 이른다.

祭祀之禮와 居喪之服과 哭泣之位를 皆如其國之故하여 謹修其法而審行之니라

제사 지내는 예와 居喪하는 상복과 哭泣하는 위치를 모두 본국의 옛 풍속대로 하여 삼가 선조의 제도를 닦아서 살펴 행한다.

【注】 其法은 謂其先祖之制度니 若夏殷이라

'其法'은 선조의 제도를 이르니, 예컨대 夏나라·殷나라의 제도 같은 것이다.

【疏】 '君子'至'行之'. ○ 正義曰 : 此一節論臣去本國行禮之事, 各依文解之. ○ '君子行禮, 〔不求變俗〕[1]'者, 謂去先祖之國, 居他國者也. 求猶務也. 俗者, 本國禮法所行也. 明雖居他國, 猶宜重本, 行故國法, 不務變之從新也. 如杞·宋之臣入於齊·魯, 齊·魯之臣入於杞·宋, 各宜行己本國禮法也. 此云不變俗, 謂大夫出在他國, 不變己本國之俗. 按鄭答趙商[2], 以爲衛武公居殷墟[3], 故用殷禮, 卽引此云"君子行禮, 不求變俗."

如鄭之意, 不變所往之國舊時風俗. 與此不同者, 熊氏云"若人臣出居他國, 亦不忘本, 故云不變本國風俗. 人君務在化民, 因其舊俗, 往之新國, 不須改也." 然則"不求變俗", 其文雖一, 但人君·人臣兩義不同. 熊氏云"必知人君不易舊俗者, 王制云'修其敎, 不易其俗.' 又左傳定四年, 封魯〔公〕[4], 因商奄之人[5], 封康叔於殷虛[6], 啓以商政, 封唐叔於夏虛[7], 啓以夏政. 皆因其舊俗也." 案有列於朝, 有詔於國[8], 三代之內, 喪服爲舊君齊衰(자최)三月, (傳)〔注〕曰[9] "三諫不從, 待放未絶者, 爵祿尙有列於朝, 出入尙有詔於國." (處)〔如〕[10]喪服所云, 大夫待放之時, 名爲有列有詔, 不至三世者[11]. 熊氏云"彼據爲舊君著服, 故以未去之時, 名爲有列有詔. 此據去國之後, 但有列有詔, 仍行舊國之禮, 斷章取證, 故彼此不同." ○'祭祀之禮'者, 此陳不變之事, 若祭祀之禮不變, 卽夏立尸, 殷坐尸, 周旅酬六尸[12], 及先求陰陽[13]·犧牲騂黑[14]之屬也. 〔○〕[15]'居喪之服'者, 殷雖尊貴, 猶服傍親, 周則以尊降服[16]. ○'哭泣之位'者, 殷不重適, 以班高處上, 周世貴正, 嗣孫居其首. ○'皆如其國之故'者, 謂故俗也, 凡上諸事, 悉不改革, 行之如本國俗也. 然上旣擧三條, 餘冠·昏之屬從可知也. ○'謹修其法而審行之'者, 竝結前事, 各令分明謹修本國之法, 審愼以行之. 其法, 謂其先祖之制度, 若夏·殷子孫在周者, 悉行其先世之禮, 是不變俗也.

1) 〔不求變俗〕: 저본에는 '不求變俗'이 없으나, 다음에 나오는 풀이 내용에 의거하여 보충하였다.
2) 鄭答趙商 : 이하 '不求變俗'까지의 내용이 魏나라 鄭小同의 ≪鄭志≫ 卷上에 보인다.
3) 衛武公居殷墟 : ≪詩經≫ 〈小雅 賓之初筵〉 공영달의 소에 따르면, 이 시는 衛나라가 옛 殷나라의 畿內에 있으므로 衛 武公이 은나라의 예를 행함을 말한 것이다. '殷墟'는 朝歌이다.
4) 〔公〕: 저본에는 '公'이 없으나, 惠棟校宋本과 ≪春秋左氏傳≫ 定公 4년 조에 의거하여 보충하였다.(阮元의 校勘記 참조)
5) 因商奄之人 : '商奄'은 國名이다. '奄'은 본래 商나라의 동쪽 제후국이었으므로 '商奄'이라 한 것이다. 周 武王은 상나라를 쳐서 紂王을 죽이고, 주왕의 아들을 상나라에 봉하고서 무왕의 아우인 管叔과 蔡叔에게 감독하게 하였는데, 무왕이 죽고 어린 成王이 즉위하자 관숙과 채숙은 섭정하는 周公에 대해 유언비어를 퍼뜨리며 商奄과 함께 반란을 일으켰다. 이에 주공이 이들을 정벌하였는데, 이때 상엄의 백성들이 도망하여 魯나라에 와서 사는 자들이 있었으므로 이들을 그대로 살게 하고서 魯公에게 귀속시켜 다스리게 한 것을 이른다.
6) 封康叔於殷虛 : '康叔'은 衛나라의 시조이다. '虛'는 閩本·監本·毛本에는 '墟'로 되어

있다. 다음에 나오는 '夏虛'의 '虛'도 동일하다.(阮元의 校勘記 참조)

7) 封唐叔於夏虛 : '唐叔'은 晉나라의 시조이다. '夏虛'는 大夏로, 지금의 중국 山西省 太原 晉陽이다.

8) 有列於朝 有詔於國 : 02-04-02 경문 참조.

9) (傳)〔注〕曰 : 저본에는 '傳'으로 되어 있으나, 이하의 내용이 鄭玄의 注이므로 이에 의거하여 '注'로 바로잡았다.

≪儀禮≫ 〈喪服〉 '齊衰三月' 조 "옛 군주를 위하여 입는다.〔舊君〕"라는 경문에 대한 傳에 "자신의 도를 지키기 위해 군주를 떠났으나 군주가 여전히 그에 대한 은의를 끊지 않음을 말한 것이다.〔言其以道去君而猶未絶也〕"라고 하였는데, 이에 대한 정현의 주에 "'以道去君'은 세 차례 간하였으나 군주가 따라주지 않아서 교외에서 추방을 기다리는 것을 이른다. '未絶'은 작록이 여전히 조정에 나열되어 있고 국경을 출입할 때 본국에 알림이 있으며 처자가 여전히 본국의 백성인 것을 말한다.〔以道去君 謂三諫不從 待放於郊 未絶者 言爵祿尙有列於朝 出入有詔於國 妻子自若民也〕"라고 하였다.

10) (處)〔如〕 : 저본에는 '處'로 되어 있으나, 北京大本에 의거하여 '如'로 바로잡았다.

11) 大夫待放之時……不至三世者 : 아래 02-04-02 참조.

12) 夏立尸……周旅酬六尸 : ≪禮記≫ 〈禮器〉에 "夏나라는 시동을 세우고서 제사를 마쳤고, 殷나라는 시동을 앉혔고, 周나라는 여섯 시동이 여수례를 행하였다.〔夏立尸而卒祭 殷坐尸 周旅酬六尸〕"라는 내용이 보인다. 공영달의 소에 따르면 하나라의 예는 질박하여 사람이 오랫동안 신의 자리에 앉아 있을 수 없으므로 시동은 음식을 먹을 때만 잠시 앉았으며, 은나라는 시동이 본래 신을 형상한 것이니 의당 편안히 앉아 있어야 한다고 하여 음식을 먹는 것과 무관하게 계속 앉아 있게 한 것이다. '旅酬六尸'는 祫祭 때 文王과 武王의 두 시동 및 四親의 시동이 昭穆에 따라 마주하여 차례로 술잔을 주고받는 것으로, '旅酬'는 正祭가 끝난 뒤 제사에 참석한 친척과 손님들이 함께 宴飮하는 예이다.

13) 先求陰陽 : ≪예기≫ 〈郊特牲〉 공영달의 소에 따르면 제사를 지낼 때 殷나라 사람은 먼저 陽에서 神明을 구하여 음악 소리로 천지 사이에 고하여 신명이 이를 듣고 내려오기를 바라고, 周나라 사람은 먼저 陰에서 신명을 구하여 울창주를 땅에 부어서 냄새를 맡고 신명이 임하기를 바란 것을 이른다.

14) 犧牲騂黑 : ≪예기≫ 〈檀弓 上〉에 따르면 夏나라는 검은색을 숭상하여 제사 때 희생으로 검은색을 사용하고, 周나라 사람은 붉은색을 숭상하여 희생으로 붉은색을 사용한 것을 이른다.

15) 〔○〕 : 저본에는 부호 '○'가 없으나, 본서의 체제에 의거하여 보충하였다.

16) 殷雖尊貴……周則以尊降服 : ≪예기≫ 〈檀弓 上〉에 "옛날에는 〈喪服을 입어줄 대상이 신분이 낮아도 자신이 귀한 신분이라 하여〉 降服하지 않아서 상하가 각각 친소

의 경중에 따라 상복을 입었다.〔古者不降 上下各以其親〕"라는 내용이 보이는데, 공영달의 소에 따르면 '古'는 殷나라 때를 이른다. 周나라는 자신이 귀한 신분이라면 강복하고 자신이 適者이면 강복하였다.

經의 〔君子〕에서 〔行之〕까지

○ 正義曰 : 이 절은 신하가 본국을 떠나 예를 행하는 일을 논한 것이니, 각각 글을 따라 풀이하겠다.

○ 〔君子行禮 不求變俗〕 선조의 나라를 떠나 타국에 사는 경우를 이른다. '求'는 〈'힘쓰다'의 뜻인〉 '務'와 같다. '俗'은 본국의 예법에 행하는 바이다. 비록 타국에 살더라도 여전히 근본을 중시하여 고국의 법을 행해야 하며 바꾸어서 새로운 풍속을 따르기를 힘쓰지 말아야 함을 밝힌 것이니, 예컨대 〈夏나라의 후손국인〉 杞나라와 〈殷나라의 후손국인〉 宋나라의 신하가 齊나라·魯나라에 들어갔을 때나 제나라·노나라의 신하가 기나라·송나라에 들어갔을 때 각각 자기 본국의 예법을 행해야 한다는 것이다. 여기에서 '不變俗'이라 한 것은 대부가 출국하여 타국에 있을 때 자기 본국의 풍속을 바꾸지 않음을 이른다. 살펴보면 鄭玄은 趙商에게 답할 때 衛 武公이 殷墟에 살기 때문에 殷나라의 禮를 썼다고 말하고, 곧바로 이를 인용하여 '君子行禮 不求變俗'이라 하였다. 정현의 뜻대로라면 가서 도착한 나라의 옛 풍속을 바꾸지 않은 것이다. 여기 경문과 같지 않은 것은, 熊安生이 말하기를 "만약 人臣이 출국하여 타국에 산다면 인신 또한 근본을 잊지 않는다. 그러므로 본국의 풍속을 바꾸지 않는다고 말한 것이다. 人君은 백성을 교화하는 데 힘써서 그 옛 풍속을 따르므로 새로운 나라에 가서 고칠 필요가 없는 것이다."라고 하였다. 그렇다면 '不求變俗'은 글은 비록 똑같으나 다만 인군과 인신의 두 가지 뜻이 같지 않은 것이다. 웅안생이 말하기를 "반드시 인군이 옛 풍속을 바꾸지 않음을 아는 것은, 《禮記》 〈王制〉에 이르기를 '그 교화를 닦고 그 풍속을 바꾸지 않는다.〔修其教 不易其俗〕'라고 하였고, 또 《春秋左氏傳》 定公 4년에 魯公을 봉할 때 〈이미 노나라에 와서 사는〉 商奄의 백성을 그대로 살게 하고, 〈衛나라의 시조인〉 康叔을 殷虛에 봉할 때 商나라의 정사로 백성을 계도하게 하고, 〈晉나라의 시조인〉 唐叔을 夏虛에 봉할 때 夏나라의 정사로 백성을 계도하게 하였기 때문이다. 이는 모두 그 옛 풍속을 따른 것이다."라고 하였다. 살펴보면 〈작록이〉 조정에 나열되어 있고 〈국경을 출입할 때 본국 군주에게 哀慶事를〉 알림이 있으면 3代 이내에는 喪服을 舊君을 위하여 齊衰三月服을 입는다. 《儀禮》 〈喪服〉의 정현 注에 이르기를 "세 차례 간하였으나 〈군주가〉 따라주지 않아서 〈군주를 떠나 교외에서〉 추방을 기다릴 때

〈군주의 恩義가 여전히〉 끊기지 않은 것이니, 작록이 여전히 본국의 조정에 나열되어 있고 국경을 출입할 때 본국에 알림이 있다."라고 하였다. 〈상복〉의 말대로라면 대부가 추방을 기다릴 때 이름하여 '나열됨'이 있고 '알림'이 있다고 하였으니 3世에는 이르지 않는 경우이다. 웅안생이 말하기를 "저 〈상복〉은 舊君을 위하여 상복을 입는 것에 근거한 것이므로 본국을 아직 떠나지 않았을 때를 가지고 이름하여 나열됨이 있고 알림이 있다고 한 것이며, 여기 〈곡례〉에서는 본국을 떠난 뒤에 다만 나열됨이 있고 알림이 있을 뿐인데도 여전히 고국의 예를 행하는 것에 근거하여 증거를 대기 위해 일부 내용을 잘라온 것이므로 〈상복〉과 〈곡례〉의 내용이 같지 않은 것이다."라고 하였다.

○〔祭祀之禮〕 이것은 바꾸지 않는 일을 진술한 것이다. 만약 제사 지내는 예로 바꾸지 않는 것이라면, 바로 夏나라에서 尸童을 세우고 殷나라에서 시동을 앉히며 周나라에서 旅酬禮 때 시동이 여섯인 것, 그리고 〈神明을〉 먼저 陰이나 陽에서 구하는 것, 붉은 희생을 쓰거나 검은색 희생을 쓰는 것 등이다.

○〔居喪之服〕 은나라는 비록 존귀하더라도 傍親을 위해 상복을 입었고, 주나라는 존귀한 신분이라 하여 降服하였다.

○〔哭泣之位〕 은나라는 適者를 중히 여기지 않아서 반열이 높으면 윗자리에 처하였고, 주나라는 정통을 귀하게 여겨 嗣孫이 그 首位를 차지하였다.

○〔皆如其國之故〕 옛 풍속을 이르니, 무릇 앞의 여러 가지 일을 모두 개혁하지 않고 본국의 풍속대로 행하는 것이다. 그러나 앞에서 이미 세 가지를 들었으면 나머지 관례와 혼례의 등속을 따라서 알 수 있다.

○〔謹修其法而審行之〕 모두 앞의 일을 결말지어 각각 분명히 본국의 법을 삼가 닦아서 신중하게 살펴 행하도록 한 것이다. '其法'은 그 선조의 제도를 이르니, 하나라나 은나라의 자손으로 주나라에 있는 자들이 모두 그 선대의 예를 행하는 것과 같은 것이 바로 풍속을 바꾸지 않는 것이다.

02-04-02 去國三世[1)]에 爵祿이 有列於朝하며 出入에 有詔於國하며

1) 世 : 鄭玄의 注와 달리 陸德明의 音義에서는 '한 해'의 뜻인 '歲'로 보고, "만물은 歲로 世를 삼는다.〔萬物以歲爲世〕"라고 하였다.

본국을 떠난 지 3代가 지났는데도 爵祿이 본국의 조정에 나열되어 있으며 출입할 때 〈길사나 흉사를〉 본국에 알리며

【注】 三世는 自祖至孫이라 踰久에 可以忘故俗이로되 而猶不變者는 爵祿이 有列於朝일새니 謂君不絶其祖祀하여 復(부)立其族이니 若臧紇(흘)奔邾에 立臧爲矣라 詔는 告也니 謂與卿大夫吉凶往來相赴告라

'三世'는 할아버지부터 손자까지이다. 매우 오래되면 본국의 풍속을 잊어도 되지만 여전히 바꾸지 않는 것은 작록이 본국의 조정에 나열되어 있기 때문이니, 군주가 〈본국을 떠난 신하의〉 조상의 제사를 끊지 않고 다시 그 족인을 〈후사로〉 세워줌을 이르니, 〈魯나라의 대부〉 臧紇이 邾나라로 망명했을 때 〈후사로〉 臧爲를 세워준 것과 같은 것이다. '詔'는 고하는 것이니, 본국의 경대부와 길사나 흉사에 오가며 서로 알리는 것을 이른다.

若兄弟宗族이 猶存이어든 則反告於宗後하고

만약 형제와 宗族이 아직 본국에 남아있으면, 〈길사나 흉사를 大宗의 후사인〉 宗子에게 돌아가 알린다.

【注】 謂無列無詔者라 反告는 亦謂吉凶也라 宗後는 宗子也라

〈爵祿이 조정에〉 나열되어 있지 않으며 〈길사나 흉사에〉 알림이 없는 경우를 이른다. '反告' 또한 길사나 흉사를 이른다. '宗後'는 宗子이다.

【疏】 '去國'至'宗後'. 〔○〕[1] 正義曰：此以下明在他國而得變俗者也. 將明得變改[2], 上先明未得者也. ○'去國三世', 謂三諫不從[3]及他事礙被黜, 出入新國已經三世者, 則鄭注云"三世, 自祖至孫"也. ○'爵祿有列於朝'者, 謂本國君不絶其祖祀, 復立族爲後在朝者也. ○'出入有詔於國'者, 出入猶[4]吉凶之事, 更相往來也. 詔, 告也. 去已三世, 而本國之君猶爲立後不絶, 則若有吉凶之事, 當與本國卿大夫往來出入, 共相赴告, 故云"出入有詔於國".

1) 〔○〕: 저본에는 부호 '○'가 없으나, 본서의 체제에 의거하여 보충하였다.
2) 改 : 惠棟校宋本·≪儀禮經傳通解續≫에는 '故'로 되어 있다.(阮元의 校勘記 참조)
3) 三諫不從 : ≪春秋公羊傳≫ 莊公 24년 조에 따르면, 戎이 曹나라를 침공하려고 하자 대신인 曹羈가 의리가 없는 융과 대적하지 말라고 세 번을 간하였는데도 曹伯이 간언을 따르지 않자 조기가 조나라를 떠났다. 이에 대해 군자는 조기가 군신 간의 의리

를 얻었다고 평하였는데, 여기에서 유래하여 군신 간의 正道를 이르게 되었다.

4) 猶 : 毛本・≪儀禮經傳通解續≫에는 '有'로 되어 있다.(阮元의 校勘記 참조)

經의 〔去國〕에서 〔宗後〕까지

○ 正義曰 : 이 이하는 타국에 있으면서 본국의 풍속을 바꿀 수 있는 경우를 밝힌 것이다. 장차 본국의 풍속을 바꿀 수 있음을 밝히고자 앞에 먼저 바꿀 수 없는 경우를 밝힌 것이다.

○ 〔去國三世〕 세 번 간하여도 따르지 않거나 다른 구애되는 일이 있어 쫓겨나서 새 나라에 출입한 지 이미 3代가 지난 경우를 이르니, 정현의 주에 '三世 自祖至孫'이라고 하였다.

○ 〔爵祿有列於朝〕 본국의 군주가 〈본국을 떠난 신하의〉 조상의 제사를 끊지 않아 다시 〈그 신하의〉 족인을 세워 후사로 삼아서 조정에 둔 경우를 이른다.

○ 〔出入有詔於國〕 '出入'은 여전히 길사나 흉사에 〈본국의 경대부와〉 서로 오가는 것이다. '詔'는 알리는 것이다. 본국을 떠난 지 이미 3代가 지났는데도 본국의 군주가 여전히 그 신하를 위하여 후사를 세워주어서 〈그 신하 조상의 제사를〉 끊지 않았으면, 만약 길사나 흉사가 있으면 마땅히 본국의 경대부와 오가며 출입할 때 서로 알려야 하므로 '出入有詔於國'이라 한 것이다.

【疏】 ○ 注'若臧'至'爲矣'. ○ 正義曰 : 引之者, 證有列位也. 臧紇(흘), 武仲也, 時爲季氏家廢長立少, 故與孟氏相惡, 遂出奔邾. 魯人以臧紇有功, 復立其異母兄臧爲, 以守先祀, 是有列也. 故魯襄二十三年左傳云, 臧紇奔邾, "使告臧賈, 且致大蔡[1]焉. 曰 '紇不佞, 失守宗祧, 敢告不弔. 紇之罪不及不祀, 子以大蔡納請, 其可.' 賈曰 '是家之禍, 非子之過. 賈聞命矣.' 再拜受龜, 使爲以納請, 遂自爲也. (魯)〔乃〕[2]立臧爲, 紇致防而奔齊", 是其事也.

1) 大蔡 : ≪春秋左氏傳≫ 襄公 23년 조 杜預의 주에 따르면 '大龜'이다. 거북이 蔡나라에서 나기 때문에 '蔡'를 거북의 이름으로 삼은 것이다.

2) (魯)〔乃〕 : 저본에는 '魯'로 되어 있으나, 완원의 교감기에서 閩本・監本・毛本에 '乃'로 되어 있는 것이 ≪춘추좌씨전≫ 양공 23년 조 기사와 부합한다고 한 것에 의거하여 '乃'로 바로잡았다.(阮元의 校勘記 참조)

○ 注의 〔若臧〕에서 〔爲矣〕까지

○ 正義曰 : 이를 인용한 것은 지위에 나열한 사례가 있음을 증명한 것이다. '臧紇'은 〈魯나라의 대부〉 臧武仲이다. 당시 季氏 집안을 위하여 長子를 폐하고 少子를 후사로 세웠으므로 孟氏와 사이가 나빠져서 마침내 邾나라로 망명하게 되었다. 노나라 사람이 장흘에게 공이 있다고 여겨서 장흘의 異母兄인 臧爲를 다시 후사로 세워 선조의 제사를 지키게 하였으니, 이것이 지위에 나열함이 있는 것이다. 그러므로 ≪春秋左氏傳≫ 襄公 23년 조에 이르기를, 장흘은 邾나라로 망명한 뒤 "사람을 보내 〈노나라를 떠나 鑄나라에 가 있는 장위의 同母兄인〉 臧賈에게 고하고, 또 큰 龜甲을 보냈다. 말하기를 '제가 불민하여 宗廟를 지킬 수 없게 되었으니, 감히 하늘이 긍휼히 여겨주지 않음을 고합니다. 저의 죄가 제사를 단절하는 데는 미치지 않았으니, 형님께서 이 큰 귀갑을 〈노나라에〉 바치고서 〈후사로 세워주기를〉 청하면 아마 들어줄 것입니다.'라고 하였다. 장가가 말하기를 '이는 우리 가문의 재앙이지 너의 잘못이 아니다. 내가 너의 말을 따르겠다.'라고 하고서 두 번 절하고 귀갑을 받았다. 〈同母弟인〉 장위에게 〈귀갑을 노나라 군주에게〉 바치고 〈장가 자신을 후사로 세워주기를 대신〉 청하게 하였는데, 장위가 마침내 자신을 후사로 세워줄 것을 청하였다. 이에 장위를 〈臧氏의〉 후사로 세우자, 장흘이 〈자신의 采邑인〉 防邑을 노나라에 바치고 齊나라로 망명하였다."라고 하였으니, 이것이 그 일이다.

【疏】 ○'若兄弟'至'宗後'. ○ 此是出已三世而爵祿無列於朝, 吉凶不相詔告, 而不仕新國者. 宗族兄弟, 謂本國之親. 宗後, 大宗之後也. 已本國不列不告, 若宗族猶存, 兄弟尙在, 已有吉凶, 當反還告宗適, 不忘本故也. 前告國者, 亦告足弟耳. 然旣未仕新國, 猶用本國禮也. 音義隱云 "雖無列於朝, 有吉凶, 猶反告於宗後. 其都無親在故國, 不復來往也."

○ 〔若兄弟〕에서 〔宗後〕까지

○ 이것은 본국을 나간 지 이미 3代가 되어 작록이 본국의 조정에 나열되어 있지 않으며 길사나 흉사에 서로 알림이 없는데 새 나라에는 벼슬하지 않는 경우이다. '宗族兄弟'는 본국의 친속을 이른다. '宗後'는 大宗의 후사이다. 자기가 본국의 조정에 나열되어 있지 않으며 〈길사나 흉사에 본국의 경대부에게〉 알리지 않지만, 만약 종족이 여전히 남아있고 형제가 아직 살아있다면 자기에게 길흉이 있을 때 마땅히 〈본국으로〉 돌아가 종족의 적자에게 고해야 하니, 근본을 잊지 않기 때문이다. 앞에서 '본국

에 알린다'는 것은 또한 형제에게 알리는 것뿐이다. 그러나 이미 새 나라에 벼슬하지 않았다면 여전히 본국의 禮를 쓴다. ≪禮記音義隱≫에 이르기를 "비록 조정에 나열됨이 없어도 길흉이 있으면 오히려 돌아가 대종의 후사인 종자에게 고한다. 고국에 친속이 전혀 없으면 더는 오가지 않는다."라고 하였다.

02-04-03 去國三世에 爵祿이 無列於朝하며 出入에 無詔於國이어든 唯興之日에야 從新國之法이니라

나라를 떠난 지 3代가 지나 爵祿이 〈본국의〉 조정에 나열되어 있지 않으며 출입할 때 〈길사나 흉사를〉 본국에 알림이 없으면 〈그 의리가 이미 끊어진 것이나〉 오직 새 나라에서 〈경대부가 되어〉 흥기한 날에야 새 나라의 법을 따른다.

【注】 以故國與己無恩이라 興은 謂起爲卿大夫라

고국이 자기와 은혜가 없게 되었기 때문이다. '興'은 일어나 경대부가 된 것을 이른다.

【疏】 '去國三世, 爵祿無列於朝, 出入無詔'至'之法'. ○ 正義曰[1]：此猶是論無列無詔而反告宗後者, 今得仕新國者也. 但仕新國有異, 故重言"三世"也. ○ '唯興之日, 從新國之法'者, 唯興謂己始仕也. 雖有宗族相告, 已仕新國, 而本國無列無詔, 故所行禮俗, 悉改從新也. 然推此而言, 若本國猶有列詔者, 雖仕新國, 猶行故俗. 何以知然. 旣云無列而從新, 明有列, 理[2]不從也. 又若無詔而不仕新者, 不得從新. 何以知然. 旣云"唯興", 明不興則不從. 無列無詔, 唯興之日三世, 卽從新國之制. 孔子去宋旣久, 父爲大夫, 尙冠章甫之冠[3], 送葬皆從殷制者, 熊氏云 "案(句)〔鉤〕[4]命決云 '丘爲制法之主, 黑綠不(伐)〔代〕蒼黃[5], 聖人特爲制法, 不與常禮同也.'"

1) 正義曰：惠棟校宋本에는 이 3자가 없다.(阮元의 校勘記 참조)

2) 理：監本・毛本에는 '則'으로 되어 있다.(阮元의 校勘記 참조)

3) 章甫之冠：殷나라의 冠으로, 춘추시대 은나라 후손의 나라인 宋나라 사람들이 착용하였다. ≪禮記≫ 〈儒行〉에 공자가 魯 哀公에게 "저는 어려서 魯나라에 살 때는 소매가 큰 옷을 입었고, 장성하여 송나라에 살 때는 章甫冠을 썼습니다.〔丘少居魯 衣逢掖之衣 長居宋 冠章甫之冠〕"라고 말한 내용이 보인다. 鄭玄의 注에 따르면 이는 공자가 착용한 옷이 사대부나 庶人과 달랐으므로 애공이 공자에게 이는 儒服이냐고 물었기 때문이다.

4) (句)〔鉤〕: 저본에는 '句'로 되어 있으나, 監本·毛本에 '鉤'로 되어 있는 것을 옳게 본 완원의 교감기에 의거하여 '鉤'로 바로잡았다.(阮元의 校勘記 참조)

5) 丘爲制法之主 黑綠不(伐)〔代〕蒼黃 : 공자는 黑龍의 정기여서 周나라 木德의 푸름〔蒼〕을 대신하는 것이 맞지 않았다는 말이다. ≪예기≫ 〈中庸〉의 "대덕은 반드시 그 지위를 얻는다.〔大德必得其位〕"라는 구절에 대한 공영달의 소에 "살펴보면 ≪援神契≫에 이르기를 '공자는 법을 만드는 주인이 되어 黑綠으로 蒼黃을 대신하지 않았다.'라고 하였으니, 공자는 흑룡의 정기여서 周나라 木德의 푸름을 대신하는 것이 맞지 않았다는 말이다.〔案援神契云 丘爲制法主 黑綠不代蒼黃 言孔子黑龍之精 不合代周家木德之蒼也〕"라는 내용이 보인다. 明나라 孫瑴의 ≪古微書≫ 〈論語緯〉에 따르면 공자의 부모는 尼丘山에 기도하여 흑룡의 정기에 감응해 공자를 낳았다고 한다.

'代'는 저본에는 '伐'로 되어 있으나, 惠棟校宋本 및 〈중용〉의 공영달 소에 의거하여 '代'로 바로잡았다.(阮元의 校勘記 참조)

經의 〔去國三世 爵祿無列於朝 出入無詔〕에서 〔之法〕까지

○ 正義曰 : 이것은 여전히 〈조정에〉 나열됨이 없고 〈본국에 길사나 흉사를〉 알림이 없는데도 〈본국으로〉 돌아가 〈太宗의 후사인〉 宗子에게 알리는 경우로, 이제 새 나라에서 벼슬할 수 있게 된 경우이다. 다만 새 나라에 벼슬하는 것이기는 하나 차이가 있으므로 거듭 '三世'를 말하였다.

○ 〔唯興之日 從新國之法〕 '唯興'은 자기가 비로소 벼슬하게 된 것을 이른다. 비록 종족이 〈길사나 흉사를〉 서로 알리더라도 자기가 새 나라에 벼슬하고 본국에는 〈벼슬이〉 나열됨이 없으며 〈길흉을〉 알림이 없으므로 행하는 禮俗을 모두 고쳐서 새 나라를 따르는 것이다. 그러나 이를 미루어서 말한다면, 만약 본국에 여전히 〈벼슬이〉 나열되고 〈길흉을〉 알림이 있는 경우라면 비록 새 나라에 벼슬하더라도 여전히 고국의 풍속을 행한다. 어떻게 그렇다는 것을 아는가? 이미 〈본국에 벼슬이〉 나열됨이 없어서 새 나라의 법을 따른다고 말했으니, 〈본국에 벼슬이〉 나열됨이 있으면 이치상 〈새 나라의 법을〉 따르지 않음이 분명한 것이다. 또 만약 〈본국에 길흉을〉 알림이 없는데 새 나라에 벼슬하지 않는 경우라면 새 나라의 법을 따를 수 없다. 어떻게 그렇다는 것을 아는가? 이미 '唯興'이라 말하였으니, 흥기하지 않으면 〈새 나라의 법을〉 따르지 않음이 분명한 것이다. 〈본국에 벼슬이〉 나열됨이 없고 〈본국에 길흉을〉 알림이 없으면, 오직 흥기한 지 3代가 되었을 때 곧 새 나라의 제도를 따른다. 공자가 宋나라를 떠난 지 이미 오래되어 아버지가 〈타국의〉 대부가 되었는데도 여전히 章甫冠을 쓰고 장사 지낼 때 모두 殷나라의 제도를 따른 것은, 熊安生이 말하기를 "살펴보면 ≪鉤命決≫에

이르기를 '공자는 법을 제정하는 주인이 되어 黑綠으로 蒼黃을 대신하지 않았으니, 聖人은 다만 법을 제정하되 평상의 禮와 같지 않게 하는 것뿐이다.'라고 하였다."라고 하였다.

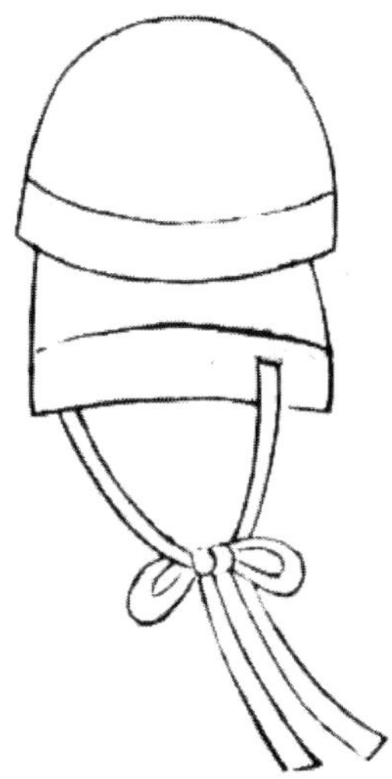

章甫冠

【疏】 ○ 注'興謂起爲卿大夫'. ○ 正義曰 : 鄭注[1]云"起爲卿大夫"者, 則若爲士猶卑, 不得變本也.

1) 注 : 閩本·監本·考文引宋板에는 '意'로 되어 있으며, 毛本에는 없다.(阮元의 校勘記 참조)

○ 注의 〔興謂起爲卿大夫〕

○ 正義曰 : 정현의 주에서 '起爲卿大夫'라고 말한 것은, 만약 士라면 여전히 신분이 낮아서 근본을 바꾸지 못한다는 것이다.

02-05-01 君子已孤하얀 不更(경)名하며

군자가 이미 아버지를 여의고 나서는 〈아버지를 버리는 것과 같으므로 아버지가 지어준〉 이름을 고치지 않으며,

【注】 亦重本이라

또한 근본을 중히 여기는 것이다.

已孤暴(폭)[1]貴하얀 不爲父作謚[2]하나니라

1) 暴(폭) : 毛本 및 공영달의 소에는 '㬥(포)'로 되어 있다.(阮元의 校勘記 참조)
2) 謚 : 毛本·岳本 및 공영달의 소에는 '諡'로 되어 있는데, 완원은 '謚(시)'가 되어야 한다고 하였다. 《說文解字》에서는 이 두 글자를 구분하여 '謚(익)'은 "웃는 모습이다. 뜻은 言에서 취하고 음은 益에서 취한 형성자이다.〔笑皃 從言益聲〕"라고 하였으며, '諡(시)'는 "행실의 자취이다. 言·兮·皿에서 뜻을 취한 회의자이다.〔行之迹也 從言兮皿〕"라고 하였다. 그러나 嚴可均이나 段玉裁 등은 모두 '謚'에 '笑皃' 또는 '笑聲'의 뜻이 없으며 후세 사람들이 謚를 멋대로 諡로 고친 것이라고 하였다.(阮元의 校勘記, 王力의 《王力古漢語字典》 참조)

이미 아버지를 여의고 나서 신분이 갑자기 귀해지면 〈아버지의 낮은 신분을 비루하게 여기는 것과 같으므로〉 아버지를 위하여 諡號를 짓지 않는다.

【注】 子事父에 無貴賤이라

자식이 부모를 섬길 때 貴賤이 없는 것이다.

【疏】 '君子'至'作諡'. ○ 正義曰：此一節論父沒不可輒改爲名諡之事. 〔○〕[1] '已孤, 不更名'者, 不復改易更作新名. 所以然者, 名是父之所作, 父今已死, 若其更名, 似遺棄其父, 故鄭注云"亦重本"也. 言"亦"者, 亦上行本國之俗, 上是重本, 故云"亦"也. 〔○〕'已孤暴貴, 不爲父作諡'者, 此孤不辨老少, 唯無父則是也. 暴貴, 本爲士庶, 今起爲諸侯, 非一等之位, 故云"暴貴"也. 諡者, 列平生德行, 而爲作美號. 若父昔賤, 本無諡, 而已今暴貴, 升爲諸侯, 乃得制諡, 而不得爲父作諡. 所以爾者, 父賤無諡, 子今雖貴, 而忽爲造之, 如似鄙薄父賤, 不宜爲貴人之父也. 或擧武王爲難[2], 鄭答趙商曰[3] "周道之基, 隆於二王, 功德由之, 王迹興焉. 凡爲人父, 豈能〔盡〕[4]賢乎. 若夏禹・殷湯, 則不然矣."

1) 〔○〕: 저본에는 부호 '○'가 없으나, 본서의 체제에 의거하여 보충하였다. 아래도 같다.
2) 或擧武王爲難 : ≪禮記≫ 〈中庸〉에 "무왕이 말년에 천명을 받자, 주공이 문왕・무왕의 덕을 이루어 太王과 王季를 추존하여 왕으로 높이고, 위로 先公을 천자의 예로 제사하였다.〔武王末受命 周公成文武之德 追王大王王季 上祀先公以天子之禮〕"라는 내용이 보인다.
3) 鄭答趙商曰 : 이하의 내용은 鄭玄의 손자인 鄭小同이 저술한 ≪鄭志≫ 권中에 보인다. 趙商은 정현의 제자이다.
4) 〔盡〕: 저본에는 '盡'이 없으나, ≪鄭志≫에 의거하여 보충하였다.

經의 〔君子〕에서 〔作諡〕까지

○ 正義曰 : 이 절은 아버지가 돌아가신 뒤 곧 이름이나 시호를 고치는 일을 해서는 안 됨을 논한 것이다.

○〔已孤 不更名〕 다시 바꾸어서 새 이름으로 고쳐 지어서는 안 된다는 것이다. 그렇게 하는 이유는, 이름은 아버지가 지어준 것이니 아버지가 지금 이미 돌아가셨는데 만약 이름을 고치면 마치 아버지를 버리는 것과 같기 때문이다. 그러므로 정현의 주에 '亦重本'이라고 한 것이다. 정현의 주에서 '亦'이라고 한 것은, 또한 앞의 경문은 본

국의 풍속을 행한 것인데 앞의 경문은 근본을 중히 한 것이므로 '亦'이라 한 것이다.

○〔已孤暴貴 不爲父作諡〕 여기의 '孤'는 노소를 구분하지 않고 오직 아버지가 없기만 하면 바로 孤이다. '暴貴'는, 본래 士庶人이었는데 지금 일어나 제후가 되었으니 동일한 등급의 지위가 아니므로 '暴貴'라 한 것이다. '諡'는, 평생의 덕행을 열거하여 아름다운 칭호를 지어주는 것이다. 만약 아버지가 옛날에 신분이 낮아서 본래 시호가 없었는데, 자기가 지금 갑자기 신분이 귀해져서 승격하여 제후가 되었으면 이에 자기의 시호는 지을 수 있으나 아버지를 위하여는 시호를 짓지 못한다. 그 이유는, 아버지는 신분이 낮아서 시호가 없었으니, 자식이 지금 신분이 귀하더라도 갑자기 아버지를 위하여 시호를 지으면 마치 아버지의 낮은 신분을 비루하게 여겨서 신분이 귀한 사람의 아버지가 되어서는 안 된다고 하는 것과 같기 때문이다. 혹자가 周 武王의 일을 들어 논란하자, 정현이 趙商에게 답하기를 "周나라 道의 기틀이 太王과 王季 두 왕 때에 높아져서 공덕이 여기에서 연유하여 왕의 자취가 일어났기 때문이다. 그러나 무릇 사람의 아버지 된 자가 어찌 다 현명할 수 있겠는가. 夏나라 禹王과 殷나라 湯王 같은 경우는 그렇지 않았다."라고 하였다.

【疏】 ○ 注'子事父, 無貴賤'. ○ 正義曰：子不得言已昔賤今貴, 父賤不宜爲貴人之父也.

○ 注의 〔子事父 無貴賤〕

○ 正義曰 : 자식은 자기가 옛날에는 신분이 낮았는데 지금은 신분이 귀하니, 아버지가 신분이 낮아서 귀한 사람의 아버지가 되어서는 안 된다고 말할 수 없다는 것이다.

02-05-02 居喪未葬하얀 讀喪禮하고 旣葬하얀 讀祭禮하고 喪[1]復常하얀 讀樂章이니

1) 喪 : ≪通典≫ 권105에는 이 뒤에 '止'가 있다. 考文引宋板에 따르면 足利本에는 이 뒤에 '畢'이 있으며, 陳澔의 주에서도 이 뒤에 '畢'이 있는 판본이 있다고 하였다.(阮元의 校勘記 참조)

〈부모의〉 喪에 거할 때 장례하기 전에는 喪禮의 글을 읽고, 장례하고 나서는 祭禮의 글을 읽고, 상복을 벗고 평상을 회복해서는 樂書의 편장을 읽으니,

【注】 爲禮를 各於其時라

예를 행하기를 각각 때에 맞게 하는 것이다.

居喪하얀 不言樂(악)하며 祭事엔 不言凶하며 公庭엔 不言婦女니라

〈부모의〉 喪에 거할 때는 음악을 말하지 않으며, 제사 지낼 때는 흉사를 말하지 않으며, 조정에서는 부녀자에 대해서 말하지 않는다.

【注】 非其時也라

적절한 때가 아니기 때문이다.

【疏】 '居喪'至'婦女'[1]. ○ 正義曰：此一節明行禮各有時之事, 各隨文解之. ○"居喪"者, 居父母之喪也. 喪禮謂朝夕奠下室・朔望奠殯宮及葬等禮也. 此禮皆未葬以前. ○'既葬, 讀祭禮'者, 祭禮, 虞・卒哭・祔・小祥・大祥之禮也. ○'喪復常, 讀樂章'者, 復常謂大祥除服之後也. 樂章謂樂書之篇章, 謂詩也. 禫而後吉祭, 故知禫後宜讀之. 此上三節, 事須預習, 故皆許讀之.

1) 居喪至婦女：惠棟校宋本에는 이 5자가 없다.(阮元의 校勘記 참조)

經의 〔居喪〕에서 〔婦女〕까지

○ 正義曰：이 절은 예를 행할 때 각각 때가 있는 일을 밝힌 것이니, 각각 글을 따라 풀이하겠다.

○〈〔居喪未葬 讀喪禮〕〉 '居喪'은 부모의 喪에 거하는 것이다. '喪禮'는 下室에 朝夕奠을 올리는 것과 殯宮에 朔望奠을 올리는 것 및 장례 등의 예를 이른다. 이 예는 모두 장례 이전에 행한다.

○〔既葬 讀祭禮〕 '祭禮'는 虞祭・卒哭祭・祔祭・小祥祭・大祥祭의 예이다.

○〔喪復常 讀樂章〕 '復常'은 大祥祭를 지내고 상복을 벗은 뒤를 이른다. '樂章'은 樂書의 편장을 이르니, ≪詩經≫을 말한다. 禫祭를 지낸 뒤에 吉祭를 지내므로 담제 뒤에 〈≪시경≫을〉 읽어야 함을 알 수 있다. 이상 세 구절은 일을 미리 익혀야 하므로 모두 읽는 것을 허여하는 것이다.

02-06-01 振書端書於君前이 有誅하며 倒筴側龜於君前이 有誅하니라

〈신하는 평소 자신이 맡은 직분을 삼가야 하므로 시간에 닥쳐서야〉 군주 앞에서 문서나 장부의 먼지를 털고 문서나 장부를 정돈하는 경우에는 〈직분을 공경하지 않고 윗사람을 무시하는 것이므로〉 책벌하며, 〈점치는 일을 맡은 관원은 미리 바르게 정돈해두지 않아서〉 군주 앞에서 〈비로소 바르게 정돈하기 위해〉 蓍草를 거꾸로 놓고 거북껍질을 뒤척이는 경우에는 책벌한다.

【注】臣不豫事는 不敬也라 振은 去塵也요 端은 正也요 倒는 顚倒也요 側은 反側也니 皆謂甫省視之라

신하가 미리 일하지 않은 것은 불경한 것이다. '振'은 먼지를 제거하는 것이고 '端'은 바르게 하는 것이며, '倒'는 거꾸로 놓는 것이고 '側'은 뒤척이는 것이니, 모두 이제 비로소 살피는 것을 이른다.

【疏】'振書'至'有誅'[1]. ○正義曰：此一節總明臣當豫事, 竝明臣入公門當謹敬之禮也, 各依文解之. ○"振書"者, 拂去塵也. 書, 簿領也. 端, 正也. 誅, 責也. 臣不豫愼, 若將文書簿領於君前, 臨時乃拂整, 則宜誅責也. ○'倒筴側龜於君前有誅'者, 倒, 顚倒也. 側, 反側也. 龜筴, 君之卜筮所須也. 不預周正, 而來在君前方顚倒反側齊正, 則有責罰也.

1) 振書至有誅：惠棟校宋本에는 이 5자가 없다.(阮元의 校勘記 참조)

經의 〔振書〕에서 〔有誅〕까지

○ 正義曰：이 절은 신하가 미리 일해야 함을 총괄적으로 밝히고, 아울러 신하가 公門에 들어가서 삼가고 공경해야 하는 예를 밝힌 것이니, 각각 글을 따라 풀이하겠다.

○〈振書〈端書於君前有誅〕〉'振'은 먼지를 털어 제거하는 것이다. '書'는 장부이다. '端'은 바르게 하는 것이다. '誅'는 책벌하는 것이다. 신하가 미리 삼가지 않아서 만약 문서나 장부를 군주 앞에서 시간에 닥쳐서야 먼지를 털고 바르게 정돈하면 책벌해야 한다.

○〔倒筴側龜於君前有誅〕'倒'는 거꾸로 놓는 것이다. '側'은 뒤척이는 것이다. 거북껍질과 蓍草는 군주가 거북점을 치거나 시초점을 칠 때 필요한 것이다. 미리 두루 바르게 해놓지 않고 군주 앞에 와서야 비로소 거꾸로 놓고 뒤척여서 가지런히 정돈하면 책벌이 있다.

【疏】○ 注'臣不'至'視之'. ○ 正義曰：甫者, 始也, 謂不豫整理, 今於君前始正之.

○ 注의 〔臣不〕에서 〔視之〕까지

○ 正義曰：'甫'는 '비로소'의 뜻이니, 미리 정리해두지 않고 지금 군주 앞에서 비로소 정돈하는 것을 이른다.

02-06-02 龜와 **筴**(책)과 **几**와 **杖**과 **席蓋**와 **重素**와 **袗絺綌**(진치격)을 **不入公門**하며

〈나라의 길흉을 묻는다는 혐의가 있는〉 거북껍질과 蓍草, 〈자신을 長老로 자부하는 혐의가 있는〉 궤안과 지팡이, 〈喪車의 장식으로 쓰는〉 돗자리 덮개를 휴대하거나, 〈상복의 혐의가 있는〉 상하 모두 흰옷 차림이거나, 〈몸이 드러나 외설스러운〉 고운 갈포와 굵은 갈포로 만든 홑옷 차림으로는 公門을 들어가지 못하며,

【注】**龜**와 **筴**은 **嫌問國家吉凶**이라 **几**와 **杖**은 **嫌自長老**라 **席蓋**는 **載喪車也**니 **雜記曰 士輤**(천)[1]은 **葦席以爲屋**하고 **蒲席以爲裳帷**라하니라 **重素**는 **衣裳皆素**니 **喪服也**라 **袗**은 **單也**라 **孔子曰**[2] **當暑**하여 **袗絺綌**이나 **必表而出之**라하니 **爲其形褻**이라

1) 輤(천)：널을 실은 喪車에 덮는 장식으로, ≪禮記≫ 〈雜記 上〉의 鄭玄 注에 "장차 殯을 하려고 널을 실은 수레의 장식이다.〔載柩將殯之車飾也〕"라고 하였다.

2) 孔子曰：이하의 내용이 ≪論語≫ 〈鄕黨〉에 보인다. 이 편은 공자의 제자들이 편집한 것이니, '孔子'가 '論語'의 오류이거나 '曰'이 衍文이 되어야 할 듯하다.

'龜'와 '筴'은 나라의 길흉을 묻는다는 혐의가 있기 때문이다. '几'와 '杖'은 자신을 노인으로 여기는 혐의가 있기 때문이다. '席蓋'는 喪車에 싣는 것이니, ≪禮記≫ 〈雜記 上〉에 이르기를 "士의 輤은 갈대 돗자리로 〈喪車의〉 지붕을 만들고 부들 돗자리로 〈널 주위를 두르는〉 裳帷를 만든다."라고 하였다. '重素'는 上衣와 下裳이 모두 흰색이니, 喪服이다. '袗'은 홑옷이다. 공자가 말하기를 "더위를 당해서는 고운 갈포와 굵은 갈포로 만든 홑옷을 입었으나 반드시 그 위에 겉옷을 입고 외출하였다."라고 하였으니, 형체가 〈드러나〉 설만하기 때문이다.

苞屨와 **扱**(삽)**衽**과 **厭**(엽)**冠**을 **不入公門**하며

〈齊衰喪에 신는 신발처럼〉 풀로 짠 신을 신거나, 〈부모의 초상 때처럼 深衣의〉

앞쪽 옷깃을 띠에 꽂거나, 喪冠 차림으로는 公門을 들어가지 못하며,

【注】 此는 皆凶服也라 苞는 藨(표)也니 齊衰藨蒯(자최표괴)之菲[1]也라 問喪曰 親始死하면 扱上衽이라하니라 厭은 猶伏也니 喪冠厭伏[2]이라 苞는 或爲菲라

1) 齊衰藨蒯(자최표괴)之菲 : ≪儀禮≫ 〈喪服〉에 "疏屨는 물고랭이나 기름새로 짠 신발이다.〔疏屨者 藨蒯之菲也〕"라는 내용이 보인다. 물고랭이나 기름새는 모두 다년생 풀 이름이다.

2) 喪冠厭伏 : ≪의례≫ 〈旣夕禮 記〉에 "〈喪冠의〉 冠梁은 6升布로 만들고 〈冠圈인 武의〉 밖으로 접어 武에 꿰맨다. 〈관끈인〉 纓은 〈麻를 꼬아 만드는데 武와〉 하나의 끈으로 만든다. 〈이때 冠梁을 武를〉 누르는 것처럼 〈武 안쪽에서 바깥쪽으로〉 붙여 꿰맨다.〔冠六升 外縪 纓條屬厭〕"라는 내용이 보인다.

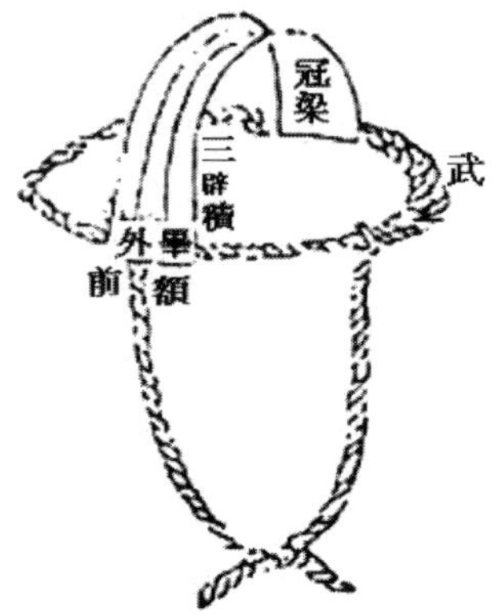

喪冠

이것은 모두 흉복이다. '苞'는 물고랭이〔藨〕이니, 물고랭이나 기름새〔蒯〕로 짠 자최복의 신발이다. ≪禮記≫ 〈問喪〉에 이르기를 "부모님이 처음 돌아가시면 〈深衣의〉 앞쪽 옷깃을 띠에 꽂는다."라고 하였다. '厭'은 '伏'과 같으니 喪冠은 冠圈인 武를 누르는 것처럼 冠梁을 武 안쪽에서 바깥쪽으로 붙여 꿰맨다. '苞'는 혹 '菲'로 되어 있는 판본도 있다.

書方과 衰(최)와 凶器를 不以告어든 不入公門하며

〈신하가 궁궐 안에서 죽었을 경우 죽은 사람에게 보내는 예물을 기록할〉 方板과 〈효자가 입을〉 상복과 喪事에 쓸 기물들을 〈군주에게 먼저〉 알리지 않고서는 公門에 들이지 못하며,

【注】 此는 謂喪在內하면 不得不入이니 當先告君耳라 方은 板[1]也라 士喪禮下篇[2]曰 書賵(봉)[3]於方호되 若九若七若五라하니라 凶器는 明器[4]也라

1) 板 : 毛本에는 '版'으로 되어 있다. ≪經典釋文≫에서는 표제어에 '板'을 제시하고, 又本으로 '版'을 언급하였다. 완원은 毛本이 ≪경전석문≫의 又本을 따라 '版'으로 고친 것을 오류라고 하였다.(阮元의 校勘記 참조)

2) 士喪禮下篇 : ≪儀禮≫ 〈旣夕禮〉를 이른다. ≪의례≫ 〈士喪禮〉는 士의 초상에서부터 장례일을 잡는 것까지의 예를 기록한 것이고 〈기석례〉는 啓殯에서부터 장례까지의 예를 기록한 것으로, 본래 하나의 편이었으나 簡策이 많고 무겁다는 이유로 상·하 두 편으로 나누고 하편의 첫머리 두 글자 '旣夕'을 잠시 취하여 편명을 삼은 것이다.

3) 賵(봉) : ≪의례≫ 〈旣夕禮〉 정현의 주에 따르면 '주인의 送葬을 돕는 것〔所以助主人送葬也〕'이다. ≪春秋公羊傳≫ 隱公 원년 조에 "수레와 말을 주는 것을 '賵', 재화를 주는 것을 '賻', 옷과 이불을 주는 것을 '襚'라고 한다.〔車馬曰賵 貨財曰賻 衣被曰襚〕"라는 내용이 보인다.

4) 明器 : 오로지 副葬用으로 만든 기물이다. ≪禮記≫ 〈檀弓 下〉에 "'명기'라고 말한 것은 신명으로 여긴 것이다. 〈부장용으로〉 진흙으로 만든 수레와 풀을 묶어서 만든 사람이나 말이 예로부터 있었으니, 명기의 도이다.〔其曰明器 神明之也 塗車芻靈 自古有之 明器之道也〕"라는 내용이 보인다.

이것은 초상이 궁궐 안에서 나면 들어가지 않을 수 없으니 마땅히 먼저 군주에게 고해야 함을 말한 것뿐이다. '方'은 판자이다. ≪儀禮≫ 〈旣夕禮〉에 이르기를 "賵物과 〈보낸 사람의 성명을〉 方板에 기록하는데, 판마다 9줄이나 7줄이나 5줄로 적는다."라고 하였다. '凶器'는 明器이다.

公事를 不私議니라

공적인 일을 사사로이 의논하지 않는다.

【注】 嫌若姦也라

간사한 듯한 혐의가 있기 때문이다.

【疏】 '龜筴'至'公門'. ○ 正義曰[1] : 此以下明臣物不得入君[2]門者也. ○ '龜筴'者, 謂臣之龜筴也. 將入, 嫌問國家吉凶. ○ '几杖'者, 臣之几杖也. 若將入, 謂欲驕矜, 嫌自長老. ○ '席蓋'者, 喪車蓋也. 臣有死於公宮, 可許將柩出門, 不得將喪車凶物入也. 車比棺爲緩, 宜停外也. ○ '重素'者, 衣裳皆以素, 謂遭喪之服也, 亦不宜著(착)入也. ○ '袗絺綌'者, 袗, 單也. 絺綌, 葛也. 上無衣表, 則肉露見(현), 爲不敬, 故不著入也. ○ '不入公門'者, 竝結上諸條事, 皆不得入也. 若尸乘以几至廟門, 及八十杖於朝, 則几·杖得入公門也.

1) 正義曰 : 惠棟校宋本에는 이 3자가 없다.(阮元의 校勘記 참조)
2) 君 : 閩本·監本·毛本에는 '公'으로 되어 있다.(阮元의 校勘記 참조)

經의 〔龜筴〕에서 〔公門〕까지

○ 正義曰 : 이 이하는 신하의 물건을 公門에 들이지 못하는 경우를 밝힌 것이다.

○〔龜筴〕 신하의 거북껍질과 蓍草를 이른다. 이를 가지고 들어가면 나라의 길흉을 묻는다는 혐의가 있다.

○〔几杖〕 신하의 궤안과 지팡이이다. 만약 가지고 들어가면 자부하고자 하여 자신을 長老로 여기는 혐의가 있다는 말이다.

○〔席蓋〕 喪車의 덮개이다. 신하가 군주의 궁궐에서 죽으면 시신이 든 널을 가지고 公門을 나가는 것은 허락할 수 있으나 喪車의 흉물을 가지고 공문에 들어가지는 못한다. 수레는 널에 비하면 덜 긴급한 것이므로 공문 밖에 멈추어두어야 한다.

○〔重素〕 上衣와 下裳 모두 흰색 차림을 한 것이다. 초상을 만났을 때 입는 옷을 이르니, 또한 이를 입고 公門에 들어가서는 안 된다.

○〔袗絺綌〕 '袗'은 홑옷이다. '絺綌'은 갈옷이다. 그 위에 겉으로 입는 옷이 없으면 육체가 드러나서 불경하므로 홑옷 갈옷 차림을 하고는 들어가지 못한다.

○〔不入公門〕 앞의 여러 가지 일을 총결하여 모두 들이지 못한다는 것이다. 시동이 궤안을 딛고 수레에 타서 廟門에 이르는 것과 80세에 조정에서 지팡이를 짚는 것으로 말하면 궤안을 들거나 지팡이를 짚고 公門에 들어갈 수 있다.

【疏】 ○ 注'龜筴'至'形褻'. ○ 正義曰 : 引雜記, 證席蓋是喪車也. 輤, 喪車邊牆也, 在上曰屋, 在邊曰裳帷. 士喪車用葦席爲上屋, 蒲席爲邊牆也. 然天子諸侯染布爲蒨(천)色, 大夫但布而不染. 士用席, 而亦言輤者, 因天子輤通名也. 今言席蓋, 謂士耳. 擧士爲例, 卿大夫喪車亦不得入. 云"重素, 衣裳皆素, 喪服也"者, 若臣之待放[1], 衣裳皆素, 旣是待放, 本無得入公門之理, 此云重素不入公門者, 謂私服. 又文王世子, 公族有死罪, 公親素服. 唯君得素服入, 臣則不可.[2] 引論語, 證入公門不單也. 形褻, 謂肉露見也.

1) 待放 : 신하가 죄를 짓거나 벼슬에서 물러나는 등의 이유로 추방을 기다리는 것을 이른다. ≪春秋公羊傳≫ 宣公 원년 조에 "옛날에 대부 이상은 3년 동안 待放한다.〔古者大夫已去 三年待放〕"라는 내용이 보이는데, 何休의 주에 "옛날에 형벌은 대부에까지 올라가지 않았다.……형벌하면 賢者를 잘못 형벌할까 우려되기 때문이다. 죽은 자는 다시 살릴 수 없고 형벌한 것은 다시 이어붙일 수 없으므로 죄를 지으면 추방할 뿐이

니, 이는 현자를 존중하는 방법이다. '三年'은 옛날에 의심스러운 옥사는 3년 뒤에 결단하기 때문이다."라고 하였다. 또 漢나라 王逸의 ≪楚辭章句≫ 〈東方朔七諫序〉에 "옛날에 신하가 세 번 간하여도 군주가 따르지 않으면 신하는 물러나 待放한다.〔古者 人臣三諫不從 退而待放〕"라는 내용이 보인다.

2) 文王世子……臣則不可 : ≪禮記≫ 〈文王世子〉에 "군주의 친족 중에 죽을죄를 지은 자가 있으면……군주는 皮弁의 소복을 입고 성찬을 들지 아니해서 그를 위하여 평상의 예를 변하며, 친소에 따른 喪과 똑같이 하되 弔服을 입지 않고 〈소복 차림으로 異姓의 사당에 가서〉 친히 곡을 한다.〔公族其有死罪……公素服不擧 爲之變 如其倫之喪 無服 親哭之〕"라는 내용이 보인다.

○ 注의 〔龜筴〕에서 〔形褻〕까지

○ 正義曰 : ≪禮記≫ 〈雜記 上〉을 인용하여 '席蓋'는 바로 喪車의 席蓋임을 증명한 것이다. '輤'은 喪車 옆의 牆이니, 위에 있는 것을 '屋', 옆에 있는 것을 '裳帷'라고 한다. 士의 喪車에는 갈대 돗자리로 위의 지붕을 만들고 부들 돗자리로 옆의 牆을 만든다. 그러나 천자와 제후는 베를 물들여 붉은 꼭두서니 색을 만들며 대부는 다만 베를 사용할 뿐 물을 들이지는 않는다. 士는 돗자리를 사용하는데도 마찬가지로 '輤'이라고 한 것은 천자의 輤으로 인해 통칭한 것이다. 지금 '席蓋'라고 한 것은 士를 말한 것뿐이다. 士를 들어 사례로 삼은 것이니, 경대부의 喪車 역시 公門에 들어가지 못한다.

'重素 衣裳皆素 喪服也'라고 한 것은, 만약 신하가 待放하는 것이라면 上衣와 下裳을 모두 흰색으로 입는데, 이미 대방하는 것이라면 본래 공문에 들어갈 수 있는 이치가 없으니, 여기에서 '重素不入公門'이라 한 것은 私服을 이른다. 또 ≪예기≫ 〈文王世子〉에 따르면 군주의 친족 중에 죽을죄를 지은 자가 있으면 군주는 친히 素服을 입는다. 오직 군주만이 소복을 입고 사당에 들어갈 수 있으며 신하는 안 된다.

≪論語≫를 인용한 것은, 공문에 들어갈 때 홑옷 차림을 하지 않음을 증명한 것이다. '形褻'은 육체가 드러남을 이른다.

【疏】 ○'苞屨'至'公門'. ○'苞屨', 謂藨蒯之草爲齊衰(자최)喪屨. ○'扱衽'者, 親始死, 孝子徒跣扱上衽也. ○'厭冠'者, 喪冠也. 厭帖無(者)〔者〕彊[1], 爲五服喪所著(착)也. ○'不入公門'者, 此竝五服之內, 喪服差次, 不合入, 不得著入公門也. 苞謂杖齊衰之屨, 故喪服"杖齊衰"章云[2] "疏屨者, 藨蒯之菲也." 此云"苞屨・扱衽不入公門", 服問云 "唯公門有稅(탈)齊〔衰〕[3]." 注云 "不杖齊衰也, 於公門有免齊衰, 則大功有免絰也." 如鄭之言, 五

服入公門與否, 各有差降. 熊氏云 "父之喪, 唯扱上衽不入公門, 冠・絰・衰・屨皆得入也. 杖齊衰, 則屨不得入, 不杖齊衰, 衰又不得入. 其大功絰又不得入, 其小功以下, 冠又不得入. 此厭冠者, 謂小功以下之冠, 故云'不入公門'. 凡喪冠皆厭, 大功以上, 厭冠宜得入公門也." 凡喪屨, 案喪服斬衰用菅屨, 杖齊衰用苞, 不杖齊衰用麻, 大功用繩[4]. 故小記云 "齊衰三月, 與大功同者繩屨." 其小功以下, 鄭引舊說云 "小功以下, 吉屨無絇." ○'書方'者, 此謂臣有死於公宮, 應須凶具, 此下諸物, 竝宜告而後入者也. 書謂條錄送死者物件數目多少, 如今死人移書也. 方, 板也. 百字以上用方板書之, 故云"書方"也. ○'衰'者, 孝子喪服也. ○'凶器'者, 棺材及棺中(服)〔明〕[5]器也. ○'不以告, 不入公門'者, 臣在公宮而死, 營凶器所須, 而不得輒將入公門, 故須告也. 然衰之屬, 今厭冠・苞屨尙不入, 云衰告乃入者, 熊氏云 "上不入, 謂公宮庫・雉・路之門, 今此不入公門者, 國城之門, 謂卿大夫之喪從外來, 書方・衰・凶器, 須告乃入." 今謂旣同稱公門, 又國城之內, 百姓民衆所居, 方・衰・凶器, 須告乃入, 事恐非也. 蓋公門非一, 或是公之外門及百官治事之處. 君許其在內殯及將葬之禮, 故有明器・書方, 須告乃入.

1) (者)〔耆〕彊 : 저본에는 '者彊'으로 되어 있으나, 惠棟校宋本의 '耆彊'을 옳게 본 완원의 교감기에 의거하여 '耆彊'으로 바로잡았다. '耆'는 ≪逸周書≫〈謚法解〉 및 ≪春秋左氏傳≫ 昭公 23년 조 杜預의 주에 "耆는 '강하다'의 뜻이다.〔耆 彊也〕"라고 하였으니, '耆'를 '者'로 쓴 것은 형태가 비슷하여 생긴 오류이다. 監本・毛本・衛氏集說에는 '梁纚(량사)'로 되어 있다.(阮元의 校勘記 참조)

2) 喪服杖齊衰章云 : 이하의 내용이 ≪儀禮≫〈喪服〉'齊衰三年' 조 경문에 보인다.

3) 〔衰〕 : 저본에는 '衰'가 없으나, 惠棟校宋本에 의거하여 보충하였다. ≪禮記≫〈服問〉에도 '衰'가 있다.(阮元의 校勘記 참조)

4) 喪服斬衰用菅屨……大功用繩 : ≪의례≫〈喪服〉에 따르면 斬衰三年에는 골풀로 짠 菅屨를 신고, 齊衰三年과 齊衰杖朞에는 疏屨 즉 물고랭이〔藨〕나 기름새〔蒯〕의 풀로 짠 신발을 신고, 齊衰不杖期에는 삼으로 짠 麻屨를 신는다. '苞'는 위 정현의 주에 따르면 '藨'이다. '繩'은 麻를 꼬아 만든 繩屨를 이른다. ≪의례≫〈상복〉에는 '大功用繩'의 경문이 보이지 않는다. 다만 공경대부의 衆臣이 그들의 주인인 君을 위하여 참최삼년의 상복을 입을 때 승구를 신는다고 하였으며, 〈상복〉'자최삼월' 조 정현의 주에서 ≪예기≫〈喪服小記〉를 인용하여 자최삼월의 상복에는 大功과 똑같이 승구를 신는다고 하였다.

5) (服)〔明〕 : 저본에는 '服'으로 되어 있으나, 惠棟校宋本에 의거하여 '明'으로 바로잡았다.(阮元의 校勘記 참조)

○ 經의 〔苞屨〕에서 〔公門〕까지

○〔苞屨〕 물고랭이〔藨〕나 기름새〔蒯〕의 풀로 자최복의 喪屨를 만드는 것을 이른다.

○〔扱衽〕 부모가 처음 죽었을 때 효자가 맨발을 하고 〈深衣의〉 앞쪽 옷깃을 띠에 꽂는 것이다.

○〔厭冠〕 喪冠이다. 〈冠梁이 없어서 冠이〉 머리에 닿아 강함이 없으니, 五服의 喪에 착용하는 것이다.

○〔不入公門〕 이것은 모두 五服 안에 喪服의 등급에 따른 차이가 있어서 들어가는 것에 부합하지 않는 것들이니 이를 착용하고는 公門에 들어가지 못한다. '苞'는 喪杖을 짚는 齊衰喪의 신을 이른다. 그러므로 ≪儀禮≫ 〈喪服〉 '杖齊衰' 장에 이르기를 "'疏屨'는 물고랭이나 기름새의 풀로 만든 신발이다."라고 하였다. 여기에서 '苞屨扱衽不入公門'이라 한 것은, ≪禮記≫ 〈服問〉에 이르기를 "오직 公門에 들어갈 때 자최복을 벗는 경우가 있다."라고 하였는데, 鄭玄의 주에 이르기를 "상장을 짚지 않은 자최상이니, 공문에 들어갈 때 자최복을 벗음이 있다면 大功喪에는 絰을 벗음이 있다."라고 하였다. 정현의 말대로라면 五服을 입고 공문에 들어갈 수 있느냐의 여부는 각각 차등이 있는 것이다. 熊安生이 말하기를 "아버지의 斬衰喪에는 오직 〈深衣의〉 앞쪽 옷깃을 띠에 꽂고 공문에 들어가지 못할 뿐이며 喪冠과 絰과 衰服과 疏屨 차림으로 모두 들어갈 수 있다. 상장을 짚는 자최상에는 소구를 신고 들어가지 못하며, 상장을 짚지 않는 자최상에는 최복을 입고서는 또 들어가지 못한다. 대공상에는 絰을 하고서는 또 들어가지 못하고, 小功喪 이하에는 喪冠을 쓰고서는 또 들어가지 못한다. 여기의 '厭冠'은 소공상 이하의 冠을 말하므로 '不入公門'이라고 한 것이다. 무릇 喪冠은 모두 낮게 가라앉아 있으니, 대공상 이상은 엽관 차림으로 의당 공문에 들어갈 수 있다."라고 하였다. 무릇 喪屨는, ≪의례≫ 〈喪服〉을 살펴보면 참최상에는 〈골풀로 만든〉 菅屨를 사용하고, 상장을 짚는 자최상에는 〈물고랭이

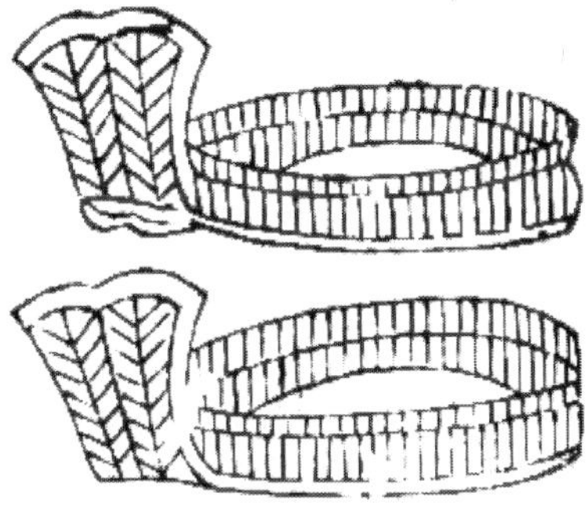

疏屨

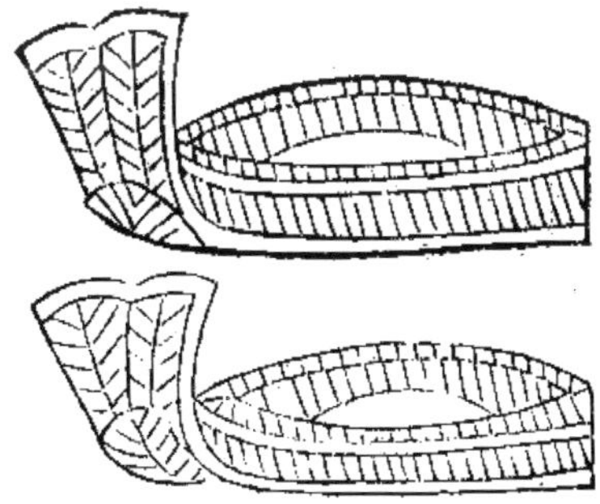

菅屨

〔蕉〕나 기름새〔蒯〕의 풀로 만든〉 苞屨를 사용하고, 상장을 짚지 않는 자최상에는 〈麻로 만든〉 麻屨를 사용하고, 대공상에는 〈麻를 꼬아 만든〉 繩屨를 사용하였다. 그러므로 ≪예기≫ 〈喪服小記〉에 이르기를 "齊衰三月에 입는 상복으로 대공상에 입는 상복과 똑같은 것은 승구이다."라고 한 것이다. 소공상 이하에는, 정현은 舊說을 인용하여 말하기를 "소공상 이하에는 吉屨를 신되 신코 장식〔絇〕이 없는 것을 신는다."라고 하였다.

○〔書方〕 이것은 신하가 公宮에서 죽었을 때 반드시 필요한 凶具를 이른 것이니, 이하의 여러 물건은 모두 〈군주에게〉 알린 뒤에 들여야 하는 것들이다. '書'는 죽은 이를 전송하는 예물의 수량을 조목조목 기록한 것을 이르니, 오늘날 죽은 사람에게 보내는 편지와 같다. '方'은 板이다. 100자 이상은 方板을 사용하여 기록하므로 '書方'이라 한 것이다.

○〔衰〕 효자의 喪服이다.

○〔凶器〕 널감 및 널에 넣을 明器이다.

○〔不以告 不入公門〕 신하가 公宮에 있을 때 죽어서 喪事에 필요한 凶器를 마련하는데 곧장 이것을 가지고 公門에 들어가지 못하므로 반드시 〈군주에게〉 알려야 한다. 그러나 喪服의 등속은, 지금 厭冠이나 苞屨는 오히려 공문에 들어가지 못하는데 상복은 알리면 곧 들어갈 수 있다고 한 것은, 熊安生이 말하기를 "앞에서 들어가지 못한다고 한 것은 公宮의 庫門·雉門·路門을 이르고, 지금 여기에서 공문에 들어가지 못한다고 한 것은 도성의 문이니, 경대부의 喪이 밖에서 오면 方板과 상복과 흉기를 반드시 알린 뒤에야 들어갈 수 있다."라고 하였다. 지금 생각하면 이미 '公門'이라 똑같이 칭하였고 또 도성 안은 백성들이 사는 곳이니, 방판과 상복과 흉기를 반드시 알린 뒤에야 들어갈 수 있다는 것은 일이 틀린 듯하다. 공문은 한둘이 아니니, 혹 公의 外門과 백관이 일을 보는 곳일 수도 있다. 군주가 안에다 殯을 하는 것과 장례를 준비하는 예를 허락하였으므로 明器와 방판을 반드시 알린 뒤에야 들어갈 수 있는 것이다.

【疏】 ○ 注'士喪'至'器也'. ○ 正義曰：證喪禮書方也. 送死者, 車馬曰賵, 衣服曰襚, 亦通曰賵. "若九"·"若七"等, 謂書送物於板行列之數多少, 物多則九行, 少則七行·五行也.

○ 注의 〔士喪〕에서 〔器也〕까지

○ 正義曰：喪禮 때 方板에 기록하는 것을 증명한 것이다. 죽은 이를 전송하는 예물

로 車馬를 '賵', 의복을 '襚'라 하니, 또한 통칭하여 '賵'이라고도 한다. '若九'·'若七' 등은 전송하는 물건을 방판에 기록하는 行의 다소를 이르니, 물건이 많으면 9행, 적으면 7행이나 5행이다.

02-07-01 君子將營宮室호되 宗廟爲先이요 廏(구)[1]庫爲次요 居室이 爲後니라

1) 廏(구) : 監本·嘉靖本에는 '廐(구)'로 되어 있다. ≪說文解字≫에는 '廏(구)'로 되어 있는데, 廐와 同字이다.(阮元의 校勘記, 王力의 ≪王力古漢語字典≫ 참조)

군자가 장차 집을 지으려 할 때 〈선조를 모시는〉 사당을 가장 먼저 짓고, 〈나라의 재용을 부족하지 않게 하는〉 마구간과 창고를 그다음에 짓고, 〈몸을 편안히 할 뿐인〉 거처할 집을 맨 나중에 짓는다.

【注】 重先祖及國之用이라

선조와 나라의 재용을 중히 여기는 것이다.

02-08-01 凡家造는 祭器爲先이요 犧賦爲次요 養器爲後니라

무릇 대부가 처음으로 家를 만드는 것은, 〈선조를 섬기는 데 필요한〉 祭器를 가장 먼저 장만하고, 〈고을 백성에게 세금으로 제사에 쓸 희생을 내게 하는〉 犧賦를 그다음에 장만하고, 〈자신을 봉양하는〉 식기를 맨 나중에 장만한다.

【注】 大夫稱家하니 謂家始造事라 犧賦는 以稅出牲이라

대부는 '家'라고 칭하니, 家를 처음 만드는 일을 이른다. '犧賦'는 세금으로 희생을 내는 것이다.

無田祿者는 不設祭器하고 有田祿者는 先爲祭服이니

〈祭器는 빌릴 수 있어도 祭服은 빌릴 수 없으므로〉 祿으로 받은 田地가 없는 자는 제기를 마련하지 않고, 녹으로 받은 전지가 있는 자는 〈제기·제복을 모두 만드는데 犧賦·식기보다〉 먼저 제복을 마련하니,

【注】 祭器는 可假어니와 祭服은 宜自有라

제기는 빌릴 수 있으나 제복은 스스로 가지고 있어야 한다.

君子雖貧하나 不粥(육)祭器하며 雖寒하나 不衣祭服하며 爲宮室호되 不斬於丘木하나니라

군자는 비록 가난하더라도 祭器를 팔지 않으며, 비록 춥더라도 祭服을 입지 않으며, 집을 지을 때 묘소의 나무를 베지 않는다.

【注】 廣敬鬼神也라 粥은 賣也라 丘는 壟也라

귀신을 공경하는 것을 확대한 것이다. '粥'은 '팔다'의 뜻이다. '丘'는 무덤이다.

【疏】 '凡家'至'丘木'1). ○ 正義曰：此一節總論大夫所造祭器衣服, 竝明祭器所寄之事, 各依文解之. ○ '凡家造', 謂大夫始造家事也. 大夫(爲)〔稱〕2)家. ○ '祭器爲先'者, 崇敬祖禰, 故在先. 〔○〕3) '犧賦爲次'者, 諸侯大夫少牢, 此言犧, 謂牛. 卽是天子之大夫祭祀, 賦斂邑民, 供出犧牢, 故曰"犧賦". ○ '養器爲後'者, 養器, 供養人之飮食器也. 自贍爲私, 宜後造. 然諸侯言"宗廟", 大夫言"祭器", 諸侯言"(廟)〔廏〕4)庫"·"居室", 大夫言"犧賦"·"養器"者, 互言也. 此據有地大夫, 故得造祭器. 若無田祿者, 但爲祭服耳. 其有地大夫祭器·祭服俱造, 則先造祭服, 乃造祭器. 此言"祭器爲先"者, 對犧賦·養器爲先, 其實在祭服之後.

1) 凡家至丘木：惠棟校宋本에는 이 5자가 없다.(阮元의 校勘記 참조)
2) (爲)〔稱〕：저본에는 '爲'로 되어 있으나, 北京大本에 의거하여 '稱'으로 바로잡았다.
3) 〔○〕：저본에는 부호 '○'가 없으나, 본서의 체제에 의거하여 보충하였다.
4) (廟)〔廏〕：저본에는 '廟'로 되어 있으나, 經文 및 北京大本에 의거하여 '廏'로 바로잡았다.

經의 〔凡家〕에서 〔丘木〕까지

○ 正義曰：이 절은 대부가 만드는 제기와 의복을 총괄적으로 논하였고, 아울러 제기를 맡기는 일을 밝혔으니, 각각 글을 따라 풀이하겠다.

○ 〔凡家造〕 대부가 처음으로 家를 만드는 일을 이르니, 대부는 '家'라고 칭한다.

○ 〔祭器爲先〕 할아버지와 아버지를 존숭하고 공경하므로 앞에 두는 것이다.

○〔犧賦爲次〕 제후의 대부는 〈양·돼지의〉 少牢를 내니, 여기에서 '犧'라고 말한 것은 소를 이른다. 즉 천자의 대부는 제사에 고을 백성들에게 세금을 거두어서 공물로 희생을 바치므로 '犧賦'라고 한 것이다.

○〔養器爲後〕 '養器'는 사람에게 공양하는 음식을 담는 그릇이다. 자신을 넉넉하게 하는 것은 사사로운 것이니 의당 나중에 만들어야 한다. 그러나 제후는 '宗廟'를 말하고 대부는 '祭器'를 말하며, 제후는 '廏庫'와 '居室'을 말하고 대부는 '犧賦'와 '養器'를 말한 것은, 互文이다. 이것은 田地가 있는 대부에 근거한 것이므로 제기를 만들 수 있는 것이다. 만약 祿으로 받는 전지가 없는 경우라면 단지 제복을 만들 뿐이다. 전지가 있는 대부는 제기와 제복을 모두 만드는데, 먼저 제복을 만들고 나서 제기를 만든다. 여기서 '祭器爲先'이라 한 것은 犧賦·養器에 비해 상대적으로 먼저 만든다는 것이니, 사실은 제복의 뒤에 만드는 것이다.

【疏】 ○'無田'至'祭服'. ○嚮明得造祭器, 此明不得造者下民[1]也. 若大夫及士有田祿者乃得造器, 猶不具, 唯天子大夫四命以上者得備具. 若諸侯大夫非四命, 無田祿, 則不得造, 故禮運云[2] "大夫(磬)〔聲〕[3]樂皆具, 祭器不假, 非禮也." 據諸侯大夫言之也. 熊氏以禮運據天子大夫得造, 不得具, 非也. ○'有田祿者先爲祭服'者, 若有田祿, 雖得造器, 而先爲祭服, 後爲祭器耳. 所以然者, 緣人形參差(참치), 衣服有大小, 不可假借, 故宜先造, 而祭器之品量同官(可)可[4]以共有, 以其制同, 旣可暫假, 故營之在後.

1) 下民 : 閩本·監本·毛本에는 '不同'으로 되어 있다.(阮元의 校勘記 참조)

2) 禮運云 : ≪禮記≫ 〈禮運〉에 "대부가 관원을 다 갖추며, 제기를 남에게 빌리지 않으며, 음악을 다 갖추는 것이 예가 아니니, 이를 일러 亂國이라 이른다.〔大夫具官 祭器不假 聲樂皆具 非禮也 是謂亂國〕"라는 내용이 보인다.

3) (磬)〔聲〕 : 저본에는 '磬'으로 되어 있으나, ≪예기≫ 〈禮運〉에 의거하여 '聲'으로 바로잡았다.

4) (可)可 : 저본에는 '可可'로 되어 있으나, 考文引宋板·衛氏集說에 의거하여 '可' 하나를 衍文으로 처리하였다. 監本·毛本에는 '同可'로 되어 있다.(阮元의 校勘記 참조)

○〔無田〕에서 〔祭服〕까지

○ 앞에서는 제기를 만들 수 있음을 밝혔고, 여기서는 만들 수 없는 자는 下民임을 밝혔다. 대부와 녹으로 받는 전지가 있는 士 같은 경우는 제기를 만들 수는 있으나 여전히 다 갖추지는 않으며, 오직 천자의 대부로 四命 이상인 경우에만 다 갖출 수 있

다. 제후의 대부로 四命이 아니고 녹으로 받는 전지가 없다면 제기를 만들 수 없다. 그러므로 ≪禮記≫ 〈禮運〉에 이르기를 "대부가 음악을 모두 갖추고 제기를 남에게 빌리지 않는 것은 예가 아니다."라고 하였으니, 제후의 대부에 근거하여 말한 것이다. 熊安生은 〈예운〉이 천자의 대부에 근거한 것으로 제기를 만들 수는 있으나 다 갖추지는 못하는 것이라 하였는데, 옳지 않다.

○〔有田祿者先爲祭服〕 만약 녹으로 받는 전지가 있으면 비록 제기를 만들 수는 있으나 먼저 제복을 만든 뒤에 제기를 만들 뿐이다. 그렇게 하는 이유는, 사람의 형체가 들쭉날쭉 같지 않고 의복에 대소의 차이가 있어서 빌릴 수 없으므로 먼저 만드는 것이다. 제기의 물건은 동료 관원이면 공유할 수 있으니, 그 제도가 동일하여 이미 잠시 빌릴 수 있으므로 나중에 마련하는 것이다.

02-08-02 大夫士去國호되 祭器를 不踰竟이니

〈세 차례 간하여도 군주가 들어주지 않아〉 대부나 士가 나라를 떠날 때 〈부모를 욕되게 할까 우려되므로 군주의 祿으로 만든〉 祭器를 가지고 국경을 넘지 않으니,

【注】 此用君祿所作이니 取以出竟이면 恐辱親也라

이것은 군주의 녹으로 만든 것이니 이것을 가지고 국경을 나가면 부모를 욕되게 할까 우려되기 때문이다.

大夫는 寓祭器於大夫하고 士는 寓祭器於士니라

〈돌아와 다시 사용하기를 기대하며〉 대부는 祭器를 대부에게 맡기고, 士는 제기를 士에게 맡긴다.

【注】 寓는 寄也라 與得用者言寄니 覬(기)已後還이라

'寓'는 맡기는 것이다. 사용할 수 있는 자에게 주는 것을 '맡긴다〔寄〕'고 이르니, 자기가 뒤에 돌아올 것을 기대하는 것이다.

【疏】'大夫'至'於士'. ○ 正義曰：此以下明人臣三諫不從, 去國之禮. ○'祭器不踰竟'者, 既明出禮, 先從重物爲始也. 踰, 越也. 此祭器是君祿所造, 今既放出, 故不得自隨越竟也.

經의 〔大夫〕에서 〔於士〕까지

○ 正義曰：이 이하는 신하가 세 번 간하여도 군주가 따라주지 않아 나라를 떠나는 예를 밝힌 것이다.

○〔祭器不踰竟〕 이미 국경을 나가는 예를 밝힌다면 먼저 중요한 물건인 祭器부터 시작하는 것이다. '踰'는 '넘다'의 뜻이다. 이 제기는 군주의 녹으로 만든 것이니, 지금은 이미 추방되었으므로 스스로 이를 가지고서 국경을 넘을 수 없는 것이다.

【疏】〔○〕[1] 注(云)[2]'此用'至'親也'. 〔○〕無德而出, 若猶濫用其器, 是辱親也. 隱義云"嫌見奪, 故云恐辱親也."

1)〔○〕: 저본에는 부호 '○'가 없으나, 본서의 체제에 의거하여 보충하였다. 아래도 같다.
2) (云) : 저본에는 '云'이 있으나, 본서의 체제에 의거하여 衍文으로 처리하였다.

○ 注의 〔此用〕에서 〔親也〕까지

○ 덕이 없어 추방되었는데도 만약 그 기물을 여전히 함부로 사용한다면 이는 부모를 욕되게 하는 것이다. ≪禮記隱義≫에 이르기를 "빼앗겼다는 혐의가 있을까 하여 '恐辱親'이라 한 것이다."라고 하였다.

【疏】〔○〕[1]'大夫寓祭器於大夫, 士寓祭器於士'者, 寓猶寄也. 既不將去, 故留寄其同僚. 必寄之者, 冀其復還得用也. 魯季友奔陳, 國人復之, 傳曰"季子來歸"[2]是也.

1)〔○〕: 저본에는 부호 '○'가 없으나, 본서의 체제에 의거하여 보충하였다.
2) 傳曰季子來歸 : ≪春秋左氏傳≫ 閔公 원년 조에 보인다. '季子'는 魯나라의 上卿인 公子友의 字로, 魯 莊公의 母弟이다.

○〔大夫寓祭器於大夫 士寓祭器於士〕'寓'는 〈'맡기다'의 뜻인〉'寄'와 같다. 이왕 이를 가지고 떠나지 않으므로 남겨서 자기 동료에게 맡기는 것이다. 반드시 이를 맡기는 것은, 다시 돌아와 도로 사용할 수 있기를 바라는 것이다. 魯나라의 〈上卿인〉 季友가 陳나라로 망명했는데 國人이 계우를 돌아오게 하자, ≪春秋左氏傳≫에 이르기를 "季子가 돌아왔다."라고 한 것이 이것이다.

【疏】 ○ 注'寓寄'至'後還'. ○ 正義曰:此解言"寄"之義也. 夫物不被[1]用, 則生蟲蠹(두), 故寄於同官, 令彼得用, 不使毁敗, 冀還復用, 大夫士義皆然也.

1) 被:閩本에는 '常'으로 되어 있다.(阮元의 校勘記 참조)

○ 注의 〔寓寄〕에서 〔後還〕까지

○ 正義曰:이것은 '寄'의 뜻을 풀이한 것이다. 무릇 물건은 쓰이지 않으면 벌레와 좀이 생기므로 동료 관원에게 맡기는 것이니, 그가 쓸 수 있게 하여 망가지지 않게 함으로써 자기가 돌아와 다시 쓸 수 있기를 바라는 것이다. 대부와 士의 의리는 모두 이러하다.

02-08-03 大夫士去國호되 踰竟爲壇(선)[1]位하여 鄕國而哭하고 素衣하며 素裳하며 素冠하며 徹緣하며 鞮屨(제구)하며 素簚(멱)[2]하며 乘髦(모)馬하며 不蚤[3]鬋하며 不祭食[4]하며 不說[5]人以無罪하며 婦人을 不當御니 三月而復服이니라

1) 壇(선):'墠(선)'과 통용자로, 陸德明의 音義에 따르면 음이 '善'이다. ≪禮記≫〈祭法〉 鄭玄의 주에 "흙을 쌓는 것을 '壇', 땅을 청소하는 것을 '墠'이라 한다.〔封土曰壇 除地曰墠〕"라고 하였다.

2) 簚(멱):육덕명의 音義에 따르면 흰 개가죽 覆笭으로, '幭(덮개 멸)'로 된 판본도 있다. '覆笭'은 수레의 軾을 덮는 물건으로, 육덕명의 音義에 따르면 笭은 '수레의 난간〔車闌〕'을 이른다.

3) 蚤:육덕명의 音義에 따르면 음이 '爪'로, '손톱·발톱을 깎는 것〔除爪〕'이다.

4) 祭食:음식을 먹기 전에 음식을 조금 덜어 籩豆 사이에 내려놓음으로써 이 음식을 최초로 만든 先人이 있음을 겸손하게 보이는 것으로, 근본을 잊지 않음을 보이기 위해 행하는 일종의 食前 제사이다.

5) 說:육덕명의 音義에서는 음을 '亦劣反' 즉 '열'로 보고, 如字 음인 '설'을 又音으로 제시하였다. 음을 亦劣反으로 보면 '不說人以無罪'는 '남들이 자기에게 죄가 없다고 하는 것을 기뻐하지 않는다'의 뜻이 된다. 여기서는 孔穎達의 소를 따라 如字 음인 '설'로 보아 '말하다'의 뜻으로 풀이하였다.

대부나 士가 나라를 떠날 때 〈喪禮로 자처하므로〉 국경을 넘으면 땅을 청소하고 〈제사할〉 자리를 만들어서 본국을 향하여 곡을 하고, 흰색 상의를 입으며, 흰색 치마를 입으며, 흰색 명주 冠을 쓰며, 〈中衣의〉 채색 가선을 제거하고 〈흰색 가선을 두르며,〉 신코 장식이 없는 〈흰색 가죽〉신을 신으며, 흰색 개가죽으로 수레의 軾을 덮으며, 털을 자르지 않은 말을 타며, 손톱과 발톱을 깎지 않고 수염과 머리카락을 자르지 않으며, 음식을 먹을 때 고수레를 하지 않으며, 다른 사람에게 자신은 죄가 없다고 말하지 않으며, 부인을 만나서는 안 되니, 〈군주에게서 玦을 얻은 뒤 교외에서부터 국경까지 가는〉 3개월이 지나면 평상의 吉服을 회복한다.

【注】 言以喪禮自處也라 臣無君은 猶無天也라 壇(선)位는 除地爲位也라 徹은 猶去也라 鞮屨는 無絇之菲也라 幭은 覆笭也라 髦馬는 不鬄(체)落也라 蚤는 讀爲爪라 鬋은 鬋(鬢)〔須〕[1]也라 不自說於人以無罪는 嫌惡(오)其君也라 御는 接見也라 三月은 一時니 天氣變하여 可以遂去也라 幭[2]은 或爲幕[3]이라

1) (鬢)〔須〕 : 저본에는 '鬢(빈)'으로 되어 있으나, ≪禮記≫ 〈喪大記〉에 '爪手翦須'로 되어 있는 것을 근거로 '鬋須'가 되어야 한다고 한 段玉裁의 설에 의거하여 '須'로 바로잡았다. 考文에 따르면 古本에는 '鬢'이 '鬚(수)'로 되어 있다. '鬋'은 ≪經典釋文≫에는 정현의 주를 인용하여 '翦'으로 되어 있는데, 완원은 '翦'을 '鬋'의 假借字라고 하였으며, 王力은 두 글자 모두 '자르다'의 뜻을 가진 同源字라고 하였다.(阮元의 校勘記, 王力의 ≪王力古漢語字典≫ 참조)

2) 幭 : 孫志祖의 校本에 따르면 '幦(멱)'이 되어야 한다.(北京大本 校勘記 참조)

3) 幕 : 육덕명의 音義에서는 음을 '莫歷反' 즉 '멱'으로 보고, 又音으로 '莫'을 제시하였다.

喪禮로 자처함을 말한다. 신하에게 군주가 없는 것은 하늘이 없는 것과 같다. '壇位'는 땅을 청소하여 자리〔位〕를 만드는 것이다. '徹'은 〈'제거하다'의 뜻인〉 '去'와 같다. '鞮屨'는 신코 장식〔絇〕이 없는 신발이다. '幭'은 〈수레의 軾 위에 덮는〉 覆笭이다. '髦馬'는 털을 자르지 않는 것이다. '蚤'는 '爪'로 읽는다. '鬋'은 수염을 자르는 것이다. 다른 사람에게 자신은 죄가 없다고 스스로 말하지 않는 것은, 자기 군주를 미워한다는 혐의가 있기 때문이다. '御'는 만나는 것이다. '三月'은 한 계절이니, 天氣가 변하여 마침내 떠날 수 있다. '幭'은 혹 '幕'으로 되어 있는 판본도 있다.

【疏】 '大夫'至'復服'. ○ 正義曰 : 此大夫士三諫而不從, 出在竟上. 大夫則待放[1]三年, 聽於君命. 若與環則還, 與玦便去[2]. 隱義云 "去國當待(於)〔放〕[3]也. 若士不待放, 臨去皆

行此禮也." ○'爲壇位鄕國而哭'者, 壇者, 除地(不)〔而〕[4)]爲壇. 臣之無君, 猶人無天也. 嫌去父母之邦, 有桑梓之(變)〔戀〕[5)], 故爲壇, 鄕國而哭, 以喪禮自(變)[6)]處也. 所以待放必三年者, 三年一閏, 天道一變, 因天道變, 望君自改也. 然在竟未去, 聽君環・玦. 不謂待歸, 而謂待放者, 旣已在竟, 不敢必放, 言唯待君見放乃去也. ○'素衣・素裳・素冠'者, 今旣離君, 故其衣・裳・冠皆素, 爲凶飾也. ○'徹緣'者, 緣, 中衣[7)]緣也. 素服裏亦有中衣, 若吉時中衣用采緣, 此旣凶喪, 故徹緣而純(준)素. ○'鞮屨'者, 謂無絇(繶)〔飾〕[8)]屨也. 屨以絇爲飾, 凶, 故無絇也. 士冠禮云"(玄冠)〔玄端〕[9)]黑屨, 靑絇, 博寸." 鄭云"絇之言, 拘也. 以爲行戒, 狀如刀衣鼻[10)], 在屨頭." 故解者云 古屨以物繫之爲行戒, 故用繒一寸, 屈之爲絇, 絇爲(絇)〔拘〕[11)], 著(착)屨頭, 以容受繫穿貫也. 其屈之形, 似漢時刀衣鼻也, 其色或靑或黑不同. 而冠禮屨夏用葛, 冬用皮, 又各隨裳色[12)]. 今素裳, 則屨白色也. ○'素簚'者, 素, 白狗皮也. 簚, 車覆(闌)〔闌〕[13)]也. 禮, 人君羔幦(멱)虎犆(직), 大夫鹿幦豹犆[14)]. 今此喪禮, 故用白狗皮也. 旣夕禮云"主人乘惡車, 白狗幦"是也. 然吉凶覆笭不〔同〕[15)], 必用皮者, 象始服牛馬, 初當用皮爲覆. ○'乘髦馬'者, 吉則翦剔(전척)馬毛爲飾, 凶則無飾, 不翦而乘之也. ○'不蚤鬋[16)]'者, (以)〔蚤〕[17)], 治手足爪也. 鬋, 剔治鬚髮也. 吉則治鬋爲飾, 凶故不翦也. 士虞禮曰"蚤翦"[18)], 謂爪翦鬚也. ○'不祭食'者, 祭, 祭先也. 夫食盛饌則祭食之先, 喪凶, 故不祭也. ○'不說人以無罪'者, 善則稱君, 過則稱已. 今雖放逐, 猶不得嚮人自說道已無罪而君惡, 故見放退也. ○'婦人不當御'者, 御, 接見也. 吉時婦人以次侍御寢宿, 今喪禮自貶, 故不也. ○'三月而復服'者, 自貶三月, 然後事事反還如吉禮, 而遂去也. 所以三月者, 爲一時天氣一變, 故三月人情亦宜易也.

1) 待放 : 02-06-02 '待放' 역주 참조.

2) 若與環則還 與玦便去 : '環'은 둥근 옥으로 '還'과 음이 같으며, '玦'은 끊어져 틈이 있는 둥근 옥으로 '絶'과 음이 같다. ≪荀子≫ 〈大略〉에 "사람과 인연을 끊을 때는 玦을 사용하고, 인연을 끊은 사람을 돌아오게 할 때는 環을 사용한다.〔絶人以玦 反絶以環〕"라고 하였는데, 楊倞의 주에 이르기를 "옛날에 신하가 죄를 지으면 국경에서 추방을 기다리며 3년 동안 감히 떠나지 않았다. 이 기간에 군주가 環을 주면 돌아가고 玦을 주면 인연을 끊었으니, 모두 군주의 뜻을 보이는 방법이다.〔古者臣有罪 待放於境 三年不敢去 與之環則還 與之玦則絶 皆所以見意也〕"라고 하였다.

3) (於)〔放〕 : 저본에는 '於'로 되어 있으나, 완원의 교감기에 의거하여 '放'으로 바로잡았다. 閩本・監本・毛本에는 '玦'로 되어 있다.(阮元의 校勘記 참조)

4) (不)〔而〕 : 저본에는 '不'로 되어 있으나, 北京大本에 의거하여 '而'로 바로잡았다.

5) (變)〔戀〕: 저본에는 '變'으로 되어 있으나, 閩本·監本·毛本·衛氏集說에 의거하여 '戀'으로 바로잡았다.(阮元의 校勘記 참조)
6) (變): 저본에는 '變'이 있으나, 문맥이 통하지 않아 淸나라 沈廷芳의 ≪十三經注疏正字≫에 의거하여 衍文으로 처리하였다.
7) 中衣: 02-01-01 '裼襲' 역주 참조.
8) (繶)〔飾〕: 저본에는 '繶'로 되어 있으나, 다음에 나오는 설명이 絇에 대한 내용만 있으므로 北京大本에 의거하여 '飾'으로 바로잡았다.
9) (玄冠)〔玄端〕: 저본에는 '玄冠'으로 되어 있으나, '玄'은 淸 聖祖의 성명 愛新覺羅玄燁의 '玄'을 避諱한 것이므로 원글자인 '玄'으로 돌려놓았으며, '冠'은 ≪儀禮≫ 〈士冠禮〉 경문에 의거하여 '端'으로 바로잡았다.
10) 刀衣鼻: 漢나라 때의 제도인 신코 장식이다. ≪의례≫ 〈士喪禮〉 賈公彦의 소에 "漢나라 때의 刀衣鼻로 絇를 비유한 것이다. 신발 머리에 있는데, 絇와 도의비 모두 구멍이 있어 그 속에 신끈을 꿰어 통과시킬 수 있는 것이기 때문이다. 만약 絇가 없다면 이를 '鞮屨'라 이른다.〔以漢時刀衣鼻況絇 在屨頭上 以其皆有孔 得穿繫于中而過者也 若無絇 則謂之鞮屨〕"라는 내용이 보인다.
11) (絇)〔拘〕: 저본에는 '絇'로 되어 있으나, 閩本·監本·毛本에 의거하여 '拘'로 바로잡았다.(阮元의 校勘記 참조)
12) 冠禮屨夏用葛……又各隨裳色: ≪의례≫ 〈士冠禮 記〉에 "〈관례를 행할 때 신는〉 신발은, 여름에는 칡으로 만든 신발을 사용한다. 〈始加에 입는〉 玄端服에는 검은색 신발을 신는다.……〈再加에 입는〉 흰색 주름치마의 皮弁服에는 흰색 신발을 신는다.……〈三加에 입는〉 爵弁服에는 분홍색 신발을 신는다.……겨울에는 가죽으로 만든 신발을 신어도 된다.〔屨 夏用葛 玄端黑屨……素積白屨……爵弁纁屨……冬皮屨可也〕"라는 내용이 보인다. ≪주례≫ 〈天官 屨人〉 정현의 주에 "무릇 屨와 舃은 각각 그 치마의 색을 따른다.〔凡屨舃 各象其裳之色〕"라고 하였다.
13) (蘭)〔闌〕: 저본에는 '蘭'으로 되어 있으나, 閩本·監本·毛本에 의거하여 '闌'으로 바로잡았다.(阮元의 校勘記 참조)
14) 禮……大夫鹿幦豹犆: ≪禮記≫ 〈玉藻〉에 "군주는 새끼 양 가죽으로 수레의 軾을 덮고 범의 가죽으로 가선을 두르며, 대부의 齊車는 사슴 가죽으로 軾을 덮고 표범 가죽으로 가선을 두르며, 대부의 朝車와 士의 齊車는 사슴 가죽으로 軾을 덮고 표범 가죽으로 가선을 두른다.〔君羔幦虎犆 大夫齊車 鹿幦豹犆 朝車士齊車 鹿幦豹犆〕"라는 내용이 보인다.
15) 〔同〕: 저본에는 '同'이 없으나, 孫志祖의 교감기에서 '同'이 脫文되었다고 한 것에 의거하여 보충하였다.(北京大本 校勘記 참조)
16) 髾: 惠棟校宋本에는 '翦'으로 되어 있는데, 완원에 따르면 '翦'은 '髾'의 假借字이다.

(阮元의 校勘記 참조)

17) (以)〔蚤〕: 저본에는 '以'로 되어 있으나, 惠棟校宋本·衛氏集說에 의거하여 '蚤'로 바로잡았다.(阮元의 校勘記 참조)

18) 士虞禮曰蚤翦 : '蚤翦'이 ≪의례≫ 〈士虞禮 記〉에는 '搔翦'으로 되어 있는데, 정현의 주에 "혹 '蚤揃'으로 되어 있는 판본도 있으며, '揃'은 혹 '鬋'으로 되어 있는 판본도 있다.〔或爲蚤揃 揃或爲鬋〕"라고 하였다. ≪의례≫ 〈士喪禮〉에는 '蚤揃'으로 되어 있다.

經의 〔大夫〕에서 〔復服〕까지

○ 正義曰 : 이것은 대부와 士가 세 번 간하여도 군주가 따르지 않아서 조정을 나가 국경 위에 있는 것이다. 대부는 3년 동안 추방을 기다리며 군주의 命을 듣는다. 만약 군주가 環을 주면 돌아가고 玦을 주면 곧 떠난다. ≪禮記隱義≫에 이르기를 "나라를 떠날 때는 마땅히 추방을 기다려야 한다. 士의 경우는 추방을 기다리지 않고 떠날 때 임박하여 모두 이 예를 행한다."라고 하였다.

環

玦

○〔爲壇位鄕國而哭〕'壇'은 땅을 청소하고 단을 만드는 것이다. 신하에게 군주가 없는 것은 사람에게 하늘이 없는 것과 같다. 부모의 나라를 떠나면서 고향에 대한 미련이 있다는 혐의가 있으므로 단을 만들고서 나라를 향해 곡하여 喪禮로 자처한다. 추방을 기다리는 것을 반드시 3년 동안 하는 이유는, 3년에 한 번 윤달이 드니 天道가 한 번 변하고 천도가 변함으로 인해 군주가 스스로 고치기를 바라는 것이다. 그러나 국경에서 아직 떠나지 않고 군주의 環이나 玦을 기다리는데 '돌아가기를 기다린다〔待歸〕' 하지 않고 '추방을 기다린다〔待放〕'고 한 것은 이미 국경에 있다면 감히 추방을 기필하지 못해서이니, 오직 군주에게 추방당함을 기다린 뒤에야 떠난다는 말이다.

○〔素衣素裳素冠〕 지금 이미 군주를 떠났으므로 上衣와 下裳과 冠을 모두 백색으로 하니, 이는 凶事의 복식이다.

○〔徹緣〕 '緣'은 中衣의 가선이다. 素服 안에 또한 中衣가 있는데, 길할 때 같으면 중의에 채색 가선을 쓰지만 여기서는 이미 凶喪의 예를 행하므로 채색 가선을 제거하고 흰색 가선을 두르는 것이다.

○〔鞮屨〕 신코 장식〔約〕과 신끈〔繶〕이 없는 신발을 이른다. 신발은 신코 장식을 꾸밈으로 삼는데 흉사이므로 신코 장식이 없는 것이다. ≪儀禮≫ 〈士冠禮 記〉에 이르기를 "〈始加에 입는〉 玄端服에는 검은색 신발을 신는다. 신코 장식을 파란색으로 하고, 〈신발 입구를 따라 파란색 가선을 두르는데〉 가선의 너비는 1寸이다."라고 하였다. 정현이 말하기를 "'約'라는 글자는 '제한하다〔拘〕'의 뜻이다. 이것으로 행실의 경계를 삼는데, 모양이 刀衣鼻와 같으며 신발 머리에 있다."라고 하였다. 그러므로 풀이하는 자가 말하기를, 옛 신발은 물건으로 매어서 행실의 경계를 삼았으므로 너비 1寸의 비단을 구부려서 約를 만들었다. '約'는 '제한하다〔拘〕'의 뜻이니, 신발 머리에 붙여서 꿰는 끈을 받아들인다. 구부린 모습이 漢나라 때의 刀衣鼻와 같으나 그 색은 파란색이기도 하고 검은색이기도 하여 같지 않다고 하였다. 〈사관례〉에서 신발은 여름에는 칡으로 만든 신발을 사용하고 겨울에는 가죽으로 만든 신발을 사용하되 또 각각 치마의 색을 따랐다. 지금 흰색 치마를 입으니 신발은 흰색을 신는 것이다.

○〔素簚〕 '素'는 흰색 개가죽이다. '簚'은 수레 앞의 난간을 덮는 것이다. 禮에 따르면 人君은 양가죽으로 수레의 軾을 덮고 범 가죽으로 가선을 두르며, 대부는 사슴 가죽으로 軾을 덮고 표범 가죽으로 가선을 두른다. 지금 여기서는 喪禮이므로 흰색 개가죽을 사용한다. ≪의례≫ 〈旣夕禮〉에 이르기를 "주인은 惡車를 타는데 흰색 개가죽으로 軾을 덮는다."라고 한 것이 이것이다. 그러나 길흉에 사용하는 覆笭이 같지 않은데도 반드시 가죽을 사용하는 것은, 처음으로 소와 말을 부림을 형상한 것이니 애초에 가죽을 사용하여 軾을 덮어야 한다.

○〔乘髦馬〕 길사에는 말의 털을 잘라서 꾸밈으로 삼고, 흉사에는 꾸밈이 없어 털을 자르지 않고 탄다.

○〔不蚤鬋〕 '蚤'는 손톱과 발톱을 깎는 것이다. '鬋'은 수염과 머리카락을 자르는 것이다. 길사에는 자르는 것을 꾸밈으로 삼으니 흉사이므로 자르지 않는 것이다. ≪의례≫ 〈士虞禮 記〉에서 '蚤翦'이라 한 것은 손톱·발톱을 깎고 수염을 자르는 것을 이른다.

○〔不祭食〕'祭'는 〈이 음식을 최초로 만든〉 先人에게 고수레하는 것이다. 무릇 盛饌을 먹게 되면 음식을 먹기 전에 먼저 고수레를 하는데, 喪凶이므로 고수레를 하지 않는 것이다.

○〔不說人以無罪〕 잘한 일은 군주를 칭하고 잘못한 일은 자기를 칭한다. 지금 비록 추방되었으나 여전히 다른 사람에게 스스로 자기는 죄가 없고 군주가 나빠서 쫓겨나게 되었다고 말해서는 안 된다.

○〔婦人不當御〕'御'는 만나는 것이다. 길할 때 부인이 차례로 침수를 모셨는데 지금은 喪禮로 스스로 낮추므로 만나지 않는 것이다.

○〔三月而復服〕 3개월 동안 스스로 낮춘 연후에는 일마다 되돌아가기를 吉禮처럼 하고서 마침내 떠난다. 3개월인 이유는, 한 계절이면 天氣가 일변하므로 3개월이면 사람의 마음 역시 바뀌기 마련이기 때문이다.

【疏】 ○ 注'鞮屨, 無絇之菲也'. ○ 正義曰：知鞮是無絇之屨者, 案周禮屨人, 屨・舃(석)皆有絇・繶(억)・純(준)[1], 案鞮屨氏無絇繶之文, 故知是無絇之菲也. 〔○〕[2] 云'髦馬, 不鬄落也'者, 以其稱髦馬, 與童子垂髦[3]同, 故知不鬄(체)落鬃鬣(종렵). 案大戴禮王度記云[4]"大夫俟放於郊, 三年, 得環乃還, 得玦乃去." 此踰國三月乃行, 不同者, 得玦之後, 從郊至竟, 三月之內而行此禮也.

1) 周禮屨人 屨舃(석)皆有絇繶(억)純(준)：≪周禮≫ 〈天官 屨人〉에 "屨人은 왕과 왕후의 각종 의복에 어울리는 신발을 관장한다. 赤舃과 黑舃을 만들고, 赤繶・黃繶과 청색 絇를 만들고, 흰색 屨와 칡으로 만든 屨를 만든다.〔屨人掌王及后之服屨 爲赤舃黑舃 赤繶黃繶靑句 素屨 葛屨〕"라는 내용이 보이는데, 정현의 주에 "밑창이 겹인 신발을 '舃', 밑창이 홑인 신발을 '屨'라 한다.〔複下曰舃 禪下曰屨〕"라고 하였다. '繶'은 신발의 양쪽 볼과 밑창이 맞닿는 솔기에 장식하는 실끈으로, 정현의 주에 따르면 赤繶은 왕의 黑舃 장식이며, 黃繶은 왕후의 玄舃 장식이다. '純'은 음이 '준'으로, 신발 입구를 따라 빙 두르는 가선이다.

2) 〔○〕: 저본에는 부호 '○'가 없으나, 본서의 체제에 의거하여 보충하였다.

3) 童子垂髦：'髦'는 ≪禮記≫ 〈喪大記〉 공영달의 소에 따르면 아이가 어렸을 때 머리카락을 잘라 만든 것으로, 아이가 자라면 이것을 얼굴 양쪽에 늘어뜨려서 장식으로 삼는다. 그러다가 아버지가 돌아가시면 왼쪽의 髦를 떼어내고, 어머니가 돌아가시면 오른쪽의 髦를 떼어내며, 부모가 모두 돌아가시면 모두 떼어내어 더는 髦를 달지 않는다. ≪儀禮≫ 〈旣夕禮〉 정현의 주에 "아이가 태어나 3개월이 되면 아이의 머리카락

을 잘라주며 〈일부를 자르지 않고 남겨서〉 황새머리〔鬌〕를 만든다.……장성한 뒤에도 여전히 이것으로 꾸밈을 삼아서 남겨두는데, 이것을 '髦'라고 한다. 부모에게 순종하는 어릴 때의 마음이다.〔兒生三月 剪髮爲鬌……長大猶爲飾存之 謂之髦 所以順父母幼少之心〕"라는 내용이 보인다.

4) 大戴禮王度記云 : '王度記'는 현재 전하는 ≪大戴禮記≫ 편명에는 내용이 보이지 않으며, 이하의 내용 역시 ≪大戴禮記≫에 보이지 않는다. 다만 이미 일실된 저작으로 전국시대 齊나라 사람 淳于髡이 지었다고 전하는 ≪王度記≫가 있다.

○ 注의 〔鞮屨 無絇之菲也〕

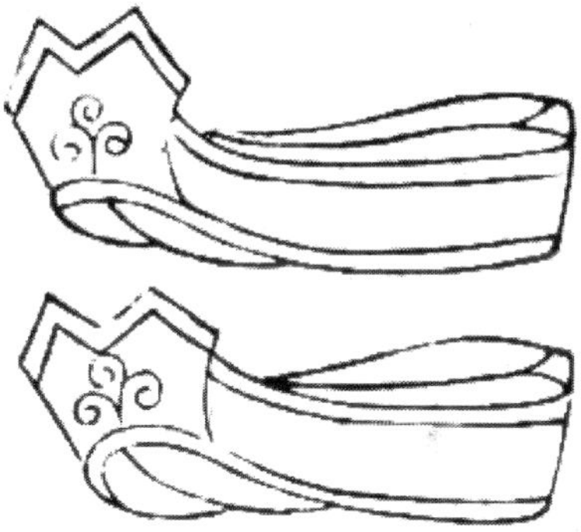
舃

○ 正義曰 : 정현이 鞮는 絇가 없는 신발임을 안 것은, ≪周禮≫ 〈天官 屨人〉을 살펴보면 屨와 舃에는 모두 絇·繶·純이 있으나 ≪주례≫ 〈春官 鞮屨氏〉를 살펴보면 絇·繶의 글이 없으므로 鞮屨는 絇가 없는 신발임을 안 것이다.

○〔髦馬 不鬄落也〕 경문에서 '髦馬'라고 칭한 것은 동자가 髦를 늘어뜨린 것과 똑같기 때문이니, 이 때문에 정현이 말갈기를 자르지 않는 것임을 안 것이다. 살펴보면 ≪大戴禮記≫ 〈王度記〉에 이르기를 "대부는 교외에서 추방을 기다리는데, 3년 안에 環을 얻으면 돌아가고 玦을 얻으면 떠난다."라고 하였는데, 여기서는 국경을 넘어가는 것이 3개월이 되면 곧 떠나서 같지 않은 것은, 玦을 얻은 뒤 교외에서부터 국경까지 3개월 안에 이 예를 행하는 것이다.

02-08-04 大夫士見(현)於國君호되 君이 若勞之어시든 則還辟(선벽)하여 再拜稽首하고

대부나 士가 〈사신으로 가서 다른 나라의〉 군주를 알현할 때 〈聘禮·享禮·私覿禮가 모두 끝난 뒤 별도로 사신 간 나라의〉 군주가 만약 위로하면 물러나 피하여 재배하고 머리를 조아리며,

【注】 謂見(현)君에 既拜矣요 而後見勞也라 聘禮曰 君勞使者及介에 君皆答拜라하니라

군주를 알현할 때 이미 절을 하고 난 이후에 위로를 받음을 이른다. ≪儀禮≫ 〈聘禮〉에 이르기를, 군주가 사신과 介를 위로할 때 군주가 모두 답배한다고 하였다.

君이 **若迎拜**어시든 **則還辟**(선벽)하여 **不敢答拜**니라

〈사신 간 나라의〉 군주가 만약 맞이하여 절하면 〈사신은〉 물러나 피하여 감히 답배하지 않는다.

【注】 嫌與君亢賓主之禮라 迎拜는 謂君迎而先拜之라 聘禮曰 大夫入門[1)]再拜하면 君拜其辱이라하니라

1) 門 : 여기에서는 제후의 大門, 즉 庫門을 이른다.

군주와 대등하게 賓主의 예를 행한다는 혐의가 있기 때문이다. '迎拜'는 군주가 맞이하여 먼저 절하는 것이다. ≪儀禮≫ 〈聘禮〉에 이르기를, 대부가 대문 안으로 들어가 재배하면 군주는 대부가 찾아와 준 것에 대해 절한다고 하였다.

【疏】 '大夫'至'答拜'[1)]. ○ 正義曰 : 此一節論君臣男女相答拜之法, 各依文解之. ○ '大夫士見於國君'者, 謂大夫士出聘他國君之禮. 〔○〕[2)] '君若勞之, 則還辟, 再拜稽首'者, 勞, 慰勞也. 還辟(선벽), 逡巡也. 初至行聘・享・私覿(적)禮[3)]畢, 而主君又別慰勞已在道路之勤, 故已逡巡而退者, 辟君之答己之意也. 〔○〕 案聘禮, 行聘・享及私覿訖, 賓出, 主君送, 至大門內, 主君問聘君・問大夫竟, 乃云"公勞賓, 賓再拜稽首, 公答拜. 公勞介, 介再拜稽首, 公答拜", 卽此大夫出聘他國, 君勞之是也. 聘禮無"還辟"之文者, 文不備也.

1) 大夫至答拜 : 惠棟校宋本에는 이 5자가 없다.(阮元의 校勘記 참조)
2) 〔○〕 : 저본에는 부호 '○'가 없으나, 본서의 체제에 의거하여 보충하였다. 아래도 같다.
3) 聘享私覿(적)禮 : '聘禮'는 제후가 다른 나라의 군주에게 경이나 대부를 사신으로 보내 안부를 묻는 예이다. ≪儀禮≫ 〈聘禮〉에 따르면 주인 나라의 군주에게는 信物인 圭를 바치고, 夫人에게는 璋을 바치는데, 이 규와 장은 빙례가 끝난 뒤 사신이 귀국할 때 돌려줌으로써 재물을 가볍게 보고 예를 중히 하는 뜻을 보인다. '享禮'는 빙례 다음에 이어서 행하는 예로, 사신이 주인 나라의 군주와 부인에게 예물을 바치는 예이다. 〈빙례〉에 따르면 주인 나라의 군주에게는 다섯 필의 비단인 束帛 위에 璧을 올려서 바치고 부인에게는 束帛 위에 琮을 올려서 바치며, 이와 함께 뜰에 진열하는 예물인 庭實로 말이나 가죽을 바친다. '私覿禮'는 사신이 개인의 신분으로 주인 나라의 군주

를 알현하는 예이다. 빙례와 향례가 끝나면 주인 나라의 군주가 사신 일행에게 먼저 醴禮를 베푼다. 예례가 끝나면 사신이 무늬 있는 다섯 필의 비단인 束錦과 함께 庭實로 네 필의 말을 바친다.

經의 〔大夫〕에서 〔答拜〕까지

○ 正義曰 : 이 절은 군주와 신하, 남자와 여자가 서로 답배하는 법을 논한 것이니, 각각 글을 따라 풀이하겠다.

○〔大夫士見於國君〕 대부나 士가 국경을 나가 다른 나라 군주를 聘問하는 예를 이른다.

○〔君若勞之 則還辟 再拜稽首〕 '勞'는 '위로하다'의 뜻이다. '還辟'은 '물러나 피하다'의 뜻이다. 처음 이르러서 聘禮·享禮·私覿禮를 행하는 것이 끝나면 주인 나라의 군주가 또 별도로 사신 자신에게 도로에서 수고한 것을 위로한다. 그러므로 자신이 피하여 물러나는 것은 군주가 자기에게 답하는 뜻을 피하는 것이다. ≪儀禮≫ 〈聘禮〉를 살펴보면 빙례·향례·사적례를 행하는 것이 끝난 뒤 〈사신으로 온〉 賓이 나가면 주인 나라의 군주가 배송하는데, 대문 안에까지 이르러서 주인 나라의 군주가 빙문을 보낸 군주의 안부를 묻고 대부의 안부를 묻는다. 끝나면 이어 이르기를 "公이 빈을 위로한다. 빈이 재배하고 머리를 조아리면 공이 답배한다. 공이 介를 위로한다. 介가 재배하고 머리를 조아리면 공이 답배한다."라고 하였다. 바로 여기의 대부가 국경을 나가 다른 나라에 빙문 갔을 때 주인 나라의 군주가 위로한 것이 이것이다. 〈빙례〉에 '還辟'이라는 글이 없는 것은 글이 다 갖추어지지 않은 것이다.

【疏】 ○ 注'謂見'至'答拜'. ○ 正義曰 : 案聘禮, 勞賓之前, 不見賓先拜, 此云賓"既拜矣", 謂賓初行私覿之時, 已拜主君矣[1]. 在後始主君勞, 故曰"既拜矣, 而後見勞". 引聘禮者, 證君勞賓再拜之事. 熊氏以爲唯云"大夫士", 謂小聘[2]大夫爲賓, 士爲介故也. 今謂大聘·小聘皆然, 故鄭引聘禮以證之, 此大夫之中則含卿也. 知者, 以此經皆總云大夫, 不別言卿, 故知大夫含卿也.

1) 賓初行私覿之時 已拜主君矣 : ≪儀禮≫ 〈聘禮〉에 "〈사신으로 간〉 賓이 개인 자격으로 주인 나라의 군주를 알현할 때 한 손에는 다섯 필의 무늬 있는 비단을 받들고 다른 손으로는 네 필 말을 끄는데, 두 사람이 말을 끄는 것을 돕는다. 빈이 廟門의 오른쪽으로 들어가 북향하여 폐백을 내려놓은 뒤 재배하고 머리를 조아린다.〔賓覿 奉束錦 總乘馬 二人贊 入門右 北面奠幣 再拜稽首〕"라는 내용이 보인다.

2) 小聘 : 제후가 천자나 다른 나라의 제후에게 大夫를 正使로 보내 안부를 묻는 예이다. 卿을 정사로 보내면 '大聘'이라 하고, 제후 자신이 직접 가면 '朝'라 한다.

○ 注의 〔謂見〕에서 〔答拜〕까지

○ 正義曰 : ≪儀禮≫ 〈聘禮〉를 살펴보면 賓을 위로하기 전에 빈이 먼저 절하는 것이 보이지 않는데 여기 정현의 주에서 빈이 '旣拜矣'라고 말한 것은, 빈이 처음 私覿禮를 행할 때 이미 주인 나라의 군주에게 절한 것을 이른다. 그 뒤에 비로소 주인 나라의 군주가 빈을 위로한 것이므로 '旣拜矣 而後見勞'라고 한 것이다. 정현이 〈빙례〉를 인용한 것은, 주인 나라의 군주가 빈을 위로하여 재배하는 일을 증명한 것이다. 熊安生은 말하기를, 〈경문에서 卿은 언급하지 않고〉 오직 '大夫士'라고만 말한 것은, 小聘 때는 대부가 賓이 되고 士가 介가 되기 때문이라고 하였다. 지금은 大聘과 소빙에 모두 그러함을 말한 것이므로 정현이 〈빙례〉를 인용하여 증명한 것이니, 여기의 '대부' 안에는 곧 경이 포함된 것이다. 이를 아는 것은, 여기 경문에서는 모두 '大夫'라고 총괄하여 말하고 별도로 '卿'을 말하지 않았기 때문에 '대부'에 '경'이 포함되어 있음을 아는 것이다.

【疏】〔○〕[1]'君若迎拜, 則還辟, 不敢答拜'者, 君若迎先拜賓, 賓是使臣, 不敢當禮, 則還辟逡巡, 不敢答主君之拜.

1) 〔○〕: 저본에는 부호 '○'가 없으나, 본서의 체제에 의거하여 보충하였다.

○ 〔君若迎拜 則還辟 不敢答拜〕 주인 나라의 군주가 만약 賓을 맞이하여 먼저 절하면 빈은 사신이니 감히 예를 감당하지 못한다. 이에 물러나 피하여 감히 주인 나라 군주의 절에 답하지 못한다.

【疏】 ○ 注'嫌與'至'其辱'. ○ 正義曰 : 此主君迎拜者, 謂聘賓初至主國大門外, 主君迎而拜之, 故聘禮云"賓入門左, 公再拜, 賓辟(피), 不答拜"是也. 故鄭引聘禮"大夫入門再拜, 君拜其辱"者, 初入門, 主君再拜其辱也.

○ 注의 〔嫌與〕에서 〔其辱〕까지

○ 正義曰 : 여기에서 주인 나라의 군주가 〈사신을〉 맞이하여 절하는 것은, 聘問 간 賓이 처음 주인 나라의 대문 밖에 이르면 주인 나라의 군주가 맞이하여 절하는 것을 이른다. 그러므로 ≪儀禮≫ 〈聘禮〉에 이르기를 "賓이 문의 왼쪽으로 들어가면 公이 재배한다. 빈이 피하고 답배하지 않는다."라고 한 것이 이것이다. 그러므로 정현이 〈빙

례〉를 인용하여 '大夫入門再拜 君拜其辱'이라고 한 것은, 빈이 처음 대문에 들어가면 주인 나라의 군주가 〈빈이〉 찾아와 준 것에 대해 재배하는 것이다.

02-08-05 大夫士相見호되 雖貴賤이 不敵하나 主人이 敬客이어든 則先拜客하고 客이 敬主人이어든 則先拜主人이니라

대부나 士가 〈다른 나라에 사신으로 가서 그 나라의 군주와 예를 마친 뒤 그 나라의 경대부와〉 서로 만날 때 비록 貴賤이 대등하지 않더라도 주인이 손님을 공경하면 먼저 손님에게 절하고, 손님이 주인을 공경하면 먼저 주인에게 절한다.

【注】 尊賢이라

어진 이를 높이는 것이다.

【疏】 '大夫士相見'至'則先拜主人'. ○ 正義曰：此謂使臣行禮受勞已竟, 次見彼國卿大夫也. 唯賢是敬, 不計賓主貴賤, 雖爲大夫而德劣, 亦先拜有德之士也. 謂異國則爾, 同國則否. 又士相見禮, 若先生異爵者, 謂士則先拜之[1), 此則不必同國也.

1) 若先生異爵者 謂士則先拜之：≪儀禮≫ 〈士相見禮〉에 "만약 벼슬에서 물러난 경대부가 〈士를 찾아와〉 만나주기를 청하면 士는 사양한다. 사양해도 허락하지 않으면 다음과 같이 말한다. '某가 당신을 만날 덕이 없어 사양하였으나 허락하지 않으시니, 장차 모가 뵈러 가겠지만 지금 먼저 뵙겠습니다.'〔若先生異爵者請見之則辭 辭不得命 則曰 某無以見 辭不得命 將走見 先見之〕"라는 내용이 보인다. 정현의 주에 따르면 '先生'은 벼슬에서 물러난 자〔致仕者〕를 이르며, '異爵'은 경대부를 이른다. 또 '先見之'는 '나가서 먼저 절하는 것〔出先拜〕'을 이른다.

經의 〔大夫士相見〕에서 〔則先拜主人〕까지

○ 正義曰：이것은 사신이 예를 행하고 위로를 받는 것이 이미 끝나면 다음으로 그 나라의 경대부를 만나는 것을 이른다. 오직 어진 이를 공경할 뿐 빈과 주인의 귀천을 따지지 않아서, 비록 대부이더라도 덕이 낮으면 또한 덕이 있는 士에게 먼저 절한다. 다른 나라에서는 이렇게 하지만 같은 나라에서는 이렇게 하지 않음을 이른다. 또 ≪儀禮≫ 〈士相見禮〉에서 〈士를 찾아온 사람이〉 만약 벼슬에서 물러난 경대부라면 士가 먼저 절한다고 말하였으니, 이 경우에는 반드시 같은 나라일 필요가 없다.

02-08-06 凡非弔喪이면 非見(현)國君이어든 無不答拜者니라

무릇 喪事에 조문하는 경우가 아니라면 〈士가 자기 나라의〉 군주를 알현하는 것이 아니면 답배하지 않는 경우가 없다.

【注】 禮尙往來[1)]라 喪에 賓不答拜는 不自賓客也요 國君見士에 不答其拜는 士賤일새라

1) 禮尙往來 : ≪禮記≫ 〈曲禮 上〉에 "예는 오고 감을 숭상하니, 가기만 하고 오지 않는 것이 예가 아니며, 오기만 하고 가지 않는 것 또한 예가 아니다.〔禮尙往來 往而不來 非禮也 來而不往 亦非禮也〕"라는 내용이 보인다. 01-07-01 참조.

禮는 오고 감을 숭상하기 때문이다. 喪에 賓이 답배하지 않는 것은 자신이 빈객으로 온 것이 아니기 때문이고, 군주가 士를 만났을 때 士에게 답배하지 않는 것은 士는 신분이 낮기 때문이다.

【疏】 '凡非'至'拜者'. ○ 正義曰 : 此明禮尙往來也. 己雖賢德, 而必皆相答拜也. 凡拜而不答拜者, 唯有弔喪(也)〔與〕[1)]士見己君此二條耳. 弔所以賓不答拜者, 己本來爲助執於喪事, 非行賓主之禮, 故主人雖拜己, 己不答也. 故士喪禮有賓則拜之[2)], 賓不答拜是也. 君不答士者, 謂士見己君, 君尊不答也.

1) (也)〔與〕 : 저본에는 '也'로 되어 있으나, 監本・毛本에 의거하여 '與'로 바로잡았다.(阮元의 校勘記 참조)
2) 士喪禮有賓則拜之 : ≪儀禮≫ 〈士喪禮〉에 "이어서 군주에게 부고한다.……〈士의 신분으로 동료나 벗인〉 賓이 있으면 이때 절한다.〔乃赴于君……有賓則拜之〕"라는 내용이 보이는데, 빈의 답배에 대해서는 언급이 없다.

經의 〔凡非〕에서 〔拜者〕까지

○ 正義曰 : 이것은 예는 오고 감을 숭상함을 증명한 것이다. 자기가 비록 현덕하더라도 반드시 모두 답배해야 한다. 무릇 상대방이 절하였는데 답배하지 않는 경우는, 오직 喪에 조문할 때와 士가 자기 나라의 군주를 뵈었을 때 이 두 경우뿐이다. 조문했을 때 賓이 답배하지 않는 이유는, 자기는 본래 喪事를 도와주기 위해 온 것이고 빈과 주인의 예를 행하기 위해 온 것이 아니므로 주인은 비록 자기에게 절하더라도 자기는 답하지 않는 것이다. 그러므로 ≪儀禮≫ 〈士喪禮〉에서 주인은 빈이 있으면 절하지만 빈은 답배하지 않는 것이 이것이다. 군주가 士에게 답배하지 않는 것은, 士가 자기 나

라 군주를 뵐 때 군주는 존귀하여 답배하지 않는다는 말이다.

【疏】 ○ 注'國君'至'拜士賤'. ○ 正義曰：案聘禮士介四人, 君皆答拜[1]者, 以其他國之士故也.

1) 聘禮士介四人 君皆答拜：≪儀禮≫ 〈聘禮〉에 "〈사신이 개인 자격으로 주인 나라의 군주를 알현하는 私覿禮 때, 주인 나라 군주의 명을 전하는〉 擯이 廟門을 나와서 무슨 볼일이 있느냐고 물으면, 上介는 다섯 필의 무늬가 있는 비단을 받들고 士介 4인은 모두 다섯 필의 촘촘한 무늬가 있는 비단을 받들고서 사사로이 알현하기를 청한다.……擯이 또 士介를 廟 안으로 들인다.……士介가 묘문 오른쪽으로 들어가 폐백을 내려놓은 뒤 재배하고 머리를 조아린다.……공이 답하여 재배한다.〔擯者出請 上介奉束錦 士介四人皆奉玉錦束 請覿……擯者又納士介……士介入門右 奠幣 再拜稽首……公答再拜〕"라는 내용이 보인다. '上介'는 대부의 신분인 副使의 長을 이르며, '士介'는 士의 신분인 副使를 이른다.

○ 注의 〔國君〕에서 〔拜士賤〕까지

○ 正義曰：살펴보면 ≪儀禮≫ 〈聘禮〉에서 士介 4인에게 군주가 모두 답배하는 것은 다른 나라의 士이기 때문이다.

02-08-07 大夫見(현)於國君이어든 國君이 拜其辱하고 士見(현)於大夫어든 大夫拜其辱하고 同國이 始相見이어든 主人이 拜其辱이니라

대부가 〈다른 나라의〉 군주를 알현하면 대부가 찾아와 준 것에 대하여 군주가 절하고, 士가 〈다른 나라의〉 대부를 알현하면 士가 찾아와 준 것에 대하여 대부가 절하고, 같은 나라 사람끼리 처음 만나면 그 사람이 찾아와 준 것에 대하여 주인이 절한다.

【注】 自外來而拜는 拜見也요 自內來而拜는 拜辱也라

〈손님이〉 국외에서 왔을 때 〈주인이〉 절하는 것은 만난 것에 대해 절하는 것이고, 〈손님이〉 국내에서 왔을 때 〈주인이〉 절하는 것은 찾아와 준 것에 대해 절하는 것이다.

君이 於士에 不答拜也니 非其臣이어든 則答拜之하고

군주는 士에 대하여 答拜하지 않으니 자기 신하가 아니면 답배하고,

【注】不臣人之臣이라

남의 신하를 신하로 삼지 않는 것이다.

大夫는 於其臣에 雖賤이나 必答拜之하며

대부는 〈임금의 예와 같은 것을 피하기 위해〉 자기 家臣에 대해서는 비록 가신이 신분이 낮더라도 반드시 答拜하며,

【注】辟(피)正君이라

正君을 피하는 것이다.

男女相答拜也니라

남녀 간에 〈예를 행하는 것은 혐의할 것이 없으므로〉 서로 答拜한다.

【注】嫌遠別하여 不相答拜以明之라

분별을 멀리하여 서로 답배하지 않는다고 의심할까 하여 밝힌 것이다.

【疏】'大夫'至'相答拜也'. ○正義曰[1] : "辱"謂見他國君也, 故聘禮云公在門左拜[2], 是拜其辱也. ○'(上)〔士〕[3]見於大夫, 大夫拜其辱'者, 謂平常相答拜, 非加敬也. 故聘禮賓朝服問卿, 卿迎於(廟)〔外〕門外, 再拜[4], 是主人必拜辱也. 士相見禮士見大夫, 於其入也, 主人一拜, 賓退, 送, 又再拜[5]. 熊氏以爲同國大夫見己君, 君拜其辱者, 以初爲大夫, 敬之故也, 若尋常則不拜也. ○'同國始相見, 主人拜其辱'者, 前是異國, 此明同國. 同國則主人必先拜辱, 不論有德也. ○'君於士, 不答拜也, 非其臣, 則答拜之', 君於己士, 以其賤, 故不答拜. 然聘禮云, 聘使還, 士介四人, 君旅答拜者, 敬其奉使而還[6]. 士相見禮士見國君, 君答拜者, 以其初爲士, 敬之故也[7]. ○'非其臣則答拜之'者, 以其他國之士, 非己尊所加, 故答之也. ○'大夫於其臣, 雖賤, 必答拜之'者, 大夫爲君[8], 宜辟(피)正君, 故不辨己臣貴賤, 皆答拜也. ○'男女相答拜也'者, 男女宜別, 或嫌其不相答, 故明雖別, 必宜答也. 俗本云"男女不相答拜[9]." 禮, 男女拜, 悉相答拜, 則有"不"(梁)〔字〕[10]爲非, 故鄭云"嫌遠別, 不相答拜以明之."

1) 正義曰 : 惠棟校宋本에는 이 3자가 없다.(阮元의 校勘記 참조)
2) 聘禮云公在門左拜 : 군주가 문 왼쪽에서 절한다는 것은 자세하지 않다. ≪儀禮≫ 〈聘禮〉에 "賓이 문 왼쪽으로 들어가면 공이 재배한다.〔賓入門左 公再拜〕"라는 내용이 보이는데, 聘禮 때 사신이 대문 왼쪽으로 들어가면 주인 나라의 군주가 대문 안에서 사신을 맞이하여 재배하는 것을 이른다. 정현의 주에 따르면 이때 주인 나라의 군주는 남향하여 절한다. 淸나라 張惠言의 ≪儀禮圖≫ 〈聘禮〉의 〈迎賓〉圖 및 黃以周의 ≪禮書通故≫ 〈禮節圖2 聘〉의 〈迎賓〉圖에는 모두 주인 나라의 군주가 대문 안 중앙에서 남향하여 재배하는 것으로 되어 있다. 다만 朱熹의 ≪儀禮經傳通解≫ 등에도 같은 내용이 인용된 것으로 미루어보면 일부 禮學者들에게 '公在門左拜'도 참고할 만한 禮文으로 받아들여진 사례가 있었던 듯하다.
3) (上)〔士〕 : 저본에는 '上'으로 되어 있으나, 경문에 의거하여 '士'로 바로잡았다.
4) 聘禮賓朝服問卿……再拜 : ≪의례≫ 〈聘禮〉에 "賓이 朝服을 입고 卿에게 問禮를 행한다.……대부 즉 경이 조복을 입고 外門 밖에서 맞이하여 재배한다.〔賓朝服問卿……大夫朝服迎于外門外 再拜〕"라는 내용이 보인다. '問'은 사신이 다른 나라의 경대부에게 안부를 묻는 예로, 사신이 다른 나라의 군주에게 안부를 묻는 예를 '聘'이라고 한 것과 차이를 둔 것이다. 또 사신이 개인 자격으로 다른 나라의 군주에게 안부를 묻는 예는 '私覿'이라 하고, 사신이 개인 자격으로 다른 나라의 경대부에게 안부를 묻는 예는 '面'이라 한다. '(廟)〔外〕'는, 저본에는 '廟'로 되어 있으나 〈빙례〉에 의거하여 '外'로 바로잡았다. 〈빙례〉에 따르면 주인 나라의 卿은 祖廟에서 다른 나라 사신의 問禮를 받으나, 맞이하는 것은 外門 밖에서 맞이하여 사신과 함께 廟門 안으로 들어온다.
5) 士相見禮士見大夫……又再拜 : ≪의례≫ 〈士相見禮〉에 "士가 대부를 알현하면 〈대부는〉 士의 예물을 끝내 사양한다. 士가 대문으로 들어가면 〈주인인 대부는 대문 안에서〉 士가 찾아와 준 것에 대해 한 번 절한다. 賓인 士가 물러갈 때 〈대부는 士를〉 전송하여 두 번 절한다.〔士見於大夫 終辭其贄 於其入也 一拜其辱也 賓退 送再拜〕"라는 내용이 보인다.
6) 聘禮云……敬其奉使而還 : 사신이 귀국하여 復命하는 예에 대해 ≪의례≫ 〈聘禮〉에 "〈본국의 군주가〉 士介를 위로하는 예도 이와 같다.〔勞士介亦如之〕"라는 내용이 보이는데, 정현의 주에 "〈본국의 군주는〉 士介 4인에게 한꺼번에 답배로 한 번 절하는데, 〈上介보다〉 신분이 더 낮기 때문이다.〔士介四人 旅答壹拜 又賤也〕"라고 하였다.
7) 士相見禮士見國君……敬之故也 : ≪의례≫ 〈士相見禮〉에 "士나 대부는 예물을 내려놓은 뒤 재배하고 머리를 조아린다. 군주는 이에 대해 답하여 한 번 절한다.〔士大夫則奠摯 再拜稽首 君答壹拜〕"라는 내용이 보이는데, 賈公彦의 소에 "여기에서 士가 대부와 똑같이 군주에게 답배로 일배를 받을 수 있는 것은, 士는 신분이 낮아서 군주가 답배하지 않으나 여기서는 새로 승격하여 士가 되었으므로 답배한 것이다.〔此得與大夫同答一

拜者 士賤 君不答拜 此以新升爲士 故答拜〕"라고 하였다.

8) 大夫爲君 : ≪의례≫ 〈喪服〉 정현의 주에 "천자와 제후 및 경대부로서 전지가 있는 이를 모두 '君'이라 한다.〔天子諸侯及卿大夫有地者 皆曰君〕"라는 내용이 보인다.

9) 拜 : 惠棟校宋本에는 '也'로 되어 있다.(阮元의 校勘記 참조)

10) (梁)〔字〕 : 저본에는 '梁'으로 되어 있으나, 監本・毛本에 의거하여 '字'로 바로잡았다. 완원은 '字'를 오류로 보았으나, 北京大本 교감기에서는 '字'가 되어야 한다고 하였다.(阮元의 校勘記, 北京大本 校勘記 참조)

經의 〔大夫〕에서 〔相答拜也〕까지

○ 正義曰 : '辱'은 다른 나라의 군주를 알현하는 것을 이른다. 그러므로 ≪儀禮≫ 〈聘禮〉에 이르기를 公이 문 왼쪽에서 절한다고 하였으니, 이것은 찾아와 준 것에 대해 절하는 것이다.

○ 〔士見於大夫 大夫拜其辱〕 평상시에 답배하는 것을 말한 것이고 더 공경하는 것은 아니다. 그러므로 ≪의례≫ 〈聘禮〉에서 〈사신인〉 賓이 朝服을 입고 〈주인 나라의〉 卿에게 問禮를 행하면 경이 外門 밖에서 맞이하여 재배하니, 이는 주인이 반드시 손님에게 찾아와 준 것에 대해 절하는 것이다. ≪의례≫ 〈士相見禮〉에 士가 대부를 알현하면 士가 〈대문 안으로〉 들어갔을 때 주인인 대부는 〈士가 찾아와 준 것에 대해〉 한 번 절하며, 賓인 士가 물러갈 때 대부는 전송하여 또 두 번 절한다. 熊安生은 말하기를, 같은 나라의 대부가 자기 나라의 군주를 알현할 때 군주가 찾아와 준 것에 대해 절하는 것은 처음으로 대부가 되어 공경해서이니, 평소 같으면 〈군주는 신하에게〉 절하지 않는다고 하였다.

○ 〔同國始相見 主人拜其辱〕 앞의 구절은 다른 나라이니, 이것은 같은 나라임을 밝힌 것이다. 같은 나라이면 주인은 손님에게 반드시 먼저 찾아와 준 것에 대해 절하고 덕의 유무를 논하지 않는다.

○ 〔君於士 不答拜也 非其臣 則答拜之〕 군주는 자기 나라의 士에 대해 신분이 낮으므로 답배하지 않는다. 그러나 ≪의례≫ 〈聘禮〉에서 聘問 간 사신이 돌아왔을 때 士介 4인에게 본국의 군주가 한꺼번에 답배한다고 말한 것은, 使命을 받들고 돌아온 것을 공경한 것이다. ≪의례≫ 〈士相見禮〉에서 士가 본국의 군주를 알현할 때 군주가 답배하는 것은, 그가 처음으로 士가 되어서 공경하기 때문이다.

○ 〔非其臣則答拜之〕 다른 나라의 士는 군주 자신의 존귀함이 미치는 바가 아니므로 답배하는 것이다.

○〔大夫於其臣 雖賤 必答拜之〕 대부가 〈전지가 있어〉 君이 된 경우 의당 正君을 피해야 하므로 자기 家臣의 귀천을 구분하지 않고 모두 답배한다.

○〔男女相答拜也〕 남자와 여자는 의당 분별해야 하니 혹 서로 답하지 않는다고 의심할까 하여 비록 분별하더라도 반드시 답해야 함을 밝힌 것이다. 俗本에 이르기를 '男女不相答拜'라고 하였는데, 禮에 따르면 남녀가 절할 때 모두 서로 답배하니, '不' 자가 있는 것은 틀린 것이다. 그러므로 정현이 '嫌遠別 不相答拜以明之'라고 한 것이다.

02-09-01 國君이 春田에 不圍澤하며 大夫는 不掩群하며 士는 不取麛(미)卵이니라

제후는 봄 사냥 때 늪을 四面에서 포위하지 않으며, 대부는 떼로 모여 있는 짐승을 덮쳐서 잡지 않으며, 士는 〈짐승의〉 새끼와 〈새의〉 알을 취하지 않는다.

【注】 生乳之時에 重傷其類라

낳고 기를 때 그 무리를 매우 해치기 때문이다.

【疏】 '國君'至'麛卵'[1]. ○正義曰：此明貴賤田獵不同. 國君, 諸侯也. 春時萬物産孕(잉), 不欲多傷殺, 故不合圍繞取也, 夏亦當然. ○'大夫不掩群'者, 群謂禽獸共聚也. 群聚則多, 不可掩取之. ○'士不取麛卵'者, 麛乃是鹿子之稱, 而凡獸子亦得通名也. 卵, 鳥卵也. 春方乳長, 故不得取也. 然國君春田不圍也, 則天子春圍, 大夫春不掩, 則國君春掩也, 士春不取麛卵, 則大夫春取也. 而王制云"天子不合圍, 諸侯不掩群", 則與此異者, 彼上云"天子諸侯無事, 則歲三田." 鄭云"三田者, 謂夏不田, 謂夏時也." 案周禮四時田[2], 而云"三田"者, 下因云"不合圍", 則知彼亦夏禮也. 又史記湯立三面網, 而天下歸仁[3], 亦是不合圍也. 此間所明周制矣.

1) 國君至麛卵：惠棟校宋本에는 이 5자가 없다.(阮元의 校勘記 참조)
2) 周禮四時田：≪周禮≫ 〈夏官 大司馬〉에 "중춘에……마침내 이들 훈련시킨 백성들을 써서 봄 사냥을 한다.……중하에……마침내 이들을 써서 여름 사냥을 한다.……중추에……마침내 이들을 써서 가을 사냥을 한다.……중동에……마침내 이들을 써서 겨울 사냥을 한다.〔中春……遂以蒐田……中夏……遂以苗田…中秋……遂以獮田……中冬……遂以狩田〕"라는 내용이 보인다.
3) 史記湯立三面網 而天下歸仁：≪史記≫ 권3 〈殷本紀〉에, 商나라 湯王이 출행했을 때

그물을 四面에 쳐놓고서 천하 사방의 짐승들이 모두 자기 그물로 들어오라고 축원하는 사람을 보고는 그 그물의 三面을 트고서 다시 축원하기를 "왼쪽으로 갈 놈은 왼쪽으로 가고, 오른쪽으로 갈 놈은 오른쪽으로 가고, 내 명을 따르지 않는 놈만 내 그물로 들어오라.〔欲左 左 欲右 右 不用命 乃入吾網〕"라고 했던 開三面網의 고사가 전한다.

經의 〔國君〕에서 〔麛卵〕까지

○ 正義曰 : 이것은 신분의 귀천에 따라 사냥하는 것이 같지 않음을 밝힌 것이다. '國君'은 제후이다. 봄철에는 만물이 생산되고 잉태되니 살상을 많이 하고자 하지 않는다. 그러므로 사면을 포위하여 잡지 않으니, 여름에도 그렇게 해야 한다.

○ 〔大夫不掩群〕 '群'은 짐승이 함께 모여 있는 것을 이른다. 무리로 모여 있으면 많으므로 덮쳐서 잡아서는 안 된다.

○ 〔士不取麛卵〕 '麛'는 곧 사슴 새끼를 부르는 호칭이지만 무릇 짐승의 새끼면 또한 통칭할 수 있다. '卵'은 새의 알이다. 봄은 바야흐로 새끼를 낳고 자라는 때이므로 취해서는 안 된다. 그러나 제후가 봄 사냥 때 사면을 포위하지 않는다면 천자는 봄 사냥 때 사면을 포위하는 것이며, 대부가 봄 사냥 때 〈떼로 모여 있는 짐승을〉 덮쳐서 잡지 않는다면 제후는 봄 사냥 때 덮쳐서 잡는 것이며, 士가 봄 사냥 때 〈짐승의〉 새끼와 〈새의〉 알을 취하지 않는다면 대부는 봄 사냥 때 취하는 것이다. 그런데 ≪禮記≫ 〈王制〉에 이르기를 "천자는 사면을 포위하여 사냥하지 않고 제후는 떼로 모여 있는 짐승을 덮쳐서 잡지 않는다."라고 하였다. 여기와 다른 것은, 〈왕제〉의 이 앞 경문에 이르기를 "천자나 제후는 〈정벌·출행·초상의〉 일이 없으면 1년에 三田한다."라고 하였는데, 정현이 말하기를 "'三田'은 여름에는 사냥하지 않는다는 말이니, 夏나라 때를 이른다."라고 하였다. 살펴보면 ≪周禮≫에서는 四時에 사냥하는데 〈왕제〉에서 '三田'이라 한 것은, 〈왕제〉의 다음 경문에 이를 이어서 "사면을 포위하여 사냥하지 않는다.〔不合圍〕"라고 하였으니, 〈왕제〉의 저 경문 또한 하나라의 예임을 알 수 있는 것이다. 또 ≪史記≫에서 湯王이 三面에 그물을 치자 천하가 그 어짊에 귀의하였으니, 또한 사면을 포위하여 사냥하지 않은 것이다. 여기 경문에서 밝힌 것은 周나라의 제도이다.

02-10-01 歲凶하여 年穀이 不登이어든

한 해의 농사가 흉년이 들어 그해에 심은 곡식이 여물지 않았으면

【注】 登은 成也라

'登'은 '여물다'의 뜻이다.

君膳에 不祭肺하며 馬不食穀하며 馳道를 不除하며 祭事에 不縣하며 大夫不食(梁)〔粱〕[1]하며 士飮酒不樂(악)이니라

1) (梁)〔粱〕: 저본에는 '梁'으로 되어 있으나, 石經·閩本·毛本·岳本·嘉靖本에 의거하여 '粱'으로 바로잡았다.(阮元의 校勘記 참조)

〈군주의 성찬에 희생을 잡지 않아서〉 군주는 식사 때 희생의 肺로 고수레하지 않으며, 말에게 곡식을 먹이지 않으며, 〈사람들이 나물을 캘 수 있도록〉 군주가 거마를 달리는 길의 잡초를 제거하지 않으며, 祈求하는 제사에 매달고 연주하는 악기를 울리지 않는다. 대부는 〈正饌 외에 더 담아 올리는 加饌인〉 차조〔粱〕를 먹지 않으며, 〈不命의〉 士는 술은 마시되 琴瑟을 연주하지 않는다.

【注】 皆自爲[1]貶損憂民也라 禮에 食殺牲則祭先호되 有虞氏는 以首하고 夏后氏는 以心하고 殷人은 以肝하고 周人은 以肺[2]하니 不祭肺는 則不殺也라 天子는 食하되 日少牢[3]하고 朔月에 大(태)牢하며 諸侯는 食하되 日特牲[4]하고 朔月에 少牢라 除는 治也니 不治道는 爲妨民取蔬食也라 縣은 樂器鍾[5]磬之屬也라 粱은 加食也라 不樂은 去琴瑟[6]이라

1) 自爲 : 考文引宋板·古本·足利本에는 '爲自'로 되어 있다. 衛氏集說에도 '皆爲歲凶自'로 되어 있어 '歲凶' 2자가 더 있을 뿐 '爲' 다음에 '自'가 있으며, 正義에도 '自貶損'으로 되어 있다.(阮元의 校勘記 참조)

2) 禮……以肺 : ≪禮記≫ 〈明堂位〉에 "舜 임금은 희생의 머리로 〈그 음식을 최초로 만든 先人에게 공경을 표하기 위해〉 고수레하였고, 夏나라는 심장으로 고수레하였고, 殷나라는 간으로 고수레하였고, 周나라는 폐로 고수레하였다.〔有虞氏祭首 夏后氏祭心 殷祭肝 周祭肺〕"라는 내용이 보인다.

3) 少牢 : '牢'는 '짐승의 우리'이다. 우리는 기르는 짐승을 가두어둘 수 있기 때문에 이곳에서 기른 짐승을 모두 '牢'라고 한다. '少牢'는 羊·豕를 이르며, '太牢'는 牛·羊·豕를 이른다.

4) 特牲 : '特'은 '하나'라는 뜻으로, '特牲'은 豕를 이른다.

5) 鍾 : 閩本·監本·毛本·岳本에는 '鐘'으로 되어 있다. ≪五經文字≫에 따르면 '鐘'은 악기이고, '鍾'은 용량을 재는 度量의 이름이다. '鍾'은 또 '모으다〔聚〕'의 뜻이 있는데,

지금은 경전에서 악기의 뜻으로 통용한다.(阮元의 校勘記 참조)

6) 不樂 去琴瑟 : 不命之士일 경우를 이른다. 02-10-02 공영달의 소 참조.

모두 스스로 줄여서 백성을 근심하는 것이다. 禮에 따르면 잡은 희생을 먹을 때는 고수레를 먼저 하는데, 舜 임금은 희생의 머리로 하고, 夏나라는 심장으로 하고, 殷나라 사람은 간으로 하고, 周나라 사람은 폐로 하였다. '不祭肺'는 희생을 잡지 않는 것이다. 천자는 식사 때 매일 〈양과 돼지로 만든〉 少牢를 먹고 초하루에는 〈소와 양과 돼지로 만든〉 太牢를 먹으며, 제후는 식사 때 매일 〈돼지로 만든〉 特牲을 먹고 초하루에는 소뢰를 먹는다. '除'는 '정비하다'의 뜻이니, 길을 정비하지 않는 것은 백성들이 채소를 취하여 먹는 것에 방해되기 때문이다. '縣'은 악기인 鍾이나 磬의 등속이다. '粱'은 加饌이다. '不樂'은 琴瑟을 거두는 것이다.

【疏】'歲凶'至'飮酒不樂'[1). ○ 正義曰 : 此下明凶荒[2) 人君憂民自貶退禮也. ○ '歲凶'者, 謂水旱災害也.〔○〕[3) '年穀不登'者, 歲旣凶荒, 而年中穀稼不登. 登, 成也. 然年·歲雖通, 其亦有異. 鄭注太史職"中數曰歲, 朔數曰年."[4) 釋者云, 年是據有氣之初, 歲是擧年中之稱, 故云"朔數曰年, 中數曰歲"也. ○ '君膳不祭肺'者, 膳, 美食名. 禮, 天子食, 日少牢, 朔月太牢. 諸侯食, 日特牲, 朔月少牢. 夫盛食必祭, 周人重肺, 故食先祭肺. 歲旣凶饑, 故不祭肺, 則不殺牲也. ○ '馬不食穀'者, 年豐則馬食穀, 今凶年, 故不食也. ○ '馳道不除'者, 馳道, 正道, 如今御路也. 是君馳走車馬之處, 故曰"馳道"也. 除, 治也. 不治, 謂不除於草萊也. 所以不除者, 凶年人各應採蔬食, 今若使人治路, 則廢取蔬食, 故不除也.〔○〕'祭事不縣'者, 樂有縣鍾磬, 因曰"縣"也. 凶年雖祭, 而不作樂也. 自貶損, 故先言"膳", 後言"祭". ○ '大夫不食粱'者, 大夫食黍稷, 以粱爲加, 故凶年去之也. ○ '士飮酒不樂'者, 士平常飮酒奏樂, 今凶年, 猶許飮酒, 但不奏樂也. ○ '君膳不祭肺'以下, 及'士飮酒不樂', 各擧一邊而言, 其實互而相通. 但君尊, 故擧不殺牲及不縣之等大者而言, 大夫士卑, 直擧飮酒之小者言耳.

1) 歲凶至飮酒不樂 : 惠棟校宋本에는 이 7자가 없다.(阮元의 校勘記 참조)

2) 凶荒 : ≪周禮≫ 〈地官 遺人〉 賈公彦의 소에 따르면 '한 해의 곡식이 익지 않는 것〔年穀不熟〕'을 이른다.

3) 〔○〕 : 저본에는 부호 '○'가 없으나, 본서의 체제에 의거하여 보충하였다. 아래도 같다.

4) 鄭注太史職……朔數曰年 : ≪주례≫ 〈春官 大史〉 賈公彦의 소에 따르면 1년에 24氣가 있어 매달 두 개의 氣가 배속되는데, 앞에 있는 기를 朔氣 또는 節氣라 하고, 뒤에 있는 기를 中氣라 한다. 삭기가 한 바퀴 도는 것을 '年', 중기가 한 바퀴 도는 것을 '歲'라 하는데, 삭기가 그믐에 있으면 다음 달에 윤달이 들고, 중기가 초하루에 있으면 그 전달에 윤달이 든다. 예컨대 12월에 중기가 그믐에 있으면 12월에 윤달이 들어 윤12월 16일에 後年 正月의 삭기인 立春을 얻는데 이것이 '朔數曰年'이고, 후년 정월 1일에 정월의 중기인 啓蟄을 얻는데 이것이 '中數曰歲'이다.

經의 〔歲凶〕에서 〔飮酒不樂〕까지

○ 正義曰 : 이 이하는 흉년에 人君이 백성을 근심하여 스스로 줄이는 예를 밝힌 것이다.

○〔歲凶〕 홍수나 가뭄으로 인한 재해를 이른다.

○〔年穀不登〕 한 해의 농사가 이미 흉년이 들어 그해에 심은 곡식이 여물지 않은 것이다. '登'은 '여물다〔成〕'의 뜻이다. 그러나 '年'과 '歲'는 비록 통용하기는 하나 또한 차이가 있다. ≪周禮≫ 〈春官 大史〉 정현의 주에 "中氣의 일주를 세는 것을 '歲'라 하고, 朔氣의 일주를 세는 것을 '年'이라 한다."라고 하였는데, 해석하는 자가 이르기를, '年'은 氣가 생겨난 처음에 근거한 것이고, '歲'는 年의 中을 들어 칭한 것이므로 '朔數曰年 中數曰歲'라고 한 것이라 하였다.

○〔君膳不祭肺〕 '膳'은 맛 좋은 음식의 이름이다. 禮에 따르면 천자는 식사 때 매일 〈양과 돼지로 만든〉 少牢를 먹고 초하루에는 〈소와 양과 돼지로 만든〉 太牢를 먹으며, 제후는 식사 때 매일 〈돼지로 만든〉 特牲을 먹고 초하루에 소뢰를 먹는다. 무릇 성대한 식사 때는 반드시 고수레하는데, 周나라 사람은 폐를 중시하였으므로 식사 때 먼저 폐를 고수레하였다. 한 해의 농사가 이미 흉년이 들어 곡식이 여물지 않았으므로 희생의 폐를 고수레하지 않는 것이니, 희생을 잡지 않는 것이다.

○〔馬不食穀〕 한 해의 농사가 풍년이 들면 말이 곡식을 먹는데, 지금 흉년이 들었으므로 〈말이 곡식을〉 먹지 않는 것이다.

○〔馳道不除〕 '馳道'는 正道이니, 오늘날의 御路와 같다. 이 길은 군주가 거마를 달리는 곳이므로 '馳道'라 한 것이다. '除'는 '治'의 뜻이니, '不治'는 잡초를 제거하지 않는다는 말이다. 제거하지 않는 이유는, 흉년에는 사람들이 저마다 나물을 캐서 먹어야 하는데 지금 사람들에게 길의 잡초를 제거하라고 하면 나물을 캐서 먹는 것을 폐하게 되므로 〈잡초를〉 제거하지 않는 것이다.

○〔祭事不縣〕 악기 중에 매달고 연주하는 종이나 경쇠가 있으므로 인하여 〈악기를〉 '縣'이라 한 것이다. 흉년에는 비록 제사를 지내더라도 음악을 울리지는 않는다. 스스로 줄이는 것이므로 먼저 '膳'을 말하고 뒤에 '祭'를 말하였다.

○〔大夫不食粱〕 대부는 찰기장〔黍〕과 메기장〔稷〕을 먹고 차조〔粱〕를 加饌으로 삼으므로 흉년에 가찬을 제거하는 것이다.

○〔士飮酒不樂〕 士는 평상시에 술을 마시고 악기를 연주한다. 지금 흉년에 여전히 술을 마시는 것은 허용되지만 다만 악기는 연주하지 않는다.

○〔君膳不祭肺〕 이하 및 〔士飮酒不樂〕 각각 한쪽 면을 들어서 말하였으나 사실은 서로 통한다. 다만 군주는 존귀하므로 희생을 잡지 않는 것과 음악을 울리지 않는 것 등 큰 것을 들어 말한 것이고, 대부와 士는 신분이 낮으므로 단지 술을 마시는 것 같은 작은 것을 들어서 말한 것뿐이다.

【疏】 ○ 注'有虞'至'琴瑟'. ○ 正義曰：此明堂位文. 引之者, 證不祭肺. '天子食, 日少牢, 朔月太牢. 諸侯食, 日特牲, 朔月少牢', 此玉藻文. 引之者, 證天子諸侯非凶年常食殺牲之事. 案周禮膳夫云, 王日一擧太牢[1]. 不引膳夫而引玉藻者, 以膳夫秖有王禮, 玉藻兼載天子諸侯. 此經云"君膳不祭肺", 又連言大夫士, 是其文既廣, 故引玉藻天子諸侯爲證也. 玉藻所以異膳夫者, 膳夫是周之正禮, 玉藻是衰世之法, 故鄭志云[2] "作記之時, 或諸侯同天子, 或天子與諸侯同, 作記者亂之耳." 云'粱, 加食也'者, 以其公食大夫禮設正饌之後, 乃設稻粱[3], 以其是加也. 此"歲凶"者, 案襄二十四年冬大饑, 穀梁傳曰 "五穀不升爲大饑. 一穀不升謂之嗛(겸), 二穀不升謂之饑, 三穀不升謂之饉, 四穀不升謂之康[4], 五穀不升謂之大侵[5]. 大侵之禮, 君食不兼味, 臺榭[6]不塗, 弛侯, 廷道不除, 百官布而不制, 鬼神禱而不祀." 此云"歲凶", 與彼"大侵"同也. 此"膳(而)[7]不祭肺", 則"食不兼味"也. 此"祭事不縣", 謂祈禱之祭, 則與大侵"禱而不祀"一也. 白虎通云[8] "一穀不升徹鶉鷃(순안), 二穀不升徹梟鴈, 三穀不升徹雉兎, 四穀不升損囿獸, 五穀不升不備三牲." 其"不備三牲", 與此"君膳不祭肺"同也.

1) 王日一擧太牢：≪周禮≫ 〈天官 膳夫〉에 "왕은 매일 한 차례 성찬을 든다.〔王日一擧〕"라는 내용이 보이는데, 鄭玄의 주에 "희생을 잡아 성찬을 먹는 것을 '擧'라고 하니, 왕은 매일 한 차례 아침 식사로 성찬을 먹는다.〔殺牲盛饌曰擧 王日一擧 以朝食也〕"라고 하였다. 賈公彦의 소에 따르면 '王日一擧'는 '하루에 한 번 太牢를 먹는 것〔一日一大牢〕'을

이른다. ≪禮記≫ 〈玉藻〉에 "〈왕은〉 낮에는 아침에 먹고 남은 음식을 먹는다.〔日中而餕〕"라고 하였다.

2) 鄭志云 : ≪鄭志≫ 卷上에, 정현의 제자 趙商이 ≪주례≫에서는 왕이 太牢를 먹는다고 하고 ≪예기≫에서는 少牢를 먹는다고 하여 내용이 다른 이유를 묻자, 정현이 "≪예기≫는 후세 사람이 정한 것으로 당시 상황에 근거하여 말한 것이다. 혹은 제후의 예를 천자와 똑같게 하고 혹은 천자의 예를 제후와 똑같게 하여 말한 것이 같지 않으므로 근거로 삼기가 어렵다. ≪예기≫ 〈王制〉의 법은 周나라와 다른 것이 많으니 마땅히 經인 ≪주례≫를 正禮로 삼아야 한다.〔禮記後人所定 據時而言 或以諸侯同天子 或以天子與諸侯等 所施不同 故難據也 王制之法 與周異者多 當以經爲正〕"라고 대답한 내용이 보인다. '鄭志'는 정현의 손자인 삼국시대 魏나라 鄭小同이 편찬한 저작으로, 정현과 제자들의 문답을 모은 것이다.

3) 公食大夫禮設正饌之後 乃設稻粱 : ≪儀禮≫ 〈公食大夫禮〉에 따르면 正饌을 먼저 진설하여 菹・醢 및 牛・羊・豕 등의 俎와 黍・稷의 6簋를 먼저 진설한 뒤 賓이 이 음식들로 고수레하고, 그 뒤에 加饌을 진설하여 稻・粱의 2簋 및 胾・炙・膾 등의 庶羞를 진설한다.

4) 康 : 范甯의 集解에 따르면 '텅 비다〔虛〕'의 뜻이다.

5) 侵 : 범녕의 집해에 따르면 '상하다〔傷〕'의 뜻이다.

6) 臺榭 : ≪書經≫ 〈周書 泰誓 上〉 공영달의 소에 "'臺'는 흙을 쌓아 만드니 멀리 바라보기 위한 것이다. 臺 위에 지붕이 있는 것을 '榭'라고 이른다.〔臺 積土爲之 所以觀望也 臺上有屋謂之榭〕"라는 내용이 보인다.

7) (而) : 저본에는 '而'가 있으나, 經文 및 惠棟校宋本에 의거하여 衍文으로 처리하였다.(阮元의 校勘記 참조)

8) 白虎通云 : ≪禮記正義≫ 편찬 당시에 참고했던 ≪白虎通義≫와 달리 현재 통행본 ≪백호통의≫ 〈德論上 諫諍〉에는 "예에 이르기를, 1곡이 여물지 않으면 닭고기와 메추라기 고기를 갖추지 않고, 2곡이 여물지 않으면 세 종류의 희생을 갖추지 않는다고 하였습니다.〔禮曰 一穀不升 不備鷄鶡 二穀不升 不備三牲〕"라고 되어 있다.

○ 注의 〔有虞〕에서 〔琴瑟〕까지

○ 正義曰 : 이것은 ≪禮記≫ 〈明堂位〉의 글이다. 이를 인용한 것은 희생의 폐를 고수레하지 않음을 증명한 것이다.

〔天子食 日少牢 朔月太牢 諸侯食 日特牲 朔月少牢〕 이것은 ≪예기≫ 〈玉藻〉의 글이다. 이를 인용한 것은, 천자와 제후는 흉년이 아니면 평상시 식사 때 희생을 잡는 일을 증명한 것이다. 살펴보면 ≪周禮≫ 〈天官 膳夫〉에 이르기를, 왕은 매일 한 차례 太

牢를 먹는다고 하였다. 〈선부〉를 인용하지 않고 〈옥조〉를 인용한 것은, 〈선부〉는 단지 왕의 예만 있으나 〈옥조〉는 천자와 제후의 예를 아울러 싣고 있기 때문이다. 여기 경문에서 '君膳不祭肺'라 하고 또 연이어 대부와 士를 말하였는데, 이것은 글의 범위가 이미 넓은 것이다. 그러므로 〈옥조〉의 천자와 제후를 인용하여 증명으로 삼은 것이다. 〈옥조〉의 내용이 〈선부〉와 다른 것은, 〈선부〉는 周나라의 正禮이고 〈옥조〉는 쇠한 세상의 법이기 때문이다. 그러므로 ≪鄭志≫에 이르기를 "기록할 때 혹은 제후의 예를 천자와 똑같게 하고 혹은 천자의 예를 제후와 똑같게 하여 기록하는 자가 어지럽게 한 것뿐이다."라고 하였다.

〔粱 加食也〕 ≪儀禮≫ 〈公食大夫禮〉에서 正饌을 진설한 뒤에 이어서 稻·粱을 진설한 것은 그것이 加饌이기 때문이라고 생각한 것이다.

여기 경문의 '歲凶'은, 살펴보면 魯 襄公 24년 겨울에 大饑하였는데, ≪春秋穀梁傳≫에 이르기를 "오곡이 여물지 않은 것을 大饑라고 한다. 1곡이 여물지 않은 것을 '嗛'이라 이르고, 2곡이 여물지 않은 것을 '饑'라 이르고, 3곡이 여물지 않은 것을 '饉'이라 이르고, 4곡이 여물지 않은 것을 '康'이라 이르고, 5곡이 여물지 않은 것을 '大侵'이라 이른다. 大侵의 禮는, 군주는 식사 때 두 종류 이상의 요리〔兼味〕를 먹지 않으며, 臺榭를 〈옻칠 등으로〉 도색하지 않으며, 射禮를 폐하며, 조정 안의 도로를 정비하지 않으며, 뭇 관직을 정비만 하고 새로 만들지는 않으며, 귀신에게 기원만 하고 제사하지 않는다."라고 하였는데, 여기 경문에서 '歲凶'이라 한 것은 ≪춘추곡량전≫의 '大侵'과 동일하다. 여기 경문의 '膳不祭肺'는 바로 '두 종류 이상의 요리를 먹지 않는 것'이며, 여기 경문의 '祭事不縣'은 기원하는 제사를 이르니 大侵에 '기원만 하고 제사하지 않는 것'과 똑같다. ≪白虎通義≫에 이르기를 "1곡이 여물지 않으면 메추라기와 세가락메추라기 고기를 치우며, 2곡이 여물지 않으면 오리와 기러기 고기를 치우며, 3곡이 여물지 않으면 꿩과 토끼 고기를 치우며, 4곡이 여물지 않으면 동산에서 기르는 짐승을 줄이며, 5곡이 여물지 않으면 식사 때 세 종류의 희생을 갖추지 않는다."라고 하였는데, '세 종류의 희생을 갖추지 않는 것'이 여기 경문의 '君膳不祭肺'와 동일하다.

02-10-02 君이 無故어든 玉不去身하며 大夫無故어든 不徹縣하며 士無故어든 不徹琴瑟이니라

〈제후인〉 군주는 연고가 없으면 佩玉을 몸에서 거두지 않으며, 대부는 연고가 없으면 매달고 연주하는 악기를 치우지 않으며, 士는 연고가 없으면 琴瑟을 거두지 않는다.

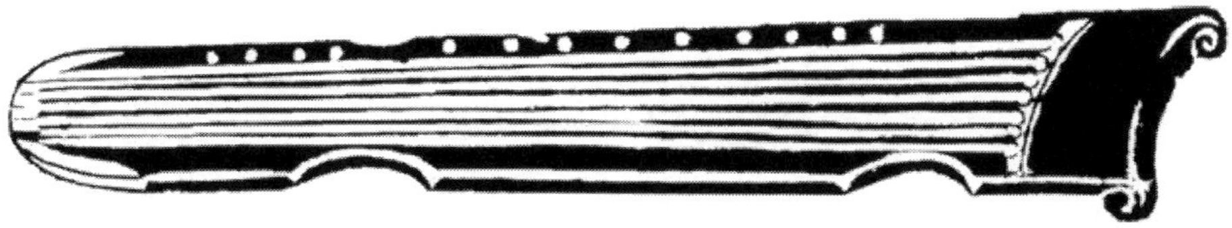

琴

瑟

【注】憂樂(락)不相干也라 故는 謂災患喪病이라

근심과 즐거움은 서로 침범하지 않는다. '故'는 재난・초상・질병을 이른다.

【疏】'君無'至'琴瑟'[1]. ○ 正義曰：此明無災者也. 君, 諸侯也. 玉謂佩也. 君子於玉比德[2], 故恒佩玉, 明身恒有德也. 且以玉爲容飾, 無故則有容飾, 故佩玉也. ○ '大夫無故不徹縣'者, 徹亦去也, 無災變則不去樂也. ○ '士無故不徹琴瑟'者, 此無災則亦不去也. 故鄭前注[3]士"不樂, 去琴瑟", 取此文"琴瑟", 此是不命之士[4]爾. 若其命士, 則特縣[5]也. 自士以上, 皆有玉佩. 上云君無故不去玉, 則知下通於士也. 下言士不去琴瑟, 亦上通於君也. 但比德爲重, 故君上明之也. 又大夫言縣, 士言琴瑟, 亦互言耳. 但縣勝, 故大夫言之也.

1) 君無至琴瑟：惠棟校宋本에는 이 5자가 없다.(阮元의 校勘記 참조)
2) 君子於玉比德：≪禮記≫ 〈玉藻〉에 보인다.
3) 鄭前注：이하의 내용이 02-10-01 정현의 주에 보인다. '注'는 閩本・監本・毛本에는 '云'으로 되어 있다.(阮元의 校勘記 참조)
4) 不命之士：9개 등급으로 구분한 周代의 官爵을 九命이라 칭하는데, '不命之士'는 命을 받지 않은 子・男의 士를 이른다. 伯인 上公은 九命, 왕의 三公은 八命, 侯와 伯은 七命, 왕의 卿은 六命, 子와 男은 五命, 왕의 대부와 公의 孤는 四命, 公・侯・伯의 卿은 三命, 공・후・백의 대부와 子・男의 경은 再命, 공・후・백의 士와 자・남의 대부는 一命, 자・남의 士는 不命이다. ≪周禮≫ 〈春官 典命〉 및 ≪예기≫ 〈王制〉 참조.

5) 特縣 : 악기를 한쪽 방면에만 진설하는 것을 이른다. ≪주례≫ 〈春官 小胥〉에 "악현의 위치를 바로잡는다. 왕은 四面에 악기를 설치하고, 제후는 〈왕의 예를 피하기 위해 남쪽 방면의 악기를 거두어서〉 三面에 악기를 설치하고, 경대부는 〈북쪽과 남쪽 방면의 악기를 거두어서 동쪽과 서쪽 방면의〉 兩面에 악기를 설치하고, 士는 〈동쪽 방면의〉 한 면에 악기를 설치한다.〔正樂縣之位 王宮縣 諸侯軒縣 卿大夫判縣 士特縣〕"라는 내용이 보인다. 정현의 주에 따르면 '宮縣'은 사면에 담장이 있는 궁실과 비슷하다고 하여 이름을 취한 것이다.

經의 〔君無〕에서 〔琴瑟〕까지

○ 正義曰 : 이것은 재해가 없을 경우를 밝힌 것이다. '君'은 제후이다. '玉'은 패옥을 이른다. 군자는 옥에 덕을 비견하므로 항상 옥을 차니, 몸에 항상 덕을 지니고 있음을 밝히는 것이다. 뿐만 아니라 옥으로 꾸밈을 삼으니, 연고가 없으면 꾸밈이 있으므로 옥을 찬다.

○ 〔大夫無故不徹縣〕 '徹' 역시 거두는〔去〕 것이니, 재앙으로 인한 변고가 없으면 악기를 거두지 않는다.

○ 〔士無故不徹琴瑟〕 이것은 재해가 없으면 또한 거두지 않는 것이다. 그러므로 정현의 앞의 주에서 士에 대해 '不樂 去琴瑟'이라 한 것은 여기 경문의 '琴瑟'을 취한 것이니, 이것은 不命의 士일 뿐이다. 만약 命士라면 〈동쪽〉 한쪽 방면에 악기를 설치한다. 士 이상은 모두 옥을 찬다. 위에서 군주는 연고가 없으면 패옥을 몸에서 거두지 않는다고 하였으니 아래로 士까지 통용됨을 알 수 있다. 아래에서 士는 琴瑟을 거두지 않는다고 말했으니 또한 위로 군주까지 통용된다. 다만 덕에 비견하는 것은 중한 것이므로 군주에게서 이를 밝힌 것이다. 또 대부에 '縣'을 말하고 士에 '琴瑟'을 말한 것은 또한 互文으로 말한 것뿐이다. 단지 縣이 더 나으므로 대부에게서 이를 말한 것이다.

【疏】 ○ 注'憂樂'至'喪病'. ○ 正義曰 : 災, 水火也. 熊氏云 "案春秋說題辭 '樂無大夫·士制.' 鄭(玄)〔玄〕[1]箴(침)膏肓從題辭之義. 大夫·士無樂, 小胥'大夫判縣, 士特縣'者, 小胥所云娛身之樂及治人之樂則有之也. 故鄕飮酒有工歌之樂[2]是也. 縣[3], 題辭云無樂者, 謂無祭祀之樂, 故特牲·少牢無樂. 若然, 此云大夫不徹縣, 士不徹琴瑟者, 謂娛身及治民之樂也."

1) (玄)〔玄〕 : 저본에는 '玄'으로 되어 있으나, 淸 聖祖의 성명 愛新覺羅玄燁의 '玄'을 避諱한 것이므로, 원글자인 '玄'으로 돌려놓았다.

2) 鄕飮酒有工歌之樂 : '鄕飮酒'는 ≪儀禮≫ 〈鄕飮酒禮〉를 가리킨다. 제후의 鄕長인 鄕大夫가 鄕에서 매 3년마다 정월에 우수한 인재 1인을 선발하여 천자나 제후에게 천거할 때 이 인재를 賓으로 삼아 그를 위해 鄕學인 庠에서 베풀어주는 음주례이다. 빈에게 獻酒하는 1단계 예가 끝나면 빈을 즐겁게 하기 위해 악공들을 들여 연주하고 노래하게 하는데, 堂上에는 瑟을 연주하는 瑟工과 슬의 반주에 맞추어 ≪詩經≫의 시를 노래하는 가수가 있고, 堂下에는 笙을 연주하는 笙工과 磬을 연주하는 磬工이 있다.

3) 縣 : 考文引宋板에는 '說'로 되어 있다.(阮元의 校勘記 참조)

○ 注의 〔憂樂〕에서 〔喪病〕까지

○ 正義曰 : '災'는 수재와 화재이다. 熊安生은 말하기를 "살펴보면 ≪春秋說題辭≫에 '음악은 대부와 士의 제도가 없다.'라고 하였으니, 정현의 ≪箴左氏膏肓≫은 ≪춘추설제사≫의 뜻을 따른 것이다. 대부와 士는 음악이 없는데 ≪周禮≫ 〈春官 小胥〉에서 '대부는 〈동쪽과 서쪽 방면의〉 양면에 악기를 설치하고 士는 〈동쪽 방면의〉 한 면에 악기를 설치한다.'라고 한 것은, 〈소서〉에서 말한 것은 자신을 즐겁게 하는 음악과 남을 다스리는 음악은 있다는 것이다. 그러므로 ≪儀禮≫ 〈鄕飮酒禮〉에 악공이 연주하고 노래하는 음악이 있는 것이 이것이다. '縣'은, ≪춘추설제사≫에서 '음악이 없다'고 말한 것은 제사의 음악이 없는 것을 이른다. 그러므로 〈士의 吉祭인〉 ≪의례≫ 〈特牲饋食禮〉와 〈대부의 길제인〉 ≪의례≫ 〈少牢饋食禮〉에 음악이 없는 것이다. 만약 그렇다면 여기에서 대부가 매달고 연주하는 악기를 치우지 않고 士가 금슬을 거두지 않는다고 말한 것은, 자신을 즐겁게 하는 음악과 백성을 다스리는 음악을 말한 것이다."라고 하였다.

02-10-03 士有獻於國君하고 他日에 君이 問之曰 安取彼오하시든 再拜稽首而后에 對니라

士가 군주에게 물건을 바쳤는데 다른 날에 군주가 "어디에서 저것을 가져 왔는가?"라고 물으면 재배하고 머리를 조아린 뒤에 〈일어나〉 대답한다.

【注】 起敬也라

더욱 공경하는 것이다.

【疏】'士有'至'后對'[1]. ○ 正義曰：此一節論大夫士饋獻之事, 各依文解之. ○'士有獻'者, 謂士有物奉貢於君也. ○'他日, 君問之曰, 安取彼'者, "他日"謂別日也, 非是獻物之日. "安取彼", 猶何處取彼物. 別日君問士云"何處得前所獻之物." 所以須問者, 士卑德薄, 嫌其無有也. 不卽問而待他日者, 士有貢獻, 當日乃自致於外, 而不敢容易見(현), 恐君答己拜, 故別日乃見君, 君得問之也. ○'再拜稽首而后對'者, 士聞君問, 故先拜稽首, 而後起對得物所由.

1) 士有至后對：惠棟校宋本에는 이 5자가 없다.(阮元의 校勘記 참조)

經의 〔士有〕에서 〔后對〕까지

○ 正義曰：이 절은 대부와 士가 물건을 바치는 일을 논한 것이니, 각각 글을 따라 풀이하겠다.

○〔士有獻〕 士에게 물건이 있어 군주에게 바치는 것을 이른다.

○〔他日 君問之曰 安取彼〕'他日'은 다른 날을 이르니, 물건을 바치는 날이 아니다. '安取彼'는 어디에서 저 물건을 가져왔느냐고 하는 것과 같다. 다른 날 군주가 士에게 묻기를 "어디에서 전에 바친 물건을 얻었는가?"라고 하는데, 반드시 물어보는 이유는, 士는 신분이 낮고 덕이 적어서 〈그 물건이〉 없었을 수도 있다고 여기는 것이다. 곧바로 묻지 않고 다른 날을 기다리는 것은, 士는 바칠 것이 있으면 당일에 바로 스스로 밖에서 바치지만 〈군주를〉 감히 알현하는 것이 쉽지 않으니 혹여 군주가 자기에게 답배할지도 모르므로 다른 날에야 비로소 군주를 알현하여 군주가 물을 수 있는 것이다.

○〔再拜稽首而后對〕 士는 군주의 하문을 들었으므로 먼저 절하고 머리를 조아린 뒤에 일어나 물건을 얻은 유래를 대답한다.

02-10-04 大夫私行出疆할새 必請하고 反必有獻하며 士私行出疆할새 必請하고 反必告(곡)하며

대부가 사사로이 길을 떠나 국경을 나갈 때는 반드시 군주에게 고하고 돌아와서는 반드시 예물을 바쳐야 하며, 士가 사사로이 길을 떠나 국경을 나갈 때는 반드시 군주에게 고하고 돌아와서는 반드시 다녀왔음을 고해야 하며,

【注】 臣不敢自專也라 私行은 謂以己事也라 士言告者는 不必有其獻也요 告反而已라

신하는 감히 자기 마음대로 하지 못하기 때문이다. '私行'은 자기 일로 가는 것을 이른다. 士에 '告'을 말한 것은, 반드시 바칠 것이 있을 필요는 없고 돌아왔음을 고할 뿐이라는 것이다.

君이 勞之則拜하고 問其行이어시든 拜而后에 對니라

군주가 위로하면 절을 하고, 출행에 대해 물으면 절을 한 뒤에 〈일어나〉 대답한다.

【注】 亦起敬也라 問行은 問道中無[1]恙及所經過라

1) 無 : ≪經典釋文≫에는 '不'로 되어 있다.

이것 역시 더욱 공경하는 것이다. '問行'은 도중에 별고 없었는지의 여부 및 지나온 곳에 대해 묻는 것이다.

【疏】 '大夫私行'至'拜而后對'. ○ 正義曰："私行"謂非爲君行也. "疆", 界也. 旣非公事, 故宜必請也. 然大夫無外交[1], 而此有私行出界, 或是新來大夫, 姻婭猶在本國, 故有私行往來, 但不得執交於外耳. ○ '反必有獻'者, 大夫有德, 必能招人餉遺, 故還必有獻. 有獻由德, 亦示君知賢, 無異志. ○ '士私行出疆, 必請'者, 出與大夫同也. ○ '反必告'者, 還與大夫異也. 士德劣, 故不必有獻, 但必(知)〔告〕[2]還而已. ○ '君勞之, 則拜'者, 大夫士通如此, 謂行還, 而君若慰勞己之勞苦, 則己拜之也. 或有本云"士有獻"字, 非也[3]. ○ '問其行, 拜而(後)〔后〕[4]對'者, 君若問其行道中無恙及遊涉所至, 則又拜, 拜竟而起對也. 先拜後答, 急謝見問之恩也.

1) 大夫無外交 : ≪禮記≫ 〈檀弓 上〉에 "옛날의 대부는 포 열 장의 작은 예물을 가지고도 국경을 벗어나지 않았다.〔古之大夫 束脩之問 不出竟〕"라는 내용이 보이며, ≪예기≫ 〈郊特牲〉에 "조근할 때 대부가 조회간 나라의 군주를 사사로이 만나는 것은 예가 아니니…… 신하 된 자가 국외로 사귐이 없는 것은 감히 다른 나라의 군주에게 두 마음을 품지 못해서이다.〔朝覲 大夫之私覿 非禮也……爲人臣者無外交 不敢貳君也〕"라는 내용이 보인다.

2) (知)〔告〕 : 저본에는 '知'로 되어 있으나, 監本·毛本에 의거하여 '告'으로 바로잡았다.(阮元의 校勘記 참조)

3) 或有本云士有獻字 非也 : 浦鏜校本에 따르면 이 10자는 바로 앞의 '反必告'에 대한 疏의 다음에 있어야 한다.(阮元의 校勘記 참조)

4) (後)〔后〕: 저본에는 '後'로 되어 있으나, 經文 및 惠棟校宋本에 의거하여 '后'로 바로잡았다. 阮元에 따르면 古書에서는 '後'의 뜻으로 '后'를 가차하여 쓰는 경우가 많았다.(阮元의 校勘記 참조)

經의 〔大夫私行〕에서 〔拜而后對〕까지

○ 正義曰 : '私行'은 군주를 위해서 간 것이 아님을 이른다. '疆'은 경계이다. 이미 공무가 아니므로 반드시 〈군주에게 출행을〉 청해야 한다. 그러나 대부는 국외로 교분을 맺음이 없는데 여기에서 사사로이 국경을 나가는 출행이 있는 것은, 아마도 새로 온 대부가 혼인으로 맺은 친척이 여전히 본국에 있어서 사적인 출행의 왕래가 있으나 다만 국외로 교분을 맺지 못할 뿐인 듯하다.

○〔反必有獻〕 대부가 덕이 있으면 반드시 다른 사람의 선물을 부를 수 있으므로 〈본국으로〉 돌아와서는 반드시 〈군주에게〉 예물을 바치는 것이다. 바침이 있음은 덕으로 말미암은 것이니, 또한 군주에게 현명함을 알아주어서이지 다른 뜻이 없음을 보이는 것이다.

○〔士私行出疆 必請〕〈국경을〉 나갈 때의 예는 대부와 똑같다.

○〔反必告〕〈본국으로〉 돌아와서의 예는 대부와 다르다. 士는 덕이 적으므로 반드시 〈군주에게 예물을〉 바칠 필요는 없고 다만 돌아왔음을 반드시 고해야 할 뿐이다.

○〔君勞之 則拜〕 대부와 士가 모두 이와 같이 하니, 출행하였다가 돌아왔을 때 군주가 만약 자신의 노고를 위로하면 자신이 절하는 것을 이른다. 간혹 '士有獻'이라는 글자가 있는 판본도 있는데, 틀린 것이다.

○〔問其行 拜而後對〕 군주가 만약 그에게 출행 도중에 별고가 없었는지의 여부와 여행 중 이르렀던 곳에 대해 물으면 또 절을 하고, 절을 마친 뒤에는 일어나 대답한다. 먼저 절하고 뒤에 대답하는 것은 下問해준 은혜에 급히 감사를 표하는 것이다.

02-11-01 國君이 去其國이어시든 止之曰호되 奈[1]何去社稷也오하며 大夫는 曰호되 奈何去宗廟也오하며 士는 曰호되 奈何去墳墓也오호리니

1) 奈 : 岳本·嘉靖本·衛氏集說에는 '柰'로 되어 있다. 이하 동일하다. 완원에 따르면 '奈'는 俗字이다.(阮元의 校勘記 참조)

군주가 자기 나라를 떠나려 하면 만류하기를 "어찌하여 社稷을 버리십니까?"라고 하며, 대부에게는 〈떠나려 하면 만류하기를〉 "어찌하여 宗廟를 버리십니까?"라고 하며, 士에게는 〈떠나려 하면 만류하기를〉 "어찌하여 墳墓를 버리십니까?"라고 할 것이니,

【注】 皆民臣殷勤之言이라

모두 백성과 관원이 간곡히 하는 말이다.

國君은 **死社稷**하고

군주는 社稷을 위해 죽고,

【注】 死其所受於天子也니 謂見侵伐也라 春秋傳曰 國滅이면 君死之 正也라

천자에게서 받은 것을 위해 죽으니, 침벌을 당한 것을 이른다. ≪春秋公羊傳≫에 이르기를 "나라가 멸망하면 군주가 죽는 것이 正禮이다."라고 하였다.

大夫는 **死衆**하고 **士**는 **死制**니라

대부는 군대를 위해 죽고, 士는 군주가 내린 명을 위해 죽는다.

【注】 死其所受於君이라 衆은 謂(君)〔軍〕[1]師라 制는 謂君教令所使爲之라

1) (君)〔軍〕: 저본에는 '君'으로 되어 있으나, 惠棟校宋本에 의거하여 '軍'으로 바로잡았다. 이와 관련하여 ≪禮記≫ 〈檀弓 上〉에 "남의 군대의 지휘를 맡아 계책을 세웠다가 군대가 패하면 자신은 죽어야 한다.〔謀人之軍師 敗則死之〕"라는 내용이 보인다.(阮元의 校勘記 참조)

군주에게서 받은 것을 위해 죽는 것이다. '衆'은 군대를 이른다. '制'는 군주가 명을 내려 하도록 한 것을 이른다.

【疏】 '國君'至'死制'[1]. ○ 正義曰：此一節論國君以下去國, 臣民止留之辭, 及死其所守之事, 各依文解之. ○ '國君去其國'者, 謂諸侯去國, 而其臣民止留殷勤之辭也. 柰何, 猶言如何也. 國主社稷, 君去, 故(去)云"〔去〕[2]社稷". 異義[3] "公羊說[4], '國滅, 君死,

正也.’ 故禮運云‘君死社稷’, 無去國之義. 左傳說[5], 昔大(태)[6]王居豳(빈), 狄人攻之, 乃踰梁山, 邑於岐山, 故知有去國之義也. 許愼謹案 易曰 ‘係遯, 有疾厲, 畜臣妾, 吉.’ 知諸侯無去國之義也.” 鄭不駁之, 明從許君用公羊義也. 然則公羊之說正禮, 左氏之說權法, 義皆通也. ○ ‘大夫曰, 柰何去宗廟也’者, 大夫去國, 謂三諫不從, 或以罪見黜者, 亦臣民止留之辭也. 大夫無社稷, 故云“宗廟”也. 故孝經云[7], 諸侯保其社稷, 大夫守其宗廟也. ○ ‘士曰, 奈何去墳墓也’者, 士亦謂三諫不從, 及或以罪見黜, 雖無臣民, 而屬吏止之也. 士亦有廟, 辟(피)大夫, 言“墳墓”, 亦與大夫互也. 然孝經云[8], 士“保其祿位而守其祭祀”, 今不云“祭祀”者, 明雖去此之彼, 而猶得祭祀, 但墳墓不隨耳. ○ ‘國君’至‘死制’. ○ 國君體國, 國以社稷爲主, 若有寇難, 則以死衛之, 故不可去也. 注云 “死其所受於天子也, 謂見侵伐也.” 鄭又引公羊襄六年傳云“國滅, 君死之, 正也”以證之, 是也. ○ ‘大夫死衆’者, 大夫職主領衆將軍, 若四郊多壘, 則爲己辱[9], 故有寇難, 當保國, 必率衆禦之, 以死爲度.〔○〕[10] ‘士死制’者, 制謂君教命所使也. 雖不得率師, 若君命使之, 則唯致死. 熊氏云 “上云國君‘去社稷’, 此云‘死社稷’, 上云大夫‘去宗廟’, 士‘去墳墓’, 此不云大夫‘死宗廟’, 士‘死墳墓’, 而云‘死衆’・‘死制’者, 以宗廟・墳墓己私有之, 大夫士爲臣事君, 不可爲私事而死, 秖得死君之師衆及君政令. 然君言‘死社稷’, 則宗廟・墳墓亦死可知也. 但社稷受於天子, 故特擧言焉.”

1) 國君至死制 : 惠棟校宋本에는 이 5자가 없다.(阮元의 校勘記 참조)
2) (去)云〔去〕: 저본에는 ‘去云’으로 되어 있으나, 經文과 北京大本에 의거하여 ‘云’ 앞의 ‘去’를 ‘云’ 뒤로 옮겼다.
3) 異義 : 후한 許愼의 ≪五經異義≫를 이른다. 이하의 내용이 정현의 ≪駁五經異義補遺≫ 〈諸侯無去國之義〉에 보인다.
4) 公羊說 : ≪春秋公羊傳≫ 襄公 6년 조 “12월에 齊侯가 萊나라를 멸하였다.〔十有二月 齊侯滅萊〕”라는 경문에 대한 公羊壽의 傳에 “어찌하여 萊君이 망명한 것을 말하지 않았는가? 나라가 멸망하면 군주가 죽는 것이 正禮이기 때문이다.〔曷爲不言 萊君出奔 國滅君死之正也〕”라는 내용이 보인다.
5) 左傳說 : 이하의 내용은 ≪春秋左氏傳≫에는 보이지 않으며, 문자의 출입이 있으나 관련 내용이 ≪孟子≫ 〈梁惠王 下〉 및 ≪史記≫ 권4 〈周本紀〉에 보인다. 다만 문헌에 따라 ‘豳’이 ‘邠(빈)’으로 되어 있기도 하다.
6) 大(태) : 閩本・監本・毛本에는 ‘太’로 되어 있다. 완원에 따르면 ‘太’는 뒤에 나온 글자이다.(阮元의 校勘記 참조)

7) 孝經云 : ≪孝經≫ 〈諸侯章〉에 "부귀가 그 몸을 떠나지 않은 연후에 사직을 보전하고 그 백성을 화합하게 할 수 있다.〔富貴不離其身 然後能保其社稷 而和其民人〕"라는 내용이 보이며, 〈卿大夫章〉에 "선왕의 법복이 아니면 감히 입지 않고, 선왕의 법언이 아니면 감히 말하지 않고, 선왕의 덕행이 아니면 감히 행하지 않는다.……세 가지를 다 갖춘 연후에 종묘를 지킬 수 있다.〔非先王之法服不敢服 非先王之法言不敢道 非先王之德行不敢行……三者備矣 然後能守其宗廟〕"라는 내용이 보인다.

8) 孝經云 : ≪孝經≫ 〈士章〉에 "〈군주에 대한〉 충심과 〈연장자에 대한〉 순함을 잃지 않아서 윗사람을 섬긴 연후에 녹위를 보전하고 제사를 지킬 수 있다.〔忠順不失 以事其上 然後能保其祿位 而守其祭祀〕"라는 내용이 보인다.

9) 四郊多壘 則爲己辱 : 보루가 많은 것은 외적의 침략이 많다는 말이다. ≪禮記≫ 〈曲禮上〉에 "사방 교외에 보루가 많은 것은 〈경대부가 녹봉만 축낼 뿐 직무를 제대로 수행하지 않아서 외침을 자주 당하기 때문이니〉 경대부의 치욕이다.〔四郊多壘 此卿大夫之辱也〕"라는 내용이 보인다. 01-36-01 참조. '四郊'는 ≪周禮≫ 〈天官 大宰〉 정현의 주에 "四郊는 도성에서 백 리 떨어진 곳이다.〔四郊去國百里〕"라고 하였다.

10) 〔○〕 : 저본에는 부호 '○'가 없으나, 본서의 체제에 의거하여 보충하였다.

經의 〔國君〕에서 〔死制〕까지

○ 正義曰 : 이 절은 군주 이하가 나라를 떠나려 했을 때 臣民이 만류하는 말과 군주 이하가 지키는 것을 위해 죽는 일을 논한 것이니, 각각 글을 따라 풀이하겠다.

○〔國君去其國〈止之曰 柰何去社稷也〉〕 제후가 나라를 떠나려 할 때 그 신민이 만류하는 간곡한 말을 이른다. '柰何'는 '如何'라고 말하는 것과 같다. 나라는 社稷을 위주로 하는데 군주가 떠나므로 떠날 때 '社稷'이라 한 것이다. ≪五經異義≫에 이르기를 "≪春秋公羊傳≫에서는 '나라가 멸망하면 군주가 죽는 것이 正禮이다.'라고 하였다. 그러므로 ≪禮記≫ 〈禮運〉에 이르기를 '군주는 사직을 위해 죽는다.'라고 한 것이니, 나라를 떠나는 의리가 없다. ≪春秋左氏傳≫에서는 옛날에 太王이 豳에 살 때 狄人이 침공하자 이에 梁山을 넘어가 岐山에 도읍하였다고 하였다. 그러므로 나라를 떠나는 의리가 있음을 알 수 있다. 내가 삼가 살펴보건대 ≪周易≫ 遯卦(䷠) 九三爻辭에 이르기를 '달아나야 하는 데 〈달아나지 못하고〉 매여 있다. 병이 있어 위태로우니, 臣妾을 기르는 것은 길하리라.'라고 하였으니, 제후는 나라를 떠나는 의리가 없음을 알 수 있다."라고 하였다. 정현은 이를 반박하지 않았으니, 분명히 許愼을 따라 ≪춘추공양전≫의 뜻을 쓴 것이다. 그렇다면 ≪춘추공양전≫의 설은 正禮이고 ≪춘추좌씨전≫의 설은 權法이니, 뜻이 모두 통한다.

○〔大夫曰 奈何去宗廟也〕 대부가 나라를 떠나는 것은, 세 차례 간하였으나 〈군주가〉 따르지 않았거나 또는 죄를 지어 쫓겨난 경우를 이르니, 이것 역시 臣民이 만류하는 말이다. 대부는 사직이 없으므로 '宗廟'라고 한 것이다. 그러므로 ≪孝經≫에 이르기를, 제후는 그 사직을 보전하고 대부는 그 종묘를 지킨다고 하였다.

○〔士曰 奈何去墳墓也〕 士 또한 세 차례 간하였으나 〈군주가〉 따르지 않았거나 또는 죄를 지어 쫓겨난 경우를 이르니, 비록 臣民은 없으나 屬吏가 만류하는 것이다. 士 또한 廟가 있으나 대부를 피하여 '墳墓'라고 한 것이니, 또한 대부와 互文으로 말한 것이다. 그러나 ≪효경≫에 이르기를 士는 "祿位를 보전하고 제사를 지킨다."라고 하였는데 지금 '祭祀'를 말하지 않은 것은, 비록 여기를 떠나 저기에 가지만 여전히 제사를 지낼 수 있으며 다만 분묘는 따라오지 못할 뿐임을 밝힌 것이다.

○〔國君〕에서 〔死制〕까지

○ 군주는 나라를 다스리는데 나라는 사직을 위주로 하니, 만약 내란이나 외적의 침략을 당하면 죽음으로 지켜야 하므로 떠날 수 없다. 정현의 주에 이르기를 '死其所受於天子也 謂見侵伐也'라고 하였으며, 정현이 또 ≪춘추공양전≫ 襄公 6년 조 公羊壽傳의 '國滅 君死之 正也'를 인용하여 증거로 삼은 것이 이것이다.

○〔大夫死衆〕 대부의 직분은 주로 군사를 거느리고 군대를 거느리는 것이니, 만약 사방 교외에 보루가 많으면 자신의 치욕이 된다. 그러므로 내란이나 외적의 침략이 있으면 나라를 보호해야 하니, 반드시 군대를 거느리고 막아서 목숨 걸고 지키는 것을 법도로 삼아야 한다.

○〔士死制〕 '制'는 군주가 명을 내려 하도록 한 것을 이른다. 〈士는〉 비록 군대를 거느리지는 못하나, 만약 군주가 명을 내려 하도록 하면 오직 목숨을 바칠 뿐이다. 熊安生이 말하기를 "앞에서 군주는 '去社稷'이라 하였는데 여기서는 '死社稷'이라 말하고, 앞에서 大夫는 '去宗廟'하고 士는 '去墳墓'라 하였는데 여기서는 대부는 '死宗廟'하고 士는 '死墳墓'라 말하지 않고 〈대부는〉 '死衆'하고 〈士는〉 '死制'라 말한 것은, 종묘와 분묘는 자기가 사사로이 소유한 것이니 대부와 士가 신하가 되어 군주를 섬길 때 사사로운 일을 위하여 죽어서는 안 되고 단지 군주의 군대와 군주의 政令을 위해서만 죽을 수 있다는 것이다. 그러나 군주에 '死社稷'이라 하였으니, 〈대부와 士 역시〉 종묘와 분묘를 지키기 위해서도 죽음을 알 수 있다. 다만 사직은 천자에게서 받은 것이므로 특별히 이를 들어 말한 것이다."라고 하였다.

02-12-01 君天下曰天子니 朝諸侯하며 分職하며 授政하며 任功엔 曰予一人이라하며

〈擯者는 말을 전할 때〉 천하에 군림하는 자를 '天子'라 하니, 제후에게 조회 받으며, 직분을 나누어주며, 〈雉門 밖 양쪽 闕에 걸어서 게시한〉 象魏의 법을 주며, 〈전적으로 관장하도록 토벌 등의〉 일을 맡길 때는 '予一人'이라 칭한다.

【注】 皆擯者[1]辭也라 天下는 謂外及四海也라 今漢於蠻夷에 稱天子하고 於王侯에 稱皇帝라 覲禮曰 伯父[2]實來하니 余一人嘉之라하니 余와 予는 古今字라

1) 擯者 : 주인을 도와 예를 행하는 사람이다. ≪儀禮≫ 〈士冠禮〉 정현의 주에 "擯者는 담당 관리 중에서 예를 돕는 사람이니, 주인 쪽에 있는 사람을 '擯', 손님 쪽에 있는 사람을 '介'라 한다.〔擯者 有司佐禮者 在主人曰擯 在客曰介〕"라는 내용이 보인다. 또 ≪周禮≫ 〈秋官 司儀〉 정현의 주에 "나가서 손님을 접대하는 사람을 '擯', 들어와 예를 돕는 사람을 '相'이라 한다.〔出接賓曰擯 入贊禮曰相〕"라고 하였다.

2) 伯父 : ≪書經≫ 〈周書 康王之誥〉 孔安國의 傳에 따르면 천자가 同姓 제후를 부르는 호칭이다.

모두 擯者의 말이다. '天下'는 밖으로 四海에 미침을 이른다. 지금 漢나라는 蠻夷를 대해서는 '天子'라 칭하고 王侯를 대해서는 '皇帝'라 칭한다. ≪儀禮≫ 〈覲禮〉에 이르기를 "伯父가 실로 오니 余一人이 가상하게 생각한다."라고 하였는데, '余'와 '予'는 古今字이다.

【疏】 '君天'至'一人'. ○ 正義曰：此一節論天子稱謂之事, 各依文解之. ○ '君天下'者, "天下"謂七千里外[1]也. 天子若接七千里外四海之諸侯, 則擯者稱"天子"以對之也. 所以然者, 四海難伏, 宜尊名以威臨之也. 不言王者, 以父天母地, 是上天之子, 又爲天所命, 子養下民, 此尊名也. 崔靈恩云, 夷狄不識王化, 無有歸往之義, 故不稱王臨之也. 不云"皇"者, 戎狄不識尊極之理, 皇號, 尊大也, 夷狄唯知畏天, 故擧天子威之也. ○ '朝諸侯'者, 此謂接七千里以內諸侯也. ○ '授政'者, 謂所縣象魏[2]之法, 授於諸侯也. ○ '任功'者, 謂使人專掌委任之功, 若"五侯九伯, 汝實征之"[3]也. ○ '曰予一人'者, 予, 我也. 自"朝諸侯"以下, 皆是內事, 故不假以威稱, 但自謂"予一人"者, 言我是人中之一人, 與物不殊, 故自謙損. 白虎通云[4] "王自謂一人者, 謙也, 欲言己才能當一人耳, 故論語云

'百姓有過, 在予一人.' 臣下謂之'一人'者, 所以尊王者也. 以天下之大[5]・四海之內, 所共尊者一人耳."

1) 七千里外 : 周나라 경계 밖을 이른다. ≪周禮≫ 〈夏官 職方氏〉 정현의 주에 "주나라 9州의 경계는 사방 7천 리이다. 칠칠 사십구니, 사방 천 리인 땅이 49개이다. 그중 하나는 王都인 畿內이고, 나머지 48개는 8주에 각각 사방 천 리인 땅이 6개씩 있다.〔周九州之界方七千里 七七四十九 方千里者四十九 其一爲畿內 餘四十八 八州各有方千里者六〕"라는 내용이 보인다.
2) 象魏 : 천자나 제후의 궁문 밖에 있는 '闕' 또는 '觀'이라 부르는 한 쌍의 누대를 이른다. 옛날에는 여기에 법이나 敎令을 걸어 게시하였다. ≪주례≫ 〈天官 大宰〉에 "정월 초하루에 처음으로 여러 제후국과 王畿 내의 采邑에 治典을 선포하여 문자로 기록한 치전의 법을 象魏에 걸어서 만민으로 하여금 치전을 볼 수 있게 하고 10일이 지나면 거둔다.〔正月之吉 始和布治于邦國都鄙 乃縣治象之法于象魏 使萬民觀治象 挾日而斂之〕"라는 내용이 보인다. 정현의 주에 "象魏는 闕이다.〔象魏 闕也〕"라고 하였고, 賈公彦의 소에 "주공이 이를 '상위'라고 한 것은 雉門 밖에 양쪽 관궐이 높다랗게 서있기 때문이니, 공자는 이를 '觀'이라 하였다.〔周公謂之象魏 雉門之外 兩觀闕高魏魏然 孔子謂之觀〕"라고 하였다.
3) 五侯九伯 汝實征之 : ≪春秋左氏傳≫ 僖公 4년 조에 "옛날에 召康公이 우리 선군이신 太公에게 명하기를 '5等의 제후와 9州의 伯을 그대가 실로 토벌하여 주나라 왕실을 보좌하라.'라고 하였다.〔昔召康公命我先君大公曰 五侯九伯 女實征之 以夾輔周室〕"라는 내용이 보인다.
4) 白虎通云 : 이하의 내용이 ≪白虎通義≫ 卷上 〈德論上 號〉에 보인다.
5) 大 : 考文引宋板에는 '人'으로 되어 있다.(阮元의 校勘記 참조)

經의 〔君天〕에서 〔一人〕까지

○ 正義曰 : 이 절은 천자의 호칭에 대한 일을 논한 것이니, 각각 글을 따라 풀이하겠다.

○ 〔君天下〕 '天下'는 7천 리 밖을 이른다. 천자가 만약 7천 리 밖 四海의 제후를 접견하면 擯者는 '천자'라고 칭하며 〈제후를〉 대한다. 이렇게 하는 이유는, 사해는 복속시키기 어려우니 명칭을 높여서 위엄으로 임해야 하기 때문이다. '王'이라 하지 않은 것은, 하늘을 아버지로 삼고 땅을 어머니로 삼으니 이는 上天의 아들이라는 것이고, 또 하늘에게서 명을 받아 下民을 자식처럼 기른다는 것이니 이는 명칭을 높인 것이다. 崔靈恩이 말하기를, 夷狄이 왕의 교화를 알지 못하여 歸附하는 의리가 없으므로 '王'을

칭하며 임하지 않는다고 하였다. '皇'이라 하지 않은 것은, 戎狄은 지존을 높이는 이치를 알지 못하기 때문이니, '皇'이라는 호칭은 높고 큰 것이지만 이적은 오직 하늘만 두려워할 줄 알므로 '천자'를 들어서 위엄을 보이는 것이다.

○〔朝諸侯〕 이것은 7천 리 안의 제후를 접견하는 것을 이른다.

○〔授政〕 〈궁문 밖 양쪽 누대인〉 象魏에 걸어둔 법을 제후에게 주는 것을 이른다.

○〔任功〕 다른 사람에게 전적으로 관장하도록 위임하는 일을 이르니, 예컨대 "5등의 제후와 9州의 伯을 그대가 실로 토벌하라."라고 하는 것과 같다.

○〔曰予一人〕 '予'는 '나'의 뜻이다. '朝諸侯'부터 이하는 모두 內事이다. 그러므로 위엄 있는 호칭을 빌리지 않고 자신을 '予一人'이라고만 한 것은, 나는 사람들 중의 한 사람이니 남들과 다르지 않다는 말이다. 그러므로 스스로 겸손히 한 것이다. ≪白虎通義≫에 이르기를 "왕이 자신을 '一人'이라 말한 것은 겸손한 것이니, 자신의 재능이 한 사람을 감당할 수 있을 뿐임을 말하고자 한 것이다. 그러므로 ≪論語≫ 〈堯曰〉에 이르기를 '백성들이 잘못을 하는 것은 〈책임이〉 나 한 사람〔予一人〕에게 있다.'라고 하였다. 신하가 〈왕을〉 '一人'이라 이른 것은 王者를 높인 것이니, 커다란 천하와 사해 안에서 다함께 높이는 사람은 한 사람뿐이라는 것이다."라고 하였다.

【疏】 ○ 注'皆擯'至'天子'. ○ 正義曰：知擯者之辭者, 以覲禮云, 擯者曰 "伯父實來, 予一人嘉之." 此經亦稱"予一人", 故知"擯者辭". 引漢禮於夷狄稱天子者, 證此經"君天下"謂夷狄之內也. 異義[1]天子有爵不, "易孟京說, 易有周人五號. 帝, 天稱, 一也. 王, 美稱, 二也. 天子, 爵號, 三也. 大君者, 興盛行異, 四也. 大人者, 聖人德備, 五也. 是天子有爵. 古周禮說天子無爵, 同號於天, 何爵之有. 許愼謹案, 春秋左氏云[2], 施於夷狄稱天子, 施於諸夏稱天王, 施於京師稱王. 知天子非爵稱, 同古周禮義." 鄭駁云 "案士冠禮云 '古者生無爵[3], 死無諡.' 自周及漢, 天子有諡, 此有爵甚明, 云無爵, 失之矣." 若杜預之義, 天子, 王者之通稱[4], 故成公八年, "天子使召伯來賜公命", 魯非夷狄, 稱"天子", 莊元年冬, "王使榮叔來錫桓公命", 魯非京師, 而單稱"王", 是無義例. 其許愼・服虔[5]等依京師曰"王"・夷狄曰"天子", 與此不同, 具有別說.

1) 異義：後漢 許愼의 ≪五經異義≫를 이른다. 이하의 내용이 정현의 ≪駁五經異義≫ 〈天子有爵不〉에 보인다.

2) 春秋左氏云：자세하지 않다. 다만 ≪春秋左氏傳≫ 成公 8년 조 공영달의 소에 賈逵의

설을 인용하여 "중원의 여러 제후에게는 '천왕'을 칭하고, 畿內에는 '왕'이라 하고, 夷狄에는 '천자'라고 한다.〔諸夏稱天王 畿內曰王 夷狄曰天子〕"라고 한 내용이 보인다.

3) 古者生無爵 : '古'는 ≪儀禮≫ 〈士冠禮 記〉 정현의 주에 따르면 殷나라를 이르고, ≪禮記≫ 〈郊特牲〉 정현의 주에 따르면 은나라 이전을 이른다. '爵'은 ≪의례≫ 〈사관례〉 정현의 주에 따르면 下大夫를 이른다. 周나라에서는 士도 爵이었지만 죽은 뒤에 시호가 없었기 때문이다. ≪의례≫ 〈사관례〉 주소에 따르면 은나라 이전에는 대부 이상만을 爵으로 보아 죽은 뒤에 시호가 있었으며, 士가 죽은 뒤 시호가 있게 된 것은 周나라가 쇠한 이후의 일이다.

4) 若杜預之義……王者之通稱 : ≪춘추좌씨전≫ 成公 8년 조 杜預의 주에 "天子와 天王은 王者의 통칭이다.〔天子天王 王者之通稱〕"라는 내용이 보인다.

5) 服虔 : 이하의 설이 복건과 어떤 관계가 있는지 자세하지 않다. ≪춘추좌씨전≫ 成公 8년 조 공영달의 소에 의거하면 '賈逵'의 오류인 듯하다.

○ 注의 〔皆擯〕에서 〔天子〕까지

○ 正義曰 : 擯者의 말임을 아는 것은, ≪儀禮≫ 〈覲禮〉에 이르기를, 擯者가 "伯父가 실로 오니 予一人이 가상히 여긴다."라고 말한다고 하였고 여기 경문에서도 '予一人'이라 칭했으므로 '擯者辭'임을 안 것이다. 漢나라의 禮를 인용하여 夷狄을 '天子'라 칭한다고 한 것은, 여기 경문의 '君天下'가 夷狄의 안을 이름을 입증한 것이다.

≪五經異義≫ 〈天子有爵不〉에 이르기를 "≪周易≫ 孟京의 설에 따르면 ≪주역≫에는 〈천자에 대한〉 周人의 다섯 가지 호칭이 있다. '帝'는 하늘을 칭한 것이니 첫 번째 호칭이고, '王'은 아름답게 칭한 것이니 두 번째 호칭이고, '天子'는 작위를 칭한 것이니 세 번째 호칭이고, '大君'은 성대히 일어나 행실이 탁월하다는 것이니 네 번째 호칭이고, '大人'은 聖人의 덕이 다 갖추어졌다는 것이니 다섯 번째 호칭이다. 이것은 천자가 작위를 가졌다는 것이다. ≪古周禮≫에서는 말하기를, 천자는 작위가 없어서 하늘과 똑같이 부르니 무슨 작위라는 것이 있겠느냐고 한다. 내가 삼가 살펴보건대 ≪春秋左氏傳≫에 이르기를, 이적에 베풀 때는 '天子'를 칭하고, 중원의 제후국에 베풀 때는 '天王'을 칭하고, 京師에 베풀 때는 '王'을 칭한다고 하였다. '천자'는 작위의 호칭이 아님을 알 수 있으니, ≪고주례≫의 뜻과 똑같다."라고 하였다.

정현은 이에 대해 반박하기를 "살펴보면 ≪의례≫ 〈士冠禮 記〉에 이르기를 '옛날에는 살아서 작위가 없으면 죽어서 謚號가 없었다.'라고 하였다. 周나라부터 漢나라에 이르기까지 천자에게 시호가 있었으니, 이것은 〈천자가〉 작위를 가진 것이 매우 분명하다. 작위가 없다고 말하는 것은 잘못이다."라고 하였다.

만약 杜預의 뜻과 같다면 '天子'는 王者의 통칭이다. 그러므로 ≪춘추좌씨전≫ 成公 8년 조에 "天子가 〈王의 卿士인〉 召伯을 〈노나라에〉 보내와서 성공에게 爵名을 하사하였다."라고 하였으니, 노나라는 이적이 아닌데도 '天子'를 칭하였다. 또 ≪춘추좌씨전≫ 莊公 원년 겨울에 "王이 〈周나라의 대부인〉 榮叔을 〈노나라에〉 보내와서 桓公에게 追命을 하사하였다."라고 하였으니, 노나라는 京師가 아닌데도 '王' 한 자만을 칭하였다. 이것은 뜻이 없는 사례이다. 許愼과 服虔 등이 "경사에는 '王'이라 하고 이적에는 '天子'라 한다."라는 설을 따라서 여기와 같지 않은 것은 별도의 설을 갖춘 것이다.

02-12-02 踐阼하여 臨祭祀엔 內事曰孝王某라하고 外事曰嗣王某라하며

〈천자가 주인의 계단인〉 동쪽 계단을 밟고 올라가서 제사에 임할 때는, 〈宗廟의 제사인〉 內事에는 '孝王某'라 하고 〈郊社의 제사인〉 外事에는 '嗣王某'라 한다.

【注】 皆祝辭也[1]라 唯宗廟稱孝하고 天地社稷은 祭之郊內로되 而曰嗣王이라하여 不敢同外內라

1) 皆祝辭也 : 或本에는 '皆祝祝辭也'로 되어 있다.(陸德明의 音義 참조)

모두 祝辭이다. 오직 종묘에 '孝'를 칭하며, 천지와 사직에는 郊內에서 제사하지만 '嗣王'이라 하여 감히 내외의 제사에 〈호칭을〉 똑같이 하지 못한다.

【疏】 '踐阼'至'王某'. ○ 正義曰[1] : 踐, 履也. 阼, 主人階也. 天子祭祀升阼階. 天子吉凶之稱, 凡自稱及擯者之辭曰"予一人", 故玉藻云"凡自稱, 天子曰予一人"是也. 在喪未葬, 自稱曰"小童", 故僖九年在喪未葬, "王曰小童[2]"是也. 若旣葬之後, 未踰年, 則稱名稱子, 故昭二十二年六月葬景王, 冬十月"王子猛卒[3]"是也. 若踰年之後, 三年之內, 稱"予小子", 故下文云[4]"天子未除喪, 曰'予小子'"是也. 若三年除喪, 稱王, 故公羊(云)〔文〕[5]九年傳云"天子三年, 然後稱王"是也. 或稱"予", 或稱"我", 故泰誓(文)〔云〕[6]"予克受", 又曰"我友邦冢君"是也. 或稱"朕", 故湯誥云[7]"朕躬有罪"是也. 其祝告神之辭, 則下文云 "內事曰孝王某, 外事曰嗣王某", 又曰"天王某甫[8]"是也. 其史書策辭, 下文云"天王崩[9]". 其招魂之辭, 其[10]下文云"天子復矣[11]"是也. 其謙虛卑退, 或稱"小子", 湯誓云"非予[12]小子"是也. 或曰"不穀", 僖二十四年左傳云"不穀不德, 得罪于母弟之寵子帶"是也. 或曰"寡人", 故中候洛予命湯東觀於洛, 云"寡人愼機"是也[13]. 踰年則稱王者, 據臣子稱也, 若王自稱, 必待三年. 顧命成王殯(未能)〔後未〕[14]踰年, 稱"予一人"[15]者, 熊氏云 "天下不可一日無王故也. 今謂'予一人'者, 以麻冕黼裳, 卽位受顧命, 從吉, 故暫稱'一人'也." 履主階行事, 故云"踐阼"也. ○ '臨祭祀'者, 謂天子臨郊廟之祭祀也. ○ '內事曰孝王某'者, 內事, 宗廟, 是事親. 事親宜言孝, 故升阼階祭廟, 則祝辭云"孝王某", 某爲天子名也. 〔○〕[16] '外事曰嗣王某'者, 外事, 郊社也. 天地尊遠, 不敢同親云孝, 故云"嗣王某", 言此王繼嗣前王而立也.

1) 正義曰 : 惠棟校宋本에는 이 3자가 없다.(阮元의 校勘記 참조)
2) 王曰小童 : ≪春秋左氏傳≫ 僖公 9년 조에 보인다.
3) 王子猛卒 : ≪춘추좌씨전≫ 昭公 22년 조에 보인다.
4) 下文云 : 02-12-05 經文에 보인다.
5) (云)〔文〕 : 저본에는 '云'으로 되어 있으나, 北京大本에 의거하여 '文'으로 바로잡았다.
6) (文)〔云〕 : 저본에는 '文'으로 되어 있으나, 北京大本에 의거하여 '云'으로 바로잡았다.
7) 湯誥云 : ≪書經≫ 〈商書 湯誥〉에 "너희가 선함이 있으면 내 감히 가리지 않을 것이요, 죄가 나의 몸에 당하면 감히 스스로 용서하지 않을 것이다.〔爾有善 朕弗敢蔽 罪當朕躬 弗敢自赦〕"라는 내용이 보인다.
8) 天王某甫 : 02-12-03 경문에 보인다.
9) 天王崩 : 02-12-04 경문에 보인다.
10) 其 : 惠棟校宋本에는 없다.(阮元의 校勘記 참조)
11) 天子復矣 : 02-12-04 경문에 보인다.
12) 予 : 현재 통행본 ≪서경≫ 〈商書 湯書〉에는 '台(이)'로 되어 있다.
13) 中候洛予命湯東觀於洛 云寡人愼機是也 : '中候'는 이미 일실된 ≪서경≫의 緯書인 ≪尙書中候≫를 가리키며 '洛予命'은 그 편명이다. 明나라 孫瑴의 ≪古微書≫ 〈中候洛予命〉에 "湯이 낙수를 살필 때 벽옥을 물에 던져 넣자 검은 거북이 〈夏나라 桀이 무도하니 湯이 桀을 대신해 임금이 될 것이라는 내용의〉 글씨를 주고 한 쌍의 누런 물고기가 뛰어올랐다.〔湯觀於洛 沈璧而黑龜與之書 黃魚雙躍〕"라는 내용이 보인다. 淸나라 朱彝尊의 ≪經義考≫에는 이 뒤에 '寡人愼機'라는 구절이 더 있다.(≪竹書統箋≫ 참조)
14) (未能)〔後未〕 : 저본에는 '未能'으로 되어 있으나, 惠棟校宋本에 의거하여 '後未'로 바로잡았다.(阮元의 校勘記 참조)
15) 稱予一人 : 자세하지 않다. ≪서경≫ 〈周書 顧命〉에 '予一人'은 보이지 않고 '予末小子'가 보인다.
16) 〔○〕 : 저본에는 부호 '○'가 없으나, 본서의 체제에 의거하여 보충하였다.

經의 〔踐阼〕에서 〔王某〕까지

○ 正義曰：'踐'은 '밟다'의 뜻이고, '阼'는 주인의 계단이니, 천자는 제사 지낼 때 동쪽 계단으로 올라간다. 천자에 대한 길흉의 호칭은 다음과 같다. 무릇 스스로를 칭하거나 擯者의 말은 '予一人'이라 한다. 그러므로 ≪禮記≫ 〈玉藻〉에 이르기를 "무릇 스스로를 칭할 때 천자는 '予一人'이라 한다."라고 한 것이 이것이다. 喪中 장례 전에는 스스로를 칭하여 '小童'이라 한다. 그러므로 魯 僖公 9년에 상중 장례 전에는 "王은 '小童'이라 한다."라고 한 것이 이것이다. 만약 이미 장례를 한 뒤이지만 아직 1년을 넘지 않았으면 이름을 칭하고 '子'를 칭한다. 그러므로 魯 昭公 22년 6월에 景王을 장례하였는데, 겨울 10월에 "王子 猛이 卒하였다."라고 한 것이 이것이다. 만약 1년을 넘은 뒤이고 3년 안이라면 '予小子'라 칭한다. 그러므로 아래 경문에 이르기를 "천자가 喪을 마치지 않았을 때는 자신을 〈'予一人'이라 하지 못하고〉 '予小子'라 칭한다."라고 한 것이 이것이다. 만약 3년이 되어 상복을 벗었다면 '王'을 칭한다. 그러므로 ≪春秋公羊傳≫ 文公 9년 조 公羊壽의 傳에 이르기를 "천자는 3년이 지난 뒤에 '왕'을 칭한다."라고 한 것이 이것이다. 혹은 '予'를 칭하고 혹은 '我'를 칭한다. 그러므로 ≪書經≫ 〈周書 泰誓 下〉에 이르기를 "내가 〈商나라 마지막 왕인〉 受를 이긴다 해도〔予克受〕"라고 하고, 또 이르기를 "우리 우방의 冢君〔我友邦冢君〕"이라 한 것이 이것이다. 혹은 '朕'을 칭한다. 그러므로 ≪서경≫ 〈商書 湯誥〉에 이르기를 "내 몸에 죄가 있으면〔朕躬有罪〕"이라고 한 것이 이것이다. 祝이 神에게 고하는 말은, 〈'予一人'의〉 다음 경문에 이르기를 '內事曰孝王某 外事曰嗣王某'라 하고, 또 '天王某甫'라 한 것이 이것이다. 史書에 기록하는 말은, 아래 경문에 이르기를 '天王崩'이라고 하였다. 招魂하는 말은, 아래 경문에 이르기를 "천자께서는 돌아오소서.〔天子復矣〕"라고 한 것이 이것이다. 겸허하게 낮추고 물러나는 것은, 혹은 '小子'라 칭하니, ≪서경≫ 〈商書 湯誓〉에 이르기를 "나 소자가……하려는 것이 아니다.〔非予小子〕"라고 한 것이 이것이고, 혹은 '不穀'이라 하니, ≪春秋左氏傳≫ 僖公 24년 조에 이르기를 "不穀이 부덕하여 母后의 총애하는 아들 帶에게 죄를 얻었다."라고 한 것이 이것이고, 혹은 '寡人'이라 하니, 그러므로 ≪尙書中候≫ 〈洛予命〉에서 湯이 동쪽으로 가서 洛水를 살필 때 말하기를 "寡人은 기틀을 삼간다."라고 한 것이 이것이다. 1년을 넘기면 '王'을 칭하는 것은 신하의 입장에서 칭하는 것이니, 만약 왕이 스스로를 칭하는 것이라면 반드시 3년을 기다려야 한다. ≪서경≫ 〈周書 顧命〉에서 周 成王의 殯을 한 뒤 1년을 넘기지 않았는데도 〈嗣王인 康王이〉 '予

一人'이라 칭한 것은, 熊安生이 말하기를 "천하는 하루도 왕이 없어서 안 되기 때문이다. 지금 '予一人'이라 한 것은, 〈吉服인〉 麻로 만든 면류관을 쓰고 흑백의 도끼 무늬를 수놓은 치마를 입고서 자리에 나아가 顧命을 받아 吉禮를 따랐으므로 잠시 '一人'을 칭한 것이다."라고 하였다. 〈'踐阼'라고 한 것은〉 주인의 계단을 밟고 일을 행하므로 '踐阼'라고 하였다.

○〔臨祭祀〕 천자가 〈천지에 지내는〉 郊 제사와 〈조상에게 지내는〉 宗廟의 제사에 임한 것을 이른다.

○〔內事曰孝王某〕 '內事'는 종묘 제사이니, 이는 부모를 섬기는 것이다. 부모를 섬기는 것은 孝를 말해야 하므로 동쪽 계단으로 올라가 종묘에 제사한다. 이 때 祝辭에 이르기를 '孝王某'라 하니, '某'는 천자의 이름이다.

○〔外事曰嗣王某〕 '外事'는 〈천지에 제사 지내는〉 郊社이다. 천지는 높고 멀어서 감히 부모와 똑같이 '孝'를 말하지 못하므로 '嗣王某'라 한 것이니, 이 왕이 前王을 뒤이어서 즉위했음을 이른다.

【疏】 ○ 注'皆祝'至'(內外)〔外內〕[1)]'. ○ 正義曰：天子以四郊爲外, 圓丘方澤[2)], 明堂社稷, 皆在郊內, 應稱孝, 而猶同外辭曰"嗣王"者, 尊天地, 雖祭之郊內, 猶從外辭. 崔靈恩云"天地社稷是外神, 而祭之郊內, 不敢外之." 今案鄭注云"而曰嗣王, 不敢同外內." 則是唯於嗣王之稱有外內, 不關祭祀之處. 崔所云天地祭之在內, 不敢外, 恐非鄭義. 謂不敢〔同〕[3)]外內者, 若宗廟之祭, 從內事之例而祭辭稱孝, 若凡常山川竝岳瀆之神祭之, 在外之例而辭稱嗣, 是在內從內辭, 在外從外辭. 今天地社稷旣尊, 不敢同外內之例. 雖祭之在內而用外辭, 天地是尊, 不敢同外內之常例也.

1) (內外)〔外內〕: 저본에는 '內外'로 되어 있으나, 閩本·監本·毛本 및 위 정현의 주에 의거하여 '外內'로 바로잡았다.(阮元의 校勘記 참조)

2) 圓丘方澤 : '圓丘'는 天神에게 제사하는 원형의 단으로, '圜丘'라고도 한다. '方澤'은 夏至에 地神에게 제사하는 方形의 단으로, 연못 안에 단을 만들며 '方丘'라고도 한다. ≪周禮≫ 〈春官 大司樂〉 가공언의 소에 "'圜丘'라고 한 것은, ≪爾雅≫를 살펴보면 높은 땅을 '丘'라 하니 자연의 丘를 취하고, '圜'은 둥근 하늘을 형상한 것이다. 이미 자연의 丘를 취했다면 반드시 郊內에 있어야 할 필요는 없으며 동서와 남북방을 따질 것 없이 모두 가능하다. 땅을 '澤中方丘'라고 한 것은, 圜丘는 높은 곳을 통해 천신을 섬기므로 땅 위에 있는 것이고, 方丘는 낮은 곳을 통해 지신을 섬기므로 연못 안에

있는 것이다. 방구를 취한 것은, 물이 모이는 곳을 '澤'이라 하는데 물속에서 제사를 지낼 수 없으므로 또한 자연의 방구를 취하여 땅의 方形을 형상했기 때문이다.〔言圜丘者 案爾雅 土之高者曰丘 取自然之丘 圜者 象天圜 旣取丘之自然 則未必要在郊 無問東西與南北方皆可 地言澤中方丘者 因高以事天 故於地上 因下以事地 故於澤中 取方丘者 水鍾曰澤 不可以水中設祭 故亦取自然之方丘 象地方故也〕"라는 내용이 보인다.

3)〔同〕: 저본에는 '同'이 없으나, 정현의 주에 의거하여 보충하였다.

○ 注의〔皆祝〕에서〔外內〕까지

○ 正義曰 : 천자는 四郊를 外로 삼아서 圓丘와 方澤, 明堂과 社稷이 모두 郊內에 있으니 응당 '孝'를 칭해야 하는데도 여전히 外辭와 똑같이 하여 '嗣王'이라 하는 것은, 天地를 높여서 비록 교내에서 제사하더라도 여전히 外辭를 따르는 것이다. 崔靈恩이 말하기를 "천지와 사직은 外神이기는 하나 교내에서 제사하여 감히 외신으로 여기지 않는다."라고 하였다.

지금 살펴보면 정현의 주에 이르기를 '而曰嗣王 不敢同外內'라고 하였으니, 이것은 오직 嗣王의 호칭에만 外內가 있고 제사하는 장소는 상관하지 않는 것이다. 최영은이 말한 천지의 제사를 교내에서 지내고 감히 교외에서 지내지 못한다는 것은 정현의 뜻이 아닐 듯하다. '不敢同外內'라고 말한 것은, 만약 종묘의 제사라면 교내에서 지내는 제사의 규례를 따라 祭辭에 '孝'를 칭하고, 만약 평범한 산천과 岳瀆의 신에게 제사하는 것이라면 교외에서 지내는 제사의 규례에 들어 있어서 祭辭에 '嗣'를 칭하니, 이것은 교내의 제사에는 內辭를 따르고 교외의 제사에는 外辭를 따른 것이다. 그러나 지금 천지와 사직은 이미 높아서 감히 外內의 규례를 똑같이 하지 못한다. 비록 교내에서 제사하더라도 외사를 쓰는 것은 천지가 높아서 감히 외내의 일상적인 규례를 똑같이 하지 못하는 것이다.

02-12-03 臨諸侯하여 畛(진)於鬼神엔 曰有天王某甫[1)]라하니라

1) 甫 : ≪經典釋文≫에는 '父'로 되어 있고, 음을 '甫'라고 하였다. 완원의 교감기에 따르면 '甫'가 正字이며 '父'는 同音假借字이다.(阮元의 校勘記 참조)

〈천자가 巡守 가서〉 제후에게 임하여 〈祝을 시켜서 그 나라 산천의 귀신과 예전에 제후나 卿士였던〉 귀신에게 고할 때는 '有天王某甫'라고 한다.

【注】 畛은 致也니 祝告致[1)]于鬼神辭也라 曰有天王某甫의 某甫는 且字[2)]也니 不名者는 不親往也라 周禮大會同에 過山川하면 則大(태)祝用事焉[3)]이라 鬼神은 謂百辟(벽)卿士也라 畛은 或爲祇(지)[4)]라

1) 致 : 惠棟校宋本에는 '至'로 되어 있다.(阮元의 校勘記 참조)

2) 且字 : '字'는 남자가 20세 때 冠禮를 행한 뒤 받는 다른 이름이다. 50세 이전에는 단지 '某甫'라고만 칭하고, 50세 이후에는 항렬에 따라 伯·仲·叔·季를 넣어 '某伯' 또는 '某仲' 등으로 부른다. '且'는 공영달의 소에 따르면 '빌리다〔假借〕'의 뜻으로 '甫'라는 미칭을 나타내는 글자를 빌려 字에 짝하게 했다는 말이다.

3) 周禮大會同……則大(태)祝用事焉 : ≪周禮≫ 〈春官 大祝〉에 "큰 산천을 지나가면 제사를 지낸다.〔過大山川 則用事焉〕"라는 내용이 보이는데, 정현의 주에 "用事는 또한 제사를 지내 지나감을 고하는 것이다.〔用事 亦用祭事告行也〕"라고 하였다. 〈춘관 태축〉 가공언의 소에 따르면 '大會同'은 왕과 제후가 만나는 것으로, '會'는 부정기적으로 만나는 것이며 '同'은 四時에 그 철에 맞는 방향의 제후들이 한꺼번에 천자를 알현하는 것이다.

4) 祇(지) : 毛本에는 '祇(기)'로 되어 있다. '畛'은 陸德明의 音義에 따르면 음이 '之忍反'이다. 완원의 교감기에 따르면 ≪玉篇≫에서는 '䟴'의 음을 '之忍切'이라고 하였고, ≪埤蒼≫에서는 '䟴'의 뜻을 "'고하다'의 뜻이다.〔告也〕"라고 하였다. 또 ≪禮記≫의 '䟴於鬼神'은 '䟴'를 '畛'으로 쓰기도 한다.(阮元의 校勘記 참조)

'畛'은 '바치다'의 뜻이니, 祝이 귀신에게 고하여 바치는 말이다. '曰有天王某甫'의 '某甫'는 且字이니, 이름을 쓰지 않는 것은 직접 가지 않기 때문이다. ≪周禮≫에서 〈천자와 제후가 만나는〉 大會同 때 산천을 지나가면 太祝이 제사를 지낸다. '鬼神'은 〈예전에〉 제후와 卿士였던 자를 이른다. '畛'은 혹 '祇'로 되어 있는 판본도 있다.

【疏】 '臨諸'至'某甫'. ○ 正義曰[1)] : 此謂天子巡守, 祝告神辭也. 巡守徧於方岳, 臨視諸侯, 故曰"臨諸侯"也. 鄭云[2)] "以尊適卑曰臨." ○ '畛於鬼神'者, 畛, 致也. 王往方岳, 凡所過山川, 悉使祝往致辭, 告於山川鬼神也. ○ '曰有天王某甫'者, 旣不自往, 故祝辭不稱名, 而云"某甫"者, 鄭云"且字"也. 解"且字"者, 云某是天子之字, 甫是男子美稱也. 祝稱天子字, 而下云甫, 是[3)]尼父(보)[4)]之類也. 故穀梁傳云[5)] "父猶傅也, 男子美稱也." 士冠禮注曰 "甫, 丈夫美稱." 而雜記 "附於殤, 稱陽童[6)]某甫." 鄭注云 "尊神不名, 爲之造字." 以此而言, "某"者是字, "甫"者, 丈夫美稱. 而鄭所以謂爲"且字"者, 舊說云, 未斥其人, 且以美稱配成其字. 音義隱云 "且, 假借此字也."

1) 正義曰 : 惠棟校宋本에는 이 3자가 없다.(阮元의 校勘記 참조)
2) 鄭云 : 이하의 내용이 ≪周禮≫ 〈春官 詛人〉 정현의 주에 보인다.
3) 是 : 惠棟校宋本・衛氏集說에는 '猶'로 되어 있다.(阮元의 校勘記 참조)
4) 尼父(보) : 孔子에 대한 존칭이다. '尼'는 공자의 字인 '仲尼'의 '尼'이고, '父'는 남자의 미칭이다. '父'의 음은 ≪禮記≫ 〈檀弓 上〉 육덕명의 音義에 따르면 '甫'이다.
5) 穀梁傳云 : ≪春秋穀梁傳≫ 隱公 원년 조 '邾儀父'에 대해 "'儀'는 字이다. '父'는 '傅'와 같으니 남자의 미칭이다.〔儀 字也 父 猶傅也 男子之美稱也〕"라는 내용이 보인다. 范甯의 集解에 "傅는 '師傅'의 뜻이다.〔傅 師傅〕"라고 하였다.
6) 陽童 : 성년이 되기 전에 죽은 庶子를 이른다. ≪예기≫ 〈雜記 上〉 정현의 주에 "'陽童'은 성년이 되기 전에 죽은 서자를 이른다. 〈성년이 되기 전에 죽은〉 종자는 '陰童'이라고 한다. '童'은 미성인에 대한 호칭이다.〔陽童 謂庶殤也 宗子則曰陰童 童 未成人之稱也〕"라고 하였다.

經의 〔臨諸〕에서 〔某甫〕까지

○ 正義曰 : 이것은 천자가 巡守할 때 祝이 神에게 고하는 말이다. 巡守는 사방의 산악을 두루 순수하며 제후들을 임하여 보므로 '臨諸侯'라고 한 것이다. 정현은 말하기를 "높은 신분을 가지고 낮은 신분의 사람에게 가는 것을 '臨'이라 한다."라고 하였다.

○ 〔畛於鬼神〕 '畛'은 '바치다'의 뜻이다. 왕이 사방의 산악에 가면 무릇 지나가는 산천에 모두 祝을 보내어 가서 祭辭를 바쳐 산천의 귀신에게 고하게 한다.

○ 〔曰有天王某甫〕 이미 자신이 가지 않으므로 祝辭에 이름을 칭하지 않으니, 〈경문에서〉 '某甫'라고 말한 것은 정현이 말하기를 '且字'라고 하였다. 〈정현이 '某甫'를〉 '且字'라고 풀이한 것은, '某'는 천자의 字이고 '甫'는 남자의 미칭이라고 말한 것이다. 祝이 천자의 字를 칭하고 다음에 '甫'라고 한 것은, 바로 '尼父'의 유이다. 그러므로 ≪春秋穀梁傳≫에 이르기를 "'父'는 '傅'와 같으니, 남자의 미칭이다."라고 한 것이다. ≪儀禮≫ 〈士冠禮〉 정현의 주에 이르기를 "甫는 丈夫의 미칭이다."라고 하였고, ≪禮記≫ 〈雜記 上〉에 "〈성년이 되기 전에 죽은〉 殤에 대해 祔祭할 때는 '陽童某甫'라고 칭한다."라고 하였는데, 정현의 주에 이르기를 "신으로 높여서 이름을 부르지 않고 그를 위해 字를 만들어준 것이다."라고 하였다. 이것을 가지고 말한다면 '某'는 字이고 '甫'는 장부의 미칭이다. 그런데 정현이 '且字'라고 말한 것은, 舊說에 이르기를, 그 사람을 바로 가리키지 않고 미칭을 빌려서 그 字에 짝을 지어준 것이라고 하였다. ≪禮記音義隱≫에 이르기를 "'且'는 이 글자를 빌린다는 것이다."라고 하였다.

【疏】 ○ 注'畛致'至'事〔焉〕[1]'. ○ 正義曰 : '致〔于〕[2]鬼神', 謂天子所行過諸侯之國, 則止於諸侯之廟, 而使太[3]祝告鬼神, 云"有天王某甫". '鬼神謂百辟卿士'者, 謂昔爲諸侯·卿士者, 若過山川, 亦使太祝用事往告曰"有某甫", 故引太祝職以證之.

1) 〔焉〕 : 저본에는 '焉'이 없으나, 정현의 주에 의거하여 보충하였다.
2) 〔于〕 : 저본에는 '于'가 없으나, 정현의 주 및 惠棟校宋本에 의거하여 보충하였다.(阮元의 校勘記 참조)
3) 太 : 閩本·監本·毛本에는 '大'로 되어 있다. 이하 '太祝'의 '太'도 같다.(阮元의 校勘記 참조)

○ 注의 〔畛致〕에서 〔事焉〕까지

○ 正義曰 : 〔致于鬼神〕 천자가 지나가는 제후의 나라에서는 제후의 宗廟에 머물며 太祝으로 하여금 귀신에게 고하여 '有天王某甫'라고 하게 하는 것을 이른다.

〔鬼神謂百辟卿士〕 옛날에 제후나 卿士가 된 자를 이르니, 만약 산천을 지나가게 되면 또한 太祝을 보내 제사를 지내어 가서 고하기를 '有某甫'라고 하게 한다. 그러므로 ≪周禮≫ 〈春官 大祝〉을 인용하여 증명하였다.

02-12-04 崩曰天王이 崩이라하고

〈천자가〉 붕어하면 〈역사서에 기록하기를〉 "천왕께서 붕어하셨다.〔天王崩〕"라고 쓰고,

【注】 史書策辭라

역사서에 기록하는 말이다.

復曰天子復矣라하고

招魂을 할 때는 "천자께서는 돌아오소서.〔天子復〕"라고 한다.

【注】 始死時呼魄[1]辭也라 不呼名은 臣不名君也라 諸侯呼字라

1) 魄 : 監本·毛本·衛氏集說에는 '魂'으로 되어 있다.(阮元의 校勘記 참조)

처음 죽었을 때 혼백을 부르는 말이다. 이름을 부르지 않는 것은, 신하는 군주의 이

름을 부르지 않기 때문이다. 제후는 字를 부른다.

【疏】 '崩曰'至'復矣'. ○ 正義曰[1] : 此謂告王者升假(하), 而史書載於方策之辭. "崩"者, 自(而)〔上〕[2]墜下曰崩, 王者死如從天墜下, 故曰"崩"也. 然崩通於壞敗之稱, 則"防墓崩"[3]及春秋"沙鹿崩"[4]是也. 〔○〕[5] '復曰天子復矣'者, 復, 招魂復魄也. 夫精氣爲魂, 身形爲魄. 人若命至終畢, 必是精氣離形, 而臣子罔極之至, 猶望(應)〔復〕[6]生, 故使人升屋, 北面招呼死者之魂, 令還復身中, 故曰"復"也. 若漫招呼, 則無指的, 故男子呼名, 婦人呼字, 令魂識知其名字而還. 王者不呼名字者, 一則臣子不可名君, 二則普天率土, 王者一人而已, 故呼"天子復", 而王者必知呼已而返也. 以例而言之, 則王后死, 亦呼"王后復"也. 崔靈恩云 "復所以呼'天子'者, 凡王者皆感五(精之帝)〔帝之精〕而生[7], 是天之子, 今天王崩, 是其精氣還復於上, 呼稱天子, 望更生之義."

1) 正義曰 : 惠棟校宋本에는 이 3자가 없다.(阮元의 校勘記 참조)
2) (而)〔上〕: 저본에는 '而'로 되어 있으나, 考文引宋板·衛氏集說에 '上'으로 되어 있는 것을 근거로 '上'을 옳다고 본 완원의 교감기에 의거하여 '上'으로 바로잡았다. 監本·毛本에는 '天'으로 되어 있다.(阮元의 校勘記 참조)
3) 防墓崩 : ≪禮記≫ 〈檀弓 上〉에 보인다. '防'은 땅 이름으로, 지금의 중국 山東省 曲阜市 동쪽에 있다. 공자의 아버지와 어머니를 합장한 묘지라고도 한다.
4) 春秋沙鹿崩 : ≪春秋≫ 僖公 14년 조에 보인다. '沙鹿'은 춘추시대 晉나라의 土山 이름으로, 옛터가 지금의 중국 河北省 大名縣 동쪽에 있다.
5) 〔○〕: 저본에는 부호 '○'가 없으나, 본서의 체제에 의거하여 보충하였다.
6) (應)〔復〕: 저본에는 '應'으로 되어 있으나, 監本·毛本에 의거하여 '復(부)'로 바로잡았다.(阮元의 校勘記 참조)
7) 王者皆感五(精之帝)〔帝之精〕而生 : ≪예기≫ 〈大傳〉 정현의 주에 "왕의 선조는 모두 太微垣 五帝의 정기에 감응하여 태어나니, 동방 창제는 영위앙이고, 남방 적제는 적표노이고, 중앙 황제는 함추뉴이고, 서방 백제는 백초거이고, 북방 흑제는 협광기이다.〔王者之先祖 皆感大微五帝之精以生 蒼則靈威仰 赤則赤熛怒 黃則含樞紐 白則白招拒 黑則汁光紀〕"라는 내용이 보인다. 저본에는 '精之帝'로 되어 있으나, ≪예기≫ 〈대전〉 정현의 주에 의거하여 '帝之精'으로 바로잡았다.

經의 〔崩曰〕에서 〔復矣〕까지

○ **正義曰** : 이것은 왕이 승하한 것을 고할 때 역사서에서 方冊에 기록하는 말을 이른다. '崩'은, 위에서 아래로 떨어지는 것을 '崩'이라 하니, 왕이 죽는 것이 마치 하늘에

서 아래로 떨어지는 것과 같으므로 '崩'이라 한 것이다. 그러나 '崩'은 '무너지다〔壞敗〕'의 뜻과 통하는 칭호이니, ≪禮記≫에서 "防 땅의 무덤이 무너졌다.〔防墓崩〕"라고 한 것과 ≪春秋≫에서 "사록산이 무너졌다.〔沙鹿崩〕"라고 한 것이 이것이다.

○〔復曰天子復矣〕'復'은 혼백에게 돌아오라고 부르는 것이다. 무릇 精氣는 魂이 되고, 몸의 형체는 魄이 된다. 사람이 만약 목숨이 다함에 이르면 반드시 정기가 형체를 떠나는데, 신하가 지극히 망극하여 여전히 다시 살아나기를 바라므로 사람을 시켜 지붕에 올라가서 북향하고 죽은 자의 혼을 불러서 몸 안으로 돌아오게 하므로 '復'이라 한 것이다. 만약 범범하게 부르면 분명하게 가리키는 대상이 없으므로 남자는 이름을 부르고 부인은 字를 불러서 魂이 자기 이름이나 字를 알고서 돌아오게 한 것이다. 왕에 대해서는 이름이나 字를 부르지 않는 것은, 첫째는 신하가 군주의 이름을 부를 수 없어서이고, 둘째는 온 천하에 왕은 한 사람뿐이므로 '天子復'이라고 부르면 왕이 반드시 자기를 부른다는 것을 알고서 돌아올 것이기 때문이다. 이 例로 말한다면 왕후가 죽으면 또한 '王后復'이라 부른다. 崔靈恩이 말하기를 "復을 할 때 '천자'를 부르는 것은, 무릇 王者는 모두 五帝의 정기에 감응하여 태어나니 이는 하늘의 자식이라는 것이다. 지금 天王이 붕어하면 이것은 그 정기가 위로 돌아가는 것이니, '천자'를 부르는 것은 다시 살아나기를 바라는 뜻이다."라고 하였다.

02-12-05 告喪曰天王이 登假(하)라하고

〈사신을 보내 각 제후국에 천자의〉 초상을 부고할 때는 "천왕께서 登假하셨다.〔天王登假〕"라고 하고,

【注】 告는 赴也라 登은 上也요 假는 已也니 上已者는 若僊(선)去云耳라

'告'는 '부고하다'의 뜻이다. '登'은 '올라가다'의 뜻이고 '假'는 '이미'의 뜻이니, 이미 위로 올라갔다는 것은 신선이 되어 떠났다고 말하는 것과 같다.

措之廟하여 立之主曰帝라하나니라

宗廟에 안치하여 神主를 세울 때는 '帝'라고 한다.

【注】 同之天神이라 春秋傳曰 凡君[1)]은 卒哭而祔하고 祔而作主라하니라

1) 君 : ≪春秋左氏傳≫ 僖公 33년 조에는 이 뒤에 '薨' 1자가 더 있다.

天神과 똑같이 여긴 것이다. ≪春秋左氏傳≫에 이르기를 "무릇 군주는 卒哭을 한 뒤에 祔廟하고, 부묘할 때 신주를 만든다."라고 하였다.

天子未除喪하산 曰予小子라하나니

천자가 喪을 마치지 않았을 때는 자신을 〈'予一人'이라 하지 못하고〉 '予小子'라 칭하니,

【注】 謙하여 未敢稱一人이라 春秋傳曰 以諸侯之踰年卽位로 亦知天子之踰年卽位요 以天子三年然後稱王으로 亦知諸侯於其封內三年稱子라하니라

겸손하여 감히 '一人'이라 칭하지 못하는 것이다. ≪春秋公羊傳≫에 이르기를 "제후가 해를 넘겨 즉위하는 것을 통해 또한 천자가 해를 넘겨 즉위함을 알 수 있고, 천자가 3년 뒤에 '王'을 칭하는 것을 통해 또한 제후가 封地 내에서는 3년 동안 '子'를 칭함을 알 수 있다."라고 하였다.

生에 名之하며 死에 亦名之하나니라

살아있을 때 〈'小子'라는〉 이 이름으로 호칭하고 죽었을 때 또한 이 이름으로 호칭한다.

【注】 生名之曰小子王이요 死亦曰小子王也라 晉有小子侯하니 是僭取於天子號也라

〈居喪 중에는〉 살아서 이름하기를 '小子王'이라 하고 〈거상 중에〉 죽으면 또한 '小子王'이라 한다. 晉나라에 小子侯가 있었으니, 이것은 참람하게 〈'小子'라는〉 천자의 호칭을 가져다 쓴 것이다.

【疏】 '告喪'至'名之'[1)]. ○ 正義曰[2)] : 此謂天王崩而遣使告天下萬國之辭也. 登, 上也, 假, 已也, 言天子上升已矣, 若僊去然也. 而史策書云"天王崩", 復曰"天子復", 赴云"天王登假", 三稱不同者, 爲義然也. 王是歸往[3)], 而策及赴告是有存亡往來之義, 故崩・

赴竝言之也. ○'措之廟, 立之主'者, 措, 置也. 王葬後, 卒哭竟而祔, 置於廟, 立主, 使神依之也. 白虎通云[4] "所以有主者, 神無依據, 孝子以繼心也. 主用木, 木有始終, 又與人相似也." 蓋記之爲[5]題, 欲令後可知也. 方尺, 或曰尺二寸. 鄭云"周以栗." 漢書[6] "前方後圓." 五經異義云[7] "主狀正方, 穿中央, 達四方. 天子長尺二寸, 諸侯長一尺." ○'曰帝'者, 天神曰帝, 今號此主, 同於天神, 故題稱帝, 云文帝・武帝之類也. 崔靈恩云"古者帝王生死同稱, 生稱帝者, 死亦稱帝. 生稱王者, 死亦稱王. 今云'措之廟, 立之主曰帝'者, 蓋是爲記時有主入廟稱帝之義, 記者錄以爲法也."

1) 至名之 : 惠棟校宋本에는 '曰天王登假'로 되어 있다.(阮元의 校勘記 참조)
2) 正義曰 : 惠棟校宋本에는 이 3자가 없다.(阮元의 校勘記 참조)
3) 王是歸往 : ≪春秋穀梁傳≫ 莊公 3년 조에 "'王'이라고 한 것은 백성들이 歸附하는 대상이라는 말이다.〔其曰王者 民之所歸往也〕"라는 내용이 보인다.
4) 白虎通云 : 이하의 내용이 今本 ≪白虎通義≫에는 보이지 않으며 ≪藝文類聚≫나 ≪淵鑑類函≫ 등의 문헌에 ≪백호통의≫의 글로 인용되어 전한다.
5) 爲 : 惠棟校宋本에는 이 앞에 '以'가 있다.(阮元의 校勘記 참조)
6) 漢書 : ≪通典≫ 등의 문헌에, ≪漢舊儀≫를 인용하여 "高帝가 붕어하자 3일 만에 室안 창문 아래에서 소렴하였다. 밤나무로 신주를 만들었는데 길이가 8촌이며, 앞은 네모지고 뒤는 둥글며, 둘레는 1척이다.〔高帝崩 三日小斂 室中牖下 作栗木主 長八寸 前方後圓 圍一尺〕"라고 말한 내용이 보인다.
7) 五經異義云 : ≪오경이의≫는 이미 일실된 後漢 許愼의 저작으로, 이하의 내용이 정현의 ≪駁五經異義補遺≫〈附錄〉에 보인다.

經의 〔告喪〕에서 〔名之〕까지

○ 正義曰 : 이것은 天王이 붕어하자 사신을 보내 천하만국에 고하는 말을 이른다. '登'은 '오르다'의 뜻이고 '假'는 '이미'의 뜻이니, 천자가 마치 신선이 떠나간 것처럼 이미 위로 올라갔다는 말이다. 그런데 역사서에는 '天王崩'이라 쓰고, 초혼할 때는 '天子復'이라 하고, 부고할 때는 '天王登假'라 하여 세 호칭이 같지 않은 것은 뜻이 그런 것이다. '王'은 〈백성들이〉 歸附한다는 뜻이고, 역사서와 부고는 存亡과 往來의 뜻이 있는 것이므로 '崩'과 '赴'를 모두 말한 것이다.

○〔措之廟 立之主〕'措'는 '안치하다'의 뜻이다. 왕을 장례한 뒤 卒哭이 끝나면 祔廟하여 廟에 안치하고 신주를 세워서 신이 의지하도록 한다. ≪白虎通義≫에 이르기를 "신주를 두는 이유는, 신이 의지하고 기댈 곳이 없으니 효자가 신주로 마음을 계속 잇

는 것이다. 신주는 나무를 사용하는데, 나무는 처음과 끝이 있어서 또 사람과 비슷하다."라고 하였다. 이것은 이를 기록하여 표제로 삼아서 後人들이 알 수 있게 하려는 것이다. 〈신주는〉 사방 1尺이니, 혹 1尺 2寸이라고도 한다. 정현은 "周나라는 밤나무를 사용하였다."라고 하였고, ≪漢書≫에서는 "앞은 네모지고 뒤는 둥글다."라고 하였다. ≪五經異義≫에 이르기를 "신주의 모양은 정방형이며 가운데를 뚫어 사방에 통하게 한다. 천자의 신주는 길이가 1척 2촌이며, 제후의 신주는 길이가 1척이다."라고 하였다.

○〔曰帝〕 天神을 '帝'라 하는데 지금 이 신주의 호칭을 천신과 똑같이 하였으므로 표제에 '帝'라고 칭한 것이니, 文帝·武帝의 유를 이른다. 崔靈恩이 말하기를 "옛날에는 제왕이 살았을 때와 죽었을 때의 호칭이 동일하여, 살았을 때 '帝'를 칭한 경우 죽어서도 '帝'를 칭하고, 살았을 때 '王'을 칭한 경우 죽어서도 '王'을 칭하였다. 지금 '措之廟 立之主曰帝'라고 말한 것은, 아마도 기록할 때 신주를 종묘에 들이며 '帝'를 칭한 뜻이 있어서 기록하는 자가 이를 기록하여 법을 삼은 것인 듯하다."라고 하였다.

【疏】 ○ 注'同之'至'作主'. ○ 正義曰：此是左傳僖三十三年之言也. 天子七月而葬, 九月而卒哭. 諸侯五月而葬, 七月而卒哭. 大夫三月而葬, 五月而卒哭. 士三月而葬, 是月而卒哭[1]. 卒哭者, 是葬竟虞數畢后之祭名也. 孝子親始死, 哭晝夜無時, 葬後虞竟, 乃行神事, 故卒其無時之哭, 猶朝夕各一哭, 故謂其祭爲卒哭. 卒哭明日而立主, 祔於廟, 隨其昭穆, 從祖父食. 卒哭, 主暫時祖廟, 畢, 更還殯宮, 至小祥作栗主入廟, 乃埋桑主[2]於祖廟門左埋重[3]處. 故鄭云[4] "虞而作主, 至祔, 奉以祔祖廟, 旣事畢, 反之殯宮." 然大夫士亦卒哭而祔, 而左傳唯據人君有主者言之, 故云"凡君". 鄭注祭法云大夫士無主也[5]. 此言"凡君", 明不關大夫士也. 崔靈恩云 "大夫士無主, 以幣帛祔, 祔竟, 竝還殯宮, 至小祥而入廟也." 又檀弓云 "重, 主道也." 鄭注引公羊傳云"虞主用桑, 練主用栗", 則似虞已有主, 而左傳云 "祔而作主." 二傳不同者, 案說公羊者, 朝葬, 日中則作虞主. 若鄭君以二傳之文雖異, 其意則同, 皆是虞祭總了, 然後作主, 以作主去虞實近, 故公羊上係之於虞, 作主謂之"虞主". 又作主爲祔所須, 故知左氏據祔而言, 故云 "祔而作主." 故異義云[6] "古春秋左氏說, 旣葬, 反虞. 天子九虞, 九虞者以柔日, 九虞十六日也. 諸侯七虞, 十二日也. 大夫五虞, 八日也. 士三虞, 四日也. 旣虞, 然後祔死者於先死者, 祔而作主, 謂桑主也. 期年然後作栗主. 許愼謹案 左氏說與禮記同." 鄭君不駁, 明同許意, 故注檀弓云 "重旣虞而埋之, 乃後作主." 是總行虞祭竟, 乃埋重作主耳. 下檀弓云 "虞而立尸, 有几筵. 卒哭而諱, 生事畢, 而鬼事始已. 旣卒哭, 宰夫執木鐸以命於宮中曰 '舍故而諱新.'" 鄭云 "故謂高祖之父當遷者." 據檀弓文句相連, 鄭(人)[7]以爲人君之禮, 明虞唯立尸, 未作主也.

1) 天子七月而葬……是月而卒哭 : ≪春秋左氏傳≫ 隱公 원년 조에 "천자는 7개월 만에 장례한다.〔天子七月而葬〕"라는 내용이 보이며, ≪禮記≫ 〈雜記 下〉에 "士는 3개월 만에 장례하고 이달에 卒哭하며, 대부는 3개월 만에 장례하고 5개월 만에 졸곡하며, 제후는 5개월 만에 장례하고 7개월 만에 졸곡한다. 士는 虞祭를 세 차례 지내고, 대부는 다섯 차례 지내고, 제후는 일곱 차례 지낸다.〔士三月而葬 是月也卒哭 大夫三月而葬 五月而卒哭 諸侯五月而葬 七月而卒哭 士三虞 大夫五 諸侯七〕"라는 내용이 보인다.

2) 桑主 : 장례 뒤 虞祭를 지낼 때 세우는 虞主를 이른다. ≪春秋公羊傳≫ 文公 2년 조에 "신주는 무엇을 쓰는가? 우주는 뽕나무를 쓴다.〔主者曷用 虞主用桑〕"라는 내용이 보인다.

3) 重 : 물건을 매다는 나무이다. ≪儀禮≫ 〈士喪禮〉에 따르면 飯含하고 남은 쌀로 죽을 끓여서 鬲(력)에 담아 重에 걸어두는데, 초상이 처음 난 뒤부터 虞祭가 끝나고 신주를 만들기 전까지 혼백이 의지할 수 있도록 신주 대신에 사용한다. 〈사상례〉에 "重은 나무를 깎은 뒤에 위쪽에 구멍을 뚫어 만든다.〔重 木刊鑿之〕"라는 내용이 보이는데, 정현의 주에 "나무이니, 여기에 물건을 매다는 것을 '重'이라 한다.……士의 重은 나무의 길이가 3척이다.〔木也縣物焉曰重……士重木長三尺〕"라고 하였다.

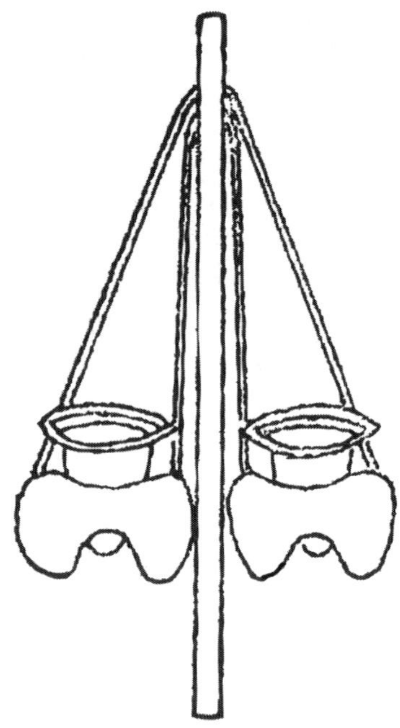
重鬲

4) 鄭云 : 이하의 내용이 정현의 주에 보이지 않는다. 자세하지 않다.

5) 鄭注祭法云大夫士無主也 : ≪예기≫ 〈祭法〉 정현의 주에 "오직 천자와 제후만이 신주를 두어 禘祭와 祫祭를 지낸다.〔唯天子諸侯有主禘祫〕"라는 내용이 보인다.

6) 異義云 : '異義'는 이미 일실된 後漢 許愼의 ≪五經異義≫를 이른다. 이하의 내용이 정현의 ≪駁五經異義補遺≫ 〈虞祔〉에 보인다.

7) (人) : 저본에는 '人'이 있으나, 考文引宋板에 闕文으로 된 것을 옳게 본 완원의 교감기에 의거하여 衍文으로 처리하였다. (阮元의 校勘記 참조)

○ 注의 〔同之〕에서 〔作主〕까지

○ 正義曰 : 이것은 ≪春秋左氏傳≫ 僖公 33년 조의 말이다. 천자는 7개월 만에 장례하고 9개월 만에 卒哭하며, 제후는 5개월 만에 장례하고 7개월 만에 졸곡하며, 대부는 3개월 만에 장례하고 5개월 만에 졸곡하며, 士는 3개월 만에 장례하고 이달에 졸곡한다. '卒哭'은 장례가 끝나고 虞祭를 여러 차례 마친 뒤에 지내는 제사 이름이다. 효자는 부모가 처음 죽으면 밤낮없이 無時로 哭하다가 장례 후 우제가 끝나면 이에 신으로 섬기는 예를 행한다. 그러므로 그 無時哭을 끝내지만 여전히 조석으로는 각 한 차례씩 곡을 하므로 그 제사를 '졸곡'이라 이른다.

졸곡을 지낸 다음 날 신주를 세워 祖廟에 祔廟하는데, 昭穆의 순서에 따라 조부의 줄에 배향한다. 졸곡 때 신주를 잠시 조묘에 두었다가 祔祭가 끝나면 다시 殯宮으로 되돌려놓으며, 小祥 때가 되면 栗主를 만들어 조묘에 들이고 마침내 桑主를 조묘의 문 왼쪽 重을 묻은 곳에 埋安한다. 그러므로 정현이 말하기를 "우제 때 상주를 만드는데, 부제 때가 되면 상주를 받들어 조묘에 부묘하고 부제가 끝나면 빈궁으로 되돌려놓는다."라고 한 것이다.

그러나 대부와 士도 졸곡을 한 뒤 부묘하는데, ≪춘추좌씨전≫에서는 오직 신주를 두는 군주에만 근거하여 말하였으므로 '凡君'이라 한 것이다. ≪禮記≫ 〈祭法〉 정현의 주에 이르기를 大夫와 士는 신주가 없다고 하였으니, 여기에서 '凡君'이라고 한 것은 대부·士와는 상관이 없음을 밝힌 것이다. 崔靈恩이 말하기를 "대부와 士는 신주가 없어서 폐백을 사용해 부제를 지내고, 부제가 끝나면 모두 빈궁으로 돌려보냈다가 소상 때가 되면 조묘에 들인다."라고 하였다.

또 ≪예기≫ 〈檀弓 下〉에 "重은 신주의 도이다."라고 하였는데, 정현의 주에 ≪春秋公羊傳≫을 인용하여 "虞主는 뽕나무를 쓰고 〈소상 때의 신주인〉 練主는 밤나무를 쓴다."라고 하였으니 우제에 이미 신주가 있는 것처럼 보인다. 그러나 ≪춘추좌씨전≫에 이르기를 "祔廟할 때 신주를 만든다."라고 하여 두 傳이 같지 않은 것은, 살펴보면 ≪춘추공양전≫을 말한 것은 아침에 장례하고 정오에는 虞主를 만든다는 것이다. 만약 정현이, 두 傳이 글은 비록 다르나 그 뜻은 같아서 모두 우제가 다 끝난 뒤에 신주를 만든다고 여겼다면 신주를 만드는 것이 우제와 실로 가까우므로 ≪춘추공양전≫에서는 위로 우제에 매어서 신주를 만드는 것을 '虞主'라고 했다는 것이다. 또 신주를 만드는 것은 부제 때 필요한 것이므로 ≪춘추좌씨전≫은 부제에 근거하여 말했음을 알 수 있다. 그러므로 '祔而作主'라고 한 것이다.

그러므로 許愼의 ≪五經異義≫에 이르기를 "≪古春秋左氏≫에 '장례가 끝난 뒤 돌아와 우제를 지낸다. 천자는 우제를 아홉 차례 지내는데 아홉 차례의 우제에 柔日을 쓰니, 아홉 차례 우제에 16일이 걸린다. 제후는 우제를 일곱 차례 지내니 12일이 걸린다. 대부는 우제를 다섯 차례 지내니 8일이 걸린다. 士는 우제를 세 차례 지내니 4일이 걸린다. 우제를 지낸 뒤에는 〈새로〉 죽은 자를 먼저 죽은 자에게 부묘하는데, 부제 때 신주를 만드니 桑主라고 이른다. 1년 뒤에 栗主를 만든다.'라고 하였다. 내가 삼가 살펴보건대 ≪고춘추좌씨≫의 설은 ≪예기≫와 똑같다."라고 하였다. 정현은 이에 대해 반박하지 않았으니 허신의 뜻과 똑같음이 분명하다. 그러므로 〈단궁 하〉 정현의 주에 이르기를 "重은 우제가 끝난 뒤에 埋安한다. 그리고 뒤이어 신주를 만든다."라고 하였으니, 이것은 우제를 모두 다 마친 뒤에 重을 매안하고 신주를 만드는 것이다.

그 아래 〈단궁 하〉 경문에 이르기를 "우제에는 시동을 세우고 궤안과 돗자리를 둔다. 졸곡제에 〈죽은 자의 이름을〉 휘하는 것은 산 자로 섬기는 일이 끝나고 귀신으로 섬기는 일이 시작된 것이다. 이미 졸곡제를 지내고 나서는 宰夫가 목탁을 잡고 궁중에 명하기를 '〈고조의 아버지 이름인〉 옛 휘를 버리고 새로 죽은 자의 이름을 휘한다.〔舍故而諱新〕'라고 한다."라고 하였는데, 정현이 말하기를 "故는 체천해야 하는 고조의 아버지를 이른다."라고 하였다. 〈단궁 하〉의 글귀가 서로 연달아 있는 것에 근거하면, 정현은 군주의 예에 우제에는 오직 시동을 세울 뿐 신주는 아직 만들지 않는 것이 분명하다고 생각한 것이다.

【疏】 ○'天子未除喪, 曰予小子'者[1], 夫適嗣於初喪, 但人子當未忍卽受天王之稱, 故不曰"予一人", 而稱"予小子"者, 言我德狹小也.

1) 天子未除喪 曰予小子者：惠棟校宋本에는 '天子至小子'로 되어 있으며, 완원의 교감기 표제어에는 '予'가 '余'로 되어 있다.(阮元의 校勘記 참조)

○〔天子未除喪 曰予小子〕 무릇 適嗣는 초상이 났을 때 사람의 자식으로서 단지 '天王'의 호칭을 차마 곧바로 받지 못하는 것이 당연하므로 '予一人'이라 하지 않고 '予小子'라 칭하는 것은 나의 덕이 작다는 말이다.

【疏】 ○注'春秋'至'稱子'. ○正義曰：鄭所引者, 文九年公羊傳文. 案公羊傳說文八年八

月, "天王崩", 九年, "毛伯來求金". 公羊云"踰年矣, 何以不言王使. 未稱君也[1]. 以諸侯踰年卽位, 亦知天子之踰年卽位也. 以天子三年然後稱王, 亦知諸侯於其封內三年稱子也." 若然, 天子踰年卽位無文. 約魯十二公, 諸侯三年內稱子亦無文, 約天子踰年不稱使也, 是天子諸侯互相明也. 引之者, 證天子三年之內稱"予小子"也. 又準左傳之義, 諸侯薨而嗣子卽位, 凡有三時, 一是始喪, 卽適子之位, 二是踰年正月, 卽一國正君臣之位, 三是除喪而見(현)於天子, 天子命之, 嗣列爲諸侯之位. 今此公羊踰年卽位, 是遭喪明年, 爲元年正月卽位. 白虎通云[2] "父沒稱子某, 屈於尸柩也. 旣葬稱子者, 卽尊之漸也. 踰年稱公者, 緣民臣之心, 不可一日無君, 終始之義, 不可一年二君, 故踰年卽位, 保民臣之心也. 三年後受爵者, 緣孝子之思, 未忍安吉." 故僖三十(二)〔三〕[3]年十二月乙巳, 公薨於小寢[4]. 文公元年正月, 公卽位, 四月丁巳葬. 韓詩內傳曰[5] "諸侯世子三年喪畢, 上受爵命於天子. 乃歸卽位何. 明爵天子有也, 臣無自爵之義是也. 童子亦當受爵命, 使大夫就其國命之, 不與童子爲禮也."

1) 踰年矣……未稱君也 : ≪春秋公羊傳≫ 文公 9년 조에는 "왜 '使'를 칭하지 않았는가? 상중에 있어 아직 군주가 되지 못했기 때문이다. 해를 넘겼는데 왜 군주가 되지 못했다고 말하는가? 즉위는 했으나 아직 왕을 칭하지 못하기 때문이다. 아직 왕을 칭하지 못하는데 즉위했음을 어떻게 아는가?〔何以不稱使 當喪未君也 踰年矣 何以謂之未君 卽位矣 而未稱王也 未稱王 何以知其卽位〕"라고 되어 있다.
2) 白虎通云 : 이하의 내용이 ≪白虎通義≫ 〈德論上 爵〉에 보인다.
3) (二)〔三〕 : 저본에는 '二'로 되어 있으나, ≪春秋左氏傳≫에 의거하여 '三'으로 바로잡았다.
4) 小寢 : '寢'은 침전이다. 천자는 6寢으로 1개의 正寢과 5개의 燕寢이 있으며, 제후는 3寢으로 1개의 정침과 2개의 연침이 있다. 정침은 '路寢' 또는 '大寢'이라고 하며, 연침은 '小寢'이라고 한다. 평소에는 연침에서 지내며, 재계하거나 병이 위중할 때 노침에서 지낸다. 당시의 禮에 따르면 노침에서 임종을 맞는 것이 正禮였다. '6寢'은 02-13-01 공영달의 소 참조.(楊伯峻의 ≪春秋左傳注≫ 莊公 32년 경문 주 참조)
5) 韓詩內傳曰 : ≪한시내전≫은 前漢의 학자 韓嬰이 지은 ≪詩經≫ 韓詩學派의 중요 저작으로 宋代에 일실되었다. 이하의 내용이 宋나라 葉夢得의 ≪春秋考≫ 〈莊公〉에 보인다.

○ 注의 〔春秋〕에서 〔稱子〕까지

○ 正義曰 : 정현이 인용한 것은 ≪春秋公羊傳≫ 文公 9년 조 傳文이다. ≪춘추공양

전≫의 설을 살펴보면 문공 8년 8월에 "천왕이 붕어하였다.〔天王崩〕"라고 하였고, 문공 9년에 "〈천자의 대부인〉 毛伯이 〈우리 魯나라에〉 와서 〈襄王의 장례 비용으로〉 金을 요구하였다."라고 하였다. 公羊壽의 傳에 이르기를 "해를 넘겼는데 왜 '王使'라고 하지 않았는가? 아직 '君'을 칭하지 않았기 때문이다. 제후가 해를 넘겨 즉위하는 것을 통해 또한 천자가 해를 넘겨 즉위함을 알 수 있고, 천자가 3년 뒤에 '王'을 칭하는 것을 통해 또한 제후가 封地 내에서는 3년 동안 '子'를 칭함을 알 수 있다."라고 하였다. 만약 그렇다면 천자가 해를 넘겨 즉위한 것은 글이 없는 것이다. 대체로 魯나라 12公 중에 제후로서 3년 이내 '子'를 칭한 것 또한 글이 없으며, 대체로 천자가 해를 넘겨 '使'를 칭하지 않은 것이니, 이것은 천자와 제후가 서로 발명된 것이다. 이를 인용한 것은 천자가 〈거상하는〉 3년 이내에는 '予小子'를 칭함을 증명한 것이다.

또 ≪春秋左氏傳≫의 뜻에 근거하면 제후가 훙서한 뒤 嗣子가 즉위하는 것은 모두 세 차례의 시기가 있다. 첫 번째는 처음 초상이 났을 때 適子의 자리에 나아가는 것이고, 두 번째는 해를 넘긴 이듬해 정월에 온 나라에 나아가 君臣의 자리를 바로잡는 것이고, 세 번째는 상복을 벗고 천자를 알현하면 천자가 명하여 제후의 자리에 〈부친을〉 이어서 나열하는 것이다. 지금 여기 ≪춘추공양전≫에서 해를 넘겨 즉위한 것은 바로 喪을 당한 이듬해이니, 원년 정월에 자리에 나아간 것이다.

≪白虎通義≫에 이르기를 "아버지가 돌아가셨을 때 '子某'를 칭하니, 시신이 든 널에 압존된 것이다. 장례한 뒤 '子'를 칭하는 것은 차츰 존귀함에 나아가는 것이다. 해를 넘겨 '公'을 칭하는 것은 관원과 백성의 마음에 하루도 군주가 없어서는 안 되며 〈처음부터 끝까지 한결같이 하는〉 終始의 의리로 볼 때 한 해에 군주가 두 명일 수 없기 때문이니, 그러므로 해를 넘겨서 즉위하여 관원과 백성의 마음을 보호하는 것이다. 3년 뒤에 작위를 받는 것은 효자의 사모함에 차마 편안하고 길하게 여기지 못하기 때문이다."라고 하였다. 그러므로 魯 僖公 33년 12월 을사일(11일)에 희공이 小寢에서 훙서하였는데, 文公 원년 정월에 문공이 즉위하고 4월 정사일(26일)에 〈희공을〉 장례하였다.

≪韓詩內傳≫에 이르기를 "제후의 세자는 三年喪이 끝나면 위로 천자에게서 爵命을 받는다. 마침내 돌아가서 자리에 나아감은 무엇 때문인가? 작위는 천자가 가진 것이니 신하는 스스로 작위를 갖는 의리가 없음을 밝힌 것이 이것이다. 童子 또한 작명을 받아야 하나, 대부를 보내 그 나라에 나아가 명하게 해서 동자와는 예를 행하지 않는다."라고 하였다.

【疏】○'生名之, 死亦名之'者, 嗣王旣呼爲小子, 若於喪中而死, 亦諡爲小子王, 喪質, 故不變稱也.

○〔生名之 死亦名之〕嗣王이 〈살아있을 때〉 이미 '小子'라고 불렀으니, 만약 상중에 죽으면 또한 諡號를 '小子王'이라 한다. 喪은 질박하므로 호칭을 바꾸지 않는 것이다.

【疏】○注'生名'至'號也'. ○正義曰:以晉爲證也. 晉有小子侯, 哀侯之子也. 魯桓公七年左傳, "曲沃伯誘晉小子侯殺之", 是在喪而死, 猶呼爲小子侯也. 其應稱嗣子某, 不得同天子稱小子, 是僭取之耳.

○注의〔生名〕에서〔號也〕까지

○正義曰:晉나라로 증거를 삼은 것이다. 晉나라에 小子侯가 있었는데, 晉 哀侯의 아들이다. ≪春秋左氏傳≫ 桓公 7년 조에 "曲沃伯이 晉나라 소자후를 유인하여 죽였다."라고 하였는데, 이것은 喪中에 죽은 것이어서 여전히 '소자후'로 호칭한 것이다. 응당 '嗣子某'로 칭해야 하고 천자와 똑같이 '小子'라 칭할 수 없으니, 이것은 참람하게 가져다 쓴 것일 뿐이다.

02-13-01 天子有后하며 有夫人하며 有世婦하며 有嬪하며 有妻하며 有妾하니라

천자는 〈1명의〉 后를 두며, 〈3명의〉 夫人을 두며, 〈9명의〉 世婦를 두며, 〈27명의〉 嬪을 두며, 〈81명의〉 妻를 두며, 妾을 둔다.

【注】妻는 八十一御妻라 周禮謂之女御하니 以其御序於王之燕寢[1]이라 妾은 賤者라

1) 周禮謂之女御 以其御序於王之燕寢:≪周禮≫ 〈天官 女御〉에 "왕의 연침에서 차례로 모시는 것을 관장한다.〔掌御敍于王之燕寢〕"라는 내용이 보인다. '燕寢'은 02-12-05 '小寢' 역주 참조

'妻'는 81명의 御妻이다. ≪周禮≫에서는 '女御'라 이르니, 왕의 燕寢에서 차례로 모시기 때문이다. '妾'은 신분이 낮은 자이다.

【疏】'天子'至'有妾'. ○正義曰:此一節總論立男官女官之事, 各隨文解之. ○'天子有后'者, 天子立官, 則先從后妃爲始. 所以然者, 爲治之法, 刑於寡妻, 始於家邦[1], 終於四海, 故刪詩則以后妃爲首[2]. 若論氣, 先陰後陽, 故此言"天子有后"也. 謂之爲后者, 后, 後也, 言其后於天子, 亦以廣後(胥)〔胤〕[3]也. ○'有夫人'者, 夫, 扶也, 言扶持於王也. ○'有世婦'者, 婦, 服也, 言其進以服事君子也. 以其猶貴, 故加以"世"言之, 亦廣世(胥)〔胤〕也. ○'有嬪'者, 嬪, 婦人之美稱, 可賓敬也. ○'有妻'者, 鄭注內則云"妻之言齊也. 以禮見問, 得與夫敵體也." 案彼是判合齊體者, 今此言齊者, 以進御於王之時, 暫有齊同之義. ○'有妾'者, 鄭注內則云"妾之言接也, 聞彼有禮, 走而往焉, 以得接見於君子也." 周禮則嬪在世婦上[4], 又無妾之文也. 今此所陳與周禮雜而不次者, 記者之言, 不可一依周禮, 或可雜夏・殷而言之. 鄭注檀弓云"舜不告而娶, 不立正配[5], 但三夫人. 夏則因而廣之, 增九女, (則)〔合〕[6]十二人", 所增九女者, 則九嬪也, 故鄭云"春秋說云, 天子娶十二人[7], 夏制." 鄭又云"殷增三九二十七人, 總三十九人", 所增二十七世婦也, "周又三二十七(人)[8], 因爲八十一人", 則女御也.

1) 刑於寡妻 始於家邦 : ≪詩經≫ 〈大雅 思齊〉에 "〈文王이〉 아내에게 법이 되어 종족의 형제에게까지 미치고 이것으로 집안과 나라를 다스렸다.〔刑于寡妻 至于兄弟 以御于家邦〕"라는 내용이 보인다.

2) 刪詩則以后妃爲首 : '刪詩'는 ≪시경≫을 이른다. ≪史記≫ 권47 〈孔子世家〉에서 "옛날에는 시가 3천여 편이었으나 공자에 이르러 중복된 것을 버리고 예의에 베풀 만한 것을 취하였다.……시의 내용은 衽席에서 시작하였다. 그러므로 공자가 '〈關雎〉의 마지막 악장'이라 하여 이것으로 교화의 시작을 삼은 것이다.……이렇게 정리한 305편을 공자는 모두 곡조를 붙여 현악기로 노래하였다.〔古者詩三千餘篇 及至孔子 去其重 取可施於禮義上……始於衽席 故曰關雎之亂 以爲風始……三百五篇 孔子皆弦歌之〕"라고 말한 것에서 유래하였다. '衽席'은 잠자리라는 뜻으로 남녀의 일을 비유한다. ≪시경≫의 첫 편이 후비의 덕을 노래한 〈관저〉임을 말한 것으로, ≪시경≫ 〈周南 關雎序〉에 "〈관저〉는 후비의 덕을 노래한 것이니 교화의 시작이다. 천하를 교화하고 부부의 도를 바르게 하기 위한 것이다.〔關雎 后妃之德也 風之始也 所以風天下而正夫婦也〕"라고 하였다. '〈관저〉의 마지막 악장' 운운은 ≪논어≫ 〈泰伯〉에 "악사인 摯(지)가 처음 벼슬할 때 연주하던 〈관저〉의 마지막 악장이 아직도 성대히 귀에 쟁쟁하다.〔師摯之始 關雎之亂 洋洋乎盈耳哉〕"라는 구절을 이른다.

3) (胥)〔胤〕 : 저본에는 '胥'으로 되어 있으나, 淸 世宗의 성명 愛新覺羅胤禛의 '胤'을 避諱한 것이므로 원글자인 '胤'으로 돌려놓았다. 아래도 같다.

4) 周禮則嬪在世婦上 : ≪周禮≫ 〈天官〉에 나열된 63개의 관직 중에 〈九嬪〉이 〈世婦〉보다 앞에 나온다는 말이다. 〈世婦〉 바로 뒤에는 〈女御〉가 나온다.

5) 配 : 閩本·監本·毛本에는 '妃'로 되어 있다. 완원의 교감기에 따르면 옛날에 '妃'는 '配'와 똑같이 읽었던 글자로, ≪禮記≫ 〈檀弓 上〉 정현의 주에 '妃'로 되어 있는 것이 本字이고 여기 인용문에 사용한 '配'는 假借字이다.(阮元의 校勘記 참조)
6) (則)〔合〕: 저본에는 '則'으로 되어 있으나, 浦鏜校本에 의거하여 '合'으로 바로잡았다. ≪예기≫ 〈단궁 상〉 정현의 주에도 '合'으로 되어 있다.(阮元의 校勘記 참조)
7) 春秋說云 天子娶十二人 : ≪三國志≫ 〈魏志 后妃傳序〉에 "≪춘추설≫에 이르기를 천자는 여자가 열둘이라 하였다.〔春秋說云 天子十二女〕"라는 내용이 보이는데, 盧弼의 集解에 "≪춘추위≫ 〈보건도〉에 이르기를 '오직 천자만이 열두 여자에게 장가든다.' 하였다.〔春秋緯保乾圖曰 唯天子娶十二女〕"라고 하였다.
8) (人) : 저본에는 '人'이 있으나, 惠棟校宋本 및 ≪예기≫ 〈檀弓 上〉에 '人'이 없는 것을 옳다고 본 완원의 교감기에 의거하여 衍文으로 처리하였다.(阮元의 校勘記 참조)

經의 〔天子〕에서 〔有妾〕까지

○ 正義曰 : 이 절은 남성 관직과 여성 관직을 설치하는 일을 총괄적으로 논한 것이니, 각각 글을 따라 풀이하겠다.

○〔天子有后〕 천자가 관직을 설치하는 것은 먼저 后妃로부터 시작한다. 이렇게 하는 이유는, 다스리는 법은 아내에게 법이 되어 집안과 나라에서 시작하여 四海에서 마치기 때문이다. 그러므로 산삭하여 정리한 ≪詩經≫이 후비의 덕을 노래한 것으로 첫 편을 삼은 것이다. 만약 氣를 논한다면 陰을 먼저 하고 陽을 뒤로하므로 여기에서 '天子有后'라고 말한 것이다. '后'라고 말한 것은, '后'는 '뒤〔後〕'의 뜻이니, 천자보다 뒤에 있다는 것이고 또한 후사를 넓힌다는 말이다.

○〔有夫人〕 '夫'는 '돕다〔扶〕'의 뜻이니, 왕을 돕는다는 말이다.

○〔有世婦〕 '婦'는 '붙좇다〔服〕'의 뜻이니, 나아와서 군자를 붙좇아 섬긴다는 말이다. 그래도 신분이 높기 때문에 '世'를 덧붙여 말한 것이니, 〈后와 마찬가지로〉 또한 후손을 넓힌다는 말이다.

○〔有嬪〕 '嬪'은 婦人의 미칭이니, 공경할 만하다는 것이다.

○〔有妻〕 ≪禮記≫ 〈內則〉 정현의 주에 이르기를 "'妻'라는 말은 '가지런하다〔齊〕'의 뜻이니, 禮를 통해 만나고 물어서 남편과 대등한 몸을 얻었다는 것이다."라고 하였다. 살펴보면 〈내칙〉은 반쪽씩이 합하여서 대등한 몸이라는 것인데 지금 여기에서 '齊'라고 말한 것은, 왕에게 나아가 모실 때 잠시 대등함의 뜻을 가진다는 것이다.

○〔有妾〕 ≪예기≫ 〈내칙〉 정현의 주에 이르기를 "'妾'이라는 말은 '접하다〔接〕'의 뜻이니, 상대방에게 禮가 있다는 말을 듣고 달려가서 군자를 접견할 수 있게 되었다는 것

이다.”라고 하였다. ≪周禮≫에는 嬪이 世婦의 위에 있고 또 妾에 대한 글이 없다. 지금 여기에서 말한 것이 ≪주례≫와 뒤섞여 차서가 없는 것은, 기록하는 자의 말을 하나같이 모두 ≪주례≫를 따를 수 없어서 혹 夏나라나 殷나라의 예를 뒤섞어 말했을 수도 있다. ≪예기≫ 〈檀弓 上〉 정현의 주에 이르기를 “舜은 부모님께 고하지 않고 장가들어서 正配를 세우지 않고 다만 3명의 夫人만을 두었다. 夏나라는 이로 인해 확대해서 〈3명의 세 배인〉 9명의 여자를 증원하여 모두 12명이었다.”라고 하였는데, 증원한 9명의 여자는 바로 9명의 嬪이다. 그러므로 정현이 “≪春秋說≫에 이르기를 천자가 12명에게 장가든다고 하였는데, 夏나라의 제도이다.”라고 한 것이다. 정현은 또 말하기를 “殷나라는 9명의 세 배인 27명을 증원하여 〈夫人 3명, 嬪 9명, 世婦 27명을 합치면〉 모두 39명이었다.”라고 하였는데, 증원한 사람은 27명의 世婦이며, “周나라는 또 27명의 세 배를 증원하니 인하여 81명이 되었다.”라고 하였는데, 바로 〈81명의〉 女御이다.

【疏】 ○ 注‘周禮’至‘賤者’. ○ 正義曰：解周名爲“女御”之義, 以其御於王之燕寢. 御法, 案周禮王有六寢, 一是正寢, 餘五寢在後, 通名燕寢. 其一在東北, 王春居之. 一在西北, 王冬居之. 一在西南, 王秋居之. 一在東南, 王夏居之. 一在中央, 六月居之. 凡后妃以下, 更以[1]次序而上御王於五寢之中也. 故鄭注周禮九嬪云 “凡御見之法, 月與后妃共象也[2]. 卑者宜先, 尊者宜後. 女御八十一人當九夕, 世婦二十七人當三夕, 九嬪九人當一夕, 三夫人當一夕, 后當一夕, 亦十五日而徧云[3]. 自望後反之. 孔子云[4] ‘日者天之明, 月者地之理, 陰(陽)[5]契制, 故月上屬爲天, 使婦從夫放月紀.’” 月紀是星也. 而婦人上御, 必有女史彤管[6], 以差次之. 毛詩傳“貽我彤管”云[7] “古者后・夫人必有女史彤管之法, 史不記過, 其罪殺之. 后妃群妾以禮御於君所, 女史書其日月, 授之環以進退之. 生子月辰則以金環退之[8]. 當御者以銀環進之, 著(착)左手. 旣御, 著於右手. 事無小大, 記以成法.”

1) 以：惠棟校宋本에는 ‘與’로 되어 있다.(阮元의 校勘記 참조)

2) 月與后妃共象也：≪周禮≫ 〈天官 九嬪〉 賈公彦의 소에 따르면 달의 형상을 따라서 초승달이 뜨는 月初에는 신분이 낮은 자가 먼저 왕을 모시고 보름달이 뜨는 15일 이후에는 신분이 높은 자가 먼저 왕을 모시는 것을 이른다.

3) 云：≪주례≫ 〈천관 구빈〉 가공언의 소에 따르면 해당 내용에 대한 正文이 없으므로 정현이 ‘云’을 써서 의심한 것이다.

4) 孔子云：≪주례≫ 〈천관 구빈〉 가공언의 소에 따르면 이하의 내용은 ≪孝經緯≫의

하나로 공자가 지었다는 ≪孝經≫ 〈援神契〉의 글이다.
5) (陽) : 저본에는 '陽'이 있으나, 浦鏜의 교감기에서 '陽'을 衍字로 보고 考文引宋板에는 '陽'이 黑圈으로 되어 있으며 ≪주례≫ 〈천관 구빈〉 정현의 주 및 가공언의 소에도 '陽'이 없는 것에 의거하여 衍文으로 처리하였다.(阮元의 校勘記 참조)
6) 女史彤管 : '女史'는 여성 관직 이름으로, ≪주례≫ 〈天官 敍官〉에 따르면 8명이다. 정현의 주에 "女奴 중 글을 아는 자이다.〔女奴曉書者〕"라고 하였다. 女史의 직임에 대해 ≪주례≫ 〈天官 女史〉에 "왕후의 예와 관련된 직무를 관장하고 〈內宰에게 있는〉 內治法의 부본을 관장하여, 이를 왕후에게 고하여 內政을 다스릴 수 있도록 한다.〔掌王后之禮職 掌內治之貳 以詔后治內政〕"라는 내용이 보인다. '彤管'은 붓대에 붉은 칠을 한 붓으로, 女史가 사용하였다.
7) 毛詩傳貽我彤管云 : 이하의 내용이 ≪詩經≫ 〈邶風 靜女〉 毛亨의 傳에 보인다.
8) 生子月辰則以金環退之 : ≪禮記≫ 〈內則〉에 "처는 자식을 낳으려고 할 때 산달이 되면 〈燕寢 옆에 있는〉 側室에 거처한다.〔妻將生子 及月辰 居側室〕"라는 내용이 보인다.

○ 注의 〔周禮〕에서 〔賤者〕까지

○ 正義曰 : 周나라에서 '女御'라고 이름 지은 뜻을 풀이하여 왕의 燕寢에서 모시기 때문이라고 한 것이다.

〈왕을〉 모시는 법은, ≪周禮≫를 살펴보면 왕은 6寢이 있다. 하나는 正寢이며, 나머지 5寢은 뒤에 있는데 통칭하여 燕寢이라 이름한다. 연침 중 하나는 동북쪽에 있으니 왕이 봄에 거처하고, 하나는 서북쪽에 있으니 왕이 겨울에 거처하고, 하나는 서남쪽에 있으니 왕이 가을에 거처하고, 하나는 동남쪽에 있으니 왕이 여름에 거처하고, 하나는 중앙에 있으니 6월에 거처한다. 무릇 后妃 이하는 순서대로 돌아가며 5침 가운데 하나에 올라가 왕을 모신다.

그러므로 ≪주례≫ 〈天官 九嬪〉 정현의 주에 다음과 말하였다. "무릇 왕을 모시는 법은 달과 后妃가 형상을 공유한다. 의당 신분이 낮은 자가 먼저 〈왕을〉 모셔야 하고 신분이 높은 자가 뒤에 모셔야 한다. 女御 81인이 아홉 밤을 모시고, 世婦 27인이 세 밤을 모시고, 9嬪 9인이 하룻밤을 모시고, 3夫人이 하룻밤을 모시고, 后가 하룻밤을 모시면, 또한 15일이면 두루 돌게 될 것이다. 15일 이후부터는 〈后-夫人-嬪-世婦-女御 순으로 왕을 모셔서〉 이와 반대로 한다. 공자가 말하기를 '해는 하늘의 밝음이고 달은 땅의 이치이나 陰은 〈陽에〉 매여서 제어를 받으므로 달이 올라가 하늘에 속하게 되었으니, 부인에게 남편을 따르게 하여 月紀를 본받게 한 것이다.'라고 하였다."

'月紀'는 바로 별이다. 부인이 올라가 〈왕을〉 모실 때 반드시 女史彤管의 법이 있어서 차등을 두어 순서를 매긴다. '貽我彤管'에 대한 ≪毛詩≫의 傳에 이르기를 "옛날에 后와 夫人에게는 반드시 女史彤管의 법이 있어서 女史가 이들의 잘못을 기록하지 않으면 죄를 물어 죽였다. 后妃와 여러 妾이 예에 따라 군주의 처소에 가서 모시면 여사가 그 날짜를 쓰고 〈이들에게〉 팔찌를 주어서 나아가거나 물러가게 하였다. 자식을 낳을 달에는 금팔찌를 주어서 물러가게 한다. 모실 자는 은팔찌를 주어 나아가게 하니 왼손에 착용하고, 이미 모신 뒤에는 오른손에 착용한다. 일은 대소에 상관없이 모두 기록하여 법을 이룬다."라고 하였다.

02-13-02 天子建天官호되 先六大(태)니 曰大宰와 大宗과 大史와 大祝과 大士와 大卜이니 典司六典하니라

천자는 天官을 세우되 〈하늘의 六氣를 본받아〉 六太를 먼저 세운다. 太宰・太宗・太史・太祝・太士・太卜이니, 〈여섯 방면의 나라를 다스리는 법인〉 六典을 맡아 주관한다.

【注】典은 法也라 此蓋殷時制也라 周則大宰爲天官하고 大宗曰宗伯이니 宗伯爲春官하여 大史以下屬焉이라 大士는 以神仕者라

'典'은 법이다. 이것은 殷나라 때의 제도인 듯하다. 周나라에서는 太宰가 天官이 되고 太宗은 〈春官인〉 宗伯이라 하였으니, 종백은 〈주나라에서〉 춘관이 되어 〈太史・太祝・太卜의〉 太史 이하가 이에 속한다. '太士'는 神을 섬기는 일로 벼슬하는 사람이다.

天子之五官은 曰司徒와 司馬와 司空과 司士와 司寇니 典司五衆하니라

천자의 五官은 〈땅의 五行을 형상한〉 司徒・司馬・司空・司士・司寇이니, 〈五官에 소속된 관리인〉 五衆을 맡아 주관한다.

【注】衆은 謂群臣也라 此亦殷時制也니 周則司士屬司馬라 大宰司徒宗伯司馬司寇司空爲六官이라

'衆'은 여러 신하를 이른다. 이것 또한 殷나라 때의 제도이니, 周나라에서는 司士가

〈夏官인〉 司馬에 속한다. 〈주나라에서는 天官인〉 太宰, 〈地官인〉 司徒, 〈春官인〉 宗伯, 〈夏官인〉 司馬, 〈秋官인〉 司寇, 〈冬官인〉 司空이 六官이 된다.

天子之六府는 **曰司土**와 **司木**과 **司水**와 **司草**와 **司器**와 **司貨**니 **典司六職**하니라

천자의 六府는 〈여섯 가지 물건의 세금을 관장하는〉 司土·司木·司水·司草·司器·司貨이니, 六職을 맡아 주관한다.

【注】 **府**는 **主藏六物之稅者**라 **此亦殷時制也**니 **周則皆屬司徒**라 **司土**는 **土均也**요 **司木**은 **山虞也**요 **司水**는 **川衡也**요 **司草**[1]는 **稻人也**요 **司器**는 **角人也**요 **司貨**는 **卝**(광)[2] **人也**라

1) 草 : 毛本에는 '艸'로 고쳐져 있다. 이후의 '草'도 모두 같다. 완원은 ≪說文解字≫에 '艸'로 되어 있으나 이후 經典에서는 '草'로 썼다는 ≪廣韻≫의 내용을 인용한 뒤 '艸'로 굳이 고칠 필요가 없다고 하였다.(阮元의 校勘記 참조)

2) 卝(광) : 완원의 교감기에 따르면 '礦'의 假借字로, ≪설문해자≫를 따라 本字인 '礦'으로 써야 한다. 완원은 '卝'이 바로 '礦'이므로 ≪周禮≫ 〈地官 卝人〉 정현의 주에서 "卝이란 글자는 '쇳돌〔礦〕'의 뜻이다.〔卝之言 礦也〕"라고 한 것은 틀렸다고 하였다.(阮元의 校勘記 참조)

'府'는 주로 여섯 가지 물건에 대한 세금을 보관한다. 이것 또한 殷나라 때의 제도이니, 周나라에서는 모두 〈地官인〉 司徒에 속한다. '司土'는 〈周나라의〉 土均이고, 司木은 山虞이고, 司水는 川衡이고, 司草는 稻人이고, 司器는 角人이고, 司貨는 卝人이다.

天子之六工은 **曰土工**과 **金工**과 **石工**과 **木工**과 **獸工**과 **草工**이니 **典制六材**하니라

천자의 六工은 土工·金工·石工·木工·獸工·草工이니, 〈육공이 사용하는〉 여섯 가지 재료를 주관한다.

【注】 **此亦殷時制也**니 **周則皆屬司空**이라 **土工**은 **陶旊**(방)**也**요 **金工**은 **築冶鳧栗**[1] (鍛)〔**段**〕[2] **桃也**요 **石工**은 **玉人磬**(人)〔**氏**〕[3] **也**요 **木工**은 **輪輿弓廬匠車梓也**요 **獸工**은 **函鮑韗**(운)**韋裘也**라 **唯草工職亡**하니 **蓋謂作萑葦**(환위)**之器**라

1) 栗 : 閩本·監本·毛本·衛氏集說에는 '㮚'로 되어 있다. '㮚'은 ≪周禮≫ 〈天官 籩人〉 陸德明의 音義에 따르면 '栗'의 古字이다.(阮元의 校勘記 참조)

2) (鍛)〔段〕 : 저본에는 '鍛'으로 되어 있으나, 완원의 교감기에서 '鍛'은 ≪說文解字≫에 "작게 단련하는 것이다.〔小冶也〕"라고 되어 있으니 '鍛'은 별개의 글자이며 '段'이 옳다고 한 것에 의거하여 '段'으로 바로잡았다. 閩本・監本・毛本・衛氏集說에는 '段'으로 되어 있다.(阮元의 校勘記 참조)
3) (人)〔氏〕 : 저본에는 '人'으로 되어 있으나, ≪周禮≫ 〈冬官考工記 磬氏〉에 의거하여 '氏'로 바로잡았다.(阮元의 校勘記 참조)

이것 또한 殷나라 때의 제도이니, 周나라에서는 모두 〈冬官인〉 司空에 속한다. '土工'은 〈주나라의〉 陶人・旊人이고, 金工은 〈주나라의〉 築氏・冶氏・鳧氏・栗氏・段氏・桃氏이고, 石工은 〈주나라의〉 玉人・磬氏이고, 木工은 輪人・輿人・弓人・廬人・匠人・車人・梓人이고, 獸工은 〈주나라의〉 函人・鮑人・韗人・韋氏・裘氏이다. 오직 草工의 관직만 없으니, 아마도 갈대로 기물을 만드는 것을 이르는 듯하다.

五官[1)]이 致貢曰享이라하나니라

1) 五官 : 공영달의 소에서는 두 가지 의견을 제시하였다. 첫째는 后, 天官, 司徒 이하의 다섯 地官, 六府, 六工을 가리킨다는 것으로, 경문인 '五官致貢曰享'에 대한 소에서 말하였다. 둘째는 天官의 五官인 司徒・司馬・司空・司士・司寇를 가리킨다는 것으로, '五官致貢曰享'의 정현의 주에 대한 소에서 말하였다. 첫째 의견은 근거를 제시하지 않았으나 둘째 의견은 다음에 나오는 '五官之長曰伯'을 근거로 삼았으므로 우선 둘째 의견을 따르기로 한다.

〈연말에〉 五官이 〈각각 자기가 이룬 한 해의〉 성과를 〈왕에게〉 바치는 것을 '享'이라고 한다.

【注】 貢은 功也요 享은 獻也니 致其歲終之功於王을 謂之獻也라 周禮大(태)宰에 歲終이면 則令百官府로 各正其治하여 受其會하여 聽其致事하여 而詔王廢置라하니라

'貢'은 功의 뜻이고 '享'은 '바치다〔獻〕'의 뜻이니, 연말에 한해의 업무 성과를 왕에게 고해바치는 것을 '獻'이라 이른다. ≪周禮≫ 〈天官 大宰〉에 "연말이 되면 뭇 官府로 하여금 각각 자기가 맡은 문서를 바르게 정리하도록 하여 그 총결산을 받아서 그들이 보고한 성과대로 따라서 왕에게 〈해당 관원에 대한〉 폐출과 승급 여부를 고한다."라고 하였다.

【疏】‘天子建天官’至‘致貢曰享’[1]. ○ 正義曰[2]: 此以下是殷禮, 所明異於周法. 案甘誓云“六事之人”, 鄭云 “周禮六軍皆命卿[3], 則三代同矣.” 案甘誓及鄭注, 則三王同有六卿. 又鄭注大傳 “夏書云, 所謂六卿者, 后稷・司徒・秩宗・司馬・作士・共工也.” 而不說殷家六卿之名, 今此記所言, 上非夏法, 下異周典, 鄭唯指爲殷禮也. 然天官以下, 殷家六卿, 何者. 大宰・司徒・司馬・司空・司士・司寇是也. 但周立六卿, 放天地四時, 而殷六卿所法, 則有異也. 殷以大宰爲一卿, 以象天時, 司徒以下五卿法於地事, 故鄭志崇精問焦氏云[4] “鄭云三王同六卿, 殷應六卿, 此云‘五官’何也.” 焦氏答曰 “殷立天官, 與五行其取象異耳. 是司徒以下法五行, 竝此大宰, 卽爲六官也.” 但大宰旣尊, 故先列大宰, 竝顯大宰之下隸屬大宰之官. 旣法於天, 故同受大名, 故云‘先六大’, 大宰一, 大宗二, 大史三, 大祝四, 大士五, 大卜六也. 〔○〕[5] ‘典司六典’者, 結上也. 上“典”是守典, 下“典”是典則之典. 言立此六官, 以守主於六事之法.

1) 天子建天官至致貢曰享: 惠棟校宋本에는 ‘天子至六典’으로 되어 있다.(阮元의 校勘記 참조)
2) 正義曰: 惠棟校宋本에는 이 3자가 없다.(阮元의 校勘記 참조)
3) 周禮六軍皆命卿: ≪周禮≫ 〈夏官 序官〉에 “무릇 군대의 편제는 12,500명이 1軍이 된다. 왕은 6軍을 보유하고, 〈上公의〉 대국은 3군, 〈侯・伯의〉 차국은 3군, 〈子・男의〉 소국은 1군을 보유한다. 軍의 장수는 모두 경을 임명한다.〔凡制軍 萬有二千五百人爲軍 王六軍 大國三軍 次國二軍 小國一軍 軍將皆命卿〕”라는 내용이 보인다.
4) 鄭志崇精問焦氏云: 이하의 내용이 정현의 손자인 魏나라 鄭小同이 정현과 제자들의 문답을 집록한 ≪鄭志≫ 卷下에 보인다. 崇精은 정현의 제자이다. 焦氏는 焦喬로 추정되며 역시 정현의 제자이다.(≪經義考≫ 권283 〈承師 3 鄭康成弟子〉 참조)
5) 〔○〕: 저본에는 부호 ‘○’가 없으나, 본서의 체제에 의거하여 보충하였다.

經의 〔天子建天官〕에서 〔致貢曰享〕까지

○ 正義曰: 이 이하는 殷나라의 예이니, 밝힌 것이 周나라의 법과 다르다. 살펴보면 ≪書經≫ 〈夏書 甘誓〉에 ‘六事之人’이라 하였는데, 鄭玄이 말하기를 “≪周禮≫에서 六軍에 모두 卿을 임명하였으니, 〈夏・商・周〉 三代가 똑같다.”라고 하였다. 〈감서〉와 정현의 주를 살펴보면 〈하・상・주〉 三王시대에 똑같이 6卿이 있었다. 또 ≪尙書大傳≫ 정현의 주에 “≪서경≫ 〈夏書〉에 이르기를 이른바 ‘6卿’은 后稷・司徒・秩宗・司馬・作士・共工이라고 하였다.”라고 하였다. 殷나라 6卿의 이름을 말하지 않았으나, 지금 여기 ≪禮記≫에서 말한 것이 위로는 하나라의 법이 아니고 아래로는 주나라의 법과 다르므로 정현이 이를 가리켜 오직 은나라의 예라고만 한 것이다. 그러나

天官 이하는 은나라의 6경이니, 무엇인가? 太宰・司徒・司馬・司空・司士・司寇가 이것이다. 다만 주나라는 6경을 세울 때 〈天官・地官・春官・夏官・秋官・冬官으로〉 天地와 四時를 본떴지만 은나라의 6경이 본뜬 것은 다르다. 은나라는 太宰로 1卿을 삼아 天時를 형상하고, 司徒 이하 5경은 地事를 본떴다. 그러므로 ≪鄭志≫에서 崇精이 焦氏에게 묻기를 "정현은 三王시대에 똑같이 6경이 있었다고 하였으니 은나라는 응당 6경이어야 한다. 그런데 여기에서 '五官'이라고 한 것은 무엇 때문인가?"라고 하자, 초씨가 답하기를 "은나라는 天官을 세워서 五行과 함께 그 象을 취한 것이 다를 뿐이다. 바로 司徒 이하는 五行을 본뜬 것이니, 이 태재와 함께 바로 6官이 된다."라고 한 것이다. 다만 태재는 이미 높으므로 먼저 태재를 열거하고, 아울러 태재 밑에 예속된 태재의 속관을 드러내었다. 이미 하늘을 본뜬 것이어서 똑같이 큰 이름을 받았으므로 '先六大'라고 하였으니, 太宰가 첫 번째이고, 太宗이 두 번째이고, 太史가 세 번째이고, 太祝이 네 번째이고, 太士가 다섯 번째이고, 太卜이 여섯 번째이다.

○ 〔典司六典〕 앞의 내용을 맺은 것이다. '典司'의 '典'은 법을 지키는 것이고, 뒤에 나오는 '六典'의 '典'은 '典則'의 典이다. 이 6官을 세워서 六事의 법을 지켜 주관한다는 말이다.

【疏】 ○ 注'此蓋'至'仕者'. ○ 正義曰：知殷制者, 以其上與夏官不同, 下與周禮有異, 故疑殷制也. 知"大士"非司士及士師・卿士之等者, 以其下別有"司士"・"司寇", 故知非士師・卿士也. 與"大祝"・"大卜"相連, 皆主神之士, 故知"神仕"也.

○ 注의 〔此蓋〕에서 〔仕者〕까지

○ 正義曰：〈정현이〉 殷나라의 제도임을 안 것은, 위로는 夏나라의 관직과 같지 않고 아래로는 周나라의 예와 다르므로 은나라의 제도라고 의심한 것이다. '大士'가 司士 및 士師・卿士 등이 아님을 안 것은, 아래에 별도로 '司士'와 '司寇'가 있으므로 사사・경사가 아님을 안 것이다. 〈大士는〉 '大祝'・'大卜'과 연달아 있는데 〈태축과 태복은〉 모두 神의 일을 주관하는 士이므로 〈태사가〉 '神仕'임을 안 것이다.

【疏】 ○ '天子之五官'者, 嚮立六官, 以法天之六氣[1], 此又置五官, 以象地之五行也. 天地五行踐立, 故復云"天子", 不云"建", 從"天官"也. 又天官尊陽, 故一卿以攝衆, 地官卑陰, 故五卿俱陳也. 不云"地"者, 與前互也. 天尊故沒其數, 地卑故明言其五也. 司徒一,司馬二, 司空三, 司士四, 司寇五也. ○'典司五衆'者, 結上也. 言用此上五官, 使各守其所掌上之群衆也. 然此五官, 亦各有所領群衆, 如大宰領大宗以下也, 而不條出其人者, 略也. 天言"六典", 地言"五衆"者, 互言也. 但天尊, 故云"典", 地卑, 故云"衆"也.

1) 六氣 : ≪春秋左氏傳≫ 昭公 원년에 "하늘에는 6氣가 있는데……6기는 陰·陽·風·雨·晦·明이다.〔天有六氣……六氣曰陰陽風雨晦明也〕"라는 내용이 보인다.

○〔天子之五官〕 앞에서는 六官을 세워서 하늘의 六氣를 본받고 여기서는 또 五官을 두어 땅의 五行을 형상하였다. 天地와 五行을 따라 세우는 것이므로 다시 '天子'라 말한 것이고, '建'을 말하지 않은 것은 〈'天子建天官'의〉 '天官'을 따른 것이다. 또 天官은 높은 陽이므로 1卿이 여러 신하를 통솔하고, 地官은 낮은 陰이므로 5卿을 모두 진술하였다. '地'를 말하지 않은 것은, 앞글과 互文으로 쓴 것이다. 하늘은 높으므로 〈'一'이라는〉 숫자를 감추고, 땅은 낮으므로 '五'를 분명히 말하였다. 〈地官인 五官은〉 司徒가 첫 번째이고, 司馬가 두 번째이고, 司空이 세 번째이고, 司士가 네 번째이고, 司寇가 다섯 번째이다.

○〔典司五衆〕 앞의 내용을 맺은 것이다. 이 앞의 五官을 써서 각각 그들이 관장하는 여러 신하를 지키게 한 것을 이른다. 그러나 〈地官인〉 이 五官도 〈天官인〉 太宰가 〈하속 신하인〉 太宗 이하를 거느리는 것처럼 각각 거느리는 신하들이 있지만 그 사람을 조목조목 표출하지 않은 것은 생략한 것이다. 천관에는 '육전'을 말하고 지관에는 '五衆'을 말한 것은 互文으로 말한 것이다. 다만 하늘은 높으므로 '典'을 말하고 땅은 낮으므로 '衆'을 말한 것이다.

【疏】 ○注'衆謂'至'六官'. 〔○〕[1] 正義曰 : 知此非是天下衆人, 而爲"群臣也"者, 以經云"五衆", 明官各有所衆, 如周六官之屬也. 周禮大宰總主六官之職. 司徒主教, 教其徒衆. 宗伯者, 伯, 長也, 宗, 尊也, 以主鬼神, 故以尊爲名. 司馬主征伐, 馬是征伐所用. 司寇主除賊寇. 司空主土居民. 司士主公卿以下版籍[2]爵祿之等. 特以"司士"爲名者, 士是官之總首, 故詩云"濟濟多士"是也. 諸官皆云"司", 而大宰·宗伯不云"司"者, 司, 主也, 大宰總主六官, 不偏有所司, 故不言"司"也. "宗伯"之官不言"司"者, 以主[3]天地鬼神之事, 天地鬼神既尊, 非人所司, 故不云"司"也.

1) 〔○〕: 저본에는 부호 '○'가 없으나, 본서의 체제에 의거하여 보충하였다.

2) 版籍 : 호구를 기록한 명부이다. ≪周禮≫ 〈夏官 司士〉에 "司士는 여러 신하의 名籍을

관장하여 그 정령을 다스린다.〔司士掌群臣之版 以治其政令〕"라는 내용이 보인다.

3) 主 : 阮元의 校勘記 표제어에는 '上'으로 되어 있다.

○ 注의 〔衆謂〕에서 〔六官〕까지

○ 正義曰 : 여기의 '衆'이 천하의 衆人이 아니고 '群臣也'임을 안 것은, 경문에서 '五衆'이라 한 것이 周나라 六官의 하속처럼 관직마다 각각 무리 짓는 바가 있음을 밝힌 것이기 때문이다.

≪周禮≫에서 太宰는 6官의 직임을 총괄하여 주관한다. 司徒는 교육을 주관하여 사람들을 가르친다. 宗伯은, '伯'은 '우두머리'의 뜻이고, '宗'은 '높다'의 뜻이니, 귀신을 주관하므로 존귀함으로 이름을 삼았다. 司馬는 정벌을 주관하니, '馬'는 정벌에 사용하는 것이다. 司寇는 도적을 없애는 것을 주관한다. 司空은 그 땅에 사는 백성을 주관한다. 司士는 공경 이하의 版籍과 爵祿 등을 주관한다. 다만 '司士'라고 이름을 붙인 것은 士가 관직의 總首이기 때문이니, 그러므로 ≪詩經≫ 〈大雅 文王〉에서 '威儀가 많은 衆士〔濟濟多士〕'라고 한 것이 이것이다.

여러 관직에는 모두 '司'라 하였는데 太宰와 宗伯에는 '司'라 하지 않은 것은, '司'는 주관하다는 뜻이니, 태재는 6官을 총괄적으로 주관하여 치우쳐 주관하는 바를 두지 않으므로 '司'를 말하지 않은 것이다. '종백'의 관직에 '司'를 말하지 않은 것은, 〈종백은〉 천지 귀신의 일을 주관하는데 천지의 귀신은 이미 높아서 사람이 주관할 바가 아니므로 '司'를 말하지 않은 것이다.

【疏】 ○ '天子'至'六職'. ○ 殷六卿外, 復別立此六官也. 府者, 藏物之處也, 旣法天地立官, 天地應生萬物, 故爲萬物立府也. ○ '曰司土', 一也, 於周爲土均也. 均平地稅之政令也, 土生萬物, 故爲均也. ○ '司木', 二也, 於周則爲山虞也. 虞, 度(탁)也, 主量度山之大小所生之物. ○ '司水', 三也, 於周則爲川衡. 衡, 平也. 掌巡行川澤, 平其禁令[1]. ○ '司草', 四也, 於周爲稻人也. 掌稼種下地[2]及除草萊. ○ '司器', 五也, 於周爲角人也. 掌以時徵齒角於山澤之農, 供爲器用也. ○ '司貨', 六也, 於周爲(丱)〔卄(광)〕[3]人, 言鑛器未成者也. 掌金玉錫石之地, 而爲之守禁, 以時取之, 以供器物. 金玉曰貨[4], 故稱貨人.〔○〕[5] '典司六職'者, 結上立此六官, 使各主其所掌職也.

1) 掌巡行川澤 平其禁令 : ≪周禮≫ 〈地官 川衡〉에 "순시하여 川澤의 금령을 관장한다.〔掌巡川澤之禁令〕"라는 내용이 보인다. 가공언의 소에 따르면 川은 川衡이 관장하고 澤

은 澤虞가 관장하는데, 여기에서 澤을 연이어 말한 것은 澤과 川이 붙어 있을 경우 함께 관장하기도 하기 때문이다.

2) 掌稼種下地 : ≪주례≫ 〈地官 稻人〉에 "下地에 곡식 심는 것을 관장한다.〔掌稼下地〕"라는 내용이 보이는데, 정현의 주에 "水澤의 땅에 곡식을 심는 것이다.〔以水澤之地種穀也〕"라고 하였다.

3) (丱)〔卝(광)〕 : 저본에는 '丱(관)'으로 되어 있으나, 阮元의 校勘記에 의거하여 '卝'으로 바로잡았다. 이하 동일하다. 위 정현 주의 '卝(광)'에 대한 역주 참조.

4) 金玉曰貨 : ≪書經≫ 〈周書 洪範〉 공영달의 소에 "貨는 金玉과 布帛의 총칭이다.〔貨者金玉布帛之總名〕"라는 내용이 보인다.

5) 〔○〕 : 저본에는 부호 '○'가 없으나, 본서의 체제에 의거하여 보충하였다.

○ 〔天子〕에서 〔六職〕까지

○ 殷나라는 6卿 외에 다시 별도로 이 6官을 세웠다. '府'는 물건을 보관하는 곳이니, 이미 천지를 본받아 관직을 세웠는데 천지는 만물을 내기 마련이므로 만물을 위해 府를 세우는 것이다.

○ 〔曰司土〕 〈6官 중〉 첫 번째이니, 周나라에서는 土均이 된다. 地稅의 政令을 고르게 하니, 땅은 만물을 낳으므로 고르게 하는 것이다.

○ 〔司木〕 〈6관 중〉 두 번째이니, 주나라에서는 山虞가 된다. '虞'는 '헤아리다'의 뜻이니, 산에서 생산되는 크고 작은 물건을 헤아리는 것을 주관한다.

○ 〔司水〕 〈6관 중〉 세 번째이니, 주나라에서는 川衡이 된다. '衡'은 '공평하다'의 뜻이니, 川澤을 순행하여 禁令을 고르게 하는 것을 관장한다.

○ 〔司草〕 〈6관 중〉 네 번째이니, 주나라에서는 稻人이 된다. 水澤의 낮은 땅에 곡식을 심는 것과 잡초를 제거하는 것을 관장한다.

○ 〔司器〕 〈6관 중〉 다섯 번째이니, 주나라에서는 角人이 된다. 때에 맞게 山澤의 농부에게서 짐승의 이빨과 뿔을 징수하여 器用에 제공하는 것을 관장한다.

○ 〔司貨〕 〈6관 중〉 여섯 번째이니, 주나라에서는 卝人이 된다. 〈'貨'는〉 아직 완성되지 않은 鑛器를 이른다. 金·玉·錫·石이 나오는 땅을 관장하여 지키고 금하며, 때에 맞게 이를 취하여 기물에 제공한다. 金玉을 '貨'라 하므로 貨人이라 칭한다.

○ 〔典司六職〕 앞에서 세운 이 6관에 대해 총결하여 각각 관장하는 직임을 주관하게 한 것이다.

【疏】 ○ 注'府主'至'人也'. ○ 正義曰 : 此皆與周不同, 故云"亦殷〔時〕[1)]制也". 司土, 土均也. 案周禮"土均, 上士二人". 司木, 山虞, "每大山中士四人, 中山下士六人, 小山下士二人". 不言林衡者, 略擧山虞耳. 司水於周爲川衡, "川衡, 每大川下士十有二人, 中川下士六人, 小川下士二人". 不言澤虞者, 亦略擧川衡耳. "司草, 稻人"者, "上士二人". 周禮亦有草人, 今以司草爲稻人者, 二官俱主殺草, 鄭擧稻人, 欲見司草兼有二官也. "司器, 角人"者, "下士二人". "司貨, (丱)〔卝〕人"者, "中士二人".

1)〔時〕: 저본에는 '時'가 없으나, 위 鄭玄의 注에 의거하여 보충하였다.

○ 注의 〔府主〕에서 〔人也〕까지

○ 正義曰 : 이것은 모두 周나라와 같지 않으므로 '亦殷時制也'라고 한 것이다. '司土'는 〈주나라의〉 土均이다. ≪周禮≫ 〈地官 敍官〉을 살펴보면 "토균은 上士 2인이 담당한다."라고 하였다. '司木'은 〈주나라의〉 山虞이니, "매 산마다 大山은 中士 4인이 담당하고, 中山은 下士 6인이 담당하고, 小山은 하사 2인이 담당한다."라고 하였다. 〈마찬가지로 殷나라의 사목에 해당하는 주나라의〉 林衡을 말하지 않은 것은, 대략 山虞를 든 것뿐이다. '司水'는 주나라에서 川衡이 되니, "천형은 매 川마다 大川은 하사 12인이 담당하고, 中川은 하사 6인이 담당하고, 小川은 하사 2인이 담당한다."라고 하였다. 〈마찬가지로 은나라의 사수에 해당하는 주나라의〉 澤虞를 말하지 않은 것은, 또한 대략 천형을 든 것뿐이다. '司草 稻人'은, "상사 2인이 담당한다."라고 하였다. ≪주례≫에는 또한 〈마찬가지로 은나라의 사초에 해당하는〉 草人이 있는데 지금 사초를 〈주나라의〉 도인으로 여긴 것은, 〈초인과 도인〉 두 관직이 모두 풀을 죽이는 것을 주관하니 정현은 도인을 들어서 사초가 두 관직을 겸함을 보이고자 한 것이다. '司器 角人'은, "하사 2인이 담당한다."라고 하였다. '司貨 卝人'은, "중사 2인이 담당한다."라고 하였다.

【疏】 ○ '天子'至'六材'. ○ 工, 能也, 言能作器物者也. 前既有六府之物, 宜立六工以作之爲器物, 故爲次也. 亦有六者, 依府以用事也. ○ '曰土工・金工・(木工石工)〔石工木工〕[1]・獸工・草工'者, 此六官於周禮竝屬司空, 而司空職散亡, 漢購千金不得, 今唯有考工記以[2]代之. ○ '典制六材'者, "材"謂材物, 結上立此六工, 使典制六府之材物.

1) (木工石工)〔石工木工〕: 저본에는 '木工石工'으로 되어 있으나, 경문에 의거하여 '石工木工'으로 바로잡았다.

2) 以 : 惠棟校宋本에는 없다.(阮元의 校勘記 참조)

○〔天子〕에서〔六材〕까지

○ '工'은 '능하다'의 뜻이니, 능히 기물을 만들 수 있는 사람이라는 말이다. 바로 앞에서 이미 六府의 물건을 두었으니 의당 六工을 세워서 기물을 만들어야 하므로 그다음에 놓은 것이다. 〈여섯의 府와〉 마찬가지로 여섯의 工을 둔 것은 府에 따라 담당하는 일이 있기 때문이다.

○〔曰土工金工石工木工獸工草工〕이 六官은 ≪周禮≫에서는 모두 〈冬官인〉 司空에 속한다. 그러나 〈司空〉의 직임에 대해 기술한 글이 망실되어 漢나라에서 천금을 주고 구입하려 하였으나 얻지 못하였기에 지금은 오직 〈考工記〉를 두어 대신하고 있다.

○〔典制六材〕'材'는 재료가 되는 물건을 이르니, 앞에서 이 육공을 세운 일을 총결하여 이들로 하여금 六府의 재료를 맡아서 〈물건을〉 제작하게 한다는 것이다.

【疏】 ○ 注'土工'至'之器'. ○ 正義曰：考工記"陶人爲甗(언)[1), 實二鬴(부)[2)", 又"甑(증)實二鬴, 七穿". 旊(방)人職云 "旊人爲簋(궤)." 旊是放法, 陶是陶冶, 互文耳. 但簋是祭器, 故取放法之名也. 云"金工", 謂築氏, 掌爲削. 削, 書刀也. "冶"謂煎金(石)〔錫〕[3)者, 冶鑄爲之. 冶氏掌爲戈戟, 故因呼煎金爲冶. 鳧氏世能爲鐘以供樂器, 故因呼作鐘爲鳧氏也. 㮚(률)氏爲量器, 爲[4)豆・區・鬴・鍾[5)之屬也, 㮚氏世能爲之. 段氏主作錢[6)(鑄)〔鎛〕[7)田器. 桃氏爲刃, 刃謂刀劍之屬. 〔○〕[8)云'石工, 玉人・磬人'者, 玉人謂作圭璧者, 磬人作磬也. 玉及磬同出於石, 故謂"石工"也. 〔○〕云'木工, 輪・輿・弓・廬・匠・車・梓也'者, 此七物竝用木, 故曰"木工"也. 輪, 車輪也. 輿, 車牀也. 車難, 不能一人獨成, 各有所善, 故輪・輿不同也. 弓, 能作弓者也. 廬, 能作戈戟柲(비)[9)者也. 匠, 能作宮室之屬者. 車謂能作大車及羊車[10)也. 梓謂杯勺爲筍簴(순거)之屬也[11). 〔○〕'獸工, 函・鮑・韗・韋・裘'者, 此物竝用獸皮, 故曰"獸工". 函謂能作甲鎧(개)者. 鮑謂能治皮供作甲者. 韗謂考工記"韗人爲皐陶", 鼓木, 謂能以皮冒鼓者. 韋, 熟皮爲衣及韎韐(매겹)者, 裘謂帶毛狐裘之屬者, 考工記韋・裘二職存. "唯草工職亡", 考工無. "蓋謂作萑葦之器", 盛食之器及葦席之屬也. 或言"氏", 或言"人"者, 鄭注考工記云 "其曰某人者, 以其事名官也. 其曰某氏者, 官有世功, 若族有世業[12)者也." (于)〔干〕[13)寶云 "凡言司者, 總其領也. 凡言師者, 訓其徒也. 凡言職者, 主其業也. 凡言衡者, 平其政也. 凡言掌者, 主其事也. 凡言氏者, 世其官也. 凡言人者, 終其身也. 不氏不人, 權其材也. 通權其(才)〔材〕[14)者, 既云不世, 又不終身, 隨其材而權暫用也." 然案周禮建

官列職, 有"司會"之屬, 是言"司"者也. 有"甸師"之屬, 是言"師"者也. 有"職內(납)"之屬, 是言"職"者也. 有"川衡"之屬, 是言"衡"者也. 有"掌舍"之屬, 是言"掌"者也. 有"師氏"之屬, 是言"師"[17]者也. 有"庖人"之屬, 是言"人"者也. 有"宮正"・"膳夫"・"外饔"・"內饔"之屬, 皆不"氏"不"人"者也.

1) 甗(언) : 찜솥의 일종이다. 상하 두 부분으로 나누어져 있는데, 윗부분은 甑(증)이고 아랫부분은 鬲(력)이다. 鬲에서 물을 끓이면 수증기가 甑 밑에 난 여러 개의 구멍을 통과하여 甑 안의 음식물을 익힐 수 있다. 네모진 모양도 있으나 대부분 둥근 모양이며, 瓦器로 된 것도 있고 銅器로 된 것도 있다.

2) 鬴(부) : 量器의 일종인 '釜'와 같은 글자이다. ≪周禮≫ 〈地官 廩人〉 정현의 주에 "6두 4승이 들어가는 것을 '鬴'라 한다.〔六斗四升曰鬴〕"라는 내용이 보인다.

3) (石)〔錫〕 : 저본에는 '石'으로 되어 있으나, 앞뒤 문맥에 맞지 않아 浦鏜校本에 의거하여 '錫'으로 바로잡았다.(阮元의 校勘記 참조)

4) 爲 : 閩本・監本・毛本에는 '謂'로 되어 있다.(阮元의 校勘記 참조)

5) 豆區鬴鍾 : 네 종류의 量器이다. ≪春秋左氏傳≫ 昭公 3년 조에 "齊나라에는 예로부터 네 종류의 量器가 있는데 豆・區・釜・鍾이다. 4升이 1豆이며, 각각 4배씩을 더하여 釜에 이르니, 釜를 10배 하면 1鍾이 된다.〔齊舊四量 豆區釜鐘 四升爲豆 各自其四 以登於釜 釜十則鍾〕"라는 내용이 보인다. 이에 따르면 1豆는 4升, 1區는 16升, 1釜 즉 1鬴는 64升, 1鍾은 640升이 들어간다.

6) 錢 : 가래〔臿〕류의 농기구로, 김매는 데 사용한다.

7) (鑄)〔鎛〕 : 저본에는 '鑄(주)'로 되어 있으나, 앞뒤 문맥에 맞지 않아 閩本・監本・毛本에 의거하여 '鎛(박)'으로 바로잡았다. '鎛'은 자루가 짧은 호미류〔鋤〕의 농기구로, 잡초를 제거하는 데 사용한다.(阮元의 校勘記 참조)

8) 〔○〕 : 저본에는 부호 '○'가 없으나, 본서의 체제에 의거하여 보충하였다. 아래도 같다.

9) 柲(비) : 대나무로 만든 도지개로, 뒤틀린 활을 바로잡기 위해 사용한다.

10) 大車及羊車 : '大車'는 소가 끄는 牛車로, ≪周禮≫ 〈考工記 車人〉 정현의 주에 따르면 '평지에서 짐을

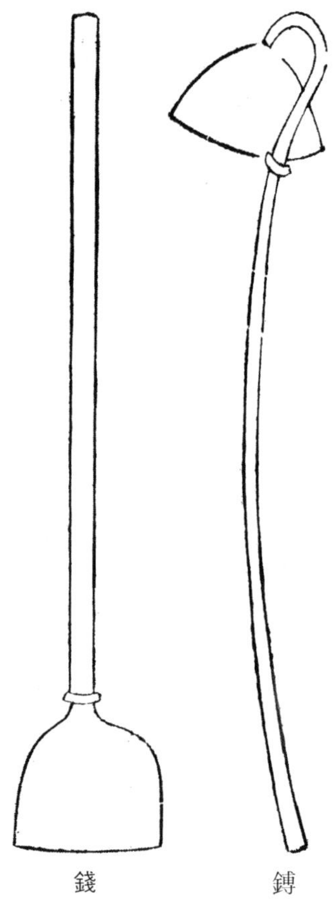

錢　　鎛

싣는 데 사용하는 수레〔平地載任之車〕'이다. '羊車'는 〈고공기 거인〉 정현의 주에 따르면 '羊'은 '좋다〔善〕'의 뜻으로, 漢나라 때의 定張車와 같은 것이다. 가공언은 소에서, 정장거가 어디에 사용하는 수레인지 알지 못하나 궁궐 안에서 사용하였으므로 조금 작았던 수레라고 하였다.

11) 梓謂杯勺爲筍簴(순거)之屬也 : ≪주례≫ 〈考工記 梓人〉에 "梓人은 筍虡를 만든다.……梓人은 飮器를 만든다.〔梓人爲筍虡……梓人爲飮器〕"라는 내용이 보인다. '筍簴'는 종이나 경쇠, 북 등의 악기를 걸어두는 나무틀로, 정현의 주에 따르면 가로 부분을 '筍', 세로 부분을 '虡'라 한다. '簴'는 閩本·監本에는 '虡(거)'로 되어 있다.(阮元의 校勘記 참조)

12) 業 : ≪주례≫ 〈考工記 總敍〉 정현의 주에는 이 뒤에 '以氏名官' 4자가 더 있다.

13) (于)〔干〕 : 저본에는 '于'로 되어 있으나, 監本·惠棟校宋本에 의거하여 '干'으로 바로잡았다. 干寶는 後漢의 사학자이다.(阮元의 校勘記 참조)

14) (才)〔材〕 : 저본에는 '才'로 되어 있으나, 바로 앞의 '權其材'라는 구절에 의거하여 '材'로 바로잡았다. 北京大本에서도 孫詒讓의 교감기에 의거하여 '材'로 수정하였다.(北京大本 校勘記 참조)

15) 師 : 惠棟校宋本에는 '氏'로 되어 있다. 완원은 '氏'로 되어 있는 것이 틀렸다고 보았다.(阮元의 校勘記 참조)

○ 注의 〔土工〕에서 〔之器〕까지

○ 正義曰 : ≪周禮≫ 〈考工記 陶人〉에 "陶人은 甗을 만드니, 甗은 용량이 2鬴이다."라고 하였고, 또 "甑은 용량이 2鬴이니 〈바닥에〉 7개의 구멍이 있다."라고 하였다. 〈考工記 旊人〉에 이르기를 "旊人은 簋를 만든다."라고 하였다. '旊'은 '법을 본받다'의 뜻이고 '陶'는 '도기를 만들고 쇠를 주조하다'의 뜻이니, 互文으로 쓴 것뿐이다. 다만 簋는 祭器이므로 법을 본받는다는 이름을 취한 것이다. '金工'이라 한 것은 築氏를 이르니, 削을 만드는 것을 관장한다. '削'은 書刀이다. '冶'는 쇠와 주석을 불리는 사람을 이르니, 불리고 주조하여 〈기물을〉 만든다. 冶氏는 戈·戟을 만드는 것을 관장하므로 인하여 쇠를 불리는 것을 '冶'라고 부른 것

簋

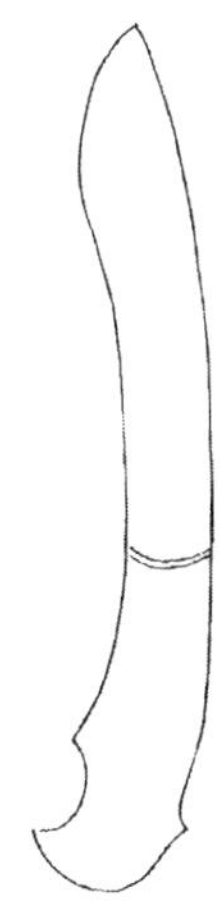
削

이다. 鳧氏는 대대로 鐘을 만들 줄 알아서 악기를 공급하므로 인하여 종을 만드는 것을 鳧氏라고 부른 것이다. 㮚氏(율씨)는 量器를 만들어서 豆・區・鬴・鍾의 등속을 만드니, 율씨는 대대로 이를 만들 줄 안다. 段氏는 주로 錢・鎛의 농기구를 만든다. 桃氏는 刃을 만드니, 刃은 刀・劍의 등속을 이른다.

○〔石工 玉人磬人〕 '玉人'은 圭・璧을 만드는 사람을 이르고, '磬人'은 磬을 만든다. 玉과 磬이 똑같이 石에서 나오므로 '石工'이라 이른다.

○〔木工 輪輿弓廬匠車梓也〕 이 일곱 가지 물건은 모두 나무를 사용하므로 '木工'이라 이른다. '輪'은 수레바퀴이다. '輿'는 수레의 몸체이다. 수레는 만들기 어려워서 한 사람이 단독으로 완성하지 못하니, 각각 잘하는 부분이 있으므로 輪人과 輿人이 같지 않은 것이다. '弓'은 활을 만들 줄 아는 사람이다. '廬'는 戈・戟・柲를 만들 줄 아는 사람이다. '匠'은 宮室의 등속을 만들 줄 아는 사람이다. '車'는 大車와 羊車를 만들 수 있는 것을 이른다. '梓'는 술잔〔杯〕과 구기〔勺〕, 악기를 매다는 나무 틀〔筍簴〕의 등속을 만드는 것을 이른다.

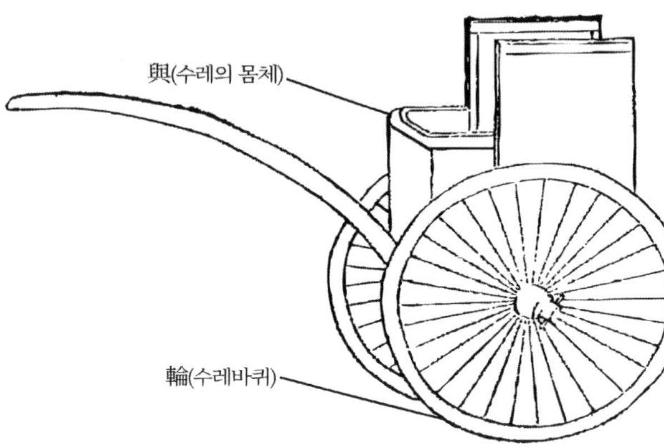

輪과 輿

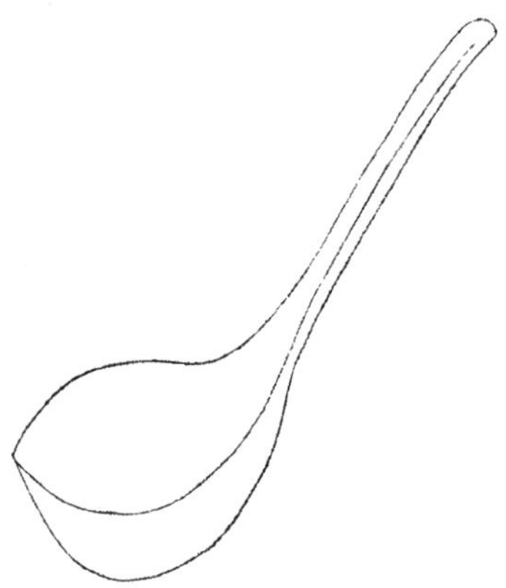
勺

○〔獸工 函鮑韗韋裘〕 이 물건들은 모두 짐승의 가죽을 사용하므로 '獸工'이라 한 것이다. '函'은 갑옷〔甲〕과 투구〔鎧〕를 만들 줄 아는 사람을 이른다. '鮑'는 가죽을 다룰 줄 알아서 갑옷을 만들도록 제공하는 사람을 이른다. '韗'은 ≪주례≫ 〈考工記 韗人〉에 "韗人은 皐陶를 만든다."라고 하였는데 〈皐陶는〉 북의 나무틀〔鼓木〕이니, 가죽을 북에 씌울 줄 아는 사람을 이른다. '韋'는 무두질한 가죽으로 옷과 붉은 가죽 폐슬〔韎韐〕을 만드는 사람이고, '裘'는 털이 있는 여우 갖옷의 등속을 만드는 사람을 이르니, 〈고공기〉에 韋氏와 裘氏 두 관직의 이름이 남아 있다.

'唯草工職亡'은 草工의 관직이 〈고공기〉에 없다는 것이다. '蓋謂作萑葦之器'는 밥을 담는 그릇과 갈대 돗자리의 등속이다.

혹은 '氏'라 하고 혹은 '人'이라 한 것은, 〈고공기〉 정현의 주에 이르기를 "'某人'이라 한 것은 그 일로 관직에 이름을 붙인 것이다. '某氏'라 한 것은 관직에 대대로 전해오는 일이 있는 것이니, 대대로 전하는 가업을 가진 族屬과 같은 것이다."라고 하였다. 干寶가 말하기를 "무른 '司'라 한 것은 그 다스림을 총괄하는 것이다. 무릇 '師'라 한 것은 그 제자를 가르치는 것이다. 무릇 '職'이라 한 것은 그 업을 주로 하는 것이다. 무릇 '衡'이라 한 것은 그 정사를 고르게 하는 것이다. 무릇 '掌'이라 한 것은 그 일을 주관하는 것이다. 무릇 '氏'라 한 것은 대대로 그 관직을 이어온 것이다. 무릇 '人'이라 한 것은 종신토록 하는 것이다. '氏'라 하지 않고 '人'이라 하지 않은 것은 변통하여 임시로 그 재주를 쓰는 것이다. 변통하여 그 재주를 두루 쓰는 것은, 이미 대대로 이어온 것도 아니라 하고 또 종신토록 하는 것도 아니어서 그 재주에 따라 변통하여 임시로 쓰는 것이다."라고 하였다. 그러나 ≪주례≫에서 관직을 설치하고 직분을 나열한 것을 살펴보면, '司會'의 등속이 있는데 이것은 '司'를 말한 경우이다. '甸師'의 등속이 있는데 이것은 '師'를 말한 경우이다. '職內'의 등속이 있는데 이것은 '職'을 말한 경우이다. '川衡'의 등속이 있는데 이것은 '衡'을 말한 경우이다. '掌舍'의 등속이 있는데 이것은 '掌'을 말한 경우이다. '師氏'의 등속이 있는데 이것은 '師'를 말한 경우이다. '庖人'의 등속이 있는데 이것은 '人'을 말한 것이다. '宮正', '膳夫', '外饔', '內饔'의 등속이 있는데 모두 '氏'도 아니고 '人'도 아닌 경우이다.

【疏】 ○'五官致貢曰享'者, "五官"卽前自后以下之五官, 后一, 天官二, 地官三, 六府四, 六工五. 貢, 功也. 享, 獻也. 歲終則此五官各考其屬一年之功, 以獻於天子, 故云"致貢曰享"也. 王后之屬致蠶織之功, 天官以下各獻其職之功.

○〔五官致貢曰享〕'五官'은 즉 앞에 나온 '后' 이하 다섯 부류의 관원들이니, 后가 첫째이고, 天官이 둘째이고, 〈司徒 등의〉 地官이 셋째이고, 六府가 넷째이고, 六工이 다섯째이다. '貢'은 '성과〔功〕'의 뜻이다. '享'은 '바치다'의 뜻이다. 연말이 되면 이 다섯 부류의 관원들이 각각 하속의 한 해 성과를 살펴서 천자에게 바치므로 '致貢曰享'이라 한 것이다. 왕후의 하속은 누에를 치고 베를 짠 성과를 바치고, 천관 이하는 각각 자기가 맡은 직임의 성과를 바친다.

【疏】 ○ 注'貢功'至'廢置'. ○ 正義曰：引周禮, 證歲終百官各獻其功, 以禮詔告也. 周則冢宰至歲終, 受於百官之簿書所會之最, 而考一年之功多少, 以告天子也. 若功少則廢黜其人, 功多則遷置其職也. 今謂"五官"則上天子五官司徒以下, 故下云"五官之長曰伯"[1], 與此"五官"一也. 但太宰總攝群職, 總受五官之貢, 故不入其數也. 若以五官爲后以下, 則下云"五官之長", 豈有長於后乎. 熊氏以爲五等諸侯, 亦非也.

1) 五官之長曰伯：≪禮記≫〈曲禮 下〉02-14-01 경문에 보인다.

○ 注의 〔貢功〕에서 〔廢置〕까지

○ 正義曰：≪周禮≫를 인용하여 연말에 백관이 각각 자신이 이룬 성과를 바쳐서 禮에 따라 보고함을 증명한 것이다. 周나라에서는 冢宰가 연말이 되면 백관에게서 받은 1년의 결산 장부를 총괄하여 1년 성과의 다소를 살펴서 천자에게 보고한다. 만약 성과가 적으면 그 사람을 廢黜하고 성과가 많으면 그 관직을 승진시킨다. 지금 생각하면 '五官'은 앞에 나온 천자의 오관인 司徒 이하이므로 다음 경문에 '五官之長曰伯'이라 한 것이니, 여기의 '오관'과 동일하다. 다만 太宰는 여러 관직을 총괄하여 오관의 성과를 모두 받으므로 그 수에 넣지 않은 것이다. 만약 오관을 后 이하로 본다면 다음 경문에서 '五官之長'이라 하였으니 어찌 后보다 더 長이 있을 수 있겠는가. 熊安生은 5등의 제후라고 하였는데 또한 틀린 것이다.

附 錄

〔附 錄〕

1. ≪禮記正義≫에 인용된 주요 註釋家

• 高堂生 : ?~?. 西漢의 예학가로, 高堂은 復姓이며 이름은 伯이다. 今文 禮學의 최초의 전수자로, ≪士禮≫ 17편 즉 今本≪儀禮≫를 전하였다.

• 郭 璞 : 276~324. 晉나라의 문학가이자 훈고학자로, 字는 景純이다. 方術士로 유명하다. 王隱과 함께 ≪晉史≫를 편찬했다.

• 盧 植 : 139~192. 東漢 말의 경학가로, 字는 子干이다. ≪尙書章句≫·≪三禮解詁≫ 등을 저술하였으나 일실되었다.

• 雷次宗 : 386~448. 남조 宋나라의 佛學家로, 字는 仲倫이다. 저명한 佛學大師인 慧遠大師에게 三禮와 ≪毛詩≫를 배웠으며, 東林十八賢의 한 사람이다.

• 盧文弨 : 1717~1795. 淸나라의 저명한 校勘學家로, 字는 召弓 또는 紹弓이다. ≪逸周書≫·≪孟子音義≫·≪荀子≫·≪呂氏春秋≫·≪賈誼新書≫·≪韓詩外傳≫·≪春秋繁露≫·≪方言≫·≪白虎通≫ 등 210여 종을 교감하였다.

• 段玉裁 : 1735~1815. 淸나라의 저명한 訓詁學家로, 字는 若膺이다. ≪說文解字注≫·≪六書音韻表≫·≪古文尙書撰異≫·≪毛詩故訓傳定本≫·≪經韻樓集≫ 등을 저술하였다.

• 馬 融 : 79~166. 東漢의 경학가로, 字는 季長이다. 동한의 명장인 馬援의 從孫이며, 鄭玄의 스승이다. ≪禮記注≫·≪周禮注≫ 등을 저술하였으나 일실되었다.

• 徐 氏 : 徐邈 또는 徐爰을 가리킨다. 徐邈(172~249)은 삼국시대 魏나라 사람으로 ≪禮記音≫ 1권을 저술하였으며, 徐爰(394~475)은 남조 宋나라 사람으로 ≪禮記音≫ 3권을 저술하였다.

• 徐 鉉 : 916~991. 北宋 때의 大臣이자 서법가로, 字는 鼎臣이다. 아우인 南唐의 훈고학자 徐鍇(920~974)와 함께 江東二徐로 불렸다. ≪說文解字≫를 교정하였으며, ≪文苑英華≫의 편찬에 참여하였다.

• 孫志祖 : 1737~1801. 淸나라의 藏書家로, 字는 貽穀 또는 頤穀이다. ≪文選考異≫·≪孔子家語疏證≫·≪文選注補正≫·≪讀書脞錄≫ 등을 저술하였다.

• 沈 重 : 500~583. 北齊의 경학가로, 字는 子厚이다. ≪詩≫·≪禮≫·≪春秋左氏傳≫에 정통하였다. 저술에 ≪周禮義≫·≪儀禮義≫·≪禮記義≫·≪毛詩義≫·≪喪服經義≫·≪周禮音≫·≪儀禮音≫·≪禮記音≫·≪毛詩音≫ 등이 있다.

• 王 肅 : 195~256. 삼국시대 魏나라의 경학가로, 字는 子雍이다. 晉 文帝 司馬昭의 장인이다. ≪孔子家語≫·≪孔叢子≫ 등을 편찬했으며, 그의 經學 注는 王學으로 불린다.

• 熊安生 : 北齊~北周의 경학가로, 字는 植之이다. 北學의 대표적인 학자로 三禮에 정통하였

다. ≪周禮≫·≪禮記≫·≪孝經≫에 대한 義疏를 저술하였으나 일실되었다.

• 衛 湜 : 南宋의 학자로, 字는 正叔이다. ≪禮記集說≫ 160권을 저술하였다.

• 庾蔚之 : ?~?. 남조 宋나라의 학자이다. ≪喪服世要≫·≪禮答問≫·≪禮記略解≫를 저술하였으나 일실되었다.

• 劉 向 : B.C. 77~B.C. 6. 西漢의 宗室大臣이자 문학가로, 原名은 劉更生이며 字는 子政이다. 경학가인 劉歆의 부친이다. 중국 최초의 도서목록인 ≪別錄≫을 편찬하였으나 일실되었고, 현존하는 편찬서로 ≪新序≫·≪說苑≫·≪列女傳≫·≪戰國策≫·≪五經通義≫ 등이 있다.

• 陸德明 : 550?~630. 唐나라의 경학가이자 훈고학자로, 이름은 元朗, 字는 德明이다. 秦王府 18學士의 한 사람이다. ≪經典釋文≫ 30권 및 ≪周易注≫·≪周易兼義≫·≪易釋文≫ 등을 저술하였다.

• 田 瓊 : ?~?. 東漢 사람으로, 鄭玄의 제자이다.

• 鄭 衆 : ?~83. 東漢 초의 경학가로, 字는 仲師이다. 名儒인 鄭興의 아들이다. 大司農을 역임하였다. 일족인 鄭玄과 구별하여 先鄭이라 불리며, 환관인 鄭衆과 구별하여 鄭司農이라 불린다. 저술에 ≪春秋左氏傳條例≫ 9권, ≪孝經注≫ 2권이 있다.

• 鄭 興 : ?~?. 東漢 초의 경학가로, 字는 少贛이다. 大中大夫를 역임하였다. 특히 ≪春秋公羊傳≫·≪春秋左氏傳≫에 정통하였다.

• 陳 鏗 : ?~?. 東漢 사람으로, 鄭玄의 제자이다.

• 崔靈恩 : ?~?. 남조 梁나라의 학자로, 三禮·三傳에 정통하였다. ≪毛詩集註≫ 20권, ≪周禮集註≫ 40권, ≪三禮義宗≫ 47권, ≪左氏經傳義≫ 20권, ≪左氏條例≫ 10권, ≪公羊穀梁文句義≫ 10권 등을 저술하였다.

• 浦 鏜 : ?~?. 淸나라의 학자로, 字는 金堂이다. ≪理學淵源≫ 10권, ≪續經義考≫ 40권, ≪鑑古錄≫ 16권, ≪文章指南≫ 4권, ≪隱拙齋詩集≫ 40권, ≪文集≫ 20권, ≪盥書雜著≫ 4권, ≪十三經注疏正字≫ 81권 등을 저술하였다.

• 何 胤 : 446~531. 남조 梁나라의 학자로, 字는 子季이다. ≪禮記隱義≫ 20권, ≪禮答問≫ 55권, ≪毛詩隱義≫ 10권, ≪百法論≫注, ≪周易≫注 등을 저술하였다.

• 賀 瑒 : 452~510. 남조 梁나라의 경학가로, 字는 德璉이다. 三禮에 정통하였으며, ≪五經義≫ 등을 저술하였다.

• 惠 棟 : 1697~1758. 淸나라의 藏書家이자 校勘學家로, 字는 定宇이다. ≪九經古義≫·≪明堂大道錄≫·≪後漢書補正≫·≪周易本義辨證≫·≪山海經訓纂≫·≪松崖筆記≫·≪松崖文鈔≫ 등의 저술이 있다.

• 許 愼 : 58?~147? 東漢의 저명한 경학가로, 字는 叔重이다. ≪說文解字≫·≪五經異義≫·≪淮南鴻烈解詁≫ 등을 저술하였다.

• 皇 侃 : 488~545. 남조 梁나라의 경학가로, 三禮學과 ≪孝經≫·≪論語≫에 정통하였다. ≪禮記義疏≫ 50권을 저술하였으나 일실되었다.

〔附 錄〕

2.≪禮記正義 2≫ 參考書目

◇ 底本

• ≪禮記正義≫, 阮元(淸) 校刻, 十三經注疏(淸 嘉慶 20年(1815) 江西南昌府學開雕 阮元校刻), 中華書局, 2009.

◇ 주요 참고도서

• ≪經典釋文·禮記音義≫, 陸德明 撰, 국립중앙도서관(古092-13-100), 同治10(1871).
• ≪禮記正義≫, 十三經注疏整理本編纂委員會, 上海 : 上海古籍出版社, 2010.
• ≪禮記正義≫, 十三經注疏整理委員會, 北京 : 北京大學出版社, 2000.
• ≪禮記大文諺讀≫, 成三問 等 受命編, 古活字本(戊申字), 校書館, 1767.
• ≪十三經注疏校記≫, 孫詒讓全集編纂工作機構, 北京 : 中華書局, 2009.

◇ 十三經注疏

• ≪周易正義≫, 阮元(淸) 校刻, 十三經注疏(淸 嘉慶刊本), 北京 : 中華書局, 2009.
• ≪尙書正義≫, 阮元(淸) 校刻, 十三經注疏(淸 嘉慶刊本), 北京 : 中華書局, 2009.
• ≪毛詩正義≫, 阮元(淸) 校刻, 十三經注疏(淸 嘉慶刊本), 北京 : 中華書局, 2009.
• ≪周禮注疏≫, 阮元(淸) 校刻, 十三經注疏(淸 嘉慶刊本), 北京 : 中華書局, 2009.
• ≪儀禮注疏≫, 阮元(淸) 校刻, 十三經注疏(淸 嘉慶刊本), 北京 : 中華書局, 2009.
• ≪禮記正義≫, 阮元(淸) 校刻, 十三經注疏(淸 嘉慶刊本), 北京 : 中華書局, 2009.
• ≪春秋左傳正義≫, 阮元(淸) 校刻, 十三經注疏(淸 嘉慶刊本), 北京 : 中華書局, 2009.
• ≪春秋穀梁傳注疏≫, 阮元(淸) 校刻, 十三經注疏(淸 嘉慶刊本), 北京 : 中華書局, 2009.
• ≪春秋公羊傳注疏≫, 阮元(淸) 校刻, 十三經注疏(淸 嘉慶刊本), 北京 : 中華書局, 2009.
• ≪論語注疏≫, 阮元(淸) 校刻, 十三經注疏(淸 嘉慶刊本), 北京 : 中華書局, 2009.
• ≪爾雅注疏≫, 阮元(淸) 校刻, 十三經注疏(淸 嘉慶刊本), 北京 : 中華書局, 2009.
• ≪孟子注疏≫, 阮元(淸) 校刻, 十三經注疏(淸 嘉慶刊本), 北京 : 中華書局, 2009.
• ≪孝經注疏≫, 阮元(淸) 校刻, 十三經注疏(淸 嘉慶刊本), 北京 : 中華書局, 2009.

◇ 字典 및 기타 참고도서

- ≪經史答問校證≫, 朱駿聲(淸), 樊波成校證, 上海：華東師範大學出版社, 2010.
- ≪經典釋文≫, 陸德明(唐), 文淵閣四庫全書 182, 臺北：商務印書館, 1983.
- ≪經學歷史≫, 皮錫瑞(淸), 周予同注釋, 北京：中華書局, 1959(2008 重印).
- ≪考工記譯注≫, 聞人軍, 上海：上海古籍出版社, 2008.
- ≪古代漢語≫, 王力, 北京：中華書局, 2004.
- ≪古漢語同實異名詞典≫, 楊士首・楊北寧, 吉林：吉林教育出版社, 1995.
- ≪大戴禮記匯校集解≫, 方向東, 北京：中華書局, 2008.
- ≪禮記≫, 楊天宇注說, 開封：河南大學出版社, 2010.
- ≪禮記成書考≫, 王鍔, 北京：中華書局, 2007.
- ≪禮書通考≫, 黃以周(淸), 北京：中華書局, 2007.
- ≪史諱學例≫, 陳垣, 北京：中華書局, 2006.
- ≪三禮圖集注≫, 聶崇義(宋), (文淵閣)四庫全書 129, 臺北：商務印書館, 民國72(1983)
- ≪三禮辭典≫, 錢玄・錢興奇, 南京：江蘇古籍出版社, 1998.
- ≪三禮通論≫, 錢玄, 南京：南京師範大學出版社, 1996.
- ≪商周彝器通考≫, 容庚, 上海：上海人民出版社, 2008.
- ≪先秦文化研究≫, 姚政, 成都：巴蜀書社, 2004.
- ≪說文解字≫, 許愼(後漢), 文淵閣四庫全書 223, 臺北：商務印書館, 民國72(1983)
- ≪說文解字今釋≫, 湯可敬, 長沙：岳麓書社, 2002.
- ≪說文解字注≫, 許愼(後漢), 段玉裁注, 上海：上海古籍出版社, 2011.
- ≪禮經釋例≫, 凌廷堪(淸), 彭林交點, 北京：北京大學出版社, 2012.
- ≪禮書≫, 孫希旦(淸), 續修四庫全書 103, 上海：上海古籍出版社, 1995.
- ≪禮書通故≫, 黃以周(淸), 續修四庫全書 112, 上海：上海古籍出版社, 1995.
- ≪六經圖≫, 楊甲(南宋), 文淵閣四庫全書 183, 臺北：商務印書館, 1983.
- ≪王力古漢語字典≫, 王力, 北京：中華書局, 2005.
- ≪倭漢三才圖會≫, 寺島良安(日本), 서울：韓國學資料院, 2011.
- ≪儀禮圖≫, 張惠言(淸), 續修四庫全書 91, 上海：上海古籍出版社, 1995.
- ≪儀禮釋官≫, 胡匡衷, 續修四庫全書 89, 上海：上海古籍出版社, 1995.
- ≪儀禮釋宮增注≫, 江永(淸), 文淵閣四庫全書 109, 臺北, 商務印書館, 民國72(1983).
- ≪儀禮正義≫, 胡培翬(淸), 江蘇古籍出版社, 1993.

- ≪日知錄≫, 顧炎武(淸), 文淵閣四庫全書 858, 臺北 : 商務印書館, 民國72(1983)
- ≪鄭玄三禮注硏究≫, 楊天宇, 天津 : 天津人民出版社, 2007.
- ≪周代的采邑制度≫, 呂文郁, 北京 : 社會科學文獻出版社, 2006.
- ≪周禮圖說≫, 王應電(明), 文淵閣四庫全書 96, 臺北 : 商務印書館, 1983.
- ≪中國古代文化史≫ , 陰法魯 · 許樹安, 北京 : 北京大學出版社, 2005.
- ≪中國官制大辭典≫, 兪鹿年, 哈爾濱 : 黑龍江人民出版社, 1998.
- ≪中國歷代人名大辭典≫, 張撝之外, 上海 : 上海古籍出版社, 1999.
- ≪中國歷史紀年表≫, 方時銘, 上海 : 上海人民出版社, 2007.
- ≪中國歷史大事典≫, 張海鵬 主編, 山東大學出版社, 2000.
- ≪春秋左傳詞典≫, 楊伯峻 · 徐提, 北京 : 中華書局, 1985.
- ≪春秋左傳人物譜≫, 方朝暉, 濟南 : 齊魯書社, 2001.
- ≪春秋左傳注≫, 楊伯峻, 北京 : 中華書局, 2000.
- ≪漢代物質文化資料圖說≫, 孫機, 北京 : 文物出版社, 1990.
- ≪漢語大詞典≫, 羅竹風, 北京 : 漢語大詞典出版社, 1995.
- ≪欽定四庫全書總目(整理本)≫, 紀昀(淸)等, 北京 : 中華書局, 1997.

◇ 電子文獻 및 Web DB

- 동양고전종합DB (http://db.cyberseodang.or.kr)
- 이체자정보검색 (http://db.itkc.or.kr/DCH/)
- 電子版 文淵閣四庫全書, 上海古籍出版社.
- 中國基本古籍庫, 黃山書社.
- 한국고전종합DB (http://db.itkc.or.kr)

3. ≪禮記正義 2≫ 參考圖版 目錄 및 出處

4. ≪禮記正義≫ 總目次

• QR코드를 스캔하면 ≪禮記正義≫ 總目次를 볼 수 있습니다.

5. ≪禮記正義≫ 解　題

• QR코드를 스캔하면 ≪禮記正義≫ 解題를 볼 수 있습니다.

責任飜譯

李霜芽

民族文化推進會(現 한국고전번역원) 부설 國譯研修院 常任研究部 卒業
成均館大學校 한문고전번역협동과정 문학석사
成均館大學校 한문고전번역협동과정 문학박사
成均館大學校 대동문화연구원 책임연구원(現)

論文 및 譯書

論文 〈茶山 丁若鏞의 《家禮酌儀》 譯註〉(석사학위논문)
〈茶山 丁若鏞의 《祭禮考定》 譯註〉(박사학위논문)
〈三虞와 卒哭의 同異에 대한 小考〉
譯書 《無名子集 7, 8, 15, 16》 《三山齋集 1~5》
共譯 《大學衍義 1~5》 《記言 1》 《日省錄》(영조 3, 정조 98)
《校勘學概論》 《注釋學概論 1, 2》 《사고전서 이해의 첫걸음》

共同飜譯

趙埈暭

成均館 翰林院 修了
銀臺學堂 史料研究 專門課程 修了
成均館大學校 한문고전번역협동과정 문학박사
韓國古典飜譯院 연구원(現)

論文 및 譯書

論文 〈柳健休 《東儒論語解集評》의 研究 및 譯註〉(박사학위논문)
〈《東儒四書解集評》의 寫本과 그 가치〉
〈한국 古典籍 분류체계 試論〉
共譯 《大學衍義 1~5》 《韓國行草序跋文選 1》 《語解集評》
《校勘學概論》 《注釋學概論 1, 2》 《사고전서 이해의 첫걸음》

懸 吐

成百曉

忠南 禮山 出生
家庭에서 父親 月山公으로부터 漢文 修學
月谷 黃璟淵, 瑞巖 金熙鎭 先生 師事
民族文化推進會 國譯研修院 修了
高麗大學校 教育大學院 漢文教育科 修了
傳統文化研究會 副會長
한국고전번역원 부설 고전번역교육원 名譽漢學教授(現)
해동경사연구소 소장(現)

論文 및 譯書

論文 〈艮齋의 性理說小考〉〈燕岩의 學問思想研究〉
飜譯 四書集註 《詩經集傳》 《書經集傳》 《周易傳義》
《古文眞寶》 《牛溪集》 등 數十種 國譯
《宣祖實錄》 《宋子大全》 《茶山集》 《退溪集》 등 共譯

十三經注疏
譯註 禮記正義 2 27,000원

2022년 11월 30일 초판 발행
2023년 02월 28일 초판 2쇄

企劃編輯 東洋古典飜譯編輯委員會
飜譯研究管理 南賢熙
注 鄭玄 疏 孔穎達
責任飜譯 李霜芽
共同飜譯 趙埈皞
懸 吐 成白曉
潤 文 南賢熙
校 訂 郭成龍 朴相水
出 版 白俊哲 李承俊
裝 幀 김진디자인

發 行 人 朴洪植
發 行 處 社團法人 傳統文化研究會
서울시 종로구 삼일대로 428 낙원빌딩 411호
전화 : (02)762-8401 전송 : (02)747-0083
전자우편 : juntong@juntong.or.kr
사이버書堂 : cyberseodang.or.kr
온라인서점 : book.cyberseodang.or.kr
등록 : 1989. 7. 3. 제1-936호

인쇄처 : 한국법령정보주식회사(02-462-3860)
총 판 : 한국출판협동조합(070-7119-1750)

ISBN 979-11-5794-547-4 94140
978-89-91720-93-0 (세트)

※이 책은 2022년도 교육부 고전문헌 국역지원사업 지원비에 의해 초판(비매품) 간행.

전통문화연구회 도서목록

新編 基礎漢文教材

- 新編 四字小學·推句 고전교육연구실 編譯 11,000원
- 新編 啓蒙篇·童蒙先習 고전교육연구실 編譯 11,000원
- 新編 明心寶鑑 李祉坤·元周用 譯註 15,000원
- 新編 擊蒙要訣 咸賢贊 譯註 12,000원
- 新編 註解千字文 李忠九 譯註 13,000원
- 新編 原文으로 읽는 故事成語 元周用 編譯 15,000원
- 新編 唐音註解選 權卿相 譯註 22,000원

漢文讀解捷徑시리즈

- 漢文독해 기본패턴 고전교육연구실 著 15,000원
- 四書독해첩경 고전교육연구실 著 20,000원
- 한문독해첩경 文學篇 朴相水 李和春 李祉坤 元周用 著 15,000원
- 한문독해첩경 史學篇 朴相水 李和春 李祉坤 元周用 著 15,000원
- 한문독해첩경 哲學篇 朴相水 李和春 李祉坤 元周用 著 15,000원

東洋古典國譯叢書

- 大學·中庸集註 - 개정증보판 成百曉 譯註 10,000원
- 論語集註 - 개정증보판 成百曉 譯註 27,000원
- 孟子集註 - 개정증보판 成百曉 譯註 30,000원
- 詩經集傳 上·下 成百曉 譯註 各 35,000원
- 書經集傳 上·下 成百曉 譯註 各 35,000원
- 周易傳義 上·下 成百曉 譯註 各 40,000원
- 小學集註 成百曉 譯註 30,000원
- 古文眞寶 後集 成百曉 譯註 32,000원

五書五經讀本

- 論語集註 上·下 鄭太鉉 譯註 各 25,000원
- 孟子集註 上·下 田炳秀·金東柱 譯註 各 30,000원
- 大學·中庸集註 李光虎·田炳秀 譯註 15,000원
- 小學集註 上·下 李忠九 外 譯註 各 25,000원
- 詩經集傳 上·中·下 朴小東 譯註 各 30,000원
- 書經集傳 上·中·下 金東柱 譯註 各 30,000원
- 周易傳義 元·亨·利·貞 崔英辰 外 譯註 各 30,000원
- 詳說古文眞寶大全後集 上·下 李相夏 外 譯註 各 32,000원
- 春秋左氏傳 上·中·下 許鎬九 外 譯註 各 36,000원~38,000원
- 禮記 上·中·下 成百曉 外 譯註 各 30,000원

東洋古典譯註叢書

〈經部〉

- 十三經注疏
  - 周易正義 1~4 成百曉·申相厚 譯註 各 30,000원~40,000원
  - 尙書正義 1~7 金東柱 譯註 各 25,000원~36,000원
  - 毛詩正義 1~7 朴小東 外 譯註 各 32,000원~37,000원
  - 禮記正義 1~2, 中庸·大學 李光虎 外 譯註 各 20,000원~30,000원
  - 論語注疏 1~3 鄭太鉉·李聖敏 譯註 各 25,000원~40,000원
  - 孟子注疏 1~3 崔彩基·梁基正 譯註 各 30,000원
  - 孝經注疏 鄭太鉉·姜珉廷 譯註 35,000원
  - 周禮注疏 1~3 金容天·朴禮慶 譯註 各 29,000원~34,000원
  - 春秋左傳正義 1 許鎬九 外 譯註 27,000원
- 春秋左氏傳 1~8 鄭太鉉 譯註 各 18,000원~35,000원
- 禮記集說大全 1~4 辛承云 外 譯註 各 25,000원~40,000원
- 東萊博議 1~5 鄭太鉉·金炳愛 譯註 各 25,000원~35,000원
- 韓詩外傳 1~2 許敬震 外 譯註 各 29,000원~33,000원
- 說文解字注 1~3 李忠九 外 譯註 各 32,000원~38,000원

〈史部〉

- 思政殿訓義 資治通鑑綱目 1~22 辛承云 外 譯註 各 18,000원~35,000원
- 通鑑節要 1~9 成百曉 譯註 各 18,000원~40,000원
- 唐陸宣公奏議 1~2 沈慶昊·金愚政 譯註 各 35,000원~45,000원
- 貞觀政要集論 1~4 李忠九 外 譯註 各 25,000원~32,000원
- 列女傳補注 1~2 崔秉準·孔勤植 譯註 各 30,000원~38,000원
- 歷代君鑑 1~4 洪起殷·全百燦 譯註 各 32,000원~35,000원

〈子部〉

- 孔子家語 1~2 許敬震 外 譯註 各 35,000원/36,000원
- 管子 1~3 李錫明·金帝蘭 譯註 各 30,000원~32,000원
- 近思錄集解 1~3 成百曉 譯註 各 25,000원/35,000원
- 老子道德經注 金是天 譯註 30,000원
- 大學衍義 1~5 辛承云 外 譯註 各 26,000원~30,000원
- 墨子閒詁 1~6 李相夏 外 譯註 各 32,000원~38,000원
- 說苑 1~2 許鎬九 譯註 各 25,000원
- 世說新語補 1~5 金鎭玉 外 譯註 各 29,000원~40,000원
- 荀子集解 1~7 宋基采 譯註 各 25,000원~38,000원
- 心經附註 成百曉 譯註 35,000원
- 顔氏家訓 1~2 鄭在書·盧喫熙 譯註 各 22,000원/25,000원
- 揚子法言 1 朴勝珠 譯註 24,000원
- 列子鬳齋口義 崔秉準·孔勤植·權憲俊 共譯 34,000원
- 二程全書 1~5 崔錫起·姜導顯 譯註 各 30,000원~38,000원
- 莊子 1~4 安炳周·田好根 共譯 各 25,000원~30,000원
- 政經·牧民心鑑 洪起殷·全百燦 譯註 27,000원
- 韓非子集解 1~5 許鎬九 外 譯註 各 32,000원~38,000원
- 武經七書直解
  - 孫武子直解·吳子直解 成百曉·李蘭洙 譯註 35,000원
  - 六韜直解·三略直解 成百曉·李鍾德 譯註 26,000원
  - 尉繚子直解·李衛公問對直解 成百曉·李蘭洙 譯註 26,000원
  - 司馬法直解 成百曉·李蘭洙 譯註 26,000원

〈集部〉

- 古文眞寶 前集 成百曉 譯註 30,000원
- 唐詩三百首 1~3 宋載卲 外 譯註 各 25,000원~36,000원
- 唐宋八大家文抄 韓愈 1~3 鄭太鉉 譯註 各 22,000원/28,000원
- 〃 歐陽脩 1~7 李相夏 譯註 各 25,000원~35,000원
- 〃 王安石 1~2 申用浩·許鎬九 共譯 各 20,000원/25,000원
- 〃 蘇洵 李章佑 外 譯註 25,000원
- 〃 蘇軾 1~5 成百曉 譯註 各 22,000원
- 〃 蘇轍 1~3 金東柱 譯註 各 20,000원~22,000원
- 〃 曾鞏 宋基采 譯註 25,000원
- 〃 柳宗元 1~2 宋基采 譯註 各 22,000원
- 明淸八大家文鈔 1 歸有光·方苞 李相夏 外 譯註 35,000원
- 〃 2 劉大櫆·姚鼐 李相夏 外 譯註 35,000원
- 〃 3 梅曾亮·曾國藩 李相夏 外 譯註 38,000원

東洋古典新譯

- 당시선 송재소·최경렬·김영죽 편역 22,000원
- 손자병법 성백효 역주 14,000원
- 장자 안병주·전호근·김형석 역주 13,000원
- 고문진보 후집 신용호 번역 28,000원
- 노자도덕경 김시천 역주 15,000원
- 고문진보 전집 上·下 신용호 번역 각 22,000원
- 신식 비문척독 박상수 번역 25,000원

동양문화총서

- 동양사상 해설과 원전 정규훈 外 저 22,000원
- 화합의 길 《중용》 읽기 금장태 저 20,000원
- 호설과 시장 신용호 저 20,000원

문화문고

- 경전으로 본 세계종교 그리스도교 이정배 편저 10,000원
- 〃 도교 이강수 편역 10,000원
- 〃 천도교 윤석산·홍성엽 편저 10,000원
- 〃 힌두교 길희성 편역 10,000원
- 〃 유교 이기동 편저 10,000원
- 〃 불교 김용표 편저 10,000원
- 〃 이슬람 김영경 편역 10,000원
- 논어·대학·중용 / 맹자 조수익·박승주 공역 각 10,000원
- 소학 박승주·조수익 공역 10,000원
- 십구사략 1~2 정광호 저 각 12,000원
- 무경칠서 손자병법·오자병법 성백효 역 10,000원
- 〃 육도·삼략 성백효 역 10,000원
- 〃 사마법·울료자·이위공문대 성백효 역 10,000원
- 당시선 송재소·최경렬·김영죽 편역 10,000원
- 한문문법 이상진 저 10,000원
- 한자한문전통교재 조수익·이성민 공역 10,000원
- 士小節 선비 집안의 작은 예절 이동희 편역 12,000원
- 儒學이란 무엇인가 이동희 저 10,000원
- 동아시아의 유교와 전통문화 이동희 저 13,000원
- 현대인, 동양고전에서 길을 찾다 이동희 저 10,000원
- 100자에 담긴 한자문화 이야기 김경수 저 12,000원
- 우리 설화 1~2 김동주 편역 각 10,000원
- 대한민국 국무총리 이재원 저 10,000원
- 백운거사 이규보의 문학인생 신용호 저 14,000원